Schlegel / Kozljanič: Philosophie des Lebens – Eine Manifestation

REIHE LEBENSPHILOSOPHIE (GRUNDLAGENTEXTE)

Friedrich Schlegel:

Philosophie des Lebens. Vorlesungen aus den Jahren 1827-29

* * *

Robert Josef Kozljanič:

Schlegel und die Lebensphilosophie des 21. Jahrhunderts. Eine Manifestation

ALBVNEA VERLAG MVENCHEN

Seldeneckstr. 18
D-81243 München
www.albunea.de
info@albunea.de

Herstellung: Books on Demand GmbH, Norderstedt

ISBN 978-3-937656-21-2 (Buch)
ISBN 978-3-937656-22-9 (E-Book)

INHALT

Friedrich Schlegel:
Philosophie des Lebens.
Vorlesungen aus den Jahren 1827-29

Von der denkenden Seele, als dem Mittelpunkte des Bewusstseins, und von dem falschen Gange der Vernunft[1]

[§ 1 Lebensphilosophie: weder dialektisch-metaphysisch noch materialistisch-macherisch.]

»Es gibt viele Dinge im Himmel und auf der Erde,« heißt es bei einem ebenso geistreichen als tiefsinnigen Dichter, »wovon sich unsere Philosophie nichts träumen lässt« [Shakespeare, Hamlet I, 5]. — Dieser zufällig hingeworfene genialische Ausspruch ist auch auf unsere jetzige Philosophie größtenteils noch anwendbar, und ich möchte ihn mit einer geringen Veränderung ganz zu dem meinigen machen; indem ich für meinen Endzweck nur noch hinzusetzen würde: und auch »zwischen Himmel und Erde« gibt es viele solche Dinge, von denen unsere Philosophie sich nichts träumen lässt. Eben weil die Philosophie mehrenteils nur träumt, wissenschaftlich träumt, weiß sie so vieles nicht, ahnt gar nichts davon, was sie eigentlich wissen sollte. Sie verliert ihren wahren Gegenstand aus den Augen, verliert den festen Grund und Boden, auf dem sie sicher stehen, und ungehindert wirken könnte, wenn sie die ihr eigentümliche Region verlässt, und immerwährend nur auf der einen Seite sich in den Himmel versteigt, dort allerlei metaphysische Luftgebäude oder dialektische Hirngespinste bildet, oder sich in die Erde verirrt, und gewaltsam in die äußere Wirklichkeit eingreifend, da alles nach ihren Ideen neu gestalten und reformieren will.

[§ 2 Lebensphilosophie: ein lebendiges Denken zwischen Himmel und Erde.]

Zwischen diesen beiden Abwegen würde der rechte Weg in der Mitte liegen, und die eigentliche Region der Philosophie ist eben die des geistigen inneren Lebens zwischen Himmel und Erde. Auf beiden Seiten ist auch schon in den früheren Zeiten des gebildeten Altertums mannigfach gefehlt worden. Selbst Plato, der größte unter den griechischen Denkern, hat in seiner Republik das Urbild einer idealischen Staatsverfassung aufgestellt, welche in dieser Hinsicht die Prüfung nicht bestehen kann. [...]

[1] Aus der ersten Vorlesung von: Schlegel, F.: Philosophie des Lebens. In fünfzehn Vorlesungen gehalten zu Wien im Jahre 1827, Wien 1828.

[§ 3 Bisherige Schulphilosophie aus rein praktischer Sicht: meist chimärisch und unbrauchbar.]

Dass dieser zwiefache Abweg und Missbrauch des philosophischen Denkens ein solcher, dass er allgemein schädlich, für die Erziehung und für die Welt verderblich sei, ist so einleuchtend, dass es kaum nötig sein wird, dabei zu verweilen. Ich möchte vorzüglich nur darauf aufmerksam machen, wie nachteilig dieses für die Philosophie selbst ist. Denn eben dadurch ist es dahin gekommen, dass besonders bei Männern, deren Verstand mehr im praktischen Leben, und in den großen Verhältnissen desselben umfassend gebildet worden, die Sache selbst, obwohl in dieser Allgemeinheit mit Unrecht, in ein übles Licht gekommen ist, und philosophisch nun fast eben so viel bedeutet, als chimärisch, oder wenigstens praktisch unbrauchbar; wie wir auch bei vielen der großen römischen Staatsmänner eine ähnliche Art von Geringschätzung gegen das unnütze Wesen der griechischen Philosophie bemerken.

[§ 4 Lebensphilosophie als edle Wissbegier und heilsame Lebensweisheit: weder der Theologie noch der Politik dienstbar.]

Und doch liegt gewiss eine sehr edle Anlage, und recht geleitet, auch sehr heilsame Kraft diesem ganzen Streben zum Grunde, welche der griechische Name auch sehr glücklich bezeichnet: da in diesem schönen Worte, nach seiner ursprünglichen Bedeutung, das Wissen zuerst nicht als ganz vollendet und schon fertig, sondern mehr nur als ein Gegenstand des Suchens und Forschens, einer edlen Wissbegier und reinen Begeisterung für die höhere Wahrheit hingestellt, zugleich aber der weise Gebrauch eines solchen Wissens mit darin eingeschlossen wird. Dass man die Abwege einer falschen Philosophie bloß hemmt und hindert, ist allein auch nicht hinreichend; nur dadurch, dass man den rechten Weg der Philosophie des Lebens zu ebnen und zu bahnen sucht, kann dem Übel aus dem Grunde abgeholfen werden. Die Philosophie also soll, das Gegebene von oben, das Bestehende von außen ehrend, nicht feindlich sich dagegen richten, nicht gewaltsam darin eingreifen wollen; und gerade wenn sie sich in den Grenzen ihrer eignen mittleren Region des innern geistigen Lebens bescheiden haltend, weder der Theologie, noch der Politik dienstbar sein darf, kann sie ihre Würde und Selbständigkeit hier auf ihrem eigentümlichen Gebiet am besten behaupten. Gerade dann, wenn sie sich jeder Einmischung in das Positive, Wirkliche enthält, kann sie oft auch nach außen hin, indirekt sehr heilsam wirken, indem sie die Gegenstände in einem allgemeineren und freieren Lichte betrachtet und betrachten lehrt; und so wird sie gleichsam von selbst auf ihrem Wege vielleicht manchen Nebel zerstreuen, der einen gefährlichen Missverstand über ganze Sphären des menschlichen Daseins verbreitet, oder manchen Stein des Anstoßes wegräumen können, der die Zeit und die Gemüter verwirrt, und in Zwietracht setzt, und also auf diese Weise ihre versöhnende Kraft am schönsten bewähren, und dadurch zugleich ihre eigentliche Bestimmung erfüllen. –

[§ 5 Gegenstand der Lebensphilosophie: das innere geistige Leben in seiner ganzen Bewusstseinsfülle.]

Der Gegenstand der Philosophie ist also das innere geistige Leben, und zwar in seiner ganzen Fülle, nicht bloß diese oder jene einzelne Kraft desselben, in irgend einer einseitigen Richtung. Was aber die Form und Methode betrifft, so setzt die Philosophie des Lebens nur das Leben voraus, nämlich ein, in und mit demselben schon mehr angeregtes und vielseitiger entwickeltes Bewusstsein; weil sie ja eben das vollständige Bewusstsein, und nicht bloß eine Seite desselben zum Gegenstand hat, und zur Erkenntnis bringen soll. Zu diesem Endzwecke aber würde eine allzu gesuchte, oder ausführlich weitläufige Form und ängstlich künstliche Methode eher hinderlich als fördernd sein.

[§ 6 Philosophieunterricht: logische und historische Propädeutik, noch kein eigentliches Philosophieren.]

Darin liegt nun der große Unterschied zwischen einer Philosophie des Lebens und der Philosophie der Schule. Wird die Philosophie bloß als ein Bestandteil des wissenschaftlichen Elementar-Unterrichtes überhaupt betrachtet: so ist der Unterricht in der Methode, es mag diese nun nach alter Gewohnheit Logik, oder wie sonst immer benannt werden, die Hauptsache; denn hier auf dieser Stufe kommt es nicht so auf den Gegenstand an, der noch entfernter steht, und in Ermanglung einer hinreichenden eignen innern Lebenserfahrung noch nicht ganz gefasst werden kann, als auf eine für die Zukunft notwendige, und auf alle Gegenstände anwendbare Übung im methodischen Denken. Allein die Vorübung im philosophischen Denken, ist nur die Vorbereitung zur Philosophie, und nicht die Philosophie selbst. Am fruchtbarsten kann der wissenschaftliche Schulunterricht in der Philosophie vielleicht gemacht werden, wenn er sich auf die Geschichte des menschlichen Verstandes richtet. Was könnte anziehender sein, als eine in den Geist eindringende, mit Klarheit entwickelte Darstellung aller dieser verschiedenen Systeme des erfinderischen Scharfsinnes der Griechen; oder wenn dies auch noch weiter ausgedehnt wird, auf die Wissenschaft der Ägypter, oder anderer asiatischen Völker, bis auf die nicht minder merkwürdigen verschiedenen Systeme der Indier, dieser Griechen der Urwelt! Aber dieses greift schon ganz ein in das Gebiet der eigentlichen Gelehrsamkeit, es kann nicht für alle ein gleiches Interesse haben, und in jedem Falle ist die Geschichte der Philosophie, nicht die Philosophie selbst.

[§ 7 Unterschied zwischen Lebens- und Schulphilosophie. Kennzeichen der Schulphilosophie: künstlich hochgeschraubte Dialektik, leere Abstraktion, Unverständlichkeit.]

Der Unterschied zwischen der Philosophie des Lebens, und der Philosophie der Schule wird allerdings ganz verschieden aufgefasst, je nach der Verschiedenheit der Philosophie selbst, und der in ihr vorherrschenden Ansicht. In jener andern Philosophie, welche sich in dem dialektischen Kreise abstrakter Begriffe herum bewegt, wird ihrem besonderen Charakter gemäß, eine künstlich geübte, dann immer höher und auf das höchste, und wieder über alle Grenzen hinaus noch höher gesteigerte Abstraktion vorausgesetzt und gefordert; ja es wird, wie sich dies wohl in der neuern deutschen Wissenschaft nachweisen ließe, zuletzt die Unverständlichkeit als eine Art von wesentlichem Kennzeichen der wahren und wahrhaft wissenschaftlichen Philosophie aufgestellt. Ich gestehe, dass ich immer ein großes Misstrauen hege, gegen diese Philosophie, die in einem unzugänglichen Lichte wohnt, wo der Erfinder zwar selbst in einer unerreichbaren Gewissheit und Klarheit der Einsicht sich zu befinden versichert, dabei aber nicht minder zu erkennen gibt, dass er wohl einsehe, wie ihn von den andern Sterblichen fast niemand, oder auch vielleicht, streng genommen, gar niemand verstehe, noch verstehen könne; wo es denn wohl mehrenteils nur das falsche Licht irgend einer innerlichen Blendlaterne sein wird, was diese Täuschung des Unverständlichen, oder vielmehr des Unverstandes hervorbringt. Auf diesem Wege des ganz abstrakten und unverständlichen Denkens wird natürlich die Philosophie der Schule als die Hauptsache betrachtet, und als das eigentlich wahre Wissen, nämlich das unverständliche; die Philosophie des Lebens aber ist nach diesem System nichts als eine Art von Übersetzung in eine populäre Darstellung und in das gemeine Menschenbewusstsein, wo es sich dann oft zeigt, dass auch bei einem nicht geringen Talent im Ausdruck und in der Darstellung, diese, ungeachtet der anscheinenden Klarheit, genau betrachtet, immer noch unverständlich bleibt, weil nämlich das Innere dieser abstrakten Gedanken von Anfang an verworren und unverständlich war, und also auch durch keine Darstellung klar gemacht werden kann.

[§ 8 Kennzeichen der Lebensphilosophie: Anschaulichkeit, Lebensnähe von Inhalt und Methode.]

Ganz entfernt ist die lebendige Philosophie von dieser Versteigung in das Unverständliche der leeren Abstraktion, und da die Gegenstände keine andern sind, als die jeder Mensch von einem schon einigermaßen vollständiger entwickelten Bewusstsein in seinem Innern hat und kennt: so hindert nichts, dass auch der Vortrag durchaus klar, leicht und lebendig sein kann. Hier ist das Verhältnis also gerade umgekehrt: die Philosophie des Lebens selbst ist in diesem System die

Hauptsache und das Erste; die Philosophie der Schule aber, oder der wissenschaftliche Schulunterricht in derselben, ist an seiner Stelle sehr achtungswert und notwendig, doch gegen das Ganze gehalten nur das Zweite, Abgeleitete, der Nebenzweig, oder die Anwendung von jener. In der Philosophie des Lebens muss auch die Methode eine lebendige sein, und darf keineswegs vernachlässigt werden; aber nicht überall braucht sie in gleichem Maße angewandt zu werden, und sichtbar hervorzutreten, sondern überall nur so viel als es der Zweck erfordert.

[§ 9 Beispiele für die pragmatische, nicht immer auf die letzten theoretischen Prinzipien zurückgehende Anwendung der Mathematik in Alltag und Beruf.]

Zur Erklärung kann ein Gleichnis aus dem praktischen Leben dienen, in welchem überhaupt die wichtigsten Künste und Geschäfte auf der Mathematik beruhen, welche gleichsam die Methode derselben bildet; aber nicht immer ist es tunlich, oder hat man Zeit, auf diese Elemente in methodischer Ausführlichkeit zurückzugehen; man setzt diese als bekannt voraus, und denkt nur an die zum Zweck wesentlichen Resultate. Die ökonomische Verwaltung des größten wie des kleinsten Hausstandes beruht am Ende auf den ersten Anfangsgründen der Arithmetik; aber wo wollte es damit hinaus, wenn man im Einzelnen nun erst wieder auf diese, und auf das Einmaleins zurückgehen, und dieses von neuem durchdenken und prüfen wollte, ob es auch wirklich damit seine Richtigkeit habe, und dasselbe mit Sicherheit praktisch angewandt werden könnte? So beruht auch die Kriegskunst auf der Geometrie; wenn aber der Feldherr sein Heer zum Treffen ordnet, so kann er nicht wieder zu den Lehrbüchern der Mathematik zurückgehen, um aus diesen erst seine Ordnung in gründlichen Beweisen abzuleiten. Endlich wird selbst der Astronom, obgleich sein Geschäft am meisten auf Berechnung beruht, wenn er uns irgend ein Phänomen am Sternenhimmel zeigen will, nur darauf sein Augenmerk richten, ohne denen, welche er für jenes Phänomen interessieren möchte, mit der verwickelten Berechnung lästig zu werden, die er vielleicht für sich angestellt hat.

[§ 10 Gleichnishafte Übertragung dieser Beispiele auf das Feld der Lebensphilosophie.]

Mit allen diesen Künsten und Verrichtungen des praktischen Lebens hat auch das intellektuelle Geschäft des Denkens, des gemeinsamen Denkens, und der Mitteilung dieses Denkens eine Art von Ähnlichkeit und Verwandtschaft. Es ist doch unstreitig wenigstens mit die Aufgabe der Philosophie, eine weise Ökonomie, gute Wirtschaft und geregelten Haushalt, in diese beständig rege und kursierende Gedankenmasse einzuführen, die unser intellektuelles Vermögen und Eigentum bildet; was um so notwendiger ist, bei dem allerdings sehr großen Gedankenreichtum unserer Zeit, bei diesem höchst raschen und lebendigen Ideen-Verkehr und

Umsatz, wo doch Einnahme und Ausgabe nicht immer gehörig ins Gleichgewicht gesetzt werden, damit nicht eine leichtsinnige Verschwendung und Verschleuderung der edelsten Geistesgüter einreißt, oder ein bodenloses falsches Kredit-System im Denken, wo es an einem bleibenden und festen Kapital von sicher angelegten Grundgedanken und praktisch ausdauernden Wahrheiten fehlt. Was das zweite Gleichnis betrifft, so wünsche ich allerdings, nicht zwar für Sie, aber mit Ihnen einen Sieg zu gewinnen, über so manche, die Zeit und die Gemüter trennende, die Harmonie des Lebens störende, und den Frieden auch in der innern intellektuellen Welt untergrabende Irrtümer, oder falsche und täuschende Scheingedanken. Und was das dritte betrifft, so würde ich mich vorzüglich freuen, und dann mein Ziel am meisten erreicht zu haben glauben, wenn es mir gelingen könnte, hie und da Ihre Aufmerksamkeit und Ihren Blick auf irgend ein unbekanntes oder nicht ganz und nicht recht erkanntes Gestirn in der höheren Region hinzulenken.

[§ 11 Verfehlung der Philosophie durch die verkrampfte Nachahmung der mathematischen Methode.]

Vorzüglich aber muss ich hier noch bemerken, dass, so wie die Philosophie ganz ihren Gegenstand und angewiesenen Inhalt darüber verliert, wenn sie in die Theologie übergeht und sich auflöst, oder wenn sie in die äußere Politik eingreift: ebenso auch ganz ihre wahre Form verfehlt, wenn sie diese in künstlich berechneter Methode der Mathematik nachmachen will. In der Mitte des vorigen Jahrhunderts waren fast alle deutsche Lehrbücher in den meisten Wissenschaften in dieser, der Mathematik nachgeäfften Form abgefasst, und jeder einzelne Satz in der ganzen Schlachtordnung dieser endlosen Paragraphe schloss mit dem vollendeten Akt solcher demonstrativen Redensart. Man weiß aber wohl, dass eben in jener Zeit die Philosophie, die in solcher unpassenden Weise und Form vorgetragen wurde, ganz voll willkürlicher, jetzt zum Teil vergessener Hypothesen, ja fast nur ein Gewebe von solchen gewesen ist, dass man also damit der Wahrheit um keinen Schritt näher gekommen war; jener Wahrheit nämlich, welche die Philosophie sucht, und die etwas Höheres ist als ein gemeines Rechenexempel. Immer noch, obgleich es jetzt freilich in ganz anderer Weise angewandt wird, als ehedem, ist die deutsche Philosophie nicht ganz frei von diesem algebraischen Formelwesen, worin sich alles, auch das Entgegengesetzteste, leicht hineinbringen und zusammengießen lässt. Wie dem aber auch sein möge, es führt diese ängstlich demonstrierende Gedanken-Mechanik niemals eine wahre, innere, volle Überzeugung mit sich.

[§ 12 Erster Vergleich der lebensphilosophischen Methode mit dem organischen Ganzen eines Gebäudes oder, treffender noch, eines sich entfaltenden Baumes.]

Es ist eine ganz andere, mehr geistige und durchaus innere Methode, deren die Philosophie bedarf, und um sie gleichnisweise zu erklären, müsste die Vergleichung eher aus dem Leben und aus der Natur hergenommen sein, als aus der Mathematik. Wie an einem Gebäude, wo alle Teile übereinstimmen, und leicht und wohlgefällig im Auge zusammengefasst werden können: so ist auch in jeder philosophischen Mitteilung die feste, einfache Grundlage einmal vorausgesetzt, die Ordnung des Ganzen das Wesentlichste für die innere Richtigkeit, damit sich nichts Fremdartiges ansetze und einschleiche, so wie für die äußere Klarheit. Indessen aber hat diese Anordnung des Ganzen doch weit mehr Verwandtschaft und Ähnlichkeit mit einem lebendig fortwachsenden Naturgegenstande, als mit einem toten steinernen Gebäude. Man denke sich z. B. einen großen, in viele Äste und Zweige schön und herrlich entfalteten Baum; scheinbar, und für das äußere Auge bildet er ein ziemlich regelloses und nicht streng abgeschlossenes Ganzes, so wie nun eben der Stamm aus der Wurzel hervorgewachsen ist, sich in so oder so viele Äste und Zweige und Blätter geteilt hat, und wie diese sich in der freien Luft lebendig bewegen. Wenn man ihn dann aber genauer untersucht, welche vollkommene Struktur des Ganzen, welche wunderbare Symmetrie und zarte Regelmäßigkeit bemerkt man in dem ganzen Gebilde, bis auf jedes einzelne Blatt, und jede einzelne Faser desselben! Eben auf solche Weise müsste auch, glaube ich, der immer fortwachsende Baum des menschlichen Bewusstseins und des menschlichen Lebens in der Philosophie dargestellt werden und sich darstellen, wenn er nicht von der falschen Erkenntnis entblättert und entwurzelt werden, sondern von der wahren Wissenschaft lebendig aufgefasst, und für den Geist in seinem Leben hingestellt und festgehalten werden soll.

[§ 13 Zweiter Vergleich der lebensphilosophischen Methode mit dem magnetischen Zusammenhang in der Natur; innerliche lebendige Gedankenentwicklung statt äußerliche logisch-mechanische Gedankenverknüpfung.]

Aber wie die Anordnung des Ganzen, so ist auch der Zusammenhang der einzelnen Gedanken in einer philosophischen Entwicklung oder Mitteilung, von einer höhern Art als die bloß mechanische Verknüpfung, mittels deren man etwa zwei Bretter aneinandernagelt, oder zusammenleimt. Sollte ich ein Gleichnis aus der lebendigen Natur dafür wählen, so würde ich daran erinnern, wie die eiserne Nadel einmal tellurisch angeregt und aufgeweckt, sogleich mit dem ganzen Erdkörper und seinen entgegenstehenden Weltenden und Polen in Verbindung und unsichtbare Berührung tritt; und wie nun dieser magnetische Faden zuerst den Weltumsegler über die weiten Meere zu unbekannten Weltteilen geführt hat: so ist auch der innere lebendige Zusammenhang der einzelnen Gedanken in der

Philosophie weit eher ein solcher magnetischer, als dass die oben erwähnte rohe, mechanische, im Grunde bloß äußerliche Gedankenverknüpfung ihr genügen könnte.

[§ 14 Dritter Vergleich der lebensphilosophischen Methode mit der Einheit eines sich selbst treu bleibenden festen Charakters; die Einheit der Gesinnung ist das Entscheidende, lässt sich aber weder formal noch methodisch absichern.]

Die höchste innere Einheit aber in der philosophischen Denkart oder in einem philosophischen Ideengange, ist doch noch von anderer Art, als alle die bis jetzt erwähnten; nicht der Natur, sondern dem Leben gehört sie an, und zwar nicht gleichnisweise ist sie aus demselben entnommen, sondern sie ist selbst ein Teil und Bestandteil des Lebens, und geht bis auf den tiefsten Grund und die Wurzel des sittlichen Daseins. Es ist die Einheit der Gesinnung, die ich meine, der sich selbst treu bleibende feste Charakter, die innere Konsequenz der Denkart, die im Leben wie im System und der philosophischen Ansicht immer einen großen und tiefen Eindruck auf uns macht und Achtung erweckt, auch wo unsere Überzeugung nicht ganz die nämliche sein sollte. Diese ist aber von keiner Form abhängig, und kann auch durch keine bloße Methode erreicht werden. Wie oft tritt nicht der Fall ein, dass wir in einer denkwürdigen politischen Rede z. B., wenngleich sie auch nur ganz rhapsodisch nach dem Erfordernis des Moments hingeworfen worden ist, diesen Charakter in der Denkart, diese Konsequenz der Gesinnung sogleich erkennen und ehren; während wir in einem andern, vielleicht noch so ausführlich und methodisch abgefassten und scheinbar gründlichen Geisteswerke, sobald wir durch die systematische Oberfläche durchgedrungen sind, sehen, dass im Grunde das alles doch nur ein übel zusammenstimmendes und zufällig entstandenes Gemisch ist, von fremden angenommenen, hie und da entlehnten Meinungen und eigenen halben Ansichten, ohne innern Grund und festen Halt, ohne Charakter und eigentliche innere Einheit. –

[§ 15 Schlegels Wunsch: dass es ihm gelingen möge, mit seinen Vorlesungen ein einleuchtendes und erhellendes Beispiel methodenbewussten und ganzheitlichen Lebensphilosophierens zu geben.]

Wenn es mir nun bei dieser hier beginnenden Reihe von Vorträgen gelingen könnte, Ihnen das Ganze mit einer solchen Klarheit darzustellen, dass Sie dasselbe leicht in sich aufnehmen, und nach der Übereinstimmung der einzelnen Teile bequem übersehen und beurteilen können: so hoffe ich wohl, dass Sie die Übereinstimmung der zum Grunde liegenden Gesinnung und Denkart in dem Ganzen nicht vermissen werden. Und wenn ich dann die Bitte hinzufügen darf, dass Sie diese Gesinnung nicht sogleich nach einzelnen Äußerungen, besonders im Anfang, sondern mehr nach dem Ganzen, im schon weiter entwickelten

Fortschreiten desselben, beurteilen wollen: so darf ich auch noch die zweite Hoffnung hinzufügen, dass diese mit Klarheit ausgesprochene Denkart eines Einzelnen, selbst da, wo manche Verschiedenheitspunkte in der Überzeugung zurückbleiben, dennoch keinen abstoßenden Eindruck auf Sie machen, sondern vielmehr hie und da eine anziehende, und vielleicht für so manchen Zwiespalt des Denkens und des Lebens versöhnende Kraft, als die schönste Frucht der wahren Philosophie, auch hier unter uns bewähren soll.

[§ 16 Das lebensphilosophisch Entscheidende: immer von der unreduzierten Fülle des Bewusstseins und der Seele als Mittelpunkt auszugehen.]

So weit ging unsere Betrachtung über den Gegenstand und die eigentliche Sphäre der Philosophie des Lebens, dann über die ihr angewiesene Form der Mitteilung oder der andern Methode, welche ihrem Wesen eigentlich fremdartig ist. Sehr wichtig und entscheidend für den Gang, und die ganze weitere Entwicklung der philosophischen Forschung, ist demnächst der Anfangspunkt, von welchem sie ausgeht; man muss aber nicht glauben, diesen bloß in den Sätzen und Behauptungen schon gefunden zu haben, die an die Spitze eines Systems vorangestellt werden, sondern man muss dazu vielmehr die innere Grundlage, die Wurzel aufsuchen, aus welcher das Charakteristische einer philosophischen Ansicht hervorgeht. Wenn man, wie es in der Philosophie des Lebens wohl nicht anders sein kann, das vollständige Bewusstsein nach allen seinen verschiedenen Seiten und Kräften zum Grunde legt, und die Seele als den Mittelpunkt desselben betrachtet: so kann man diese so einfache Grundlage auf sehr verschiedene Weise näher entwickeln, und es ist, möchte ich sagen, fast gleichgültig, von welchem Punkte des Umkreises oder der Peripherie man ausgeht, um zu dem Mittelpunkte zu gelangen, und diesen als Grundlage weiter zu entwickeln. […]

[§ 17 Bewertung der zeitgenössischen Wissenschaft und Philosophie. Lob der französischen Naturwissenschaft und der deutschen Naturphilosophie. Abwehr der materialistischen und idealistischen Verirrungen.]

Sollte ich nun meine Überzeugung und das Verhältnis dieser Philosophie des Lebens, die ich Ihnen vorzutragen wünsche, zu der herrschenden Wissenschaft und Philosophie der Zeit, sowohl der ausländischen, als der deutschen, in kurzem wiederholen, so würde ich dieses etwa so zusammenfassen. Ich ehre und bewundere die unermesslich folgenreichen wissenschaftlichen Entdeckungen in der Physik unserer Zeit, besonders auch das Große in der französischen Naturwissenschaft, insofern es reelle Fortschritte des menschlichen Wissens enthält und begründet, soweit ich dieselben kenne, und in meiner Sphäre verstehe; aber die materialistische Beimischung der früheren französischen Philosophie, die immer noch so zahlreiche Anhänger hat, kann ich nicht anders, als ganz verwerflich finden. Ich ehre und liebe die überall herumforschende, und allumfassende deutsche Wissenschaft, und auch die deutsche Natur-Philosophie noch mehr, als jene des Auslandes, da sie dieselben großen Entdeckungen nur noch geistiger auffasst; die idealistische Verirrung aber, welche nebenher geht, und damit verwebt ist, von welcher das Ganze ausging, und von der auch jetzt das System noch bei weitem nicht völlig rein und befreit ist, kann ich nur für eine solche, für eine intellektuelle Verirrung, von der schädlichsten, den Geist störenden und zerstörenden Art und Wirkung halten. […]

[§ 18 Die dialektische Abstraktion als einseitiger und falscher Weg zum Wissen bzw. Nichtwissen.]

Es ist nicht hinreichend, wie es so viele Denker getan haben, immer nur von der einen Seite des Bewusstseins auszugehen, und dieses dialektische Vermögen der Abstraktion, welches in dem Denker selbst natürlich das vorherrschende, und am meisten entwickelte ist, zum Grunde zu legen, um dann schnell zu dem Ziele eines vermeinten unbedingten Wissens zu gelangen, oder wenn der Sinn mehr dahin gerichtet ist, zu einem unbedingten Nichtwissen, und Verwerfen alles Wissens, was im Grunde ebenso falsch, und insofern ganz einerlei ist.

[§ 19 Der rechte Weg zum Wissen: die Erfassung aller Bewusstseinskräfte und Vernehmensmöglichkeiten.]

Auf dem rechten und sichern Wege einer vollständigen Nachforschung, muss vor allen Dingen erst das Bewusstsein vollständig, nach der ganzen Fülle seiner lebendigen Entfaltung, und nach allen Vermögen und Kräften, die dazu gehören, aufgefasst werden; um dann, wenn man den ganzen Umfang desselben von seinem Mittelpunkte aus überschauen kann, allenfalls die Frage aufzuwerfen, welche Art, und welchen Grad von Wissen der Mensch, auch von dem, was außer ihm und über ihm ist, mit solchem Bewusstsein erreichen kann, und inwiefern dieses denkbar und möglich ist.

[§ 20 Die denkende Seele als pulsierender Mittelpunkt der vier menschlichen Bewusstseinskräfte: Vernunft, Phantasie, Verstand, Willen.]

So wie nun die Seele überhaupt das Prinzip alles Lebens in der Natur ist, so ist die denkende Seele der Mittelpunkt des menschlichen Bewusstseins. In der denkenden Seele aber ist sowohl die unterscheidende, verbindende, folgernde Vernunft, als die sinnende, erfindende, ahnende Phantasie mit inbegriffen; beide Kräfte umfasst sie, in der Mitte zwischen ihnen stehend. Aber auch zwischen Verstand und Willen bildet sie den Wendepunkt des Übergangs, und füllt, als das verbindende Mittelglied, die Kluft aus, welche zwischen beiden liegt und beide trennt. Alle

Arten und Stufen der Vorstellungen umfasst sie, von den ganz notwendig und fest bestimmten, unabänderlich bleibenden, bis zu den halb unwillkürlich vorübereilenden; von den nicht ganz deutlich entwickelten, bis zu denen zur höchsten Klarheit des Verstandes gesteigerten; von den fast gleichgültig ruhigen, bis zu denen, die zugleich ein leises Wünschen enthalten, oder auch bis zum heftigsten Wollen anwachsen. Die denkende Seele ist das gemeinsame Behältnis, welches den ganzen Kreislauf aller dieser Vorstellungen in sich aufnimmt; ja sie selbst ist, wenn man sie im allgemeinen beschreiben soll, nur das innere Pulsieren dieses Denkens, wie der Pulsschlag im lebendigen Körper.

[§ 21 Bestimmung des menschlichen Bewusstseins nicht nur im Unterschied zu den Tieren, sondern auch im Unterschied zu reineren Geistern.]

Freilich ist diese allgemeine Beschreibung noch bei weitem keine hinreichende Erklärung, und führt noch nicht ganz zu dem gewünschten Ziele. Vielleicht wird es uns durch eine andere, scheinbar gewagte Wendung gelingen, viel einfacher dahin zu gelangen, worauf es hier ankommt; nämlich das Eigentümliche des menschlichen Bewusstseins und das Charakteristische, wodurch dasselbe sich von andern, mit Bewusstsein begabten, endlichen Naturen unterscheidet, genauer bezeichnen zu können. Die vernünftige Seele, die Vernunft, unterscheidet den Menschen von den Tieren; das hört man oft genug wiederholen. Aber es ist nur die eine Seite des Gegenstandes, und sollen wir denn immer nur nach unten den Blick hinwenden, niemals nach oben? Ich will damit sagen: vorausgesetzt, dass es noch andere erschaffene Geister, und endliche Intelligenzen gebe, würde nicht vielleicht die Vergleichung und der Gegensatz mit ihrem rein geistigen Bewusstsein dazu dienen können, das Unterscheidende des menschlichen Bewusstseins von der andern, gewöhnlich vernachlässigten Seite, vorzüglich klar ins Licht zu stellen? –

[§ 22 Die Annahme reinerer Geister (z. B. persönliche Schutzgeister und Schutzengel) v. a. zunächst eine Arbeitshypothese – aber gestützt durch die allgemeine religiöse Überlieferung.]

Ich bin weit entfernt, die Sache selbst hier zum Gegenstande einer Untersuchung machen zu wollen; ich nehme es bloß als eine Voraussetzung, aus der allgemeinen Überlieferung, und zum Behuf jener Vergleichung, hier so an. Allgemein aber kann diese Überlieferung genannt werden, da im ganzen übereinstimmend mit dem, was unsere Lehre sagt, auch die ältesten und gebildetsten Völker der Vorzeit, unter denen ich nur die Ägypter, ganz besonders die Perser, und auch die Indier nennen will, das Dasein solcher endlichen und erschaffenen, dem Menschen unsichtbaren, aber doch nicht ganz fremden Intelligenzen und Geister, als eine ausgemachte Tatsache angenommen haben. Wenn die Griechen und Römer von dem Genius des Sokrates, wie von etwas Auffallendem reden, so war dies nur, weil dieser weise Athenienser über diesen Gegenstand in so besonderer Weise sprach, und weit mehr zu sagen wusste, als sonst gewöhnlich war; denn übrigens war es auch bei den Griechen und Römern der allgemeine Glaube, dass jeder Mensch seinen Schutzgeist und Genius habe.

[§ 23 Ihr negativer Unterschied zum Menschen: die Unkörperlichkeit.]

Diese Voraussetzung nun einmal angenommen, wie wird, und wie ward die eigentümliche Beschaffenheit dieser geistigen Wesen der allgemeinen Überlieferung und Vorstellung gemäß bezeichnet? Als rein geistig werden sie gedacht, also ohne einen solchen irdischen Körper, wie der Mensch; oder wenn sie ja einen Körper, als Organ und Träger ihres geistigen Tuns, bedürfen und haben, so ist es ein ganz anderer, dem menschlichen Auge unsichtbarer ätherischer Lichtkörper. Doch dies Unkörperliche ist mehr nur ein negativer Unterschied.

[§ 24 Ihr positiver Unterschied zum Menschen: Einheit von Gedanke, Tat und Wille.]

Eine mehr positive, tiefere Verschiedenheit dürfte vielleicht darin liegen, dass sich diese, dem Menschen so ganz eigentümliche, soll ich sagen Charakterschwäche oder Gebrechlichkeit, diese tief innerliche Veränderlichkeit, dieses unentschiedene Schwanken zwischen Tun und Lassen, dieser Wechsel zwischen Anstrengung und Ermüdung, diese weite Kluft zwischen dem Wollen und Vollbringen, dem Gedanken und der Ausführung, dass sich, sage ich, alles dieses durchaus auf jene ganz geistige Wesen nicht anwenden und übertragen lässt, wenn nicht der ganze Begriff selbst wieder aufgehoben werden soll. Man kann sie sich entweder gar nicht, oder nur so denken; eilend wie der Blitz, und schnell wie das Licht, sind sie unermüdet in ewiger Tätigkeit, und bedürfen keiner Ruhe außer der geistigen Anschauung, welche ihr Wesen ausmacht; alle ihre Gedanken gehen in diesen Einen zusammen, der Gedanke ist zugleich Tat, und der Wille und dass er geschieht, nur Eins. Alles in ihnen hat das Gepräge der Ewigkeit; und dieses hat freilich auch seine nachteilige Seite: einmal von ihrem Mittelpunkte abgewichen, gehen sie ewig in die Irre. –

[§ 25 Der wesentliche Unterschied: die überlegene Klarheit des Wissens der reineren Geister.]

Doch ist dies alles mehr nur noch eine Beschreibung der ganzen Idee, die ich mir bloß erlaubt habe, um sie als Übergang zu brauchen zu dem Punkt, auf welchen es eigentlich ankommt; und dieser besteht darin, genau zu bezeichnen, welche Kräfte, oder Vermögen des Geistes und der Seele, von denen, die der Mensch besitzt, ihnen in jener einmal angenommenen Voraussetzung ihres Daseins, beigelegt werden und werden können und welche nicht? Ich finde den ganzen wesentlichen Unterschied sehr treffend angedeutet, in dem bekannten Ausspruch eines unserer berühmten Dichter: »Dein Wissen« – also redet er den Menschen an – »dein Wissen teilest du mit vorgezogenen Geistern;« vorgezogen, denn in der Klarheit des ewigen Wissens stehen sie allerdings weit über dem Menschen. –

[§ 26 Die Phantasie als gefährliches Proprium des Menschen.]

Dann fährt er fort: »Die Kunst, o Mensch, hast du allein.« [Friedrich Schiller, Die Künstler] – Was ist aber die Kunst anders, als die sichtbar gewordene, und gleichsam körperlich in Gestalt und Wort und Klang heraustretende Phantasie? Also diese ist es, die leichtbewegliche, vielgestaltige, immer erfinderische Phantasie, welche den gefährlichen Vorzug des Menschen bildet, und jenen reingeistigen Wesen nicht beigelegt wird.

[§ 27 Menschen haben Vernunft und Verstand. Die Geister haben Verstand, aber keine Vernunft; ihnen fehlt damit das Fruchtbare und Fortwachsende der Seele.]

Eben so wenig lässt sich ihnen auch diese menschlich vermittelnde, folgernde, vergleichende Vernunft beilegen; sie haben statt dessen den anschauenden Verstand, wo das Verstehen und das Sehen eins ist. Und wenn ihnen in einem genaueren Sinne weder das eine noch das andere dieser beiden zukommt, so lässt sich ihnen auch, streng genommen, keine Seele, als ein eignes, vom Geist noch verschiedenes, mehr passives Vermögen der inneren Fruchtbarkeit und Veränderung, und des innerlichen Fortwachsens beilegen.

[§ 28 Zusammenfassung: Tiere haben ein einfache leib-seelische Natur, Schutzgeister eine zweifache ätherisch-geistige, Menschen eine dreifache leib-seelisch-geistige.]

Um es also kurz zusammenzufassen: Einfach ist das Dasein der Tiere, weil bei ihnen die Seele in den organischen Körper ganz verschmolzen und aufgelöst, und mit ihm eins ist, so dass mit der Zerstörung desselben auch die Seele den Elementen wiedergegeben wird, oder in die allgemeine Naturseele zurückkehrt; zwiefach ist das Wesen der erschaffenen Geister, die außer jenem ätherischen Lichtkörper nichts sind, als Geist; dreifach aber ist die Natur des Menschen, der aus Geist, Seele und Leib besteht.

[§ 29 Das dreifache Leib-Seele-Geist-Prinzip stellt das Grundkonzept der Lebensphilosophie dar. Es soll ein nachvollziehbares und nicht-dialektisches Verstehen des Lebens fördern.]

Und diese dreifache Beschaffenheit und Eigenschaft, dieses dreifache Leben des Menschen ist zwar noch nicht selbst derjenige Vorzug, aber es hängt doch dieses nah zusammen mit dem Vorzuge, welcher den Menschen vor allen andern erschaffenen Wesen auszeichnet und unterscheidet; ich meine jenen Vorzug, vermöge dessen er allein in der ganzen Schöpfung mit dem göttlichen Ebenbilde bekleidet ist. Dieses dreifache Prinzip ist die einfache Grundlage der gesamten Philosophie; und diese Philosophie, welche von solcher Grundlage ausgeht, ist eben die Philosophie des Lebens, und darum hat sie auch Worte des Lebens. Sie ist keine müßige Spekulation und keine unverständliche Hypothese; sie ist nicht schwieriger, und braucht nicht dunkler zu sein, als jede andere Rede von geistigem Inhalt, sie kann und darf ebenso leicht und klar sein, wie das Verstehen einer Schrift, die Beobachtung der Natur und die Erkenntnis der Geschichte; denn sie ist überhaupt nichts anderes, als eine aus dem Leben selbst geschöpfte, einfache Theorie des geistigen Lebens, und das bloße Verstehen desselben. Ist sie aber abstrakt und unverständlich, so ist dies nur eine Folge, und meistens auch ein unfehlbares Kennzeichen davon, dass sie in die Irre geraten war. [...]

[§ 30 Vier Bewusstseinkräfte: Verstand und Wille (zum Geist gehörig), Vernunft und Phantasie (zur Seele gehörig). Die denkende Seele als lebendiger Mittelpunkt und Zusammenhang.]

Um aber jene Stufenleiter des Lebens zu vollenden, will ich noch hinzufügen: dreifach ist das Wesen des Menschen, vierfach aber ist das menschliche Bewusstsein, weil sowohl der Geist als die Seele wieder in zwei Kräfte oder Hälften sich scheiden und zerfallen, oder geteilt und zerspalten sind; nämlich der Geist in Verstand und Willen; die Seele in Vernunft und Phantasie. Dieses sind die vier Endpunkte, oder wenn man will, die vier Weltgegenden, für diese innere Welt des Bewusstseins. Die andern, dem Menschen zukommenden Seelenvermögen oder Geisteskräfte sind nur Nebenzweige dieser vier Hauptäste; der lebendige Mittelpunkt des Ganzen aber ist die denkende Seele, und dieses war der Gegenstand meiner ersten Betrachtung.

Von der liebenden Seele, als dem Mittelpunkte des sittlichen Lebens; und von der Ehe[2]

[§ 31 Entwicklungspsychologischer und erkenntnistheoretischer Vorrang der Seele vor dem Geist.]

Die Entwicklung des menschlichen Bewusstseins nach dem dreifachen Prinzip seines Daseins, oder seiner aus Geist, Seele und dem beseelten Körper zusammengesetzten Natur, muss mit der Seele anfangen, und nicht mit dem Geiste, obwohl dieser das Höchste im Bewusstsein ist. Die Seele aber ist das Erste in dem Stufengange der Entwicklung, und auch im wirklichen Leben der Anfang und die bleibende Grundlage, so wie die ursprüngliche Wurzel des gesamten Bewusstseins. Viel später erst entwickelt sich der Geist des Menschen, in oder aus, an oder mit der Seele. Aber auch schon entwickelt ist der Geist, zu welchem außer dem durchblickenden Verstande, der freie Wille gehört, nicht immer und nicht überall gleich wirksam im Menschen; man kann in dieser Hinsicht auf ihn anwenden, wie es von dem alles bewegenden und belebenden Winde in der äußern Natur heißt: man hört wohl sein Wehen, aber man weiß nicht, von wannen er kommt, noch wohin er fährt.

[§ 32 Die Seele hat bewusste und unbewusste Vorstellungen. Sie ist auch in Schlaf und Traum beständig wirksam. Wahrscheinlich träumen wir jede Nacht, erinnern aber nicht alles.]

Die denkende Seele dagegen ist eigentlich im Stillen beständig wirksam, und es kann als sehr wahrscheinlich angenommen werden, dass sie, streng genommen, immer Vorstellungen hat, wenn auch nicht klar bewusste, so doch unbewusste; wie ein großer deutscher Philosoph der frühern Zeit [nämlich G. W. Leibniz], mit dem ich mich oft und auch vorzüglich gern zusammentreffe, es ausdrücklich in seinem Prinzip der unbewussten Vorstellungen als einen Grundsatz der Psychologie aufgestellt hat. Angewandt auf den wechselnden Zustand des Wachens und der Ruhe im äußern organischen Leben, würde dies nun so viel heißen, dass wir im Schlafe immer und auch dann träumen, wenn wir uns dessen gar nicht erinnern können.

---

[2] Aus der zweiten Vorlesung von: Schlegel, F.: Philosophie des Lebens. In fünfzehn Vorlesungen gehalten zu Wien im Jahre 1827, Wien 1828.

[§ 33 Die meisten Träume sind verworrene Tages-Nachklänge. Es gibt aber auch helle, bedeutungs- und ahnungsvolle Träume und Traumbilder. Selbst im Wachbewusstsein finden sich unterschwellige Bilder und Bilderreihen: sie können unbewusste Spuren und Keime bestimmterer Ideen, Antriebe, Entschlüsse enthalten.]

Die große Mehrzahl der Träume, auch wenn wir im Augenblicke des Erwachens noch ein Andenken davon haben, sind ohnehin nichts als ein Abdruck der körperlichen Stimmung und jedesmaligen Temperatur des Lebens und der Gesundheit, vermischt mit einem verworrenen Nachklange solcher Vorstellungen, die uns im vorangehenden Wachen am meisten beschäftigt haben. So wie nun aber unter der großen Menge von bloß verworrenen und nichtssagenden Träumen, manchmal einzelne, sehr klare und zusammenhängende, gleichsam helle Träume hervortreten, in welchen das Gefühl eine tiefere Bedeutung ahnen möchte, oder die wenigstens die Phantasie als bedeutsame Bilder ansprechen: so gibt es, so wie alles Entgegengesetzte an irgendeiner Stelle seinem Gegensatze näher liegt, und sich in solchen gegenseitigen Übergangspunkten eine Verwandtschaft zwischen den beiden Gegensätzen zeigt, auch im wachen Zustande eine ziemliche Masse von weniger klaren und bestimmten Vorstellungen, welche nicht viel deutlicher sind, und auch nicht viel mehr geordnet, als die Reihe der Bilder in einem Traume, [die] an der Seele vorüberziehen; doch würde man sehr irren, wenn man annehmen wollte, dass sie keine Spur in der Seele zurücklassen, da vielmehr in diesen unentwickelten Anfängen von Gedanken sehr oft der Keim liegt zu den bestimmteren Ideen, besonders zu den eigentümlich aufgefassten, so wie auch zu den zuerst sich bildenden Antrieben und Entschließungen, in irgend einer bestimmten Regung und Richtung des Willens.

[§ 34 Der Polarität des Wachens und Schlafens entspricht in der denkenden Seele diejenige der ordnenden Vernunft und der sinnenden Phantasie.]

Wie nun das äußere Leben abwechselt zwischen der Tätigkeit im Wachen und dem Zustande des Ausruhens im Schlaf: so ist auch die denkende Seele geteilt, zwischen der unterscheidenden, ordnenden Vernunft, und der sinnenden Phantasie. Es sind dies also gleichsam die zwei Hälften der Einen denkenden Seele, oder auch die beiden Seiten derselben, wovon wir die eine als die positive, die andere als die negative betrachten können.

[§ 35 Die positive Seite: Die Phantasie mitsamt ihrer Einbildungskraft, Gedankenproduktion, Kombinationsgabe, künstlerischen und affektiven Kreativität.]

In Hinsicht auf das innere fruchtbare Denken selbst, auf die Entstehung und Hervorbringung der Gedanken ist die Einbildungskraft als das produktive

Denkvermögen, die positive Seite des Ganzen; die eigentlich sogenannte Phantasie, die dichterische oder auch in den Neigungen und Leidenschaften mitwirkende Phantasie, ist nur Eine Art und Eine Richtung der Wirksamkeit dieses produktiven Denkvermögens, welches sich noch in vielen andern Richtungen und Sphären des menschlichen Tuns und Denkens kund gibt, indem z. B. selbst die umfassende Kombinationsgabe der großen Erfinder in der Mathematik noch mit unter diesen Begriff gehört.

[§ 36 Die negative Seite: Die ordnende, verarbeitende und eingrenzende Vernunft.]

Diesem produktiven Denkvermögen gegenüber, bildet in dieser Beziehung die ordnende, das durch jene andere fruchtbare Kraft Gegebene, weiter verarbeitende und näher bestimmende oder beschränkende Vernunft, vielmehr die negative Seite des Ganzen.

[§ 37 In Bezug auf das äußere Leben soll die Vernunft das Steuer führen, die Phantasie dienen. Gleichwohl ist und bleibt die Vernunft nur die halbe Seele – die Phantasie muss mitentscheiden dürfen.]

In Beziehung auf das äußere Leben, und in diesem selbst, hat die Phantasie, und alle anderen zu ihr gehörenden Seelenkräfte und Eindrücke oder Regungen, nur die untere dienende Stelle einzunehmen, um in den vorgeschriebenen Grenzen, diese ihre Fülle von innerer Lebenskraft zu dem rechten Ziele zu verwenden, und die innere Idee wirklich zu machen und ins Leben zu setzen. Hier gebührt der ordnenden, entscheidenden Vernunft die erste Stelle, und hier soll sie das Steuer führen, in welcher Hinsicht man sie auch das dirigierende Denkvermögen nennen könnte. Freilich, wenn die Vernunft sozusagen nur die halbe Seele ist, so kann sie auch in den Angelegenheiten der Seele nicht allein entscheiden wollen; eben so wenig ist aber von der andern Seite dasjenige, was wir uns auch als den innersten Wunsch des Lebens festsetzen und einbilden, allemal ein wahres und bleibendes Gut der Seele. [...]

[§ 38 Die Liebe als stärkster Naturtrieb bedarf am meisten einer sittlichen und institutionellen Veredelung: Schlüsselrolle der Ehe als Liebes- und Treue-Bund; wichtige Rolle anderer Liebes- und Treuebünde: Familie, Mutterliebe, Elternliebe, Verwandschafts- und Freundschaftsliebe.]

Jener [...] Naturtrieb endlich, welcher, eben weil er der stärkste ist, am meisten sittlich gehalten und getragen zu werden bedarf, wird unter sittlich gebildeten Nationen, in Zeiten die nicht ganz verwildert und entartet sind, bei den edlern Naturen mehrenteils schon von selbst mit irgend einem höhern Element durch mannigfache sittliche Beziehung, ja auch bloß als Neigung genommen, schon an sich verwandt und näher verbunden sein. Eine solche starke Neigung nun und innige Liebe, zum Bunde der Treue geadelt, erhält dadurch eine höhere Weihe, und wird selbst nach der göttlichen Weltordnung, als ein Heiligtum betrachtet, und ist auch in Wahrheit das sittliche Heiligtum des irdischen Lebens, auf welchem der älteste göttliche Segen ruht, und das zugleich die Grundlage bildet, auf welcher das Heil der Geschlechter und der Nationen in ihrer sittlichen Wohlfahrt gegründet ist. Aus diesem Seelenbande der Liebe, welches den Familien-Verein begründet, gehen alle die andern starken Bande und schönen Verhältnisse der Mutterliebe, der Kindespflicht und der brüderlichen Freundschaft zwischen Geschwistern und Anverwandten hervor, welche zusammen den unsichtbaren Lebensgeist und gleichsam den inneren Nervensaft der menschlichen Gesellschaft ausmachen. […]

[§ 39 Die Liebe als geistige Leidenschaft: Begeisterung für eine Idee, die im Diesseits gepflegt, geschützt oder verwirklicht werden kann. Eine weit verbreitete Form: Begeisterung fürs Vaterland.]

Nächst diesem Seelenbande einer edlen tugendhaften Liebe, welche auf die innigste Verbindung des ganzen gemeinsamen Lebens gerichtet ist, zeigt sich eine andere Art oder Form, eines höhern, guten und schönen, ja selbst erhabenen Strebens in dem, was wir Begeisterung nennen. Es hat dieselbe einen Gedanken zum positiven Gegenstande, den die Seele in diesem Falle geistig erfasst, und von dem sie dann wieder ganz ergriffen und erfüllt ist; aber die innere Idee allein genügt ihr nicht, wie es bei dem bloßen Denken oder Bewundern irgend eines erhabenen Gedankens der Fall ist, sondern das Unterscheidende liegt darin, wie jene Neigung und Begeisterung darauf gerichtet ist, diese ihre Idee, von der sie so ganz ergriffen und erfüllt ist, auch wirklich auszuführen, oder doch in der Wirklichkeit durch die Tat, und selbst mit den größten Aufopferungen zu bewähren. Die am allgemeinsten vorkommende Form oder Art der Begeisterung ist die patriotische oder die Vaterlandsliebe, welche sich am besten kund gibt in Zeiten der Gefahr. […]

[§ 40 Andere wichtige Arten der Begeisterung: Liebe für die Kunst, Liebe für die Wissenschaft, Entdecker-Leidenschaft.]

Eine andere allgemein bekannte und anerkannte Art der Begeisterung, die künstlerische nämlich, ist nicht so allgemein auf die Grundanlagen der menschlichen Natur überhaupt gegründet, wie das patriotische Gefühl; sondern setzt besondere Anlagen und Naturgaben, oder Geisteskräfte voraus, kann daher auch bei weitem nicht in einem so weiten Wirkungskreis stattfinden. Auch hier aber bewährt sich die Begeisterung als eine solche Eigenschaft oder Stimmung der

Seele, welche nicht bloß mit dem Gedanken allein schon innerlich zufrieden ist, wie etwa in einer ruhigen philosophischen Betrachtung und Bewunderung, sondern welche vielmehr die Idee, welche sie aufgefasst hat, und von der sie ergriffen ist, auch in der Wirklichkeit ausführen, und vollendet darstellen will, und eher keine Ruhe und Befriedigung findet. Nicht auf die Sphäre der Kunst allein ist diese ideelle Begeisterung beschränkt, auch in der Wissenschaft findet sie statt, und ist sie die beseelende Triebfeder aller großen Entdecker oder Stifter und Gründer in jedem Gebiete des Lebens gewesen. Columbus würde ohne eine solche nicht alle Gefahren und Hindernisse haben besiegen können, bis er das Ziel erreicht hatte. Hier ist also der Gegenstand der Begeisterung nicht das Ideal wie beim Künstler, sondern irgend ein Neues und Großes im Gebiete des nützlichen Wissens, oder des wirklichen Lebens.

[§ 41 Gegenstand der geistigen Leidenschaft: etwas Positives, Wirkliches, Schönes, Ausgezeichnetes, Erhabenes, Bewunderungswürdiges.]

Allemal aber ist der Gegenstand der Begeisterung ein Positives, Wirkliches, wann dieses auch nicht bloß als ein Schönes und ausgezeichnet Hervortretendes, sondern selbst als ein Erhabenes mit dem Gefühl der Bewunderung aufgefasst wird.

[§ 42 Die Sehnsucht als geistige Leidenschaft. Ihr Sonderstatus: Sie entspringt dem ewigen Gefühl der liebenden Seele und sucht dasselben zeitlebens.]

Ganz anders ist dieses bei der Sehnsucht, einem unbestimmten Gefühl des tiefsten Verlangens, welches von keinem einzelnen, wirklich irdischen Gegenstand, oder auch Ideale ausgefüllt wird, sondern nur auf das Ewige und Göttliche überhaupt gerichtet ist. Obwohl sie kein eigentliches Genie, oder besondere Talente voraussetzt, sondern unmittelbar aus der reinen Quelle der von Gott erschaffenen, unsterblichen Seele, und aus dem ewigen Gefühl dieser liebenden Seele hervorgeht: so wird sie rein entwickelt, doch aus begreiflichen Gründen fast noch seltner gefunden als die künstlerische Begeisterung.

[§ 43 Sehnsucht im Jugendalter verbreitet: Sanfte Schwermut verbunden mit einem halb unbewussten angenehmen Gefühl der Lebensfülle.]

Zwar ein gewisser Anhauch von Sehnsucht ist dem jugendlichen Alter bei einigermaßen glücklichen Anlagen und freien Entwicklungsverhältnissen überhaupt eigen, und wird oft genug an ihm bemerkt; und eben darin, in dieser sanften Schwermut, die doch verbunden ist mit dem halb unbewussten aber angenehmen Gefühle der blühenden Lebensfülle, liegt das Anziehende in dem

Eindruck, welchen die Jugend, auch bloß in der ruhigen Betrachtung und stillen Rückerinnerung, selbst auf ältere Personen macht.

[§ 44 Profane Sehnsucht wird im sexuell erfüllten Erwachsenenleben gestillt und erlischt; spirituelle (= echte) Sehnsucht nicht. Sie sucht den wegweisenden „Stern der ewigen Hoffnung".]

Das Kennzeichen des echten Gefühls und des unechten, wird sich auch hier sehr leicht finden, und eben so einfach bestimmen lassen: indem wir die Sehnsucht überhaupt als den vorangehenden Zustand einer noch unentwickelten Liebe erklären, wo dann nur die Frage übrig bleibt, welche Liebe und von welcher Art dieses zu verstehen oder gewesen sei? Wenn nun die jugendliche Sehnsucht sogleich mit der Entwicklung der Leidenschaften, und mit der ersten Befriedigung derselben, in die gemeine Wirklichkeit hinüber tritt, so ist es keine echte, sondern eine bloß irdische, sinnliche Sehnsucht gewesen. Wenn aber die Sehnsucht bleibt, auch nachdem die Zeit der jugendlich aufwallenden Gefühle schon mehr vorüber ist, wenn sie nur immer tiefer wird, durch kein irdisches Glück befriedigt, und durch kein irdisches Unglück entkräftet; wenn sie mitten im Kampfe des Lebens und im Drange der Welt, wie ein Licht suchendes Auge, aus den sturmbewegten Wellen im Meere der Zeiten, zum Himmel hinaufgewendet bleibt, ob sie nicht dort einen Stern der ewigen Hoffnung fände: dann ist dieses die echte Sehnsucht, welche auf das Göttliche gerichtet, und welche selbst göttlichen Ursprungs ist.

[§ 45 Aus der echten Sehnsucht geht fast alles geistig Schöne und Große hervor – auch die Philosophie als das innere Verstehen des Lebens.]

Aus dieser Wurzel geht fast alles geistig Schöne und Große hervor, ja auch selbst diese Liebe zu dem geistigen Wissen, und innern Verstehen des Lebens, die Philosophie hat keine andre Quelle, und man könnte dieselbe auch in dieser Beziehung eben so passend die Lehre von der Sehnsucht, oder die Wissenschaft der Sehnsucht nennen. –

[§ 46 Jugendliche Sehnsucht, Phantasie und Leidenschaft sind die höchsten Naturgaben. Sie bilden einen blühenden inneren Garten, der der Pflege bedarf.]

Aber auch die jugendliche Sehnsucht ist oft eine echte, und wenigstens die erste Grundlage jener andern höhern, wenn auch noch nicht so rein entwickelt, und durch das Leben geläutert, wie diese selbst. Ich füge noch eine allgemeine Bemerkung hinzu. – Diese schöne jugendliche Sehnsucht, eine fruchtbare Phantasie, eine liebevolle Seele, sind die höchsten Gaben der liebevoll austeilenden Natur; oder vielmehr nicht der Natur, sondern des wundervollen Geistes, der in ihr und über ihr waltet. Sie bilden gleichsam einen blühenden Garten des geheimen Lebens im Innern des Menschen; aber so wie der erste Mensch in den Garten der Erde gestellt wurde, nicht bloß zum müßigen Genuss, sondern wie es ausdrücklich gesagt wird, dass er diesen Garten anbauen und bewachen solle: so geschieht es noch jetzt, und ist oft, wenn dieses nicht beachtet wird, das Innere auch der vorzüglichsten Menschen, und der am reichsten begabten Naturen, nur wie ein verwildertes Paradies. […]

[§ 47 Denkende Seele: Mittelpunkt des Bewusstseins; liebende Seele: Mittelpunkt des sittlichen Lebens.]

So wie also die denkende Seele der lebendige Mittelpunkt des Bewusstseins, so ist hinwiederum die liebende Seele der Mittelpunkt und die Grundlage des sittlichen Lebens, wie sich dieses in jenem Seelenbande der Liebe zeigt, welches die Ehe bildet, und in ihr geschlossen und vollendet wird.

Von dem Anteil der Seele [und Sprache] an dem Wissen; [… über die vernehmende Vernunft als Gedächtnis, Gewissen, Gemeinsinn][3]

[§ 48 Frage nach dem Anteil der Seele an Wissen und Wissenschaft.]

In dem ersten Abschnitt dieser Darstellung wurde die Aufmerksamkeit hingelenkt auf die denkende Seele, als den Mittelpunkt des gesamten menschlichen Bewusstseins; in dem zweiten versuchte ich, die liebende Seele als den Mittelpunkt der sittlichen Welt aufzufassen, und lebendig zu schildern; in dieser dritten Abteilung ist die Aufgabe, den Anteil der Seele an der Wissenschaft, welche der Mensch erreichen kann, deutlich zu machen und näher zu bestimmen. Im allgemeinen zwar ist dieser Anteil, dieses Element, welches die Seele hergibt und von ihrer Seite beiträgt zu dem menschlichen Wissen, nicht so schwer anzugeben; im einzelnen aber findet sich vieles vor, was auf's sorgfältigste erwogen und abgewogen werden muss.

[§ 49 Alles menschliche Wissen ist an die Sprache gebunden. Sprache als Organ des Wissens ein Produkt der Seele.]

Es ist die Sprache, welche die Seele dem erkennenden Geiste, zum Ausdruck seines Wissens leiht, und das ist eben das charakteristische Kennzeichen alles menschlichen Wissens, dass es an die Sprache gebunden ist, und dass diese einen wesentlichen Bestandteil und das Organ derselben bildet. Die Sprache aber, diese diskursive, und doch auch wieder lebendig bildliche Menschensprache, ist ganz ein Produkt der Seele, welche sich hier zuerst, und vornehmlich als eine fruchtbar bildende und hervorbringende Kraft kund gibt; beide Kräfte und Vermögen, welche zusammen die Seele ausmachen, die Phantasie und die Vernunft, haben gleich sehr Anteil an diesem wundervollen Gebilde ihrer Hervorbringung.

[§ 50 Phantasie für die bildliche und melodiöse Seite der Sprache zuständig; Vernunft für die logische und grammatikalische Seite. Zusammenspiel von Phantasie und Vernunft hierbei wesentlich.]

---

[3] Aus der dritten Vorlesung von: Schlegel, F.: Philosophie des Lebens. In fünfzehn Vorlesungen gehalten zu Wien im Jahre 1827, Wien 1828.

Der Phantasie gehört der ganze figürliche und bildliche Teil derselben an, dann auch der melodische Gang und beseelte Ton; und noch überdem gehören auch das innre Grundgewebe und die ursprünglichen Naturwurzeln, dem uranfänglichen innigen Naturgefühl, mithin der Phantasie an; wenn man sie nicht etwa noch lieber gleich der tiefern naturverwandten Seele selbst zuschreiben will; die logische Ordnung aber, und der grammatische Gliederbau, so wie die regelmäßige Fügung bilden den Anteil der Vernunft an dem Ganzen. Welchen Teil man wichtiger halten, oder höher stellen will, das hängt von der Verschiedenheit des Standpunktes ab, welchen man dabei jedesmal zum Grunde legt, oder von der Beziehung, aus welcher man das Ganze betrachtet, und auf die man dabei vorzüglich Rücksicht nimmt. Beide Elemente aber sind gleich wesentlich und unentbehrlich; und unter allen bisher vorgekommenen Beziehungen, in welchen das gegenseitige Verhältnis der Vernunft und Phantasie in Betrachtung gekommen ist, wo fast immer noch ein entschiedenes Übergewicht auf der einen oder der andern Seite sich zu erkennen gab, dürfte kaum ein solches Verhältnis gefunden werden, wo beide, Vernunft und Phantasie, so innig zusammenwirken und einen so ganz gleichen Anteil an dem gemeinschaftlich Hervorgebrachten haben, als in der wunderbaren Hervorbringung der Sprache, so wie in dieser selbst; welches sowohl von der Sprache im allgemeinen und überhaupt, als auch von jeder höhern Anwendung und Art derselben gilt.

[§ 51 Geist und Erkenntnis sind eng mit der diskursiven (zugleich meist bildlichen) Menschensprache verbunden. Spekulativ-dialektische und metasprachliche Versuche, ein unbedingtes Wissen zu erlangen, führen in die Sackgasse.]

Die Gebundenheit des erkennenden Geistes an dieses Organ einer diskursiven, und fast immer noch bildlichen Sprache, die innige Verwebung der Erkenntnis selbst mit dieser Sprache, ist nun gerade das charakteristische Kennzeichen des menschlichen Wissens. Der Fehler bei so vielen bloß spekulativen Denkern liegt eben darin, dass sie den menschlichen Maßstab verlassen, dass sie, wenn man so sagen darf, ein unmenschliches, d. h. ein unbedingtes Wissen mit Gewalt erringen und erobern wollen, was sie aber doch nicht imstande sind zu erreichen, und worüber sie dann auch das menschliche Wissen, was sie wirklich erreichen und haben könnten, mit verlieren, und so am Ende nichts in Händen behalten, als das unbedingte Nichtwissen, und den endlosen Streit.

[§ 52 Höhere Sprache („Geistersprache“) und höheres Wissen – wenn überhaupt – nicht spekulativ, sondern rein geistig, unmittelbar, bildlos, telepathisch.]

Wenn bei jenen im Wissen den Menschen vorgezogenen Geistern eine Mitteilung stattfindet, wie sich das wohl nicht anders annehmen lässt, so muss doch diese unmittelbare Geistersprache eine ganz andre sein als unsre sinnlich-vernünftige oder irdisch-himmlische Natur- und Menschensprache, da sie eben als eine rein geistige, auch nur eine unmittelbare sein könnte, ohne Bild, und ohne diese erst zerteilte, und dann wieder zusammengefügte Form. Nach den zwei Eigenschaften oder Kräften, welche das Wesen des Geistes bilden, könnte es nur sein eine Mitteilung, Übertragung, Erweckung, Hinsendung des Gedankens, irgend eines ganz bestimmten Gedankens, durch den Willen; oder eine Mitteilung, Erregung und Hervorbringung des Willens, irgend eines ganz bestimmten Willens, durch den Gedanken. Es kann sein, dass hie und da etwas der Art, etwas dem nicht ganz Unähnliches auch in dem menschlichen Wirken sich vorfindet, dass diese unmittelbare Geistersprache, als ein ganz verborgenes, unsichtbares Lebens-Element auch in der Menschensprache als ein einzelner höherer Bestandteil miteingeschlossen, und in dem äußern Körper gleichsam eingehüllt wäre, der alsdann aber nur an den höchsten Momenten und Lichtpunkten aller Sprachwirkung bemerklich werden würde, wo die magische Kraft der Rede, und des in ihr waltenden wollenden Gedankens am meisten hervortritt. Im ganzen genommen aber ist die Menschensprache keine solche unmittelbar und magisch wirkende Geistersprache, sondern mehr eine bildliche Natursprache, in welcher sich die stehenden großen Hieroglyphen derselben, im kleinen Maßstabe, und in leichter Beweglichkeit zurückspiegeln, in der ganz gewöhnlichen vernünftigen Gesprächsform, wobei oft viele grammatische Umständlichkeiten und Umstände erfordert werden, deren jene vorgezogenen Geister zu ihrer unmittelbaren Mitteilung wohl nicht bedürfen, und wobei auch nach menschlicher Weise, manche große und kleine grammatische Versehen, wenn man so sagen darf, mit unterlaufen, die im Wissen und Denken, ja auch im Leben oft nicht unbedeutende Folgen haben.

[§ 53 Sprache ist an die religiöse und geschichtliche Tradition und Wissensüberlieferung gebunden.]

Die Sprache ist nächstdem auf das engste verbunden und zusammengewachsen mit der Überlieferung, der heiligen sowohl als der geschichtlichen, so wie mit allem geschichtlichen Wissen; und wie das Wort die ursprüngliche Wurzel ist, aus welcher der ganze Stamm dieses geschichtlichen und menschlichen Wissens, der Überlieferung, mit allen seinen Ästen und Zweigen hervorgeht: so ist es auch in der Rede, der schriftlichen Darstellung und der höhern Erkenntnis selbst, welche gleichsam die Blätter, Blüten und Früchte an diesem großen Baum der lebendigen Überlieferung bilden, wiederum das Wort, mit welchem das Ganze endet und geschlossen wird.

[§ 54 Frage nach dem Unterschied von Vernunft und Verstand hinsichtlich des Wissens.]

Um nun aber den Anteil der Seele, als dem hervorbringenden Vermögen der Sprache, an dem menschlichen Erkennen und Wissen, noch vollständiger zu entwickeln, und schärfer zu bestimmen, ist es notwendig, vorher noch das Wesen der Vernunft, besonders in Beziehung auf die ihr zur Seite, und mit ihr in der engsten Verbindung stehenden, und untergeordneten Vermögen, etwas näher zu erwägen, und besonders den Unterschied zwischen Vernunft und Verstand so genau und sorgfältig als möglich zu bestimmen, damit jeder einzelnen Geisteskraft, jedem einzelnen Seelenvermögen, ihr Anteil an dieser gemeinschaftlichen Frucht, oder dem gemeinsamen Werk des menschlichen Wissens, zugemessen, jeder unter ihnen ihre Grenzen, und ihre rechte Stelle in dem Ganzen danach angewiesen werden könne. –

[§ 55 Gedächtnis und Gewissen sind Vernunftvermögen.]

Als die Seelenvermögen, welche mit der Vernunft in ebenso naher Beziehung stehen, wie die Sinne und die Triebe oder Leidenschaften mit der Phantasie, wurden angegeben Gedächtnis und Gewissen. Ich betrachte das Gedächtnis hier nicht als eine Gabe, nach der mindern oder größern Stärke des Umfangs und der Dauerhaftigkeit desselben, oder als eine Kunst, um es zu stärken und durch allerlei Hilfsmittel zu erleichtern, noch auch als eine Aufgabe, inwiefern die Übung desselben einen wesentlichen Teil der intellektuellen Entwicklung und Bildung ausmacht; sondern lediglich in seiner wesentlichen Verknüpfung mit der Vernunft und Vernunftfähigkeit, welche an diese Bedingung gebunden erscheinen, wenn man nämlich das Gedächtnis vorzüglich nur als den innern Faden der Erinnerung und des Zusammenhangs im Bewusstsein betrachtet.

[§ 56 Wenn der innere Faden der Erinnerung reißt, nimmt auch die Vernunft Schaden.]

Man kann, und ich möchte sagen, man muss fast unermesslich vieles vergessen in diesem lebhaft wechselnden Gedankenstrom und Ideenwechsel; sobald aber jener Faden des Zusammenhanges in dem innern Selbstgedächtnis abreißt, oder erlischt und verloren geht, so wird jederzeit auch die Vernunft mitleiden, gehemmt und gelähmt, oder endlich verwirrt und zerrüttet werden. Wenn bei dem höchsten Grade der Altersschwäche das Gedächtnis völlig erlischt, so entsteht auch allemal eine Art von Blödigkeit, und die Vernunft hört in demselben Grade auf, tätig und wirksam zu sein. Freilich wird das Bewusstsein regelmäßig im Schlaf unterbrochen, aber es wird auch beim Erwachen gleich wieder angeknüpft; wenn das Gegenteil geschähe, wenn wir uns, plötzlich erwacht, gar nicht besinnen und zurechtfinden könnten, wie wohl manche Erfindungen der Art bei den Dichtern vorkommen: so würden wir auch völlig an uns selbst, und an unserm ganzen Bewusstsein irre werden. Irgend eine gewaltsame Unterbrechung, oder Abreißung in dem innern Gedächtnis der Selbsterinnerung findet fast allemal beim Wahnsinn statt, und es ist ein Hauptkennzeichen desselben.

[§ 57 Wenn ein fixer Irrgedanke alles dominiert, wird die denkende Seele dezentriert, Bewusstsein und Vernunft werden zerrüttet (Beispiel Wahnsinn).]

Ich will hier in Beziehung auf ähnliche frühere Bemerkungen nur darauf aufmerksam machen, wie sich auch in dem traurigen Zustande der Geisteszerrüttung, und in den verschiedenen Arten und Formen desselben, das dreifache Prinzip des menschlichen Daseins nach Geist, Seele und Körper, in derselben dreifachen Einteilung, wieder zu erkennen gibt und abermals wiederholt. In dem eigentlichen Wahnsinn, dem stillen nämlich, wo neben einer einzelnen grundfalschen, fix gewordenen Idee, oft in allem übrigen ein Übermaß von Scharfsinn gefunden wird, und sehr wohl damit zusammen bestehen kann, ist es zunächst eine eben durch einen solchen fixen Irrgedanken, der nun der falsche Mittelpunkt aller andern Gedanken, und des ganzen Bewusstseins geworden ist, entstandene Verwirrung, und seltsame Versetzung des Geistes, welche sich in dieser Form des zerrütteten Bewusstseins kund gibt.

[§ 58 Wut und Raserei bringen die Seele zum Toben: auch das verunmöglicht einen angemessenen Vernunftgebrauch. Angeborener ‚Blödsinn' hat meist organische Ursachen, Wahnsinn und Raserei oft moralische.]

Bei der eigentlichen Wut und Raserei aber, ist es vielmehr die Seele, welche aus alle Fugen und Banden der Vernunft, und der vernünftigen Gewohnheit losgerissen, und einer feindlich tobenden wilden Naturkraft anheimgegeben erscheint. In dem Blödsinn endlich, wenn er nämlich angeboren ist, und bei übrigens vollständigen äußern Sinnen gefunden wird, muss wohl immer ein organischer Fehler, ein innerer Defekt im Gehirn, oder sonst in dem verborgenen Denk- und höheren Lebensorgan angenommen werden, während bei jenen andern beiden Formen wenigstens sehr oft, auch moralische Ursachen in hohem Grade mitwirkend sein können.

[§ 59 Würde Taubstumme ganz ohne Sprache aufwachsen – auch ohne Gebärdensprache –, hätten sie wahrscheinlich auch einen Vernunftdefekt.]

Bei den Taubstummen, wenn sie ganz sich selbst überlassen blieben, würde es wahrscheinlich dasselbe sein; da ihnen mit dem Sprachvermögen zugleich eine Hauptbedingung des vernünftigen Charakters abgeht. Diejenigen Männer aber, welche sich dem Geschäft widmen, diese unglückliche Menschenklasse dennoch zur Vernunft zu bilden, können dieses nur dadurch erreichen, dass sie ihnen eine andere Zeichensprache beibringen, als die gewöhnliche lautbare Gehörsprache, deren sie beraubt sind; so dass es sich auch hier nur von neuem bewährt, wie nah das Sprachvermögen in jeder Beziehung mit dem vernünftigen Charakter zusammenhängt. Das Nähere der Untersuchung über diesen Gegenstand gehört der Naturwissenschaft an: nur der dreifache Charakter jenes psychologischen Übels oder Unglücks, als eine neue Beglaubigung des allgemeinen Prinzips der menschlichen Bewusstseinslehre, auch in dieser engern und besondern Sphäre der krankhaften Seelen- und Geisteszustände, konnte hier eine Stelle finden, und diese Erwähnung im Vorübergehen veranlassen.

[§ 60 Sinne, Neigungen und Triebe werden durch die Phantasie beeinflusst: sie sind gleichsam unbewusst angewandte Einbildungskraft. Durch vernünftiges Lernen Habitualisiertes (Auswendiggelerntes, Fremdsprache, Musik, …) ist gleichsam unbewusst gewordene angewandte Vernunft.]

Die äußern und besonders die höhern Sinne, könnte man wegen der Herrschaft der Phantasie, unter welcher sie stehen, sehr schicklich eine angewandte Einbildungskraft nennen: so wie man ebenfalls auch die Neigungen und Triebe, die guten wie die verderblichen, als eine solche, oder eine ins Leben übergegangene Einbildungskraft bezeichnen mag. Auf gleiche Weise ließe sich auch das Gedächtnis, als eine angewandte und in der Anwendung gleichsam mechanisch, und zur Gewohnheit gewordene Vernunft betrachten; da allerdings die logische Ordnung im Gedächtnisse die Hauptsache ist, der hohe Wert so wie die wissenschaftliche Brauchbarkeit desselben vorzüglich von dieser abhängt. Die ganz zum bewusstlosen Mechanismus gewordenen erlernten Vernunftfertigkeiten, die anfangs doch mit dem Gedächtnis aufgefasst werden müssen, wie bei dem gewöhnlichen Auswendiglernen, oder auch dem allgemeinen Erlernen einer fremden Sprache, der Musik, oder einer andern ähnlichen Kunstfertigkeit, sind eine wieder zum Instinkt gewordene Vernunft; so wie die Kunsttriebe und Kunstfertigkeiten der Tiere und ihr Instinkt, als ein bewusstloses Analogon der Vernunft bezeichnet werden.

[§ 61 Auch das Gedächtnis ist ein positives, nützlich-dienendes Vernunftvermögen. Das Gewissen ist das höchste Vernunftvermögen – aber ein negatives.]

Auch in diesem Nebenvermögen des Gedächtnisses, zeigt sich die Vernunft nach ihrem eigentümlichen Charakter, als ein nützlich dienendes Vermögen; so wie im Gewissen, als der höchsten Funktion derselben, mehr als ein negatives Vermögen. In beiden Beziehungen, als dienendes und als negatives Denkvermögen, kann die Vernunft an ihrer Stelle den höchsten Wert behaupten. Alle die hie und da vorkommenden Gegenbemerkungen und einschränkenden Erinnerungen, hervorgerufen durch den oft allzu hoch überschwellenden Vernunft-Andrang der Zeit, haben überhaupt keinen andern Zweck und Sinn, und sind einzig und allein gerichtet gegen diejenige unechte Art der Vernunft, welche souverän sein will, und um diese Anmaßung durchzusetzen, produktiv zu sein behauptet: wovon sie das eine nicht sein soll, und das andere nicht sein kann.

[§ 62 Vernunft sowohl ein unterscheidend-zergliederndes als auch ein verknüpfend-schlussfolgerndes Denken. Wird dieses Denken dialektisch von Erfahrung, Gedächtnis und Gewissen entkoppelt, wird es haltlos.]

Das unterscheidende, abteilende, zergliedernde Denken, so wie auch das verknüpfende, schließende, folgernde Denken, als welche beide zusammen das Vernunftvermögen bilden, kann nach beiden Seiten ins Unbestimmte und Unendliche fortgesetzt werden, bis es zuletzt allen Gegenstand verliert; und dieses endlose Denken ohne Gegenstand, ist die Quelle des wissenschaftlichen Irrtums, welcher immer nur aus jenem leeren Raum im Denken hervorgeht, und auf ein Gedanken-Nichts, ein nichtiges und falsches Denken hinführt. Ganz anders da, wo ein mit dem fruchtbaren Stoff geistiger Erfahrung angefülltes Gedächtnis, die Grundlage fast aller nützlichen menschlichen Tätigkeit und Erkenntnis bildet; oder wo der Gegenstand, wie in der Wahrnehmung des Gewissens, wenn auch weniger Ausdehnung und Mannigfaltigkeit, doch schon in sich die höchste Wichtigkeit hat.

[§ 63 Gewissen als wichtigstes vernünftiges Unterscheidungsvermögen: basierend auf dem moralischen Gefühl und der inneren Stimme unterscheidet es Recht von Unrecht.]

Wie die Vernunft überhaupt ein Vermögen, nicht bloß der Verknüpfung und des Zusammenhanges im Denken, sondern vorzüglich auch das unterscheidende Denkvermögen ist, so ist auch das Gewissen ein solches Unterscheiden im Gedanken und innern Bewusstsein, aber in einer besondern und höhern Beziehung, und auch in andrer Form, als der sonst gewöhnlichen diskursiven, nämlich als einfaches Gefühl, und unmittelbare Wahrnehmung nach diesem einfachen Gefühl der innern Stimme, zwischen dem, was Recht und Unrecht, Gut und Böse ist: der höchsten und wichtigsten aller Unterscheidungen.

[§ 64 Die Stimme des Gewissens wird, wenngleich kulturell modifiziert, von allen Menschen und Völkern ähnlich vernommen. Gewissen als Quelle göttlicher Wahrheiten.]

Diese unter allen Völkern vernehmbare innere Stimme des Gewissens, welche sich freilich nach dem Einfluss der herrschenden Ideen, nach so mannigfach verschiednen Sitten, Zeiten und Jugendgewohnheiten wohl in etwas verschiedenen Mundarten und Dialekten ausspricht, wobei aber doch, was Hauptdinge, und den durchgehenden Grundton betrifft, immer noch im ganzen die nämliche Eine

Sprache und Stimme der Menschennatur und nicht erlernten, sondern angebornen Gottesfurcht darin unverkennbar bleibt, wird von vielen als die Eine Hauptquelle der höhern und göttlichen Wahrheit bezeichnet, womit ich gern einverstanden bin, insofern es nicht die einzige sein und keine andre dadurch ausgeschlossen werden soll.

[§ 65 Vernunft als inneres Vernehmen der warnenden Gewissens-Stimme. Das Gewissen wie ein zweites, anderes, höheres Ich (‚Über-Ich').]

Es ist wohl bedeutsam, wie denn jede Sprache besonders glückliche Beziehungen der Art, manchmal so, manchmal anders darbietet, dass im Deutschen selbst das Wort und der Name der Vernunft, von diesem innern Vernehmen herkommt, welches ihre höchste Funktion ausmacht. Was wird denn, möchte man fragen, nun eigentlich wahrgenommen, in diesem wunderbaren Vernehmen, wenn der Wille selbst, vor dem, was er eben noch wollte, innerlich zurücktritt. Die warnende Stimme wird es genannt unter allen Völkern, und zu allen Zeiten; es ist wie Einer, der warnt und dagegen spricht, in uns, in unserm Ich; es ist also nicht dieses unser eignes Ich, sondern ein Andrer ist es, ein andres, nach dem Gefühl viel höheres, fremdes Ich in uns.

[§ 66 Das verlockende, fortreißende, niedere Ich (‚Begierde-Ich') als Widersacher des guten höheren Ichs (‚Über-Ich'). Unser eigentliches Ich in der Mitte stehend – zwischen niederem und höherem Ich vermittelnd und entscheidend.]

Nun erscheint uns auch jener frühere Willen in uns, ebenfalls als ein andres, aber ein niedres, lockendes, falsches Ich, als eine fremde, uns selbst und unser eigentliches Ich mit fortreißende Gewalt; nur das eine Ich, welches zwischen jenen andern beiden, der höheren warnenden Stimme, und der fremden fortreißenden Kraft, in der Mitte steht, und zwischen ihnen mit freier Wahl entscheiden soll, bleibt uns als unser eignes und eigentliches Ich und Selbst zurück und übrig, nachdem die zersetzende Scheidung und Unterscheidung zwischen der guten Stimme, und der bösen Regung, in dem noch nicht ganz entschiednen Willen und dem gemischten Zustand desselben einmal geschehen ist.

[§ 67 Neben der echten Sehnsucht fungiert auch unsere innere Stimme als göttlicher Licht- und Anhaltspunkt.]

Diese innere Stimme, und dieses innere Vernehmen derselben, ist einer von den Ankern, an welchem das Schiff des Daseins auf dem flutenden Meere des Lebens, und des hin und wieder strömenden Wollens gehalten wird: ein göttlicher Licht- und Anhaltspunkt der Wahrheit. […]

[§ 68 Erfahrung und Erfahrungswissen beruhen auf einem Vernunft- und Vernehmenssinn, dem „Gemeinsinn“ bzw. „Menschensinn“. Die Sprache als Zusammenhang unter Menschen und ihren Gedanken bedingt den Menschensinn.]

Denn alle Erfahrung und alles Wissen der Erfahrung, beruht auf einem Sinn der Erkenntnis, als Organ der unmittelbaren Wahrnehmung. Die Vernunft, welche sich auch schon im Gewissen, als ein unmittelbares Gefühl, als ein innerer Sinn für Recht und Unrecht kund gibt, wird als Vermögen der Gedankenentwicklung und Gedankenmitteilung der Gemeinsinn genannt; es ist das durch die Sprache und das Sprachvermögen bedingte Band des Zusammenhanges unter den Menschen und ihren Gedanken, und könnte auch der Menschensinn genannt werden, und bildet in dieser Beziehung die Grundlage und erste Stufe aller übrigen höhern Erkenntnissinne und unmittelbaren Organes desselben.

[§ 69 Die Phantasie als lebendige Kraft der Natur in uns bedingt den „Natursinn“.]

Die Phantasie, selbst nur ein Abdruck des Lebens, und der lebendigen Kraft in der Natur, ist das innere Naturgefühl, der Natursinn, der auch der Naturwissenschaft erst ihre rechte Bedeutung, und den lebendigen wahren Sinn verleiht und sichert; wie späterhin deutlicher entwickelt werden soll.

[§ 70 Der Verstand, insofern er die Offenbarung des (letztlich göttlichen) Geistes in der Sinnenwelt erkennt, bedingt den „Erkenntnissinn“.]

Der Verstand, da das volle Verständnis eines jeden Gegenstandes nur aus dem Ganzen, dem Sinn und Geist des Ganzen hervorgeht, ist der Sinn für den in der Sinnenwelt sich offenbarenden Geist, es mag dieses nun ein menschlicher, natürlicher, oder selbst der höchste göttliche Geist sein. Der Verstand ist das Erkenntnis-Organ, der Sinn, für den Geist der Offenbarung, und die Offenbarung des Geistes: insofern also auch schon ein wesentlich mitwirkendes Organ der Gottes-Erkenntnis.

[§ 71 Der Wille, insofern er sich existenziell für Gott bzw. göttliche Erfahrung entscheidet, bedingt den „Gottessinn“.]

Für den eigenlichen Gottes-Sinn im Menschen, würde ich aber doch nicht sowohl den die Offenbarung und den Geist auffassenden Verstand, als den Willen halten, insofern hier durch die eigene Erfahrung Gott unmittelbar erkannt wird; was ich in der Folge suchen werde, an seiner Stelle vollständig zu entwickeln.

[§ 72 Nur die empfängliche Seele ist in der Lage, aus den vier göttlichen Offenbarungsquellen – Gewissen, Natur, Bibel, Geschichte – zu schöpfen.]

Wenn wir nun jene vierfache Offenbarung Gottes, im Gewissen und in der Natur, in der heiligen Schrift und in der Weltgeschichte, als eben so viele lebendige Quellen oder fruchtbringende Ströme der höhern Wahrheit betrachten dürfen: so setzen sie doch alle einen guten Boden voraus, der das Wasser des Lebens und den guten Samen der göttlichen Erkenntnis in sich aufnimmt; indem alle Offenbarung dem Menschen nichts helfen würde, ohne das Organ der Empfänglichkeit für das Gute, um das von oben göttlich Gegebene in sich aufzunehmen. Die für das Gute und Göttliche, von außen wie von innen, und von allen Seiten empfängliche Seele ist dieses Organ, welches die Offenbarung in sich aufnimmt und dieses ist, nebst dem früher erwähnten Gebilde der Sprache als der äußern Form für das menschliche Wissen, ihr Anteil an der Wissenschaft, nämlich an dem innern Wissen; ja selbst bei dem Verstande, als dem Sinn für den Geist der Offenbarung und bei dem Verstehen derselben ist sie mitwirkend, da nichts Göttliches bloß mit dem Begriff und aus demselben allein verstanden werden kann, sondern allemal das Gefühl desselben schon vorangegangen sein muss, oder mit erfordert wird zu dem vollständigen Verstehen.

[§ 73 Im Gefühl weiß die liebende Seele um das Göttliche. Wenn sie diesem Gefühl denkend nachgeht und es in Worte zu fassen sucht, philosophiert sie lebendig – und schöpft dabei aus den vier Offenbarungsquellen.]

Also als das Gefühlsvermögen des Göttlichen ist die Seele, die um das Göttliche mitwissende, oder im Wissen desselben mitwirkende; und diese die göttliche Wahrheit suchende und liebende Seele ist eben, wenn sich dieses Suchen und diese Liebe im Denken entfaltet und in Worten kund gibt, die Philosophie, nicht die tote Sophistik der Schule, sondern die selbst lebendige Philosophie des Lebens. Diese um das Göttliche mitwissende, das göttliche Wort ganz in sich aufnehmende, und treu bewahrende Seele ist nun der gemeinsame Mittelpunkt, der jene vier Quellen des Lebens oder Ströme der Wahrheit in sich aufnimmt und in freier Betrachtung vereinigt. […]

Von der Seele des Menschen im Verhältnis zu Gott[4]

[…]

[§ 74 Seele muss sich erst selbst harmonisieren bevor sie zu Gott in ein harmonisches Verhältnis treten kann.]

Die erste Bemerkung, welche sich hier dem Nachdenken natürlich darbietet, ist wohl die, dass die Seele mit dem Einen Wesen, welches in sich selbst lauter Harmonie ist, und auch den Grund und die Quelle der Einheit aller andern von ihm abhängigen Wesen in sich hat, unmöglich eins sein oder zu einem harmonischen Verhältnis mit ihm gelangen kann, wenn sie nicht zuvor mit sich selbst eins ist.

[§ 75 Realität des Bewusstseins: der unendliche Zwiespalt seiner vier Seelenkräfte.]

Dieses ist aber an sich so wenig der Fall, dass vielmehr das menschliche Bewusstsein, so wie es wirklich ist, als zusammengesetzt aus lauter unendlichem Zwiespalt sich darstellt. Vierfach, sagte ich, ist das menschliche Bewusstsein; und jene vier entgegenstehenden Kräfte desselben, Verstand und Willen, Vernunft und Phantasie, nannte ich die vier Endpunkte und Hauptäste, oder auch die vier Weltgegenden desselben, für diese innere Gedankenwelt.

[§ 76 Zwiespalt von Verstand und Wille.]

Wie selten aber stimmen Verstand und Willen wirklich zusammen? Ein jedes von diesen beiden Vermögen geht mehrenteils seinen Gang für sich. Wie selten wollen wir wahrhaft und bleibend, was wir doch als das Bessere erkennen, sehr wohl einsehen und vollkommen richtig verstehen! Und wiederum verstehen wir oft sehr wenig oder gar nicht, was wir am entschiedensten und heftigsten wollen und im tiefsten Grunde der Seele begehren und wünschen.

[§ 77 Zwiespalt von Vernunft und Phantasie.]

Vernunft und Phantasie vollends, stehen im innern Denken und im Großen des äußern Lebens fast immer feindlich gegeneinander über. Die Vernunft möchte

---

[4] Aus der fünften Vorlesung von: Schlegel, F.: Philosophie des Lebens. In fünfzehn Vorlesungen gehalten zu Wien im Jahre 1827, Wien 1828.

lieber die Phantasie ganz wegwerfen oder auch gar wegleugnen; während die Phantasie mehrenteils völlig unbekümmert um die Vernunft, wo sie die ältere und stärkere Schwester im Hause ist, ihren Gang für sich allein weiter geht.

[§ 78 Selbst in sich sind Wille, Verstand, Vernunft und Phantasie mannigfach zerstritten. Vielfache Zerrissenheit des Bewusstseins.]

Der Willen ist noch außerdem fast immer auch mit sich selbst in Streit und in sich zerspalten; und die Vernunft, allein und für sich genommen, gelangt in der Entwicklung ihres endlosen Denkens nur in ein Labyrinth von unauflöslichen Widersprüchen. Der Verstand hat so verschiedene Grade und Stufen, und teilt sich in so verschiedene Sphären und Arten, dass man wohl in dieser Beziehung sagen könnte: Dieser eine Verstand versteht den andern gar nicht, obwohl es doch in seiner Art auch ein ganz richtiger und richtig verstehender Verstand ist. Auch im einzelnen Menschen ist sein Verstand, nämlich der Inbegriff dessen, was er wirklich versteht, meistens nur aus Fragmenten und einzelnen Stücken zusammengesetzt, die oft gar nicht recht übereinstimmen oder zusammengehen und sich fast nie oder äußerst selten in eine vollkommene Harmonie bringen lassen. Die subjektiven Ansichten und Einbildungen, die Täuschungen der Sinne, die schnell wechselnden Meteore und nichtigen Fantome der menschlichen Leidenschaft, in allem was zur Phantasie gehört, sind allgemein bekannt und von selbst einleuchtend. So tief ist die innerliche Zwietracht, von aller moralischen Vermehrung derselben noch ganz weggesehen, bloß psychologisch genommen, in die ganze Struktur unsers Bewusstseins, so wie es jetzt ist, bis auf die erste Grundlage desselben mit eingewebt; dass man statt zu sagen, vierfach ist das Bewusstsein des Menschen, nach der wahren Beschaffenheit desselben ebenso richtig und noch viel richtiger sagen könnte und sagen wollte: gevierteilt oder in vier Stücke, wo nicht in noch mehr, zerrissen ist dieses unser jetziges Bewusstsein.

[§ 79 Das ‚Cogito' der Schulphilosophie: keine tragfähige oder basale Bewusstseinstatsache, sondern meist nur ein leerlaufendes Gedanken-Denken.]

Man hat oft von Tatsachen des Bewusstseins geredet; mehrenteils aber wird bei den Philosophen das bloße Gedanken-Denken in diesem ewigen leeren Wiederdenken darunter verstanden, jener Selbstgedanke des denkenden Ich, vermöge dessen dasselbe gleichsam auf der Tat ertappt werden soll, um dann als der Anfangspunkt und der eingebildete Schöpfer und Demiurg dieser ideellen Weit, wie ein angenagelter Schmetterling an die Spitze des ganzen Systems gestellt zu werden.

[§ 80 Die einzige basale Bewusstseinstatsache wäre die des vielfachen inneren Widerstreits. Zwietracht des äußern Lebens nur Folge und Widerschein davon.]

Die einzige Tatsache des Bewusstseins dagegen, welche wirklich so zu heißen verdiente, wäre dieser nicht bloß im Denken zwischen dem Ich und Nicht-Ich sich vorfindende, sondern durch alle Zweige oder Teile und Formen, Arten und Sphären des Bewusstseins, in Geist und Seele, Verstand und Willen, Vernunft und Phantasie, und durch das Ganze hindurchgehende und überall sich kundgebende Zwiespalt des gesamten Menschenbewusstseins und des innern Lebens, von welchem die tausendfache materielle Zwietracht des äußern Lebens nur der Reflex und Widerschein, eine natürliche Folge und weitre Entwicklung desselben ist.

[§ 81 Ausgangspunkt der Lebensphilosophie: die reale innere Zwietracht. Aufgabe derselben: Wiederherstellung des ursprünglich harmonischen Bewusstseins.]

Von dieser Tatsache des so mannigfachen und vielgestaltigen Zwiespalts im menschlichen Bewusstsein könnte eine Darstellung der Philosophie auch recht gut ausgehen; um dann von diesem Punkte aus, die Lösung ihrer Aufgabe und den Weg zu diesem Ziele zu suchen; welche Aufgabe, von dieser Seite erfasst, dann in der Wiederherstellung des ursprünglichen, natürlichen, rechten, mit sich selbst einigen und harmonischen Bewusstseins bestehen würde und gesucht werden müsste.

Von der eigentlichen Bestimmung der Philosophie; und von dem […] Zwiespalt […] im Bewusstsein[5]

[§ 82 Lebensphilosophische Abwehr des störenden und zerstörenden Prinzips der dialektischen Vernunft, das nur zu toten Abstraktionen und Gedankenlabyrinthen führt.]

Die Philosophie des Lebens kann keine bloße Vernunftwissenschaft sein, am wenigsten eine unbedingte; denn diese führt erstlich in ein Gebiet von toten Abstraktionen, welche dem Leben fremd sind; und durch den der Vernunft angebornen dialektischen Streit wird dieses Gebiet in ein Labyrinth von widersprechenden Meinungen und Begriffen verwandelt, aus welchem die Vernunft allein mit allen ihren dialektischen Waffen niemals den Ausweg finden kann; und eben dadurch wird das Leben, das innre und geistige Leben nämlich, gestört und zerstört. Und dieses das Leben störende und zerstörende Prinzip der dialektischen Vernunft ist grade dasjenige, was vorzüglich vermieden und besiegt werden muss.

[§ 83 Weder das abstrakte noch das mathematische Denken an sich sind zu verwerfen. Nur dialektische Leerläufe und Methodenzwänge werden abgelehnt.]

In der bloßen Form des abstrakten Denkens allein liegt an sich noch nichts der Wahrheit durchaus Widerstreitendes, was also schlechthin und immer vermieden werden müsste, oder niemals und in keinem Fall angewendet werden dürfte. So gewiss eine Philosophie auf dem falschen Wege ist, welche ihre Methode von Anfang bis zu Ende der Mathematik nachbilden und sie von dieser entlehnen will; so kann es doch einzelne Punkte in dem Stufengange ihrer Entwicklung, einzelne Stellen in dem System des Ganzen geben, wo sie auch einmal jener Formeln und abstrakten Gleichungen sich vorübergehend mit Vorteil bedienen mag, wie ich vielleicht grade in der heutigen Betrachtung selbst in diesem Falle sein werde; aber nur gleichnisweise und vorübergehend als Episode, und hoffe ich es auf solche Weise in Anwendung zu bringen und deutlich zu machen, dass die Klarheit des Vortrages nicht darunter leiden soll.

---

[5] Aus der neunten Vorlesung von: Schlegel, F.: Philosophie des Lebens. In fünfzehn Vorlesungen gehalten zu Wien im Jahre 1827, Wien 1828.

[§ 84 Die Methode soll frei, entwicklungsspezifisch und gegenstandsangemessen gewählt und gewechselt werden können.]

Die Philosophie, als das allgemeine Wissen, welches den ganzen Menschen umfasst, kann so wie es die Gelegenheit mit sich bringt, in den Fall kommen, von allen andern Wissenschaften, bald von dieser, bald von jener, die äußre Form und die ihr eigentümlichen Formeln zu entlehnen und sich vorübergehend derselben mit Nutzen zu bedienen; nur muss es immer ein freier Gebrauch sein, der sich eben in der absichtlichen Wahl und Abwechslung bewährt.

[§ 85 Das freie Denken der Lebensphilosophie duldet kein methodisch-logizistisches „Panzerhemd".]

Es darf die Methode des freien Denkens, d. h. eben die Philosophie, nicht wie ein eisernes Panzerhemd aus einer unzähligen Menge von ganz gleichförmigen kleinen Ketten und Ringeln, oder aus solchen szientifisch verknüpften Ringelsätzen und wieder höhern logischen Verkettungen derselben, wie es wohl in der Mathematik der Fall ist, mechanisch abgemessen zusammengesetzt werden; es darf die Methode überhaupt keine einförmige sein, und nie darf der Geist der Methode dienstpflichtig, das Wesen der Form aufgeopfert werden.

[§ 86 Vergleich des pragmatistisch-lebensphilosophischen Methodenpluralismus mit der Freiheit der Poesie in der kunstvollen Verwendung von Vergleichen und Metaphern.]

Es ist mit jener Allgemeinheit des philosophischen Denkens und Wissens und der eben daher rührenden Mannigfaltigkeit und freien Abwechslung in der Methode, ungefähr ebenso, wie auf einer andern Seite es unter den darstellenden Künsten der Poesie, als die auch den ganzen Menschen umfasst und umfassen soll, am meisten frei steht, ihre Gleichnisse oder Farben und mannigfachen bildlichen Ausdrücke aus allen Sphären des Daseins, des Lebens und der Natur, bald aus dieser, bald aus jener zu entlehnen, so wie es ihr grade jedesmal am angemessensten scheint. Und wie man der Poesie nicht unbedingt vorschreiben kann, alle ihre Gleichnisse und bildlichen Ausdrücke etwa von Blumen und Pflanzen herzunehmen, oder aus der Tierwelt, oder aus den verschiedenen menschlichen Beschäftigungen, z. B. ausschließend aus dem Schiffer-, Hirten-, Jäger-Leben oder von andern Handwerken und künstlichen Arbeiten; indem grade durch eine solche ängstliche Manier der freie Dichtergeist und die lebendige Phantasie, ertötet werden würde; obwohl alle jene Gleichnisse, Farben und Ausdrücke, da wo sie an ihrer rechten Stelle sind, in der poetischen Darstellung gebraucht werden dürfen und keine Art derselben ganz ausgeschlossen zu sein braucht. Ebenso kann auch die Philosophie zuzeiten ganz in der Form einer moralischen Gesetzgebung oder einer gerichtlichen Diskussion auftreten; ein andresmal wieder als naturhistorische Beschreibung, oder als eine geschichtlich genealogische Entwicklung und Herleitung der Begriffe, die Gedanken darstellen, welche sie im Zusammenhange deutlich machen will. Ein andresmal wird sie vielleicht in der Form eines wissenschaftlichen Naturversuchs, eines Experiments der höhern Naturlehre, die unsichtbare Kraft, welche sie nachweisen soll, darzulegen suchen; oder auch einmal in einer algebraischen Gleichung, in einer mathematischen Form, die für sie im Grunde aber nur ein Bild und die sichtbare Hieroglyphe für etwas unsichtbares Höheres ist, eben dieses höhere Ziel am bequemsten erreichen.

[§ 87 Jede Methode kann an ihrem Ort nützlich sein; keine soll ausschließlich oder zwanghaft verwendet werden.]

Jede Methode und jede wissenschaftliche Form ist gut, oder kann doch recht gebraucht gut sein; keine aber darf ausschließend sein, keine darf mit Zwang gleichförmig durchgeführt und im ermüdenden Einerlei überall angewandt werden.

[§ 88 Lebensphilosophie ist keine Vernunftwissenschaft und noch weniger reine Naturphilosophie – denn der Mensch (mit seinem Geistes-Leben, Lebensverständnis und seiner Gottes-Bezogenheit) ist immer schon Mehr-als-Natur.]

So wenig nun die Philosophie des Lebens eine bloße und unbedingte Vernunftwissenschaft sein kann oder sein darf; eben so wenig soll oder kann sie auch bloß eine Natur-Philosophie sein; nämlich eine ausschließende, die nur das wäre und nichts weiter. Aus einer solchen ausschließenden Natur-Philosophie, die nur das allein wäre, und sonst nichts, möchte sie auch noch so wissenschaftlich reich sein und reichhaltig an Geist und Tiefsinn, bloß von dieser Naturseite angesehen, würden sich nicht einmal für das Leben des Menschen die richtigen Grundsätze und leitenden Begriffe überall leicht und ohne Zwang herleiten lassen, weil eben der Mensch in seinem Leben mehr ist als bloße Natur und ein bloßes Naturwesen; noch weniger aber würde sich Gott, die durchgehende Beziehung auf welchen, den Menschen eben zu dem macht, was er ist, aus einer solchen bloßen Natur-Philosophie nachweisen, herleiten oder verständlich und klarmachen lassen; indem es dann immer, aus dieser Quelle allein hergeleitet, doch nur ein bloßer Naturzweck wäre und sein würde.

[§ 89 Möglichkeit einer freien und eigentümlich lebensphilosophischen Einbeziehung der Vernunft- und Naturwissenschaft.]

Weder die Aussprüche der gesunden Vernunft und besonders des Gewissens, oder selbst die Dialektik, insofern sie nützlich angewandt wird, und wenigstens ihre

Kenntnis, um den Irrtum zu vermeiden, notwendig ist, noch auch die Naturwissenschaft, und der höhere Geist derselben, sind auf irgend eine Weise von den Grenzen der Philosophie und von dieser selbst ausgeschlossen; vielmehr kann und soll sie beide Elemente, aber auf ihre eigentümliche Weise, in sich aufnehmen und in einem allgemeineren Sinne und Geiste für ihr höheres Ziel verwenden.

[§ 90 Lebensphilosophie bleibt wesentlich auf das höchste Leben und den Urquell alles Lebens – „Gott" – bezogen.]

Zunächst aber ist sie als Philosophie des Lebens eine durchaus menschliche Wissenschaft und Erkenntnis des Menschen; und eben darum, und weil der Mensch nur mittels seiner durchgängigen Beziehung auf Gott über der Natur steht, und etwas Höheres ist als ein bloßes Naturwesen und etwas Höheres als eine bloße Vernunftmaschine; ist die Philosophie des Lebens auch wirklich und in der Tat eine wahre Gottes-Philosophie. Dieses und nicht eine bloße Vernunft- oder Natur-Philosophie, ist die Philosophie des Lebens auch deswegen und in dem Sinne, weil das höchste Leben und der Urquell alles andern Lebens ja eben Gott ist. […]

[Schöpferische Sprache und dramatisch-philosophischer Dialog: ihre Rolle bei der Harmonisierung und Heilung des gespaltenen Bewusstseins][6]

[§ 91 Vom vierfach geteilten Bewusstsein zum dreifach ganzheitlichen in Geist, Seele und Sinn.]

Jener ersten psychologischen Wahrnehmung von dem innern Zwiespalt in unserm vierfach geteilten Bewusstsein, welchen ich anfangs nur ganz leicht zu charakterisieren suchte, dem ich aber hier eine tiefere Begründung zu geben, und ihn zu einer schon etwas höhern Bedeutung gesteigert aufzufassen bemüht war, war als zweites Glied in dem Gedankengange dieser philosophischen Untersuchung, die Idee von dem dreifach lebendigen und nun wieder vollständig wirksam gewordenen Bewusstsein, nach der einfachen Einteilung von Geist, Seele und Sinn angefügt, – welche uns auch bei allen nachfolgenden Entwicklungen in diesem ganzen Umkreise des psychologischen Selbstdenkens zur bleibenden Grundlage dienen wird; da gerade der Übergang von dem gewöhnlichen Zustande des mit sich selbst streitenden und vierfach geteilten Bewusstseins zu dem wiedervereinigten dreifach lebendigen, die Anfangsstufe und den ersten Schritt in dieser vom Leben ausgehenden und auch wieder zu einem höhern Leben hinführenden Philosophie bildet. –

[§ 92 Die drei harmonisierenden Seelenkräfte: charakterstarkes Wollen-Denken-Handeln; phantasie-geleitetes Kunstschaffen; großmütige Liebe.]

Unter jenen glücklichen Anknüpfungs-Momenten oder höheren Eigenschaften einer mehr konzentrierten Kraft aber, welche selbst in dem gewöhnlichen Zustande jenes vierfach geteilten Bewusstseins, ein schon lebendiges Zusammenwirken der sonst geteilten Geistesvermögen oder Seelenkräfte verraten, und eine wenigstens im Einzelnen und teilweise wiederhergestellte Harmonie jenes zerstückten Ganzen unsres innern Daseins in ihren Wirkungen und Werken zur Folge haben; nannte ich zuerst die innere Charakterfestigkeit eines durchaus konsequenten Wollens, Denkens und Handelns; dann das wahre Kunstgenie in den schöpferischen Hervorbringungen der dichtenden und gestaltenden Phantasie; endlich eine uneigennützig starke, großmütig sich selbst aufopfernde Liebe, die

[6] Aus der zweiten Vorlesung von: Schlegel, F.: Philosophie der Sprache und des Worts. Geschrieben und vorgetragen im Dezember 1828 zu Dresden und in den ersten Tagen des Januars 1829, Bonn 1877 (Neuausgabe).

über alle Grenzen der Vernunft hinausgeht und doch keine Einbildung oder Täuschung der Phantasie genannt werden kann, da sie vielmehr eine tief innerliche Naturkraft der menschlichen Seele bildet, ja selbst das eigentliche Wesen derselben ausmacht.

[§ 93 Ohne Liebe (als das höhere Seelen-Prinzip) kein höheres lebendiges Denken. Die liebende Seele bedarf des (göttlich) erfahrungsgereiften Geistes und umgekehrt.]

Wie sehr aber auch die äußere Wirkung und Erscheinung dieses höhern Seelen-Prinzips der Liebe durch die trübe Beimischung einer irdischen Heftigkeit und leidenschaftlichen Verworrenheit geschmälert und gehindert werden mag; so dass eine rein hervortretende Gestalt dieses Gefühls in seiner Vollendung vielleicht nicht minder selten im wirklichen Leben gefunden wird, als die glücklichsten Hervorbringungen des wahren Kunstgenies: so ist gleichwohl hier allein der Anfang zu finden und der wahre und erste Grund zu suchen für das höhere lebendige Denken, und die Wissenschaft dieses lebendigen Denkens. Die wahrhaft liebende Seele bedarf nur der Anregung und Führung eines in der göttlichen Erfahrung gereiften Geistes; so ist jenes wiedervereinigte und nun vollständig gewordene, in der dreifachen Kraft tätig wirksame, volle Bewusstsein und innre Leben von selbst und schon in jener ersten, entzündenden Berührung mit gegeben; so wie hinwiederum auch der mit noch so hohem Aufschwunge nach dem Göttlichen strebende Geist nur dieser zündenden Berührung der liebenden Seele bedarf, um sein ersehntes Ziel wirklich zu erreichen.

[§ 94 Die schöpferische Sprache als viertes Harmonisierungs- und Vereinigungs-prinzip.]

Es gibt aber noch ein andres, großes und viel umfassendes, selbst in dem äußern, wirklichen Leben und in der geschichtlichen Erfahrung, als ein solches hervortretendes Phänomen, welches mit in die Reihe dieser Verbindungs-Elemente oder Vereinigungs-Prinzipien des sonst geteilten Bewusstseins gehört; und dieses ist die wunderbar mannigfaltige und doch so kunstreich geordnete Menschensprache. Sie ist ein lebendiges Produkt des ganzen innern Menschen, und alle sonst getrennten Geisteskräfte oder Seelenvermögen haben, jedes in seiner Art, ihren vollen Anteil an diesem gemeinsamen Erzeugnis; wenn gleich noch manche Spur der innern Zerstückung darin äußerlich sichtbar bleibt, und eine vollkommene Harmonie des vollständig ganzen und lebendig zusammenwirkenden Bewusstseins auch hier nur als seltne Ausnahme in den höchsten Hervorbringungen des dichtenden oder wie sonst immer in der Rede und Sprache sich kund gebenden Kunstgenies und meistens auch da nur in den ausgezeichnet hellsten Punkten und in einzelnen glücklichen Licht-Momenten derselben gefunden wird.

[§ 95 Das Zusammenspielen von Vernunft, Phantasie, Verstand und Willen in der schöpferisch-leidenschaftlichen Sprache.]

Alle die vier Grundkräfte des Bewusstseins haben einen ungefähr gleichen Anteil daran. Der grammatische Bau und diese innere Struktur und Regel der Wortänderung oder Umbiegung und nächsten Wortverknüpfung gehört der Vernunft an, alles Bildliche in der Sprache aber, und wie weit erstreckt sich nicht dieses, wie tief greift es nicht ein in die erste, ursprüngliche, und nicht immer mehr verständlich gegenwärtige, natürliche Wortbedeutung, ist ein Eigentum der Phantasie; die klar bestimmte äußere Gliederung und deutlich schöne Gestaltung irgend eines ganzen Sprachwerkes, es mag nun ein rein dichterisches, gesellschaftlich rednerisches, oder denkend wissenschaftliches sein, ist das Werk des Verstandes. Eben so auch das Charakteristische, welches nicht bloß in dem tierischen Naturschrei liegt, oder in der kindlichen, oft auch kindischen Nachahmung eines äußern Schalles; sondern jene viel tiefere und geistiger bedeutende Charakteristik, welche in den ursprünglichen Stamm-Silben und ersten Wurzelwörtern einer gediegenen alten Ursprache gefunden wird, oder uns anzusprechen scheint, muss dem alles Eigentümliche tief ergreifenden und scharf bezeichnenden Verstande angeeignet werden; wenn man sie nicht lieber noch einem unmittelbar ergreifenden, wunderbar mit- oder nachempfindenden Naturgefühl zuschreiben will. Die magische Kraft aber eines, alles bloß durch sich selbst dahinreißenden gebietenden Willens, ist wenigstens an den einzelnen leuchtenden Stellen in einer Rede der höchsten Begeisterung oder der dichterisch vollkommenen Darstellung bemerklich, wo sie aus den scheinbar unaussprechlichen und doch so durchsichtig klaren Worten und Ausdrücken, wie ein elektrischer Schlag auf die empfänglichen und verwandten Gemüter mit entzündend einwirkt. […]

[§ 96 Ein monologisches Denken findet nicht aus dem Gedankenlabyrinth heraus.]

Immer bemüht, den wandelbaren Proteus des eignen Selbst zu fassen, kann unser ohne andern Leitfaden sinnendes und suchendes Ich, oft über diese innern Rätsel des Daseins in ein seltsames Erstaunen geraten, manchmal auch wohl von einer leisen Furcht ergriffen werden, niemals aber vermag es, ganz allein und bloß aus sich selbst, den Gegenstand seiner Sehnsucht und den Ausgang aus dem eignen Gedanken-Labyrinth solcher tragischen Verblendung zu finden und mit sich selbst in Harmonie zu kommen.

[§ 97 Die natürliche Form des Denkens ist das dramatische innere Selbstgespräch.]

So tief und fest ist übrigens diese innre Zwiefachheit und Duplizität – welchen Ausdruck ich aber hier nicht in dem gewöhnlichen moralischen Verstande brauche, sondern in einem rein psychologischen und höhern, mehr metaphysischen Sinne nehme – in unserm Bewusstsein eingewurzelt, dass wir selbst dann, wenn wir allein sind, oder allein zu sein glauben, immer eigentlich noch zu Zweien denken, und dies auch so in unserm Denken finden, und unser innerstes tiefstes Sein als ein wesentlich dramatisches anerkennen müssen. Das Selbstgespräch, oder überhaupt das innere Gespräch ist so sehr die natürliche Form des menschlichen Denkens, dass selbst heilige Einsiedler der vergangenen Jahrhunderte, welche in der ägyptischen Wüste oder auf der einsamen Alpenklause ein halbes Leben der Betrachtung der göttlichen Dinge und Geheimnisse gewidmet haben, das Resultat solcher Betrachtungen oft nicht anders nachzuzeichnen, es in kein andres Gewand zu kleiden, es in keine andre Darstellungs-Form zu bringen wussten, als in die eines Gesprächs der Seele mit Gott. Und ist nicht eigentlich das wahre Gebet in allen Religionen auch eine Art von Gespräch, eine vertrauliche Herzenseröffnung gegen den allgemeinen Vater, oder eine kindliche Anfrage bei Ihm? –

[§ 98 Philosophische Bedeutung einer ironischen Selbst-Distanz und eines staunend-lächelnden Ernstes.]

Um aber gleich auf die ganz entgegenstehende Seite des Gegenstandes hinüberzuspringen; so finden wir auch in den klassischen Werken des gebildeten Altertums, zu einer Zeit, wo jene Tiefen eines liebevollen Gemüts noch nicht so allgemein entwickelt, nicht so vollständig entdeckt und enthüllt waren, dieselbe Erscheinung wieder, obwohl unter einer ganz andern Form, nämlich der der höchsten geistigen Klarheit und Heiterkeit, im anmutigsten Schmucke der auserlesenen Sprache. Ich meine jene den Reden und dem Lehrvortrage des Sokrates charakteristisch eigentümliche Ironie, wie sie besonders auch in den Platonischen Schriften gefunden wird, und wovon höchstens nur in einigen der ersten Dichterwerke etwas Ähnliches bemerkt wird. Denn was ist jene wissenschaftliche Ironie des forschenden Denkens und des höchsten Erkennens in dem Sokratischen oder Platonischen Sinne anders, als das über die geheimen Widersprüche, gerade in seinem innersten Streben nach dem höchsten Ziele, sich selbst klar gewordne und zur Harmonie gelangte Bewusstsein und Denken? – Ich muss jedoch hierbei in Erinnerung bringen, dass jenes Wort nach dem modernen Sprachgebrauch um einige Stufen tiefer von seiner ursprünglichen Bedeutung herabgesunken ist, und oft so genommen wird, dass es nur den gewöhnlichen Spott bezeichnet. In jenem ursprünglichen Sokratischen Sinne aber, und so wie sie in den Platonischen

Werken gemeint und entwickelt ist, und auch in dem ganzen Gedankengange und der innern Struktur dieser Werke im vollkommensten Maße und Ebenmaße gefunden wird, bedeutet die Ironie eben nichts anderes, als dieses Erstaunen des denkenden Geistes über sich selbst, was sich so oft in ein leises Lächeln auflöst; und wiederum auch dieses Lächeln des Geistes, was aber dennoch einen tief liegenden Sinn, eine andre, höhere Bedeutung, nicht selten auch den erhabensten Ernst unter der heitern Oberfläche verbirgt, und in sich einschließt.

[§ 99 Lebendiges Philosophieren als dramatische An- und Gegenrede, als schöpferischer Dialog.]

So sehr aber ist in dieser durchaus dramatischen Entwicklung und Darstellung des Denkens in den Werken des Plato, die Gesprächsform wesentlich vorwaltend; dass, wenn man auch die Überschriften und Namen der Personen, alles Anreden und Gegenreden, überhaupt die ganze dialogische Einkleidung wegnehmen, und bloß den innern Faden der Gedanken, nach ihrem Zusammenhange und Gange herausheben wollte, das Ganze dennoch ein Gespräch bleiben würde, wo jede Antwort eine neue Frage hervorruft, und im wechselnden Strome der Rede und Gegenrede oder vielmehr des Denkens und Gegendenkens sich lebendig fortbewegt. Und allerdings ist wohl diese innere Geprächsform dem lebendigen Denken und dem darstellenden Vortrage desselben, wenn sie auch nicht überall gleich anwendbar und schlechthin notwendig ist, doch beinahe wesentlich und wenigstens sehr angemessen und höchst natürlich; und in diesem Sinne kann auch die zusammenhängend ununterbrochene Rede des Einzelnen noch wie ein Gespräch sein oder die Art und den Charakter eines Gespräches annehmen.

[§ 100 Schlegels abschließender Wunsch: dass seine Vorlesungen wie ein Gespräch wirken und in Bezug auf die Fragen, mit denen seine Zuhörer schwanger gehen, Antworten anstoßen möchten.]

Ja, ich gestehe selbst, dass nachdem ich mir die höchste Klarheit der lebendigen Gedanken-Entwicklung hier zum Ziele gesetzt habe, ich vorzüglich dann glauben möchte, mein Ziel erreicht zu haben, wenn diese Vorträge einigermaßen diesen Eindruck wie ein Gespräch auf Sie machen könnten: wenn sie Ihnen erschienen, wie eine Reihe von Anfragen, auf welche Sie wenigstens teilweise, und wenn auch nicht überall, doch hie und da die stillschweigend zustimmende Antwort in Ihrem Innern geben würden; oder auch, und noch mehr, wenn Sie selbst in dem Ganzen dieser Darstellung auf manche aus dem eignen Denken und Leben hervorgegangene innere Frage des Gemüts, eine wo nicht völlig lösende, doch wenigstens auf die Frage selbst eingehende und weiter hinaus deutende Antwort hier finden könnten und zu vernehmen glaubten.

Editorische Erläuterungen und Hinweise des Herausgebers R. J. Kozljanič

Die hier von mir (R. J. Kozljanič) ausgewählten und herausgegebenen lebensphilosophischen Textpassagen Friedrich Schlegels sind in hermeneutischer Hinsicht durchaus anfechtbar. Denn ich habe sehr Vieles weggelassen. Etwa das, was durch bewusste und unbewusste Anpassungen Schlegels an die reaktionär-katholische Weltanschauung im Wien der damaligen Zeit in die Texte sickerte – als er u. a. in Diensten des Fürsten von Metternich stand. Weggelassen habe ich auch Vieles von dem, was seinem späten Spiritualismus geschuldet war. Zu Katholisch-Ideologisches, zu Spiritualistisches – auch zu Moralisierendes: all das wurde von mir, so weit es ging, klein gehalten. Deshalb bleibt die Frage durchaus berechtigt: Ob denn nicht, durch diesen editorischen Eingriff, durch dieses lebensphilosophisch-interessegeleitete Verfahren, dem schlegelschen Text ein Zuviel an Gewalt angetan worden sei? Der alte und katholische Schlegel hätte sich darin bestenfalls zur Hälfte wiedergefunden. Aber diese Hälfte – davon bin ich überzeugt – hätte ihm gefallen.

Schlegels Text wurde schonend in die neue deutsche Rechtschreibung überführt. Dabei wurden manche (heute) altertümlich anmutende Schreibweisen beibehalten: So blieb etwa „dem Mittelpunkte“ und wurde nicht zu „dem Mittelpunkt“ modernisiert; es blieb, „dem Gefühle“ statt „dem Gefühl“; und Ähnliches. – Allerdings wurde das Wort „Entwickelung“ durch das modernere Wort „Entwicklung“ ersetzt. Auch andere Wörter (v. a. die, die zu unüblich oder – aus heutiger Sicht – zu merkwürdig sind) wurden ersetzt: aus „darnach“ wurde „danach“, „Hülfsmittel“ wurde zu „Hilfsmittel“ etc. Die teils eigenwillige Kommasetzung wurde beibehalten, weil sie – als Zäsur – eben auch Hinweise auf die Vortragsweise und Betonung Schlegels gibt.

Die Hauptüberschriften sind von Schlegel, die Zwischenüberschriften (in eckigen Klammern) von mir. Sie dienen dazu, den Schlegel-Text zu gliedern und leichter les- und verstehbar zu machen. Selbstredend steckt auch in diesen Zwischenüberschriften schon eine gewisse Interpolation und Interpretation meinerseits. Eine Interpretation, die nicht in allen Stücken den Intentionen des späten Schlegels gerecht wird; insofern aber hermeneutisch doch gerechtfertigt ist, als sie – möglichst nah am Text – lebensphilosophisch Entscheidendes expliziert und klarstellt.

Robert Josef Kozljanič:
Schlegel und die Lebensphilosophie des 21. Jahrhunderts. Eine Manifestation

Die Philosophie „verliert ihren wahren Gegenstand aus den Augen, verliert den festen Grund und Boden, auf dem sie sicher stehen, und ungehindert wirken könnte, wenn sie die ihr eigentümliche Region verlässt, und immerwährend nur auf der einen Seite sich in den Himmel versteigt, dort allerlei metaphysische Luftgebäude oder dialektische Hirngespinste bildet, oder sich in die Erde verirrt, und gewaltsam in die äußere Wirklichkeit eingreifend, da alles nach ihren Ideen neu gestalten und reformieren will. Zwischen diesen beiden Abwegen würde der rechte Weg in der Mitte liegen, und die eigentliche Region der Philosophie ist eben die des geistigen inneren Lebens zwischen Himmel und Erde." (§ 1f.)[7]

1 Friedrich Schlegel: ein Diskursbegründer der modernen Lebensphilosophie?

Als 2004 mein Buch „Lebensphilosophie – Eine Einführung" im Kohlhammer Verlag Stuttgart erschien, habe ich dort erstmals Schlegel als lebensphilosophischen Diskursbegründer vorgestellt. Ab 2005 war geplant, seine lebensphilosophisch relevanten Vorlesungen auszugshaft zu veröffentlichen und mit einem Nachwort zu versehen. Jetzt, 13 Jahre später, konnte ich dieses Vorhaben endlich umsetzen. Es hat mir viel Vergnügen und auch einige Mühe bereitet – unter Anderem deshalb, weil aus dem Nachwort gleichsam eine lebensphilosophische Manifestation geworden ist.

Was wurde manifest? Zunächst, dass mensch in der Tat Schlegels lebensphilosophische Vorlesungen als Gründungstext und Zukunftsprogramm lesen *kann*. Zweitens, dass das Meiste von dem, was bisher *akademisch* als Lebensphilosophie verhandelt wurde, zwar nicht unwichtige, aber letztlich doch recht einseitige Aspekte der Lebensphilosophie betrifft. Drittens – da die Lebensphilosophie bisher weder in der Breite völlig überschaut noch in der Tiefe richtig ausgelotet wurde – dass sie ihre große Zukunft jetzt erst vor sich hat: Lebensphilosophie ist also mehr Zukünftiges als Vergangenes – auch wenn ihre Vergangenheit wichtig bleibt. Und viertens, dass die Zeit für ein großes lebensphilosophisches Manifest noch nicht ganz reif zu sein scheint – das mag und soll die Zukunft bringen.

In den vergangenen 13 Jahren hat sich lebensphilosophisch so Einiges getan. Es kamen drei weitere einführende Schriften zur Lebensphilosophie hinzu:[8] von

---

[7] Ich zitiere – wo immer möglich – Schlegel aus der hier vorliegenden Ausgabe und zwar in Form der von mir eingefügten Paragraphen.

Ernst Oldemeyer „Leben und Technik. Lebensphilosophische Positionen von Nietzsche zu Plessner“ (München 2007);[9] von Jürgen Große die „Lebensphilosophie“ im Reclam Verlag (Stuttgart 2010);[10] und von Josef Rattner „Lebensphilosophie und Tiefenpsychologie. Philosophen als Vorläufer und Wegbereiter der Psychoanalyse und ihrer Weiterentwicklungen“[11] (Berlin 2012); und jüngst erschien die zweite Auflage der Lebensphilosophie-Einführung von Karl Albert (Freiburg u. München 2017).

Erwähnenswert sind ebenso folgende fünf Neuausgaben älterer lebensphilosophischer Grundlagentexte: Die Neuausgabe von Karlfried Graf von Dürckheims „Untersuchungen zum gelebten Raum“ mit flankierenden Beiträgen des Herausgebers Jürgen Hasse und anderer (A. Janson, H. Schmitz, K. Schultheiß; Frankfurt a. M. 2005).[12] Ins Deutsche übersetzt und herausgegeben wurden die meisten der ‚radikal-empiristischen’ Schriften von William James („Pragmatismus und radikaler Empirismus“, übers. u. hg. v. Claus Langbehn, Frankfurt a. M. 2006). Ebenso erstmals übersetzt und hierzulande herausgegeben (von Stascha Rohmer) wurde Ortega y Gassets „Der Mensch ist ein Fremder – Schriften zur Metaphysik und Lebensphilosophie“ (München 2008).[13] In dieser Form erstmals versammelt

---

[8] Die früheren einführenden Schriften sind: Lessing, T.: Schopenhauer, Wagner, Nietzsche, Eine Einführung in die moderne Philosophie, Leipzig 1907; Scheler, M.: Versuche einer Philosophie des Lebens, Nietzsche – Dilthey – Bergson, in: Vom Umsturz der Werte, Abhandlungen und Aufsätze, Gesammelte Werke Bd. 3, hg. v. M. Scheler, Bern 1955^4, S. 311-339 (Ersterschienen in: Die weißen Blätter, 3/1913; mit Ergänzungen neu veröffentlicht in: Vom Umsturz der Werte, Leipzig 1919); Rickert, H.: Die Philosophie des Lebens, Darstellung und Kritik der philosophischen Modeströmungen unserer Zeit, Tübingen 1920; Heinemann, F.: Neue Wege der Philosophie. Geist, Leben, Existenz. Eine Einführung in die Philosophie der Gegenwart, Leipzig 1929. Lersch, P.: Lebensphilosophie der Gegenwart, Berlin 1932 (wieder abgedruckt in: Lersch, P.: Erlebnishorizonte. Schriften zur Lebensphilosophie, hg. v. T. Rolf, München 2011, S. 41-124); Kern, H.: Von Paracelsus bis Klages, Studien zur Philosophie des Lebens, Berlin 1942; Bollnow, O. F.: Die Lebensphilosophie, Berlin Göttingen u. Heidelberg 1958. Fellmann, F.: Lebensphilosophie, Elemente einer Theorie der Selbsterfahrung, Hamburg 1993; Albert, K.: Lebensphilosophie – Von den Anfängen bei Nietzsche bis zu ihrer Kritik bei Lukács, Freiburg u. München 1995 (Neuausgabe 2017); Röd, W.: Die Lebensphilosophie, in: Geschichte der Philosophie Bd. 13 (Die Philosophie des ausgehenden 19. und des 20. Jahrhunderts, 3), hg. v. W. Röd, München 2002, S. 113-159; Kozljanič, R. J.: Lebensphilosophie – Eine Einführung, Stuttgart 2004.

[9] Vgl. hierzu meine Rezension im IV. Jahrbuch für Lebensphilosophie (Lebensphilosophische Vordenker des 18. und 19. Jahrhunderts), 4/2008-2009, S. 247-255.

[10] Vgl. hierzu meine Rezension im Philosophischen Literaturanzeiger 65/1/2012, S. 41-47.

[11] Vgl. hierzu meine Rezension im VIII. Jahrbuch für Lebensphilosophie (Kritik und Therapie wissenschaftlicher Unvernunft), 8/2016-2017, S. 293-296.

[12] Vgl. hierzu meine Rezension im V. Jahrbuch für Lebensphilosophie (Gelebter, erfahrener und erinnerter Raum), 5/2010-2011, S. 283-291.

[13] Vgl. hierzu die Rezension (die sich auch auf andere Neuauflagen von Ortega bezieht) von S. Diebitz im VII. Jahrbuch für Lebensphilosophie (Lebensdenkerinnen), 7/2014-2015, S. 320-327.

und herausgegeben (durch Thomas Rolf) wurden die grundlegenden lebensphilosophischen Schriften Philipp Lerschs unter dem Titel „Erlebnishorizonte" (München 2011). Und demnächst erscheinen die vitalistischen Schriften von Melchior Palágyi, herausgegeben von Heiko Heublein im Albunea Verlag München.

Es erschienen zudem gehaltvolle symboltheoretische, phänomenologische, philosophisch-anthropologische und historische Untersuchungen zum Lebensbegriff. Um nur vier wichtige zu nennen: Christian Möckel „Das Urphänomen des Lebens. Ernst Cassirers Lebensbegriff (Hamburg 2005);[14] „Leben als Phänomen" herausgegeben von Hans Rainer Sepp und Ichiro Yamaguchi (Würzburg 2006); Thomas Ebke „Lebendiges Wissen des Lebens. Zur Verschränkung von Plessners Philosophischer Anthropologie und Canguilhems Historischer Epistemologie" (Berlin 2012);[15] und: „Das Leben – Historisch-systematische Studien zur Geschichte eines Begriffs" (Band II, hg. v. S. Schaede, G. Hartung u. T. Kleffmann; Tübingen 2012). Erwähnenswert sind in diesem Zusammenhang auch die veröffentlichten Vorlesungen von Stephan Grätzel, besonders: „Methoden der Praktischen Philosophie. Phänomenologie, Hermeneutik, Dialektik" (London 2007). Auch zum Thema lebensphilosophische Kultur- und Zivilisationskritik gab es wichtige Publikationen. Etwa das von Michael Großheim und Steffen Kluck herausgegebene Buch „Phänomenologie und Kulturkritik – Über die Grenzen der Quantifizierung" (Freiburg u. München 2010)[16] und „Untergang der Erde am Geist der Machteliten – 100 Jahre radikale Zivilisationskritik und solidarische Lebensdemokratie" von Theodor Lessing und mir (München 2014). In der Reihe der von Hermann Schmitz begründeten „Neuen Phänomenologie" erschienen ebenfalls lebensphilosophisch relevante Publikationen. Auch hier nur drei besonders richtungsweisende: von Jürgen Hasse „Fundsachen der Sinne. Eine phänomenologische Revision alltäglichen Erlebens" (Freiburg u. München 2005); von Ute Gahlings „Phänomenologie der weiblichen Leiberfahrungen" (Freiburg u. München 2006);[17] und das von Michael Großheim et al. herausgegebene Werk „Leib, Ort, Gefühl – Perspektiven der räumlichen Erfahrung" (Freiburg u. München 2015).

Und dann gibt es nicht zuletzt seit 2005 das (größtenteils) von mir herausgegebene „Jahrbuch für Lebensphilosophie", von dem nun demnächst unter dem Titel „Väter, Mütter, Töchter und Söhne der Lebens(kunst)philosophie" das neunte

---

[14] Vgl. hierzu meine Rezension im II. Jahrbuch für Lebensphilosophie (Leib-Denken), 2/2006, S. 335-337.

[15] Vgl. hierzu die Rezension von T. Rolf im VIII. Jahrbuch für Lebensphilosophie (Kritik und Therapie wissenschaftlicher Unvernunft), 8/2016-2017, S. 276-280.

[16] Vgl. hierzu die Rezension von S. Diebitz im VIII. Jahrbuch für Lebensphilosophie (Kritik und Therapie wissenschaftlicher Unvernunft), 8/2016-2017, S. 263-265.

[17] Vgl. hierzu meine Rezension im VII. Jahrbuch für Lebensphilosophie, a. a. O., S. 310-316.

Jahrbuch erscheinen wird.[18] Diese Jahrbücher zeigen nicht nur, dass die Lebensphilosophie nach wie vor eine hochinteressante Art des Denkens ist, sondern, wichtiger noch, dass sich die Lebensphilosophie traditionsbewusst (aber nicht traditionsversessen) weiter schreiben und kreativ in eine demokratische und lebenssolidarische Zukunft hinein öffnen und neu schreiben lässt.

Selbstverständlich stehe ich heute lebensphilosophisch nicht mehr dort, wo ich 2004 oder 2005 stand. Meine Forschungen zur Lebensphilosophie – phänomenologische, historische, erkenntnispsychologische, aber auch lebenskünstlerische Forschungen – haben meinen Horizont noch einmal ziemlich erweitert. Und mehr noch als diese Forschungen, haben der Austausch und die Kooperation mit anderen lebensphilosophie-affinen Denkerinnen und Denkern zu (m)einer Horizonterweiterung beigetragen;[19] und dann natürlich all die Lebenserfahrungen, die ich in der Zwischenzeit machen durfte und teils auch machen musste.

Mit diesem neuen Horizont versuche ich nun, Lebensphilosophie in einer bisher kaum gesehenen Breite und Tiefe manifest werden zu lassen. Meine Betonung liegt hierbei durchaus auf dem Wörtchen „versuche". Ja, ich wünsche ausdrücklich, dass die hier versammelten acht Kapitel als Versuche gesehen und gewertet werden. Manche dieser Versuche sind gelungener, klarer, systematischer. Andere wiederum eher skizzenhaft, vorläufig und – teils auch aus Zeitgründen – zu schnell gezeichnet. Manches zerfasert mir unter der Hand, bleibt Andeutung und Vieldeutung – ohne dass ich den roten Faden gegriffen hätte. Es gibt sogar einige Stellen, die noch nicht ganz veröffentlichungsbereit sind. Dass ich sie hier nun doch veröffentliche, hat einen einfachen Grund: Ich will nicht noch länger warten, ich will diese Manifestation in die Welt schicken, ich will dieses Projekt (sowie ein paar andere philosophische Projekte, die seit Jahren in der Warteschleife hängen) für mich (zumindest vorläufig) beenden. Beenden, damit ich wieder mehr Freiraum habe: Freiraum für Natur und Leibes-Lust, Freiraum für Reisen und Abenteuer, Freiraum für Neues und Kreatives. Nicht dass es mir am Ende noch so ergeht, wie jenen gelehrten Männern, von denen Georg Christoph Lichtenberg (1742-1799) schrieb:

> „Mancher Mann quält sich seine Lebenszeit, studiert sich frigid und impotent über die Entwickelung der Meinung eines Schriftstellers. Ich gebe es zu, es war einer Lebenszeit nötig, das System des Mannes zu entwickeln, es vom

---

[18] Zu den Titeln und Themen der Jahrbücher siehe das Verlagsprogramm am Ende dieses Buches.

[19] Besonders auch die Mitherausgabe des VII. Jahrbuchs für Lebensphilosophie (zusammen mit Heidemarie Bennent-Vahle und Ute Gahlings) zum Thema „Lebensdenkerinnen" brachte nochmals eine weitere wichtige Horizonterweiterung mit sich. Vielen herzlichen Dank, liebe Heidi und liebe Ute, für diese symphilosophische Zeit! – Demnächst wird ein Briefwechsel zwischen Rudolf Gaßenhuber und mir im Ziel-Verlag Augsburg erscheinen – ebenso ein anschauliches Dokument eines symphilosophischen Prozesses und Austauschs.

Schmutz schmieriger Ausbesserer zu reinigen, das ist alles wahr, aber es erforderte nur viertelstündiges helles Wachen gesunder Vernunft, einzusehen, daß die ganze Historie keine drei Groschen wert war."[20]

Mit diesem meinem neuen lebensphilosophischen Horizont bin ich also nach langer Pause wieder an Friedrich Schlegel herangetreten. Auch mit der Frage: Ist meine damalige These vom lebensphilosophischen Diskursbegründer Schlegel noch zu halten? Um es gleich zu sagen: Ja, sie ist noch zu halten. Und zwar in einem umfänglicheren, aber deshalb nicht weniger fragwürdigen Sinn, als ich mir das damals denken konnte. Ich fand nämlich in Schlegels Texten viel von dem vorgedacht und angesprochen, was in den letzten 13 Jahren lebensphilosophisch erarbeitet und entwickelt wurde. Dazu musste ich aber auch Manches weglassen, Einiges ausblenden, Anderes ein wenig frisieren. Dann aber zeigte sich Schlegels Text als programmatischer Gründungstext und als utopischer Vorgriff zugleich. Über dieses Verfahren lässt sich natürlich streiten. Ich bin mir der Fragwürdigkeit meines Vorgehens bewusst. Aber eben als Frag-Würdigkeit: d. h. ich bin davon überzeugt, dass es nicht nur ‚würdig' und sinnvoll ist, so zu fragen und so zu interpretieren, sondern auch fruchtbar – im Hinblick auf die Zukunft der Lebensphilosophie. Ich glaube nicht, dass ich das alles nur in Schlegels Texte hineininterpretiert und hineinprojiziert habe. Wenn aber doch: dann wäre es immerhin eine *schöpferische* Interpretation und Projektion, die, so meine Überzeugung, der Lebensphilosophie *heute* weiterhilft.

1.1 Schlegels Lebensphilosophie und Spiritualismus

Wie aus seiner Biografie hervorgeht,[21] war Friedrich Schlegel (1772-1829) ein vielseitig interessierter, umfassend gebildeter, romantisch schweifender und rhapsodisch rastloser Geist. Er war in einer Person: Literaturwissenschaftler, Dichter, Romanschriftsteller, Herausgeber, Kunstkritiker, Ästhetiker, Historiker, Religionswissenschaftler, Philosoph und – v. a. zu Ende seines Lebens – katholischer Spiritualist. Der Vielseitigkeit seiner Interessen und Betätigungen entspricht eine Vielzahl von Theorien, die Schlegel im Laufe seines Lebens vertreten und formuliert hat.

[20] Lichtenberg, G. C.: Aphorismen, ausgewählt u. eingeleitet v. F. Sengle, Stuttgart ²1984, S. 125 [F 433]. Die Auswahl Sengles orientiert sich an der kritischen Edition „Georg Christoph Lichtenbergs Aphorismen", nach den Handschriften hg. v. A. Leitzmann, 5 Bde., Berlin 1902-1908. Hinter der Seitenzahl von Sengles Auswahl gebe ich in eckigen Klammern die von Lichtenberg eingeführte und von Leitzmann weitergeführte Buch- und Nummernangabe, so dass das Zitat auch in der Leitzmann-Ausgabe (und anderen kritischen Editionen) gefunden werden kann.

[21] Vgl. Behler, E.: Friedrich Schlegel in Selbstzeugnissen und Bilddokumenten, Hamburg 1966; und Kozljanič, R. J.: Lebensphilosophie – Eine Einführung, Stuttgart 2004, S. 29f.

Ein klares Wort hat in dieser Hinsicht Karl August Varnhagen von Ense (1785-1858) gesprochen:

> „Das Wesen dieses Mannes, die Grundtriebe in ihm, die Art seiner Fähigkeiten, das Verdienst und der Ertrag seines ganzen Wirkens, haben noch keinen Darsteller gefunden, wie er selbst einer für andre sein konnte, und zum Teil gewesen ist. Nicht jeder darf sich daran wagen. Es gehört Mut, feste Besonnenheit, tiefes Studium und reicher Sinn, vor allem aber die freieste Übersicht dazu, um sich in dieser aus Widersprüchen, Verwicklungen, Seltsamkeiten, Versteckniseen und Unregelmäßigkeiten aller Art zusammengesetzten Natur zurechtzufinden, wo Gespenster, Dämonen und Genien durcheinanderschwirren, die Lucinde und Karl der Große, Alarcos, Maria, Platon, Spinoza und Bonald, Anbetung und Verdammnis Goethes, Revolution und Hierarchie, in größter Abwechlsung sich begegnen, und, was das Merkwürdigste ist, sich gegenseitig bestehen lassen! Denn Schlegel, bei aller seiner Proteus-Wandelbarkeit, hat niemals eine seiner Gestalten verworfen, sondern bis zuletzt für jede eine gewisse Berechtigung behauptet, und insofern mit allem Grunde, als in seinem Geiste wirklich ein lebendiger Zusammenhang alles dieses Mannigfaltigen war. Diesen Zusammenhang nachzuweisen, die Verknüpfung und Übergänge anzudeuten, den Schein überall wegzuheben, um das Wesen sehen zu lassen, das wäre nun eben die Aufgabe!“[22]

Freilich ein gewaltige Aufgabe. Für mich zu gewaltig. Anders formuliert: Es kann und wird nicht Ziel dieser meiner Erwägungen sein, *alle* schlegelschen Theorien nachvollziehen, aufeinander zu beziehen und darstellen zu wollen. Was mich hier interessiert, ist seine lebensphilosophische Theorie, also seine Lebensphilosophie im engeren Sinn. Und diese hat er v. a. in der ersten, zweiten und dritten – teilweise auch in der fünften und neunten – Vorlesung über die „Philosophie des Lebens“ niedergelegt.[23] Die anderen 10 Vorlesungen sind weniger eine „Philosophie des Lebens“ als vielmehr eine katholisch-spiritualistische und spekulativ-theokratische Metaphysik. Schlegel war sich dessen durchaus bewusst. In der dritten Vorlesung gesteht er sich ein:

> „Diese Philosophie, welche ich hier zu entwickeln unternommen habe, könnte [...], wenn einmal eine Bezeichnung dieser Art [...] als nötig erachtet würde, wohl nicht anders als Spiritualismus genannt werden; da sie, von der Seele, als dem Anfang und dem Ersten ausgehend, den Geist aber dennoch als das

---

[22] Zit. in: Behler, E.: a. a. O., S. 167.

[23] Ich habe hier auch noch eine Passage aus der zweiten „Vorlesung über die Philosophie der Sprache und des Worts“ abgedruckt, denn sie führt einen wichtigen lebensphilosophischen Gedanken Schlegels fort: den Gedanken der schöpferischen Rolle der Sprache und des dramatisch-philosophischen Dialogs bei der Harmonisierung und Heilung des gespaltenen Bewusstseins.

> Höchste aufstellt; und auch in der Lehre von Gott, [...] diesen als den lebendigen Geist, und persönlichen Gott [...] auffaßt und aufstellt.“[24] Sowohl der höchste Geist als auch das tiefste Leben münden und gründen in Gott, der – so die etwas zirkuläre Argumentation – das „höchste Leben und der Urquell alles anderen Lebens“ ist (§ 90).

In Bezug auf den alten Schlegel sagte Ernst Behler: Ihm sei es um die

> „Ausbildung eines neuen Spiritualismus auf christlicher Erfahrungsgrundlage“ zu tun gewesen. „Schlegel sah in Jacobi, dem späten Schelling und Franz von Baader die Anzeichen dieser Entwicklung, die er ungefähr ab 1820 als seine eigene Lebensaufgabe erblickte.“[25]

Was der umsichtige und vielseitige Carl Gustav Carus (1789-1869) über die letzten Vorlesungen Schlegels in Dresden schrieb, trifft auch auf die „Philosophie des Lebens“ zu: Schlegel, „dem es besonders um die Ausbreitung des katholischen Glaubens zu tun war“, hat seine philosophischen Vorlesungen „gänzlich im Sinne dieser Richtung entworfen und durchgeführt [...]. Es verfließen da manche ganz sinnvolle, ja tiefe Gedanken mit vielen unreifen, unklaren und höchst willkürlichen Annahmen“.[26]

1.2 Schlegel: retrospektiv der *lebensphilosophische Diskursbegründer*

Es wird im Folgenden meine Aufgabe sein, die aus lebensphilosophischer Sicht sinnvollen und tiefen Gedanken Schlegels von den teils sehr spekulativen und spiritualistischen zu trennen. Obwohl es kein unbedenkliches Unterfangen ist, die lebensphilosophische Theorie, die Schlegel in einigen seiner Vorlesungen entfaltet, aus dem Kontext seines Spiritualismus zu lösen, möchte ich es trotzdem versuchen. Denn dieses Unterfangen lohnt meines Erachtens: v. a. deshalb, weil hier viele der späteren lebensphilosophischen Erkenntnisse auf geniale Art und Weise vorweggenommen werden. Wenngleich Schlegels Schreib- und Denkstil etwas rhapsodisch und intuitiv ist, wenngleich viele seiner Argumente logisch nur bedingt abgesichert sind und generell Vieles fragwürdig und korrekturbedürftig bleibt, sollte doch auch gesehen und gewürdigt werden, was dieser Text leistet: nämlich eine der bis heute dichtesten und umfassendsten Skizzen eines ganzheitlichen Lebensphilosophierens zu sein. Ja, fast könnte mensch sagen, dass in den von mir hier wieder abgedruckten Vorlesungen *in nuce* das gesamte lebensphilo-

---

[24] Schlegel, F.: Philosophie des Lebens, in: Kritische Friedrich-Schlegel-Ausgabe, hg. v. E. Behler, Bd. 10., München Paderborn Wien u. Zürich 1969, S. 1-308, hier: 56.

[25] Behler, E.: a. a. O., S. 142f.

[26] Carus, C. G.: Denkwürdigkeiten aus Europa, mitgeteilt von C. G. Carus, zu einem Lebensbild zusammengestellt und hg. v. M. Schlösser, Darmstadt 1963, S. 374.

sophische Programm enthalten oder zumindest vorgezeichnet sei. Bis heute. So dass ich hier die These wagen möchte: dass die Lebensphilosophie nicht nur gewichtige Vordenker und Ideengeber wie Arthur Schopenhauer, Carl Gustav Carus und Friedrich Nietzsche, sondern auch einen tatsächlichen Diskursbegründer hat: nämlich Friedrich Schlegel. Vielleicht ist das Wort ‚Diskursbegründer' zu hoch gegriffen, da ganz Vieles von Schlegel dann doch ein wenig anders – spiritualistisch und katholizistisch – ausgedeutet und weiter entwickelt wurde. Vielleicht. Doch andererseits: Nenne ich Schlegel statt ‚Diskursbegründer' nur ‚lebensphilosophischen Vordenker', dann kommt seine entscheidende Rolle und sein Alleinstellungsmerkmal nicht zum Tragen. Denn wichtige ‚lebensphilosophische Vordenker' gibt es viele.[27] Doch bei keinem findet sich in dieser Dichte und Fülle solch eine Vielzahl dezidiert lebensphilosophischer Themen und Theoreme wie bei Schlegel. Ich bleibe also vorerst dabei, Schlegel – zumindest retrospektiv und mit Vorbehalten seinem Spiritualismus gegenüber – als *den* lebensphilosophischen Diskursbegründer anzusprechen.

Umso erstaunlicher bleibt, dass Schlegel in den meisten der seither veröffentlichten Schriften über Lebensphilosophie nur kurz, kaum oder gar nicht erwähnt wird. Eine Ausnahme stellt die einführende Schrift „Lebensphilosophie – Von den Anfängen bei Nietzsche bis zu ihrer Kritik bei Lukács" von Karl Albert dar.[28] Diese Schrift beginnt mit einer vergleichsweise ausführlichen und angemessenen Würdigung des schlegelschen Ansatzes. Schlegel, so Albert, sei (neben Arthur Schopenhauer und Jean-Marie Guyau) der erste ‚vorbereitende' Denker der modernen Lebensphilosophie gewesen.[29] Dem kann ich nur zustimmen, möchte aber nochmals daran erinnern, dass er eben ein ganz besonderer ‚vorbereitender' Denker war, einer mit Alleinstellungsmerkmal, einer, der den lebensphilosophischen Diskurs auf geniale Art und Weise skizzierend vorwegnahm.

---

[27] Vgl. hierzu z. B. das von mir herausgegebene: IV. Jahrbuch für Lebensphilosophie (Lebensphilosophische Vordenker des 18. und 19. Jahrhunderts), 4/2008-2009.

[28] 2017 in zweiter, verbesserter Auflage wieder im Alber Verlag erschienen und mit einem Nachwort von Elenor Jain versehen.

[29] Vgl.: Albert, K.: Lebensphilosophie, Von den Anfängen bei Nietzsche bis zu ihrer Kritik bei Lukács, Freiburg u. München 1995, S. 17-29. In der Einführung von Jürgen Große erhält Schlegel immerhin eine fünfseitige Würdigung, die aber leider mehr verwirrt als erhellt; Große, J.: Lebensphilosophie, Stuttgart 2010, S. 34-38.

2 Lebensphilosophie als erlebnis-person-verschränkte Werdenslehre (Genesiologie)

2.1 Die moderne Lebensphilosophie: eine erlebnisbasierte Theorie der unreduzierten menschlichen Erfahrung

Der *Begriff* der Lebensphilosophie bzw. „*Philosophie des Lebens*" taucht bei Schlegel erstmals in jener Bedeutung auf, die dann später von den großen akademischen Lebensphilosophen, den Denkern der lebensphilosophischen Hochphase um 1900 (Henri Bergson, William James, Wilhelm Dilthey, Georg Simmel),[30] in den Vordergrund gerückt werden sollte: Lebensphilosophie als eine Philosophie der *ganzen menschlichen Erfahrung*; als eine Philosophie, die das *volle menschliche Erleben und Erfahren* in den Mittelpunkt zu rücken *versucht.* Meine Betonung liegt hierbei auf ‚versucht'. Denn auf diesem Gebiet gibt es – wie allein die unten stehenden Kapitel 5-8 zeigen – noch sehr viel zu tun.

Wilhelm Dilthey (1833-1911) hat das prägnant so formuliert: „Der *Grundgedanke meiner Philosophie* ist, daß bisher noch niemals die ganze, volle, unverstümmelte Erfahrung dem Philosophieren zugrunde gelegt worden ist, mithin noch niemals die ganze und volle Wirklichkeit."[31] Die unverstümmelte Erfahrung wurzelt in der „Realität Erlebnis".[32] Diese ‚Erlebnis-Realität' wird durch Erlebnisse und – darauf aufbauend – Erfahrungen zugänglich und gebildet (nicht ‚konstruiert'). Erlebnisse sind aber immer persongebundene, lebenslaufgebundene Ereignisse oder Widerfahrnisse. Sie sind mehr oder weniger herausgehobene Momente im eigenen Leben. „Der Lebenslauf [...] besteht aus Erlebnissen, die in einem inneren Zusammenhang miteinander stehen. Jedes einzelne Erlebnis ist auf ein Selbst bezogen".[33]

Erlebnisse sind in der Regel besondere und intensive Ereignisse im Leben eines Menschen, die sich gerade durch ihren Besonderheits- und Intensitätsstatus vom Alltagsleben desselben abheben.[34] Wegen diesem ihrem Sonderstatus bleiben

---

[30] Zur Phasen-Einteilung der Lebensphilosophie vgl.: Kozljanič, R. J.: Lebensphilosophie – Eine Einführung, Stuttgart 2004, S. 17-19.

[31] Dilthey, W.: Weltanschauungslehre, Abhandlungen zur Philosophie der Philosophie, in: Gesammelte Schriften, Bd. 8, hg. v. B. Groethuysen, Leipzig u. Berlin 1931, S. 175.

[32] Dilthey, W.: Die geistige Welt, Einleitung in die Philosophie des Lebens, Zweite Hälfte: Abhandlungen zur Poetik, Ethik und Pädagogik, in: Gesammelte Schriften, Bd. 6, hg. v. G. Misch, Stuttgart [3]1958 (EA 1924), S. 313.

[33] Dilthey, W.: Der Aufbau der geschichtlichen Welt in den Geisteswissenschaften, in: Gesammelte Schriften, Bd. 7, hg. v. B. Groethuysen, Stuttgart [3]1961 (EA 1927), S. 195.

[34] Dadurch sollen die Alltagserlebnisse aber nicht entwertet oder nur als stets ‚grau' und monoton abgetan werden. Die Alltagserlebnisse spielen eine unverzichtbare Rolle. Diese Rolle ist jedoch viel schwerer zu greifen, da diese Erlebnisse weniger aufdringlich und

sie auch besser im Gedächtnis haften und wirken oft ändernd und transformierend auf Persönlichkeitsentwicklung und Weltbild ein. Solche besonderen und intensiven Erlebnisse können lustvoller oder unlustvoller Art sein, können mit gehobenen oder gedrückten Stimmungen einhergehen.[35] Intensive lustvolle Erlebnisse können sich z. B. ereignen: bei Festen und Zeremonien, auf Reisen und Naturaufenthalten, bei Liebe und Sex, bei Erfolg und Entwicklungsschritten, bei Sport und Meditation. Intensive unlustvolle Erlebnisse können sich ereignen etwa: bei Konfliktsituationen am Arbeitsplatz oder zu Hause, bei Beziehungsstress und Trennung, Existenzangst und Depression, in Sinn- und Lebenskrisen, durch Unglück und Krankheit – und natürlich bei allen traumatisierenden und neurotisierenden Ereignissen wie Unfall, Überfall, sexuellem Missbrauch.

Die Fülle der Erlebnis-Realität ist nur durch ein kompromissloses Ernstnehmen *aller* Erlebnisdimensionen und Lebenserfahrungen – durch einen „radikalen Empirismus" (so William James, 1842-1910)[36] und Erfahrungspluralismus – fassbar. Das heißt: Basis bleibt dabei immer das unvoreingenommene, vortheoretische, *person- und lebenslaufgebundene* Erleben in all seiner Bandbreite und Mehrdeutigkeit. Beginnend mit einfachen und alltäglichen über aufregende und krisenhafte bis hin zu religiösen und ekstatischen Erlebnissen will die Lebensphilosophie die „varieties of experience"[37] aufdecken und erforschen. Wie es Michael Hauskeller einmal auf den Punkt gebracht hat:

> „According to James, it is not reason that tells us what is right and wrong, good and evil: It is experience and only experience. Every 'ought', to be effective, must be realized somewhere in our personal experience […]. In other words, we must *feel* things to be wrong when we encounter them, not *deduce* their wrongness by some abstract principle. Moreover, *all* experience must be taken seriously and, especially in moral matters, at face value. Pragmatism and pluralism join hands with what James calls 'radical empiricism'. Radical empiricism means that experience is the measure of all truth, that what we experience as real is real and that this is all there is to reality. No part of experience

---

nicht so grell-bunt sind. Und doch: Über eine Menge unauffälliger und mehr hintergründig mitlaufender Alltagserlebnisse konstituiert sich so etwas wie eine stabile Beziehung – zu einem selbst, zu seinen Mitmenschen und Lebensräumen. Über diese meist stilleren und langatmigeren – aber genau dadurch oft auch nachhaltigeren – Erlebnisse bildet sich Vertrauen, Freundschaft, Gelassenheit, Verbundenheit: zu Menschen, Orten, Gemeinschaften, …

[35] Siehe: Kozljanič, R. J.: Grenzerfahrungen bei Jaspers und Klages, in: Hestia – Jahrbuch der Klages-Gesellschaft, 22/2004-2007, S. 149-162.

[36] James, W.: Essays in Radical Empiricism, New York u. London 1912. Ein Teil dieser Essays wurde ins Dt. übers. v. C. Langbehn: James, W.: Pragmatismus und radikaler Empirismus, Frankfurt a. M. 2006.

can be rationalized away, for reality is what can be and what is experienced and nothing else."[38]

Bis heute mustergültig definierte der Psychologe und Philosoph Philipp Lersch (1898-1972) die Lebensphilosophie als eine „Philosophie des Erlebens" oder auch als eine „Theorie der inneren Erfahrung". Es gehe hierbei „um die Frage, ob und wieweit das Erleben imstande ist, uns den Bereich der Wirklichkeit aufzuschließen."[39] Die meisten Lebensphilosophen bejahen diese Frage, z. B. Ludwig Klages (1872-1956): „wir erleben das eigene und miterleben in ihm das fremde Leben."[40] In der lebensphilosophischen Bewegung versucht mensch bis heute der ‚Erlebnis-Realität' bzw. der „Erlebniswirklichkeit"[41] – und damit auch einem unreduktionistischen Erlebnisbegriff[42] – näher zu kommen.[43]

2.2 Der lebensphilosophische Schlüsselbegriff „Erlebnis" und seine Geschichte

Es ist sicher nicht übertrieben, den Erlebnis-Begriff einen lebensphilosophischen Schlüsselbegriff zu nennen – evtl. ist er sogar *der* lebensphilosophische Schlüsselbegriff. Abgesehen vom Lebens-Begriff gibt es nur noch einen Begriff, der ihm in dieser umfassenden Bedeutsamkeit noch das Wasser reichen könnte: der Begriff des Werdens (der den des Vergehens und Neuwerdens mit einschließt).

Kurz ein Blick in die Wort- und Begriffsgeschichte. Hans-Georg Gadamer hat als erster darauf hingewiesen, dass das Wort Erlebnis „im Unterschied zu

[37] Vgl. hierzu, vorbildhaft, das große religionsphilosophische Werk von William James, in dem er „Die Vielfalt religiöser Erfahrung" (Frankfurt a. M. 1997) untersucht. (EA: The Varieties of Religious Experience, New York u. London 1902).

[38] Hauskeller, M.: Foolish Little Children in the Eyes of Reason – The Moral Philosophy of William James, in: I. Jahrbuch für Lebensphilosophie (Zur Vielfalt und Aktualität der Lebensphilosophie), 1/2005, S. 57-70, hier: 66f.

[39] Lersch, P.: Erlebnishorizonte. Schriften zur Lebensphilosophie, hg. v. T. Rolf, München 2011 (EA 1932, 1936), S. 42 u. 147-156.

[40] Klages, L.: Bewußtsein und Leben (EA 1915), in: ders.: Mensch und Erde, Stuttgart 1973, S. 26-40, hier: 37.

[41] Dürckheim, K. v.: Untersuchungen zum gelebten Raum, Frankfurt a. M. 2005 (EA 1932), S. 19f.

[42] Vgl. Gadamer H.-G.: Wahrheit und Methode, Tübingen 1965 (EA 1960), S. 56-66; Sauerland, K.: Diltheys Erlebnisbegriff, Berlin u. New York 1972; und: Hasse, J.: Fundsachen der Sinne. Eine phänomenologische Revision alltäglichen Erlebens, Freiburg u. München 2005, S. 150-198 („Die ganzheitliche Perspektive des Erlebens").

[43] Vgl. hierzu meinen Handbuch-Artikel „Entdeckung und Entfaltung des Erlebnisbegriffes in der Lebensphilosophie", in: Handbuch Erlebnispädagogik, hg. v. W. Michl u. H. Seidel, München 2018.

‚Erleben' erst in den 70er Jahren des 19. Jahrhunderts üblich geworden ist."[44] In den späten 70er-Jahren beginnt auch Dilthey sich dieses Wortes zu bedienen. In der ersten Fassung seines Goethe-Aufsatzes von 1877 vergleicht er „Goethe mit Rousseau, und um Rousseaus neuartiges Dichten aus der Welt seiner inneren Erfahrungen zu beschreiben, wendet er den Ausdruck ‚das Erleben' an. In der Paraphrase eines Rousseau-Textes findet sich dann die Wendung ‚die Erlebnisse früherer Tage'."[45] Das, was sich in der Epoche der Empfindsamkeit und des Sturm-und-Drang vorbereitet, in der Romantik entfaltet hat – jener neue Unmittelbarkeits-, Genie- und Gefühlskult – floss sozusagen unterirdisch in das Wort „Erlebnis" ein:

> „So wird man Diltheys Prägung des Begriffs aus der romantischen Vorgeschichte des Wortes verstehen müssen und sich erinnern, daß Dilthey der Biograph Schleiermachers war. Freilich findet sich das Wort ‚Erlebnis' bei Schleiermacher noch nicht, ja wie es scheint, nicht einmal das Wort ‚Erleben'. Aber es fehlt nicht an Synonymen": „Akt des Lebens, Akt des gemeinschaftlichen Seins, Moment, eigenes Gefühl, Empfindung, Einwirkung, Regung als freie Selbstbestimmung des Gemüts, das ursprünglich Innerliche, Erregung usw."[46]

So schließe nicht nur Dilthey, sondern die gesamte „Lebensphilosophie unserer Tage an ihre romantischen Vorgänger an."[47]

Ähnliches was Gadamer über Schleiermacher sagte – der übrigens in der Berliner Zeit eng mit Schlegel befreundet war, sogar mit ihm zusammen wohnte und „symphilosophierte"[48] – kann auch in Bezug auf Schlegel festgestellt werden. Auch er benutzte und kannte Wort und Begriff des „Erlebnisses" noch nicht. Und doch ist es, als hätte ihm das Wort schon auf der Zunge gelegen. Es ist, als würde er den Erlebnisbegriff gleichsam mit seinen Formulierungn umschleichen und einkreisen – ohne ihn doch ganz greifen und benennen zu können. So heißt es bei ihm an zentraler Stelle: die „eigentliche Region" der Lebensphilosophie sei „eben die des geistigen inneren Lebens zwischen Himmel und Erde." (§ 2) „Der Gegenstand der Philosophie ist also das innere geistige Leben, und zwar in seiner ganzen Fülle". (§ 5) Die ganze Fülle dieses inneren Lebens zeigt sich, wenn mensch „das vollständige Bewusstsein nach allen seinen verschiedenen Seiten und Kräften zum Grunde legt, und die Seele als den Mittelpunkt desselben betrachtet" (§ 16). In seinen „Philosophischen Vorlesungen" spricht Schlegel auch von einer

---

[44] Gadamer H.-G.: a. a. O., S. 56. Laut Karol Sauerland, der Gadamers begriffsgeschichtliche Forschungen vertiefen konnte, war dieses Wort schon Mitte des 19. Jahrhunderts üblich; Sauerland, K.: a. a. O., S. 2.
[45] Gadamer H.-G.: a. a. O., S. 58.
[46] Gadamer H.-G.: a. a. O., S. 60.
[47] Gadamer H.-G.: a. a. O., S. 59.
[48] Vgl. Behler, E.: a. a. O., S. 57-59.

„innere[n] und geistige[n] Erfahrungswissenschaft“, die vom „Gefühl des Lebens“ auszugehen habe.[49] Und in § 45 spricht er von der Philosophie als von einem „innern Verstehen des Lebens“. Immer aber ist eine sowohl erlebnisbasierte, weit- wie tiefgreifende persönliche Lebenserfahrung unerlässlich. Persönliche Lebenserfahrung ist in diesem Sinn die wichtigste Voraussetzung der Lebenphilosophie.

2.3 Die moderne Lebensphilosophie: Ihr Persönlichkeits-, Natur- und Kulturprinzip

Lebensphilosophie ist also erlebnisbasierte und erfahrungsorientierte Theorie. In den Blick rückt die „Erlebniswirklichkeit“ der modernen Lebensphilosophie v. a. dann, wenn mensch sich auf die lebendigen Zusammenhänge einlässt; Zusammenhänge, in die wir von unseren Müttern hineingeboren werden, in denen wir schon immer stehen und aus denen heraus wir zu philosophieren beginnen. Der zentrale Einsatzpunkt ist hier der eigene Lebenslauf, das eigene gelebte und erlebte Leben. José Ortega y Gasset (1883-1955) nennt das die „radikale Wirklichkeit“. Von dieser „radikalen Wirklichkeit“ her hat er einen neuen lebensphilosophischen Vernunftbegriff gebildet, den der „lebendigen Vernunft“ (razón vital).[50] Er hat gezeigt, dass alle transzendentalphilosophischen Vernunft- und Seinsbestimmungen bereits die lebendige Vernunft und ihre radikal-menschliche Werdewirklichkeit voraussetzen (und verschweigen).

> „Dem *Cogito ergo sum* geht noch voran, dass wir uns in jedem Augenblick mit bestimmten Lebensumständen auseinandersetzen müssen, mit dem, was wir ‚Leben' nennen. Daher ist die radikale Wirklichkeit, in der alle anderen Wirklichkeiten auftauchen und erscheinen, das ‚menschliche Leben', das jedes Einzelnen. Leben bedeutet folglich, sich in bestimmten Lebensumständen zu finden und immer etwas zu tun haben zu müssen, um sich in ihnen zu erhalten.“[51]

Ortega hat das in die Kurzform gebracht „Yo soy yo y mi circunstancia“ – „Ich bin ich und meine Lebensumstände“.[52] Wobei das „und“ hier nicht additiv, sondern polar-dynamisch aufzufassen ist: „Deshalb können wir ‚unser Leben' in

---

[49] Schlegel, F.: Philosophische Vorlesungen insbesondere über Philosophie der Sprache und des Wortes, in: Kritische Friedrich-Schlegel-Ausgabe, hg. v. E. Behler, Bd. 10., München Paderborn Wien u. Zürich 1969, S. 358 u. 325.

[50] Vgl. hierzu: Rohmer, S.: Einführung, in: José Ortega y Gasset: Der Mensch ist ein Fremder. Schriften zur Metaphysik und Lebensphilosophie, hg. v. S. Rohmer, Freiburg u. München 2008, S. 7-26, hier 20. – Zum Begriff der „lebendigen Vernunft“ und der „lebendigen Vernünftigkeit“ vgl. Kapitel 7.

[51] Ortega y Gasset, J.: Historische Vernunft, in: ders.: Der Mensch ist ein Fremder. Schriften zur Metaphysik und Lebensphilosophie, hg. u. übers. v. S. Rohmer, Freiburg u. München 2008, S. 171-274, hier: 223.

Gestalt eines Bogens darstellen, der die Welt und das Ich zusammenschließt; doch ist nicht zuerst das Ich und dann die Welt, sondern beide sind zugleich.“[53] Das ist entscheidend!

Der eigene Lebenslauf, die eigene ‚Biografie', ist Ausdruck und Künder des inneren Zusammenhangs der „radikalen Wirklichkeit“. Dieser Zusammenhang ist ein lebendig sich entwickelnder Zusammenhang (nie ein statischer oder dinglich vorliegender oder ‚immer-seiender'). Er ist engstens mit der Person verbunden, aber doch tief in sie hineinreichend, so tief, dass ich nicht genau angeben könnte, wo sein Anfang oder sein Ende wäre. Der persönliche Lebenslauf ereignet sich nicht im luftleeren oder zeitlosen Raum, sondern im Kontext zweier mächtiger Entwicklungs- oder Lebensströme: dem der biotischen Evolution und Umwelt und dem der soziokulturellen Evolution und Lebenswelt (die zwei nicht aufeinander rückführbare, teils neben-, teils ineinanderfließende Lebensströme sind). Der lebensphilosophisch-goetheanisch inspirierte Zoologe Adolf Portmann (1897-1982) spricht hier von den zwei „Evolutionswegen“: dem der biotisch-*genetischen* oder *endosomatischen* Vererbung einerseits und der *sozial*-genetischen oder *exosomatischen* Vererbung andererseits. Portmann stellt fest, dass die soziale Evolution die gravierender ist,

> „daß die Wirklichkeit von Tradition und Sprache die entscheidende Rolle in der menschlichen Entwicklung spielt: Die Evolution des Menschen ist historisch; Geschichtlichkeit ist unsere eigentliche Natur. Ich darf daran erinnern, daß bereits Thomas Huxley zur Zeit Darwins darauf hingewiesen hat, daß die wirksamsten Faktoren der menschlichen Auslese der natürlichen Selektion in vielen Hinsichten geradezu entgegenarbeiten.“[54]

Auch hier bei der biotischen und der soziokulturellen Evolution ist letztlich kein Anfang oder Ende absehbar. Von diesen beiden Ströme her fließen vor- und überpersönliche ‚Erfahrungsbestände und -werte' – genauer: Tiefenerinnerungen – in die Person ein: prädisponieren, formen, treiben oder bilden sie. Diese beiden Entwicklungs- und Erinnerungsströme sind das biotische (evolutive) Gedächtnis und das kulturelle Gedächtnis.[55] Das erste lagert seine Erinnerungen v. a. in Leib und Seele der Person (in Form von Trieben und Gefühlsdispositionen), das zweite

---

[52] Zit. u. übers. von: Rohmer, S.: Einführung, a. .a. O., S. 15.

[53] Ortega y Gasset, J.: Was ist Philosophie? (Que es filósofia?, 1958) In: Gesammelte Werke Bd. V, Augsburg 1996, S. 313-515, hier: 487.

[54] Portmann, A.: Die Bedeutung des ersten Lebensjahres (1964), in: ders.: Zoologie aus vier Jahrzehnten. Gesammelte Abhandlungen, München 1967, S. 297-311, hier 298f. Vgl. auch: ders.: Biologie und Geist, Frankfurt a. M. 1973.

[55] Zum biotischen Gedächtnis vgl.: Sheldrake, R.: Das schöpferische Universum. Die Theorie des morphogenetischen Feldes, München 1985; und: ders.: Das Gedächtnis der Natur, München 1993. Zum „kulturellen Gedächtnis“ vgl. den ‚Klassiker' von Assmann, J.:

v. a. in Sprache und Geist (in Form von persönlich angeeignetem objektiven und objektivierten Geist) ab.

Damit zeigt sich, dass es in der Lebensphilosophie (zumindest) drei Hauptprinzipien gibt.[56] Das erste könnten mensch das ‚Persönlichkeitsprinzip' nennen, das zweite ‚Naturprinzip', das dritte ‚Kulturprinzip'. Da aber der Zugang zu den Erlebnissen immer nur über die ihr Leben lebende Gesamt-Person läuft – und auch die Tiefenerinnerungen sich im Lebenslauf und im Leben, Handeln und Denken der Person bemerkbar machen – hat das Persönlichkeitsprinzip eine Vorrangstellung. Oder anders und mit Ortega gesagt: „Radikale Wirklichkeit" ist immer schon persönliche oder person-gebundene Wirklichkeit. Das heißt nun freilich nicht, dass sich Lebensphilosophie in einer Philosophie der Person und der persönlichen Akte erschöpfen würde, dass sie so etwas wie eine Person-Akt-Philosophie oder ein „Personalismus" wäre. Nein, denn immer zielt sie auf das Ganze des Lebens und auf die umgreifenden Lebenszusammenhänge. Und da ist klar, dass – kosmisch und erdgeschichtlich gesehen – das Naturprinzip das *älteste und umfassendste* ist; und dass das Kulturprinzip – geistesgeschichtlich und soziokulturell gesehen – in Bezug auf den Menschen das entscheidendste, wenngleich eben *nicht* älteste oder umfassendste, ist. Und indem und insoweit die Lebensphilosophe ihren Schwerpunkt auf die Tiefenerlebnisse und Tiefenerinnerungen legt, ist sie – über die Tiefenperson – stets verbunden mit den vor- und überpersönlichen Dimensionen des Natur-Lebens wie des Kultur-Lebens.

In seinem religionsphilosophischen Hauptwerk „Die Vielfalt religiöser Erfahrung" hat James in echt lebensphilosophischer Manier dieses Persönlichkeitsprinzip (ohne es als solches begrifflich zu benennen) auf dem Gebiet religiöser Erlebnisse und Erfahrungen angewandt: „Gleich zu Anfang sind wir mit einer großen Unterscheidung konfrontiert, die das Gebiet der Religion in zwei Teile teilt. Auf der einen Seite steht die institutionelle, auf der anderen die persönliche Religion."[57] Die persönliche Religion definiert James knapp und frech so:

> „Daher soll Religion in dem willkürlichen Sinne, in dem ich sie jetzt aufzufassen bitte, für uns bedeuten: die Gefühle, Handlungen und Erfahrungen von einzelnen Menschen in ihrer Abgeschiedenheit, die von sich selbst glauben, daß sie in Beziehung zum Göttlichen stehen."[58]

Genau das ist der Dreh- und Angelpunkt bei dem, was ich hier Persönlichkeitsprinzip nenne: den institutionellen, ideologischen, theorielastigen und/oder

---

Das kulturelle Gedächtnis. Schrift, Erinnerung und politische Identität in frühen Hochkulturen, München [5]2005.

[56] Ein weiteres wichtiges Prinzip – das ‚Prinzip Intersubjektivität' – werde ich unter Punkt 7.6f. besprechen.

[57] James, W.: Die Vielfalt religiöser Erfahrung, Frankfurt a. M. 1997, S. 61. (Erstausgabe: The Varieties of Religious Experience, New York u. London 1902).

[58] James, W.: Die Vielfalt ..., a. a. O., S. 63f.

wissenschaftlichen Überbau klein zu halten, all die teils ‚besserwisserischen', teils auch besser wissenden Stimmen der Fachmänner zunächst zu umgehen, um möglichst schnell beim ‚Eingemachten' anzukommen; also bei den theoretisch noch nicht frisierten, ‚na(t)iven' persönlichen und welthaltigen Erlebnissen und Erfahrungen. Allem zuvor und immer wieder die Frage zu stellen: Habe ich das auch selbst erlebt? Wie habe ich das selbst erlebt? Was sind meine Erfahrungen hierzu? Und was bedeutet es, diese Erlebnisse und Erfahrungen Ernst zu nehmen, ihnen eine philosophische Vorrangstellung einzuräumen? Oder, da das persönliche (und leiblich fundierte) Selbst- und Welt-Fühlen hier eine ausschlaggebende Rolle spielt, könnte mit Arne Naess auch gefragt werden: „How do you feel yourself and the world?"[59]

Trotz der Vorrangstellung des Persönlichkeitsprinzips geht es hier nicht um rein subjektives (womöglich sogar solipsistisches) Selbsterleben und Selbsterfahren, sondern immer auch um (person- und lebenslaufgebundenes) Wirklichkeitserleben und Welterfahren. Deshalb sah Ferdinand Fellmann, als er die Lebensphilosophie als eine „Theorie der Selbsterfahrung" bezeichnete,[60] nur eine Seite der Medaille. Eine Seite, die fundamental ist, ohne die es nicht geht, die aber trotzdem nur eine Seite der Medaille bleibt. Die andere Seite heißt „Welterfahrung". Freilich – das darf nie vergessen werden – eine Welterfahrung, die nicht entpersönlicht und restlos objektiviert wurde, sondern ihre Abkunft aus den person- und lebenslaufgebundenen Erlebnissen nie und nirgends verleugnet, sondern eben – im intersubjektiven Dialog und Polylog – abwägt und, soweit möglich und sinnvoll, konsensfähig macht.

Nicht nur in Bezug auf den späteren Erlebnis- und Erfahrungsbegriff der modernen Lebensphilosophie zeigt sich Schlegel als der große Vorläufer. Auch hier, in Bezug auf die drei Prinzipien der Lebensphilosophie, hat er Gewichtiges vorweggenommen. Das, was ich soeben als Selbsterfahrung und Welterfahrung angesprochen habe, taucht bei Schlegel ebenfalls auf: Lebensphilosophie als Theorie der persönlichen Selbst- und Welterfahrung. Auf klare und unmissverständliche Weise forderte Schlegel die lebensphilosophische Überwindung der bewusstseinsidealistischen Systeme seiner Zeit. Wie es der Schlegelfoscher Ernst Behler zusammenfasste:

> „Soll die Philosophie aber ihr Ziel erreichen, so muß sie für Schlegel aus dem *Cyklus* der idealistischen Systeme heraustreten und *nicht ausgehen von einer, wenn gleich höheren Stufe des Bewußtseins, als vielmehr aus der ganzen Fülle der Ichheit des Lebens, sie soll alle Kräfte des Menschen auffassen.* Dies geschieht aber nicht durch Perfektionierung der spekulativen Methode (Fichte,

---

[59] Naess, A.: Life's Philosophy: Reason and Feeling in a Deeper World, Athens (Georgia) 2002, S. 20-50.

[60] Fellmann, F.: Lebensphilosophie, Elemente einer Theorie der Selbsterfahrung, Hamburg 1993.

Schelling), noch durch den *salto mortale in den Abgrund der göttlichen Barmherzigkeit* (Jacobi, Kant), sondern einzig im Rückgang auf das Prinzip der Personalität [= Persönlichkeitsprinzip] und die Wirklichkeit des Lebens [gedoppelt als menschliche Natur-Kultur-Wirklichkeit = Natur- und Kulturprinzip], worin Schlegel [...] die Krönung der Philosophie erblickte."[61]

2.4 Lebensphilosophie nach Schlegel eine Lebenserfahrungs-Philosophie

Solch eine neue, idealismus-überwindende Lebensphilosophie stellt nach Schlegel die Mitte zwischen einer sich in abstrakten Höhen und Spekulationen versteigenden Vernunftphilosophie und einer sich im Materiellen und Naturgesetzlichen erschöpfenden Naturphilosophie bzw. Naturwissenschaft dar. Beides, abstrakt-idealistische Vernunftphilosophie und mathematisch-materialistische Naturwissenschaft, ist ihm eine ‚wissenschaftlich träumende' Philosophie: und

> „weil die Philosophie mehrenteils nur träumt, wissenschaftlich träumt, weiß sie so vieles nicht, ahnt gar nichts davon, was sie eigentlich wissen sollte. Sie verliert ihren wahren Gegenstand aus den Augen, verliert den festen Grund und Boden, auf dem sie sicher stehen, und ungehindert wirken könnte, wenn sie die ihr eigentümliche Region verlässt, und immerwährend nur auf der einen Seite sich in den Himmel versteigt, dort allerlei metaphysische Luftgebäude oder dialektische Hirngespinste bildet, oder sich in die Erde verirrt, und gewaltsam in die äußere Wirklichkeit eingreifend, da alles nach ihren Ideen neu gestalten und reformieren will. Zwischen diesen beiden Abwegen würde der rechte Weg in der Mitte liegen, und die eigentliche Region der Philosophie ist eben die des geistigen inneren Lebens zwischen Himmel und Erde." (§ 1f.)

Nicht nur zwischen Vernunftphilosophie und Naturwissenschaft, auch zwischen Theologie und Politik, ja generell, zwischen allen dogmatischen und pragmatischen Einseitigkeiten soll die Lebensphilosophie die Mitte halten, soll ihrem eigentümlichen Gegenstand treu bleiben. Ihr eigener Gegenstand aber ist, wie gesagt, „das innere geistige Leben, und zwar in seiner ganzen Fülle, nicht bloß diese oder jene einzelne Kraft desselben, in irgend einer einseitigen Richtung." Im Wesentlichen

> „setzt die Philosophie des Lebens nur das Leben voraus, nämlich ein, in und mit demselben schon mehr angeregtes und vielseitiger entwickeltes Bewusstsein; weil sie ja eben das vollständige Bewusstsein, und nicht bloß eine Seite desselben zum Gegenstand hat, und zur Erkenntnis bringen soll." (§ 5)

---

[61] Behler, E.: a. a. O., S. 144f. Die Kursivierungen stammen von Behler, der damit Schlegel-Zitate markiert.

Lebensphilosophie setzt also nach Schlegel voraus, dass diejenigen, die philosophieren, *erstens*, sich vom Leben in all seiner Vielgestaltigkeit und Fülle innerlich ansprechen, anreichern und bilden lassen; *zweitens*, dadurch eine vielseitige und umfassende Lebenserfahrung erwerben; *drittens*, aus dieser persönlichen Lebenserfahrung heraus zu einem ‚angeregten und vielseitig entwickelten Bewusstsein' gelangen; zu einem Bewusstsein, das sich nicht in Einseitigkeiten und Vorurteilen verliert, das ohne rationalistische Scheuklappen das Leben erlebt und bedenkt – und sich dabei nicht der Illusion hingibt, es könnte einen rein objektiven Beobachterstandpunkt außerhalb des Lebens und der Lebenszusammenhänge einnehmen.

Das bedeutet: der Lebensphilosoph und die Lebensphilosophin müssen selbst, mit ihrer Persönlichkeit und Gewordenheit, beim Leben in die Schule gehen. Und genau darin

> „liegt nun der große Unterschied zwischen einer Philosophie des Lebens und der Philosophie der Schule. Wird die Philosophie bloß als ein Bestandteil des wissenschaftlichen Elementar-Unterrichtes überhaupt betrachtet: so ist der Unterricht in der Methode, es mag diese nun nach alter Gewohnheit Logik, oder wie sonst immer benannt werden, die Hauptsache; denn hier auf dieser Stufe kommt es nicht so auf den Gegenstand an, der noch entfernter steht, und in Ermanglung einer hinreichenden eignen innern Lebenserfahrung noch nicht ganz gefasst werden kann, als auf eine für die Zukunft notwendige, und auf alle Gegenstände anwendbare Übung im methodischen Denken. Allein die Vorübung im philosophischen Denken, ist nur die Vorbereitung zur Philosophie, und nicht die Philosophie selbst." (§ 6)

Schul- und Universitätsphilosophie können also nach Schlegel niemals Lebenserfahrung und Lebensphilosophie ersetzen. Sie können sie bestenfalls vorbereitend ein wenig strukturieren und klären helfen. Denn Lebensphilosophie ist in letzter Konsequenz Lebenserfahrungs-Philosophie. Und als solche setzt sie eben persönliche Lebenserfahrung voraus. Und den Mut, zu diesen Erfahrungen zu stehen und von ihnen her zu philosophieren – auch wenn ein Großteil der Fachwelt anderer Meinung sein sollte.

2.5 Lebensphilosophie ist Werdenslehre (Genesiologie), nicht Seinslehre (Ontologie)

Natürlich gibt es den nicht allzu seltenen Fall, dass sich ein Mensch gegen seine immer weiter werdende, wachsende und sich ändernde Lebenserfahrung sträubt oder abschließt und dann innerlich (z. B. ideologisch) verhärtet oder lebensfrustriert und resignativ verkümmert. Normalerweise aber gilt: dass die Lebenserfahrung und die persönliche Entwicklung nie stehen bleiben – genausowenig, wie die natürliche Evolution und die soziokulturelle je stehen bleiben. Schlegel, der sich selbst sein Leben lang immer weiter entwickelt hat,[62] ist, trotz all seinem Spiritualismus, vor diesem ewigen Werden nie geflohen oder ausgewichen. Ganz im Gegenteil: Er hat es bewusst in sein Philosophieren einbezogen. Auch das macht ihn zum Lebensphilosophen. Wie Behler sagte, habe Schlegel gerade in seinen letzten Jahren unablässig an einer Philosophie gearbeitet, die er selbst immer wieder mit Begriffen wie „Philosophische Lehrjahre“, „Geschichte meiner Bildung“ oder „inneres Symphilosophieren“ bezeichnet habe. Schon in seinen

> „Pariser Vorlesungen hatte er die *Philosophie eines Menschen* [...] als *die Geschichte, das Werden, Fortschreiten seines Geistes, das allmähliche Bilden und Entwickeln seiner Gedanken* bezeichnet – eine Auffassung der Philosophie, die in der Sprache Bergsons als ‚offenes System’ zu benennen wäre.“[63]

Ja, genau: Lebensphilosophie ist – wie auch das Lebens selbst – ein „offenes System“. Oder, etwas schöner und weniger technisch formuliert: Leben ist immer ein Werdeleben, Lebensphilosophie ist immer eine Werdensphilosophie, eine Werdenslehre. Der Begriff des Werdens schließt hier den des Vergehens und Neuwerdens mit ein – und auch, dass die Bewegung des Werdens-Vergehens-Neuwerdens keine einfache Kreisbewegung, sondern (wenngleich nicht immer, so doch oft) eine sich fortschraubende Spiralbewegung ist. Weil es dafür bisher keinen *Terminus technicus* gibt – und um diese Werdensphilosophie von einer ihr größtenteils entgegengesetzten und sie oft bekämpfenden schulphilosophischen Großtradition, der Ontologie (Seinslehre), abzugrenzen, habe ich den Begriff „Genesiologie“ – Werdenslehre – geprägt. Mit dem Begriff der Genesiologie schließt sich eine Lücke, die seit Heraklit klafft – und die nie ganz geschlossen wurde, weil die Schulphilosophie meist an der Ontologie interessiert war. Der Zwiespalt zwischen der Werdens- und der Seinslehre geht bis auf Heraklit und Parmenides von Elea zurück, weshalb z. B. Ludwig Klages auch von „Heraklitismus“ und „Eleatismus“ spricht. „Heraklitismus“: das meint jene Philosophie, der es, im Gegensatz zum „Eleatismus“ nicht um das mit Vernunft, Geist, Denken (lógos, noûs, nóesis) rein begrifflich zu erfassende, unveränderliche Sein des Seienden (tò ón hê ón; nooúmenon), sondern um das, vermittels der sinnlichen Wahrnehmung (aísthesis) erlebbare Werden und Vergehen der erscheinenden Wirklichkeit (phainómenon) geht. Nicht das *Sein*, sondern das *Werden* ist hier das Entscheidende. Nicht das, was den Menschen von der lebendigen Natur (phýsis) trennt – Vernunft, Geist, Denken – wird hier zum allein glückselig machenden Kriterium hochstilisiert –, sondern das, was ihn mit all dem natürlichen Leben

[62] Gute Freunde wie Schleiermacher und Tieck äußerten die Vermutung, dass er kurz vor seinem Tod die ‚katholische Phase’ schon halb hinter sich gelassen hätte; vgl. Behler, E.: a. a. O., S. 146.

[63] Behler, E.: a. a. O., S. 140. Die Kursivierungen stammen von Behler, der damit Schlegel-Zitate markiert.

(bíos) verbindet – seine ‚leibende' und lebende Seele (psyché) – ist der Ausgangs- und Zielpunkt dieser Art von Philosophie, die nicht umsonst in Heraklit ihren Stammvater, in seinem Spruch *pánta rheî* (alles fließt) ihr Motto sieht. Deshalb versucht Klages, seiner Philosophie bewußt eine „lebensabhängige", „*biozentrische*" und eben keine „lebensgelöste", „logozentrische Geistesrichtung" zu geben.[64] Ja, es ist gewiß nicht übertrieben, in Klages den bislang radikalsten, systematischsten und konsequentesten Begründer eines philosophisch-biozentrischen Weltbildes zu sehen.[65]

Seit einiger Zeit sind es vor allem die Ökophilosoph/inn/en und Tiefenökolog/inn/en, die sich (inspiriert durch Arne Naess) um ein polares und biozentrisches Denken in der Nachfolge Heraklits bemühen. Der kalifornische Tiefenökologe George Sessions etwa sagt: „Die Prozess-Philosophie von [...] Heraklit [...] wurde von einigen Denkern als eine mögliche Grundlage für eine westliche Öko-Philosophie in Erwägung gezogen." Von ihm selbst natürlich auch.[66] Ähnlich der philosophische Kollege von Sessions, Bill Devall. Auch er vertritt über weite Strecken einen herakliteischen Biozentrismus. Etwa wenn er vom tiefenökologischen Standpunkt aus folgende Maxime formuliert:

> „Der hauptsächliche *Wert* der Wissenschaft wird in ihrer antiken Perspektive gesehen, in der kontemplativen Betrachtung des Kosmos und in dem verbesserten Verständnis unseres Selbst und der Schöpfung. [...] *Es liegt Weisheit in der Stabilität der natürlichen Prozesse, unbeeinflusst von Eingriffen des Menschen.* Die durch den Menschen verursachten massiven Zerstörungen von Ökosystemen sind unethisch und für den Menschen schädlich." Menschen sollten demzufolge mit der Natur und nicht gegen sie denken.[67]

Was das bedeuten könnte, habe ich einmal im Rahmen einer Interpretation der Fragmente des Heraklit gezeigt.[68]

---

[64] Klages, L.: Der Geist als Widersacher der Seele, Bonn [6]1981, S. 374; zu Parmenides und der Schule von Elea vgl. „Das Eleatenproblem", S. 34-60; zu Heraklit den entsprechenden Abschnitt S. 853-859.

[65] Vgl. z. B.: Eugster, K.: Die Befreiung vom anthropozentrischen Weltbild – Ludwig Klages Lehre vom Vorrang der Natur, Bonn 1989; oder: Deubel, W.: Auswirkungen des biozentrischen Menschenbildes, in: ders.: Im Kampf um die Seele. Wider den Geist der Zeit, Bonn 1997, S. 34-62.

[66] Sessions, G.: Western Process Metaphysics (Heraclitus, Whitehead and Spinoza), in: Deep Ecology, hg. v. B. Devall u. G. Sessions, Layton 1985, S. 236; meine Übersetzung, R. J. K.

[67] Devall, B.: Die tiefenökologische Bewegung, in: Ökophilosophie, hg. v. D. Birnbacher, Stuttgart 1997, S. 34. Vgl. hierzu auch mein Buch „Freundschaft mit der Natur, Naturphilosophische Praxis und Tiefenökologie" (Klein Jasedow 2008).

[68] Kozljanič, R. J.: Die lebendige Vernunft – Oder: Heraklits Lobgesang auf die Polarität der Welt, in: Hagia Chora 27/2007, S. 26-31.

Ich für meinen Teil (und das gilt auch für Schlegels Standpunkt) möchte keinen verabsolutierten Biozentrismus vertreten. Denn der Biozentrismus beruht auf dem bereits erwähnten Naturprinzip, das aber seinerseits – was den Menschen und seine Lebens- und Welterfahrung betrifft (und von einer außermenschlichen Lebens- und Welterfahrung zu sprechen, macht offensichtlich wenig Sinn) – mit dem Kulturprinzip verschränkt und vom Persönlichkeitsprinzip umgriffen ist. Nur, wenn mich jemand vor die künstliche und verkürzende Wahl stellen würde: Biozentrismus oder Logozentrismus, dann würde ich für den ersteren optieren. Und das habe ich früher auch gemacht.[69]

Zurück zum Begriff der Genesiologie. Erstmals benutzte ich ihn in der Einleitung des 1. Jahrbuchs für Lebensphilosophie 2005.[70] Dort schrieb ich:

> „Wie insbesondere Carus, Nietzsche, Bergson, James, Simmel, Klages und Theodor Lessing immer wieder betont haben, ist es *die* Grundeigenschaft des Lebens, ein fließendes und pulsendes *Werden* (und damit natürlich auch ein Vergehen und Neu-Werden und Wieder-Vergehen) zu sein. Es ist daher auch kein Zufall, dass die Lebensphilosophen von Anfang an in Heraklit ihren geistigen Urahn und in der heraklitischen Fluss-Philosophie ihre ‚Ur-Philosophie' gesehen haben. Nicht das unveränderliche, unsinnliche, ewig-eherne, jenseitige Logos-Sein eines Parmenides, Platon, Aristoteles, Augustinus, Thomas, nicht das mit sich selbst identische, unveränderliche, unsinnliche, transzendentale Logos-Ich eines Descartes und Kant, sondern das veränderliche, sinnliche, werdende, vergehende, lebendige Menschen-Selbst und die dieses Selbst aus sich gebärende, es stets umgebende und wieder in sich aufnehmende, veränderliche, sinnlich-lebendige Welt: das waren und sind die Paradigmen einer jeden Lebensphilosophie. Mit einem Wort: Lebensphilosophie war und ist Werdens-Philosophie, nicht Seins-Philosophie. Lebensphilosophie war und ist ‚Genesiologie', nicht Ontologie. Zwischen Genesiologie und Ontologie scheint auf theoretischer Ebene ein absoluter Widerspruch zu klaffen. Dieser absolute Widerspruch wurde – sowohl von Lebensphilosophen wie auch von anderen Denkern – immer wieder als unbefriedigend und unfruchtbar empfunden. Und vor allem: dieser Widerspruch scheint der Lebenswirklichkeit nicht gerecht zu werden. Denn diese Wirklichkeit ist nicht nur reines Werden und Vergehen, sondern auch Bleiben und Bestehen. Diese Wirklichkeit ist nicht nur stetes Gestaltwandeln, Neubilden, Umbilden, Auflösen, sondern in dieser Wirklichkeit lassen sich vielerlei beständig beharrende und vielerlei beständig wiederkehrende Formen beobachten.

[69] Tendenziell z. B. in meiner Lebensphilosophie-Einführung (Stuttgart 2004).

[70] Zu dem von mir geprägten Terminus „Genesiologie" vgl. den Abschnitt „‚Genesiologie' versus Ontologie" in: Kozljanič, R. J.: Zur Einführung, in: I. Jahrbuch für Lebensphilosophie (Zur Vielfalt und Aktualität der Lebensphilosophie), 1/2005, S. 9-20, hier: S. 13-16.

Und weil dieser Widerspruch unbefriedigend und der Wirklichkeit nicht angemessen ist, hat man versucht, ihn als lebendiges Widerspiel und Wechselbezug (Simmel), als polaren Gegensatz (Guardini), als lebendige Antilogik und Gestaltkreislauf (Viktor von Weizsäcker) zu verstehen. Es hat also von lebensphilosophischer Seite aus immer wieder Versuche gegeben, fließendes Werden und beharrende Form miteinander zu vermitteln und damit einen Spannungsbezug zur Ontologie herzustellen, einen Brückenschlag zu versuchen. Dies aber stets so, dass der genesiologische Standpunkt nicht verlassen wurde."[71]

[71] Kozljanič, R. J.: Zur Einführung, in: I. Jahrbuch für Lebensphilosophie, a. a. O., S. 13f. Vgl. hier v. a.: Simmel, G.: Lebensanschauung, Vier metaphysische Kapitel, in: Georg Simmel Gesamtausgabe Bd. 16, hg. v. O. Rammstedt u. a., Frankfurt a. M. 1999 (EA 1918); Guardini, R.: Der Gegensatz – Versuche zu einer Philosophie des lebendig Konkreten, Mainz 1955[2] (EA 1925); sowie: Weizsäcker, V. v.: Der Gestaltkreis, Frankfurt a. M. 1973 (EA 1940); und: ders.: Anonyma, Bern 1946. Vgl. auch meine Erwägungen in: Kozljanič, R. J.: Lebensphilosophie, a. a. O., S. 140-145 u. 203-209.

3 Lebens- versus Schulphilosophie: Schlegels Plädoyer für eine pragmatisch-lebendige Methodenvielfalt

3.1 Die anschauliche und sinnerhellende lebensphilosophische Methode Schlegels

Der Unterschied von Schul- und Lebensphilosophie zeigt sich nicht nur auf didaktischem, sondern auch auf methodischem Gebiet. Wie die Schulphilosophie zu einer rein logischen und abstrakten Methodik tendiert – zu einer Methodik, die verkrampft die „künstlich berechnete [...] Methode der Mathematik nachmachen will" –, so tendiert die Lebensphilosophie zu einer anschaulichen, lebens- und naturnahen Methodik. Denn der Lebensphilosophie ist es um eine andere Art von Wahrheit zu tun, als der rein logischen und mathematischen. Für sie ist „Wahrheit [...] etwas Höheres [...] als ein gemeines Rechenexempel." (§ 11) Andererseits führt die rein logische schulphilosophische Methode als

> „ängstlich demonstrierende Gedanken-Mechanik niemals eine wahre, innere, volle Überzeugung mit sich. Es ist eine ganz andere, mehr geistige und durchaus innere Methode, deren die [Lebens-] Philosophie bedarf, und um sie gleichnisweise zu erklären, müsste die Vergleichung eher aus dem Leben und aus der Natur hergenommen sein, als aus der Mathematik. Wie an einem Gebäude, wo alle Teile übereinstimmen, und leicht und wohlgefällig im Auge zusammengefasst werden können: so ist auch in jeder philosophischen Mitteilung die feste, einfache Grundlage einmal vorausgesetzt, die Ordnung des Ganzen das Wesentliche für die innere Richtigkeit, damit sich nichts Fremdartiges ansetze und einschleiche, so wie für die äußere Klarheit. Indessen aber hat diese Anordnung des Ganzen doch weit mehr Verwandtschaft und Ähnlichkeit mit einem lebendig fortwachsenden Naturgegenstande, als mit einem toten steinernen Gebäude. Man denke sich z. B. einen großen, in viele Äste und Zweige schön und herrlich entfalteten Baum [...] Eben auf solche Weise müsste auch, glaube ich, der immer fortwachsende Baum des menschlichen Bewusstseins und des menschlichen Lebens in der Philosophie dargestellt werden und sich darstellen, wenn er nicht von der falschen Erkenntnis entblättert und entwurzelt werden, sondern von der wahren Wissenschaft lebendig aufgefasst, und für den Geist in seinem Leben hingestellt und festgehalten werden soll." (§ 11f.)

Die lebensphilosophische Methode ist also nach Schlegel nicht nur eine lebensnahe und organische, sondern auch eine naturnahe und genetische (nicht: genbiologische oder gar gentechnologische): benützt sie doch zur Beschreibung und Erhellung ihrer Gegenstände mit Vorliebe natürliche Bilder bzw. Bilder von natürlichen Entwicklungsprozessen: etwa einen Baum und sein sich verzweigendes Wachsen und Ausbreiten, einen Fluss und seinen Lauf von der Quelle bis zum Meer oder auch den Wechsel der Jahreszeiten vom Frühling bis zum Winter. Wo die Schulphilosophie auf logische, mathematische, naturwissenschaftliche und/oder technologische Begriffe und Modellvorstellungen zurückgreift, bedient sich die Lebensphilosophie lebens- und naturnaher, organischer und genetischer Begriffe und Modellvorstellungen. Wo die Schulphilosophie vermittels logischer (etwa syllogistischer) *Verknüpfungen* rational *erklärt* und *beweist*, versucht die Lebensphilosophie vermittels bildlicher Vergleiche sinnhafte *Zusammenhänge* zu *verstehen* und aufzuweisen bzw. auf sie *hinzuweisen*. Wo die Schulphilosophie logisch *Widersprüchliches* aufzuspüren und zu überwinden bzw. in logisch *Übereinstimmendes* zu überführen bemüht ist, spürt die Lebensphilosophie lebendige *Polaritäten* auf und versucht die gegenpoligen *Zusammenhänge* aufzuhellen. Für Schlegel ist deshalb

> „der Zusammenhang der einzelnen Gedanken in einer [lebens-] philosophischen Entwicklung oder Mitteilung, von einer höhern Art als die bloß mechanische Verknüpfung, mittels deren man etwa zwei Bretter aneinandernagelt, oder zusammenleimt. Sollte ich ein Gleichnis aus der lebendigen Natur dafür wählen, so würde ich daran erinnern, wie die eiserne Nadel einmal tellurisch angeregt und aufgeweckt, sogleich mit dem ganzen Erdkörper und seinen entgegenstehenden Weltenden und Polen in Verbindung und unsichtbare Berührung tritt: so ist auch der innere lebendige Zusammenhang der einzelnen Gedanken in der [Lebens-] Philosophie weit eher ein solcher magnetischer, als dass die oben erwähnte rohe, mechanische, im Grunde bloß äußerliche Gedankenverknüpfung ihr genügen könnte." (§ 13)

3.2 Modellvorstellungen der Lebensphilosophie (1): Das dreistöckige ‚Seelen-Welthaus'

Schlegel fordert hier also, dass sich die lebensphilosophische Methode an anderen Modellvorstellungen als denen der Mathematik und Logik orientieren solle; etwa an einem Gebäude und, besser noch, an einem Baum, an anschaulichen Polaritäten (Nordpol-Südpol, Tag-Nacht, Erde-Himmel, …). Hierbei nimmt er drei Modellvorstellungen vorweg, die in der Lebensphilosophie in hohem Maße methodenrelevant und erkenntnisleitend werden sollten. Nämlich einmal – in Analogie zu den Stockwerken eines Gebäudes – die Modellvorstellung vom Schichtgefüge der Person. Zum zweiten – in Analogie zum wurzelnden, wachsenden und sich verästelnden Baum – die genealogische Modellvorstellung vom Stamm- oder Entwicklungsbaum. Und zum dritten das Gleichnis der Kompassnadel, die, „tellurisch angeregt", mit den Polen der Welt in einer magnetischen Verbindung steht.

Zunächst zur ersten Modellvorstellung, der vom Schichtgefüge. Sie taucht erstmals in der Seelenlehre von Platon, dann, etwas nüchterner, bei Aristoteles auf: Die Vorstellung von den drei Seelenteilen oder Seelenschichten: zuunterst die begehrende und ernährende Seelenschicht, die ‚Bauchseele'; sodann die sensitive und wahrnehmende ‚Brustseele'; zuoberst dann die denkende und logoshafte ‚Kopfseele'. Die Konzepte des Platon und Aristoteles sind bedeutend, diskursbegründend, wirkmächtig. Aber sie sind doch nur eingeschränkt lebensphilosophisch relevant. Denn Platon überhöht und verschiebt seine Psychologie durch seine Ideen-Metaphysik in eine prächristliche Hinterwelt. Und Aristoteles, weniger metaphysisch als Platon, lenkt durch seine ontologische Seins-Lehre in eine letztlich scholastische Richtung. Beides, platonisch-metaphysische Transzendenzphilosophie wie aristotelisch-scholastische Ontologie ist der Lebensphilosophie, die in ihrem Wesen Immanenzphilosophie (Endophysik) und Werdenslehre (Genesiologie) ist, abträglich.

Es blieb Carl Gustav Carus (1789-1869) vorbehalten, die erste gediegene lebensphilosophische und lebenspsychologische Schichttheorie zu entwerfen. Carus unterscheidet: unbewusst-erfühlende, weltbewusst-empfindende, selbstbewusst-denkende Seelenschicht.[72] In einer ähnlichen Akzentuierung tauchen diese Schichten beim frühen Sigmund Freud auf. Und zwar im sogenannten ‚topischen Modell', das die unbewusste, vorbewusste und bewusste Seelenschicht unterscheidet. Später werden von Erich Rothacker[73] und Philipp Lersch[74] lebensphilosophisch-anthropologisch ausgefeilte Schichtpsychologien entwickelt. Dass diesen drei seelischen oder personhaften Schichten drei Wirklichkeitsschichten entsprechen könnten: darüber hatte sich ja schon Platon ernsthafte Gedanken gemacht, Carus und auch Schopenhauer dann auch wissenschaftlich ernstzunehmende. Sie wurden von Max Scheler aufgegriffen und lebensphilosophisch-phänomenologisch im Sinne einer schichtspezifischen Gefühls- und Wertehierarchie ausgearbeitet.[75] Nicolai Hartmann hat sie dann zu einer der bisher elaborier-

---

[72] Vgl. hierzu: Carus, C. G.: Psyche, Zur Entwicklungsgeschichte der Seele, hg. v. R. Marx. Leipzig 1931 (EA 1846), S. 47f, 97f., 156ff; sowie: mein Carus-Kapitel in: Kozljanič, R. J.: Lebensphilosophie, a. a. O., S. 59-83.

[73] Rothacker, E.: Die Schichten der Persönlichkeit, Leipzig ^{3}1947 (EA Leipzig 1938).

[74] Lersch, P.: Aufbau der Person, München ^{6}1954. Die erste (Leipzig 1938) bis dritte (Leipzig 1948) Auflage ist unter dem Titel „Der Aufbau des Charakters" erschienen.

[75] Zu dieser Gefühls- und Wertehierarchie vgl.: Scheler, M.: Der Formalismus in der Ethik und die materiale Wertethik, Halle ^{2}1921, (EA 1916) S. 340-357; und: ders.: Wesen und Formen der Sympathie, Frankfurt a. M. ^{5}1948, (EA 1913), S. 105-112. Vgl. auch: Croome, D.: Leib und Gefühl im Denken Schelers, in: II. Jahrbuch für Lebensphilosophie (Leib-Denken), 2/2006, S. 123-135, hier 128-131; vertiefend: dies.: Gefühl und Erkenntnis, Darmstadt 2003.

testen und klarsten Schichtontologien ausgebaut.[76] Neuerdings hat Stefan Diebitz hier – lebensphilosophisch-essayistisch – wieder angesetzt und interessante Aktualisierungen geboten.[77]

Ein Kerngedanke, der vielen dieser Schichttheorien zugrundeliegt, ist in etwa folgender: Es gibt drei seelische Schichten im Menschen: eine unbewusst-vegetative, eine vorbewusst-sensitive und eine bewusst-kognitive. Jeder dieser Schichten korreliert ein bestimmtes Wahrnehmungsvermögen. Diesen drei Wahrnehmungsvermögen oder -arten korrelieren drei Welt-Zugänge, drei Möglichkeiten an Welterfahrung – letztlich drei (genesiologische) Wirklichkeitsschichten. Sowohl die Wahrnehmungsarten als auch die Zugangsweisen werden (entwicklungspsychologisch gesehen) nach und nach erworben. Die menschliche Wahrnehmungs- und Zugangsfähigkeit durchläuft dabei einen Entwicklungsprozess: Zuerst ist sie leib-seelisch ausgerichtet (Kleinkinder), dann zusätzlich seelisch-geistig (Kinder, Jugendliche), schließlich obendrein geistig-intellektuell (Jugendliche, Erwachsene). Im günstigen Fall überlagern, erweitern und differenzieren sich die Wahrnehmungs- und Zugangsarten im Prozess des Erwachsenwerdens. Der Lebenerfahrungshorizont erweitert und differenziert sich damit.

Die früheste Wahrnehmungsart ist die von Carl Gustav Carus (1789-1869) sogenannte „unbewusste Erfühlung“[78] oder, so Scheler, die „Einsfühlung“;[79] Bergson spricht hier von „Sympathie“ und „Intuition“,[80] der Volksmund von ‚Bauchgefühl’. Der „Erfühlung“ folgt die „weltbewusste“[81] „Ausdrucks-“ oder „Gestaltwahrnehmung“,[82] der Volksmund würde hier eher von ‚Herzenswahrnehmung’ sprechen. Max Scheler (1874-1928) spricht in einem ähnlichen Sinne von einer „Ordnung des Herzens“ („ordo amoris“).[83] Danach erst kommt es zur

---

[76] Vgl. v. a.: Hartmann, N.: Der Aufbau der realen Welt, Berlin 1940; aber auch ders.: Das Problem des geistigen Seins, Berlin u. Leipzig 1933; und: ders.: Neue Wege der Ontologie, Stuttgart 1942.

[77] Diebitz, S.: Leonardos Entdeckung. Eine Philosophie des Ausdrucks, Zug/Schweiz 2012; vgl. hierzu meine umfangreiche Besprechung in: VIII. Jahrbuch für Lebensphilosophie (Kritik und Therapie wissenschaftlicher Unvernunft), 8/2016-2017, S. 280-293.

[78] Carus, C. G.: Psyche, a. a. O., S. 47f.

[79] Scheler, M.: Wesen und Formen der Sympathie, Frankfurt a. M. [5]1948 (EA 1913), S. 15-38.

[80] Bergson, H.: Schöpferische Entwicklung, Jena 1912, S. 178 u. 181f. (EA 1907 unter dem Titel „L’évolution créatrice“).

[81] Carus, C. G.: Psyche, a. a. O., S. 97-101.

[82] Klages, L.: Ausdrucksbewegung und Gestaltungskraft, München 1968 (EA 1913), S. 30-35. Und: Lessing, T.: Prinzipien der Charakterologie, Halle a. S. 1926, S. 4f. u. 24-36.

[83] Scheler, M.: Ordo Amoris, in: Schriften aus dem Nachlass, Bd. 1, Zur Ethik und Erkenntnislehre, Gesammelte Werke Bd. 10, hg. v. Maria Scheler, Bern 1957, S. 345-376, hier: S. 347.

rationalen Sicht der objektiven und reflexiv-bewussten „Dingwahrnehmung“.[84] In diesem Sinne ist die volle Weltwahrnehmung beim erwachsenen Menschen eine geschichtete Weltwahrnehmung: 1. Zuunterst die unbewussten leib-seelischen Erfühlungen. 2. Darüber die weltbewussten seelisch-geistigen Gestaltwahrnehmungen. 3. Zuoberst die objektbewussten, geistig-intellektuellen Dingwahrnehmungen und Begriffsvorstellungen. Metaphorisch könnte mensch sagen: Der ganzheitliche und vollsinnliche, leibseelisch intakte Mensch wohnt in einem dreistöckigen ‚Seelen-Welthaus‘. Die Kunst der Lebensphilosophie besteht u. a. darin, zwischen diesen Stockwerken hin und her gehen zu können und davon – vergleichsweise klar – Zeugnis ablegen zu können.

Schlegel hat diesen Gedanken der Dreistöckigkeit bzw. Dreischichtigkeit einmal so ausgedrückt:

> „dreifach aber ist die Natur des Menschen, der aus Geist, Seele und Leib besteht. [...] Dieses dreifache Prinzip ist die einfache Grundlage der gesamten Philosophie; und diese Philosophie, welche von solcher Grundlage ausgeht, ist eben die Philosophie des Lebens, und darum hat sie auch Worte des Lebens. Sie ist keine müßige Spekulation und keine unverständliche Hypothese; sie ist nicht schwieriger, und braucht nicht dunkler zu sein, als jede andere Rede von geistigem Inhalt, sie kann und darf ebenso leicht und klar sein, wie das Verstehen einer Schrift, die Beobachtung der Natur und die Erkenntnis der Geschichte; denn sie ist überhaupt nichts anderes, als eine aus dem Leben selbst geschöpfte, einfache Theorie des geistigen Lebens, und das bloße Verstehen desselben.“ (§ 28f.)

3.3 Modellvorstellungen der Lebensphilosophie (2): Der ‚innere Stammbaum der Natur‘

Die zweite schlegelsche Modellvorstellung wurde in Analogie zum wurzelnden, wachsenden und sich verästelnden Baum gebildet. Es ist die genealogische Modellvorstellung vom Stamm- oder Entwicklungsbaum. Es geht hierbei immer um schöpfungs- und/oder entwicklungsgeschichtliche Abstammungs- und Verzweigungsprozesse unter Vorherrschaft des Naturprinzips. In der morphologisch-genetischen Methode Goethes und Carus’ ist diese Modellvorstellung tragend – wenngleich noch ganz undarwinistisch gedacht und an den „Urphänomenen“ orientiert. So ist für Goethe z. B. das Urphänomen „Urpflanze“ ein zwar in der Natur nicht (sichtbar) vorfindbarer, aber gleichwohl anschaulich imaginierbarer und grafisch darstellbarer Urtypus aller Pflanzen. Wie Schiller einmal

---

[84] Cassirer, E.: Philosophie der symbolischen Formen. Bd. 3: Phänomenologie der Erkenntnis. Darmstadt [10]1994 (EA 1929), S. 93. Und: Kozljanič, R. J.: Lebensphilosophie, a. a. O., S. 165-178.

gegenüber Goethe äußerte, scheinen die „Urphänomene" eher „Ideen" als echte sinnlich erscheinende Phänomene zu sein. Der große Goethe-Nachfolger Carus nannte die „Urphänomene" dann auch in der Tat „Ideen" – was eine gewisse Nähe zur platonischen Ideen- und Schöpfungslehre zeigt.[85] Diese Nähe täuscht aber insofern, als der Zugang zu den Ideen bei Platon über dialektische Vernunft-Abstraktionen läuft, bei Goethe und Carus (und auch Schlegel) über sinnliche-anschauliche Phantasie- und Imaginationsprozesse. Sind bei Platon die Ideen übersinnlich und überbewusst, so bei Goethe und Carus innersinnlich und unterbewusst. Ganz generell ist die goethische und carussche Schöpfungslehre, ganz im Gegensatz zur Schöpfungslehre Platons (oder auch der der Bibel), in keinster Weise diesseitsflüchtig und sinnesfeindlich. Die Ideen aller Wesen wurden im Anfang der Zeit nicht von einem obersten Schöpfer-„Demiurgen" (so Platon) oder gar von einem personalen Gott (biblische Variante), wohl aber von der göttlich-panpsychistisch gedachten Natur geschaffen bzw. naturimmanent (in meiner Terminologie: ‚endophysisch' – nicht metaphysisch) hervorgebracht: Schöpfungspotenz ist für Goethe und Carus das, was Spinoza „natura naturans" nannte.

Auch Schlegel hat mit dem für Goethe und Carus so wichtigen (und von beiden typisch lebensphilosophisch ins Panpsychistische umgedeuteten) Pantheismus Spinozas geliebäugelt. Schleiermacher hat ihn in der Berliner Zeit dazu inspiriert. Schleiermachers Denken, so Behler,

> „wandte sich in ekstatischer, namenloser Liebe auf die unendliche Fülle des Universums, wobei die Züge der individuell umrissenen Geistgestalten als verschwimmende Manifestationen einer in pantheistischer Mystik gefeierten Unendlichkeit erschienen. Spinoza war den Freunden das Urbild dieser Weltanschauung. ‚Ihn durchdrang der hohe Weltgeist, das Unendliche war sein Anfang und Ende, das Universum seine einzige und wahre Liebe', sagte Schleiermacher in den ‚Reden über die Religion' (1799). Schlegels Sehnsucht nach dem Unendlichen erhielt damit erstmals eine religiöse, pantheistische Note."[86]

Wenn nun Goethe und Carus natürliche Formen wie Knochen, Pflanzen, Tiere, etc. grafisch in Stammbäumen ordnen und arrangieren, dann nicht aus evolutionistischer Perspektive, sondern um zu zeigen, dass es ideel-urphänomenale und zugleich anschauliche Gestaltungsprinzipien und Zusammenhänge gibt, die sich durch alle Naturphänomene hindurchziehen bzw. ihnen zugrundeliegen. So lässt sich z. B., ausgehend von der von Goethe intuitiv rekonstruierten „Urpflanze" (eigentlich ein Art ‚Ur- oder Idealtypus' aller Pflanzen), auf verblüffend anschauliche Art zeigen, wie von ihr aus stammbaumartig-abzweigend alle anderen

[85] Carus, C. G.: Natur und Idee oder das Werdende und sein Gesetz, Wien 1861.
[86] Behler, E.: a. a. O., S. 58f.

Pflanzenformen ableitbar sind – anschaulich ableitbar. Es gibt offensichtlich – neben den rein mathematisch-abstrakt fass- und darstellbaren naturwissenschaftlichen Gesetzen – auch anschaulich-morphologisch rekonstruierbare natürliche Gestalt- und Bildungsgesetze, Gesetze natürlicher Metamorphosen. Etwas, auf das Goethe und Carus immer hinwiesen, was aber von der Naturwissenschaft bis heute weitgehend ignoriert wurde.

Goethe nannte seine Methode „Morphologie" und Carus gab ihr, sie fortführend und vertiefend, den Namen „genetische Methode".[87] Die Morphologie versucht, wie Goethe zu Beginn seiner Schriftensammlung zur „Bildung und Umbildung organischer Naturen" schreibt,

> „die lebendigen Bildungen als solche zu erkennen, ihre äußern, sichtbaren, greiflichen Theile im Zusammenhange zu erfassen, sie als Andeutungen des Innern aufzunehmen und so das Ganze in der Anschauung gewissermaßen zu beherrschen. Wie nahe dieses wissenschaftliche Verlangen mit dem Kunst- und Nachahmungstriebe zusammenhänge, braucht wohl nicht umständlich ausgeführt zu werden."

Was Adolf Portmann von der Tiergestalt sagte, hat auf naturmorphologischem Gebiet prinzipielle Bedeutung: dass hier stets die lebendige „Gestalt als Zeuge der Innerlichkeit" zu nehmen sei.[88]

Anders als Goethe und Carus dachte Charles Darwin (1809-1882) nicht morphologisch-schöpfungsgeschichtlich, sondern morphologisch-entwicklungsgeschichtlich, genauer: evolutionistisch. Einen Meilenstein stellt seine Schrift „On the Origin of Species by Means of Natural Selection" (1859) dar. Eine Schrift, die grandios ist und viele Lebensphilosophen nicht nur sehr beeinflusste,[89] sondern auch abschreckte. V. a. wurde Darwins mechanistischer Erklärungsversuch der Evolution ablehnt. Dass die Evolution ein zufällig-mechanischer Vorgang von

---

[87] „Genetisch, von génesis, die Erzeugung, die Entstehung nennen wir aber diejenige Methode, welche in ihren Betrachtungen einen Gang nimmt, welcher möglichst gleich ist dem Gange, in welchem wir die Naturerscheinungen selbst hervortreten, entstehen sehen." Carus, C. G.: Vorlesungen über Psychologie, hg. v. F. Arnold, Darmstadt 1958 (EA 1831), S. 14. Vgl. hierzu auch meine Ausführungen in: Kozljanič, R. J.: Lebensphilosophie, a. a. O., S. 76-78.

[88] Portmann, A.: Die Tiergestalt, Studien über die Bedeutung der tierischen Erscheinung, Freiburg Basel u. Wien ^{2}1965 (EA 1960), S. 193-212.

[89] Stark beeinflusst wurde etwa Nietzsche. Er war der Lebensphilosoph, der Darwins Theorien regelrecht in sich aufgesogen hat und – trotz aller oberflächlichen und besserwisserischen Distanzierungsversuche – subtil-sozialdarwinistisch in seine Theorie des „Willens zur Macht" eingesenkt hat. Freilich zeigt der nietzschesche „decadence"-Gedanke und seine Genealogie der Moral, dass er nicht nur die Entwicklungsvorgänge in der Natur, sondern auch die in der Kultur zu sehen und deuten weiß – und hierbei auch Prozesse sieht und analysiert, die nicht im Sinne einer darwinistischen Melioration, einer evolutionistischen Auslese der „Fittesten" und „Best-Angepassten" gedeutet werden können, sondern als deren Gegenteil.

Mutation und Selektion sei, ein Vorgang, der ohne allen Bezug auf lebendige Entwicklungstendenzen, auf Lebenspotenzialitäten und Lebensdynamiken auskommen sollte; dass also Leben quasi zufällig aus Totem entspringe; dass Leben mechanisch entstehe und sich mechanisch weiterentwickle: All diese Reduktionen widerstrebten der lebensphilosophischen Grundintuition, der anschaulichen Lebenserfahrung und dem lebensanalogen Denken.

Henri Bergson (1859-1941) wird deshalb später Darwin lebensphilosophisch-biozentrisch kritisieren und eine unreduktionistische Evolutionstheorie der „schöpferischen Entwicklung" vorlegen. Wie Schopenhauer und Carl Gustav Carus vertritt auch Bergson eine biozentrische, am genesiologischen ‚Werden' orientierte Philosophie. Wie Schopenhauer und Carus war auch er nicht nur philosophisch, sondern auch biologisch und psychologisch auf der Höhe seiner Zeit. Bergson benützt dabei aber nicht (wie Schopenhauer und etwa auch Nietzsche) den (missverständlichen) Begriff des (Lebens-)Willens. Er spricht vom *élan vital,* von der „Lebensschwungkraft", die den lebendigen Kosmos, von seinen äußersten Sphären bis hinein in die einzelnen Lebewesen und Lebensvorgänge, durchpulst. Dieser *élan vital* ist der innerste lebendige ‚Kern' einer nicht darwinistisch-mechanistisch, sondern ganzheitlich-organisch gedachten schöpferischen Evolution: *L'Évolution créatrice*, so der Titel seines wohl berühmtesten Werkes.[90]

Scharfsinnig hat Georg Simmel (1858-1918) in seinem Bergson-Porträt bemerkt:

> „In allem Dasein und als den Kern jeder Welterscheinung sieht Bergson ein absolutes, treibendes Leben, eine in sich einheitliche Schwungkraft, die Kraft in allen Kräften. Es ist diese *Einheit* des Lebensantriebes, aus der allein die organische Entwicklung begreiflich wird. Wenn zweifellos eine ‚Entwicklungs'-Reihe des Sehorgans durch die Tierarten hindurch von dem Pigmentfleck des Infusoriums bis zum Auge der Wirbeltiere führt; wenn ein höchst komplizierter Bau dieses Organs in ganz gleicher Weise an Gattungen auftritt, die ihn erst nach ihrer Abzweigung von einem vielleicht gemeinsamen Urstamm erworben haben können, so ist die mechanistische Erklärung Darwins durch angesammelte Zufälle, die einen Querschnitt durch die fließende Entwicklung an den anderen reiht, genauso unzulänglich, wie die teleologische, die dieses Werden nach der Analogie eines menschlichen Maschinenbauens konstruiert."[91]

Was das bedeutet, wenn die Evolution nicht mehr als eine mechanische, sondern als eine schöpferische Entwicklung begriffen wird, hat keiner so eindrucksvoll gezeigt wie Bergson. Noch heute fasziniert er diejenigen, die sich auf ihn und

---

[90] Vgl. Bergson, H.: Schöpferische Entwicklung, Jena 1912 (EA 1907 unter dem Titel „L'Évolution créatrice").

[91] Simmel, G.: Henri Bergson, in: Die Güldenkammer 4/1914, S. 511-525, hier: 517.

seine Theorie der „Lebensschwungkraft“ einlassen (können). Einer derjenigen, der von ihm stark beeinflusst wurde, ist der (aus lebensphilosophischer und morphogenetischer Sicht hochinteressante) Biologe Rupert Sheldrake. Er sagte in einem Gespräch:

> „Nun, für mich war Henri Bergson einer der wichtigsten Einflüsse. Zum ersten Mal las ich ihn in den frühen Siebzigern, als ich in Cambridge war. Dies kam nicht durch die Wissenschaft oder die Wissenschaftstheorie, sondern weil ein Freund von mir, der ein großer Verehrer von Proust war, Bergson in diesem Zusammenhang las. Eines Tages sagte er zu mir, daß ich unbedingt Bergson lesen sollte, es würde mich interessieren. Ich las dann zuerst die *Schöpferische Entwicklung*, und das war für mich eine ungeheuer befreiende Erfahrung. Ich wurde als Biologe ausgebildet und dazu angehalten, alles, was irgendwie mit Vitalismus zu tun hatte, zurückzuweisen. Vitalismus ist die große Häresie, und in der Dämonologie der Wissenschaft rangierte Bergson ziemlich oben. Niemand, den ich in der wissenschaftlichen oder selbst in der philosophischen Welt getroffen habe, hatte überhaupt Bergson gelesen, aber er wurde zurückgewiesen, geschmäht und tabuisiert. Ihn zu lesen war somit eine außergewöhnliche Erfahrung. Ich fand eine Vorstellungskraft, Vision und Klarheit, die ich aus anderen evolutionstheoretischen Schriften überhaupt nicht gewohnt war, und ich erlebte seinen Blick auf die Evolution des Lebens als außerordentlich inspirierend.“ „Aber noch interessanter als dieses Buch war sein Buch *Materie und Gedächtnis*, das ich etwa 1972 gelesen habe. Es war eine von diesen lebensverändernden Erfahrungen für mich, denn ich kämpfte gerade mit dem Problem der Morphogenese und Form. Ich dachte über morphogenetische Felder und formgebende Einflüsse auf lebende Organismen nach, insbesondere in Beziehung zu Pflanzen und Pflanzenmorphogenese, über die ich zu der Zeit arbeitete. Bergsons *Materie und Gedächtnis* sagt aus, daß Gedächtnis nicht innerhalb des Gehirns gespeichert werden muß, sondern von einer Art transtemporalen Verbindung abhängig ist. Gedächtnis hängt nicht von materiellen Spuren im Gehirn ab. Das war für mich ein völlig neuartiger, unerwarteter und unerhörter Gedanke, dem ich nie zuvor begegnet war. Da ich eine Menge über Gedächtnis und Evolution in der Biologie nachgedacht hatte, und da die Biologie es mit einer Art von Gedächtnis zu tun hat, das von Generation zu Generation weitergetragen wird, schien es mir, daß Bergsons Prinzip des Gedächtnisses nicht nur auf bewußte Erinnerung beschränkt sei, sondern für das Gedächtnis im allgemeinen gelte. Und das war in der Tat der Keim für meine Idee der morphischen Resonanz. Binnen weniger Wochen, in denen ich *Materie und Gedächtnis* las und über morphogenetischen Felder sowie ihre Entwicklung in der Zeit nachdachte, erlebte ich einen Zustand der Einsicht, der ungeheuren Ergriffenheit, aber auch der Heiterkeit, wenn ich an diese Idee der durch morphische Resonanz über die Zeit hinweg reichende kausalen Ver-

knüpfung dachte. Ich würde sagen, daß dies einer der wichtigsten Einflüsse auf mein Denken war, und ich fand Bergson erfrischend, originell und geradlinig. Nach diesem Durchackern der neueren holistischen Philosophie, die ich im Vergleich dazu übervorsichtig, gegängelt und darum bemüht empfand, ja nicht die vorgegebenen Grenzen der akademischen Orthodoxie zu übertreten, war er so interessant zu lesen. Mit Bergson fand ich eine klare, originelle Stimme, die mich direkt und unmittelbar ansprach."

Die Ablehnung Bergsons, so Sheldrake, „hat sicherlich auch etwas damit zu tun, daß in der Biologie der dogmatische Mechanismus die Kontrolle übernahm und jeder Versuch unternommen wurde, den Vitalismus als Häresie abzustempeln und Bergsonsches Denken ein für allemal aus der Biologie zu verbannen."[92]

Nur Wenige machen sich bewusst, was das heißt: die schöpferische Evolution allem zuvor von innen her – also aus der erlebnisbasierten Person-Perspektive – aufzufassen und zu verstehen – und dann erst die Befunde der naturwissenschaftlichen Außenperspektive hereinzulassen und in lebendige Zusammenhänge einzurücken. Es heißt, den ‚Stammbaum des Lebens' allem zuvor als einen ‚inneren Stammbaum des Lebens', als einen ‚Stammbaum der Innerlichkeit' sehen zu lernen. Es heißt, sich am Leitband der eigenen Entwicklungsfähigkeit und -geschichte tiefer und tiefer ins Naturreich ‚hinabzusenken' und ‚hineinzufühlen'. Anders formuliert: alles nur-äußerliche mechanisch-evolutionistische Stammbaumdenken ist unfähig, den Kernpunkt der schöpferischen Entwicklung zu fassen. Erst wenn wir in uns selbst diesen schöpferischer Kern und Lebens-Elan erkennen und anerkennen, haben wir einen Zugang gefunden, zu dem, „was die Welt / im Innersten zusammenhält" (Goethe, Faust).

Klar und stimmig hat das Adolf Portmann ausgeprochen:

> „Die biologische Arbeit führt schon dadurch in die Region des Geistigen, daß ihr als Aufgabe ja die Erforschung jener besonderen Seinsweise gegeben ist, die wir am besten von unserer eigenen Existenz her kennen und die der Biologe mit einem stellvertretenden Wort, einem wissenschaftlichen Symbol, als *Innerlichkeit* bezeichnet [...]. Innerlichkeit nennen wir also die besondere Seinsweise des Lebendigen, von der wir maximal aus eigenem Erleben wissen, für die wir bei den anderen Organismen Zeugnisse vorfinden, und zwar in abnehmendem Maße, wenn wir uns von der eigenen Organisation entfernen zu immer menschenferneren Lebewesen hin. Jede Erforschung der Innerlichkeit muß von der Lebensform ausgehen, um deren Innerlichkeit wir maximal wissen: von uns selber, vom Menschen. Diese Notwendigkeit hat bedeutsame Folgen gehabt. Die Furcht, dieses Wissen um unseren eigenen Reichtum an

---

[92] Sheldrake, R. u. Lorimer, D.: Die Schnittstelle zwischen Gehirn und Bewusstsein. Dialog über Henri Bergson, in: Tattva Viveka 7/1997; http://www.tattva.de/dialog-uber-henri-bergson-3/ (abgerufen am 19.3.16).

Innerlichkeit könnte unsere Vorstellungen von andern Organismen durch Vermenschlichung fälschen, diese Furcht hat ein oft geradezu groteskes Vermeiden der ganzen Sphäre der Innerlichkeit bewirkt: mechanische Beschreibungen tierischen Verhaltens schienen dann die Lösung, man schuf eine sogenannte objektive Nomenklatur und wähnte sich gerettet, wenn etwa statt Auge Photorezeptor gesagt wurde. Viele Biologen bestritten jegliche Möglichkeit der Erforschung tierischer Innerlichkeit und sahen das Heil im völligen Absehen von allen Spuren eines uns irgendwie verwandten Erlebens."[93]

Einer, der das bewusst nicht getan hat, der bewusst versucht hat, hier lebensphilosophisch-methodisch andere Wege zu gehen, war Goethe (und sein größter Nachfolger und Vollender Carus). Auch darauf hat Portmann hingewiesen:

> „Darum werden wir uns immer wieder auch jenen Werken zuwenden, in denen er sich als Erforscher der Natur erlebt und aus dem überströmenden Reichtum dieses Erlebens uns beschenkt. [... Deshalb] leben Goethes Studien von Blatt und Blüte, [...] sein Werk über die Farben, seine Arbeit über den Typus der Wirbeltiere weiter, weil aus ihnen mehr spricht als Forschung, eben die zeugende Kraft der schöpferischen Gestaltung, der Naturdeutung durch wissende Liebe."[94]

All das zeigt: das Stammbaum- und Entwicklungsdenken, das methodische Arbeiten mit der Modellvorstellung eines Entwicklungsbaumes, gehört, spätestens seit Goethe und Darwin, zum Theoriebestand der Lebensphilosophie. Nun hat Schlegel Darwins Theorie ja nicht gekannt, nicht kennen können. Und hätte er sie gekannt, hätte er sie wahrscheinlich abgelehnt und der goethisch-carusschen Morphologie und Naturphilosophie das Wort gesprochen. Gleichviel. Darauf, dass das Denken in Stammbaum-Analogien, darauf, dass ein genealogisch-organisches Abstammungsdenken von innen her für die Lebensphilosophie wichtig ist: darauf hat er als einer der Ersten hingewiesen.

Beide Modellvorstellungen – das ‚Seelen-Welthaus' und der ‚innere Stammbaum der Natur' – sind nie völlig aufeinander abbild- oder rückführbar. Beide haben ihre Stärken, die nur im passenden Kontext und bei angemessener Anwendung zum Tragen kommen – ansonsten aber zu Schwächen werden. Dies gilt nun auch für die dritte von Schlegel ins Feld geführte Modellvorstellung: die von der Magnetnadel bzw. den lebensmagnetisch-polaren Zusammenhängen.

---

[93] Portmann, A.: Biologie und Geist, Frankfurt a. M. 1973 (EA 1956), S. 15.

[94] Portmann, A.: Biologie und Geist, a. a. O., S. 276; was das sein könnte – „Naturdeutung durch wissende Liebe" – hat neuerdings Rainer Schilling entfaltet: Schilling, R.: Liebe als Erkenntnisweise. Aspekte der Liebe im Verhältnis zur objektivierenden Naturerkenntnis, Darmstadt 2005.

3.4 Modellvorstellungen der Lebensphilosophie (3): Die ‚Magnetpole des Lebens'

Die Tradition des Polaritäts-Denkens geht auf den wichtigsten der antiken lebensphilosophischen Vordenker zurück: Heraklit (ca. 520-460 v. Chr.). Er ist im Bereich der abendländischen Kultur zugleich der erste und m. E. größte Polaritäts-Denker. Ihm ist auf antikem Boden nur noch Empedokles (ca. 495-435 v. Chr.) zur Seite zu stellen.

Heraklit hat entdeckt, dass der kosmische All-Zusammenhang eine fließende ‚Einheit' aus Gegensätzen ist, dass er erst durch das Gegenspiel der Polaritäten möglich wird. Deshalb kann er auch sagen, dass das Widerspiel bzw. „der Streit der Vater aller Dinge" sei. Oder: „Verbindungen: Ganzheiten und keine Ganzheiten, Zusammentretendes – Sichabsonderndes, Zusammenklingendes – Auseinanderklingendes; somit aus allem eins wie aus einem alles." „Das Widerstreitende zusammentretend und aus dem Sichabsondernden die schönste Harmonie." Und: „Sie verstehen nicht, wie Sichabsonderndes sich selbst beipflichtet: eine immer wiederkehrende Harmonie, wie im Fall des Bogens und der Leier."[95]

Erst 2250 Jahre nach Heraklit, in Goethezeit und Romantik, war es wieder möglich, dass sich ein ähnlich tiefgreifendes polar-biozentrisches Denken von Neuem entfalten konnte, dichterisch und philosophisch. Dichter/innen wie Goethe, Hölderlin, Karoline von Günderode, Denker wie Arthur Schopenhauer, v. a. aber Carl Gustav Carus, wären hier u. a. zu nennen. Und natürlich auch Schlegel. Polaritätsverhältnisse, so heißt es in seiner „Philosophie des Lebens", liegen vor, wenn das „Entgegengesetzte an irgendeiner Stelle seinem Gegensatze näher liegt, und sich in solchen gegenseitigen Übergangspunkten eine Verwandtschaft zwischen den beiden Gegensätzen zeigt" (§ 33). Dies sei z. B. der Fall bei der Polarität des Wachseins und Schlafens (§ 34). Da zeige sich nämlich, dass es zahlreiche Übergangsphänomen gebe, etwa die Tagträume, bei denen „auch im wachen Zustande eine ziemliche Masse von weniger klaren und bestimmten Vorstellungen, welche nicht viel deutlicher sind, und auch nicht viel mehr geordnet, als die Reihe der Bilder in einem Traume, [die] an der Seele vorüberziehen" (§ 33).

Das romantisch-biozentrische Denken gipfelte später in Nietzsches und Klages' Philosophie. Es ist nicht zuviel gesagt, Friedrich Nietzsche (1844-1900) einen „Heraklit der Moderne" und Ludwig Klages (1872-1956) einen „Empedokles des

[95] Die Heraklit-Fragmente zitiere ich nach: Die Vorsokratiker I (Milesier, Pythagoreer, Xenophanes, Heraklit, Parmenides), hg., ausgew. u. übers. v. J. Mansfeld, Stuttgart 1983, S. 244-283, hier 259; vgl. hierzu: Kozljanič, R. J.: Die lebendige Vernunft – Oder: Heraklits Lobgesang auf die Polarität der Welt, in: Hagia Chora 27/2007, S. 26-31.

20. Jahrhunderts“ zu nennen.[96] Lebensphilosophisch hervorhebenswerte Polaritätsdenker des frühen 20. Jahrhunderts sind: Romano Guardini mit seinem Buch „Der Gegensatz – Versuche zu einer Philosophie des lebendig Konkreten“ (Mainz 1925), Walther Hueck mit „Die Welt als Polarität und Rhythmus“ (München 1928) und Ludwig Klages mit „Vom Wesen des Rhythmus“ (Kampen auf Sylt 1934).

Was aber heutzutage leider ganz in Vergessenheit geraten ist, sind die romantischen Theorien um das Phänomen des sogenannten „animalischen Magnetismus“ oder „Lebensmagnetismus“ – sie gehören mit in den Kontext der Geschichte lebensphilosophischen Polaritätsdenkens. Diese Theorien knüpfen an einen zweiten wichtigen Strang antiken Philosophierens an: den Strang der v. a. von der Stoa entwickelten Sympathetik.[97] (Auf den dritten wichtigen Strang – dem der antiken Lebenskunst-Philosophie – komme ich weiter unten zu sprechen.)

Sind nun einerseits die romantischen Lebensmagnetismustheorien in Vergessenheit geraten, so sind aber doch andererseits vergleichbare Phänomene nicht ganz aus dem Blickfeld der Natur- und Kulturwissenschaften verschwunden. Heutzutage werden ähnliche Phänomene etwa unter dem Begriff des „morphogenetischen Felds“ und der „morphischen“ und menschlichen „Resonanz“ abgehandelt und untersucht. Ich nenne hier drei Werke: Rupert Sheldrakes „Das schöpferische Universum – Die Theorie des morphogenetischen Feldes“ (München 1985), Friedrich Cramers „Symphonie des Lebendigen – Versuch einer allgemeinen Resonanztheorie“ (Frankfurt a. M. 1996) und Hartmut Rosas „Resonanz – Eine Soziologie der Weltbeziehung“ (Berlin 2016).[98] Sheldrakes und Cramers Untersuchungen stehen unter der Dominanz des Naturprinzips, Rosas unter der des Kulturprinzips.

Ich kann hier nicht näher auf die romantisch-lebensmagnetischen Theorien eingehen. Und verweise daher nur kurz auf die entscheidende Schrift von Carl Gustav Carus „Über Lebensmagnetismus“ von 1857. Darin heißt es:

> „Dasselbe nämlich, was die Weltkörper ihre Bahnen führt und was die Kristallisation der Schneeflocke bestimmt wie die Bildung und Entwicklung des Küchleins im Ei, dasselbe, was die Entfaltung der Pflanze ebenso regelt, wie es den dunklen Trieb des Zugvogels oder Insekts beherrscht, es ist immer und überall die eine allgemeine Offenbarung des ewig schaffenden göttlichen

---

[96] Zu Schopenhauer, Carus, Nietzsche und Klages vgl. das III., IV., V. u. IX. Kapitel meines Buches: Lebensphilosophie, Eine Einführung, Stuttgart 2004.

[97] Vgl. hierzu: Stemplinger, E.: Sympathieglaube und Sympathiekuren in Altertum und Neuzeit, München 1919, vgl. v. a. „Sympathie des Alls“, S. 6-32. Dieses Buch wird demnächst im Albunea Verlag München neu erscheinen.

[98] Eine kurze, aber eigenständige, dabei durchaus tiefgreifende Übersicht mitmenschlich-kultureller Resonanzphänomene gibt: Schilling, R.: Liebe als Erkenntnisweise, a. a. O., Abschnitt „7.3 Liebe als Resonanz“, S. 170-182.

Geistes, oder, wie man es auch ausdrücken kann, die eine Erscheinung des Göttlichen im Leiblich-Werdenden; und wie dadurch die Seele, d. h. die erste Wirklichkeit alles Wesens des Menschen, an und für sich bedingt wird, so ist es zugleich auch das, was in einem neugebildeten menschlichen Wesen, sobald dasselbe einmal durch seine Organisation mit der Welt in Verbindung getreten war, die Entwicklung der zuerst ganz unbewußten Psyche zum bewußten Geiste ursächlich veranlaßt und setzt. – Einzig und allein dadurch also, daß wir einsehen und anerkennen, jenes göttlich-eigentümliche Sein, welches wir Seele nennen, wirke in der ersten Phase seines sich Darlebens durchaus und überall nur als ein Unbewußtes, und sei folglich hier aller andern Natur, d. h. allem andern göttlichen Unbewußten der Welt, wie es in den Lebenskreisen der Gestirne und aller irdischen Bildung sich offenbart, innigst verwandt und gleichartig, und indem wir uns ferner überzeugen, es bleibe auch dann, wenn in einer zweiten Phase dieser Seele das geistige Bewußtsein sich erschlossen hat, doch jenes erste Unbewußte immerfort bestehen in seiner vollen Geltung nach seinen vielfältigen Beziehungen zu allem Unbewußten um uns her, werden wir dazu gelangen, von der Stellung des Menschen zur Welt überhaupt und von der Art und Weise insbesondere, wie Naturwirkungen in der Seele tausendfältig widerklingen können und die Seele selbst unbewußt auch auf die Natur zurückwirkt, den richtigen Begriff uns bilden."[99]

Einer, der an diese lebensmagnetischen Theorien angeknüpft hat und sie produktiv weiterführte, war Ludwig Klages:

„Ein lebensmagnetischer Zug verbindet das dürstende Pferd mit dem Anblick des Wassers, die hungernde Kuh mit dem Eindruck des Grases, den jagenden Adler mit der Erscheinung von Hühnern, Zicklein, Hasen und ebenso ein jedes von ihnen mit *der* Seite der Bilder und *dem* Ausschnitt der Welt, die es bewußtlos zu erkennen, zu wählen die Gabe hat als Element und Behausung! Das eben bewegungsfähige Entlein stürzt sich in den Wassertümpel, vor dem die Henne, die es ausgebrütet, aufgeregt warnt, hat also am Wasser sein Element erkannt, nicht aus mindester Überlegung, sondern infolge des ganz besondern Zuges, für den der Eindruck des Wassers seine Seele empfänglich macht. Der Eindruck *ist* nicht der Zug, sondern weckt ihn nur auf. Das nahrungsbedürftige Tier *sucht* seine Nahrung, wann sie nicht da ist, sucht seine Wohnung, sein Element, wann es dessen ermangelt, und die im Herbst aufbrechenden Zugvögelscharen sind durch Tausende von Kilometern von *den* Eindrücken – der

[99] Carus, C. G.: Über Lebensmagnetismus und die magischen Wirkungen überhaupt, Andechs 1986 (EA 1857), S. 36f.

Atmosphärilien, des Klimas, der Siedlungsstätte usw. – getrennt, denen sie, als lebensmagnetisch von ihnen gezogen, nachtwandlerisch zustreben."[100]

Genau auf diese lebensmagnetische Zusammenhänge spielte Schlegel oben an, als er jenen „innere[n] lebendige[n] Zusammenhang der einzelnen Gedanken in der [Lebens-] Philosophie" hervorhob, der „weit eher ein [...] magnetischer" als ein nur-logischer oder auch nur-kausaler sei (§ 13).

Freilich ist es ein Frage für sich, wie es möglich sei, diese tief-unbewussten lebensmagnetischen und sympathetischen Lebens- und Resonanzvorgänge in die Sphäre des bewussten menschlichen Denkens und Handelns zu heben. Soviel scheint für mich festzustehen: Dort, wo wir zutiefst-innerlich sehnen und ahnen, dort kommen wir als Menschen den lebensmagnetischen Tiefenströmungen in uns und um uns immer wieder einmal nahe. Sehnsucht und Ahnung: nicht umsonst zwei für die Romantik wichtige Begriffe und Vernehmensarten. Ich werde am Ende von Abschnitt 5.4 noch einen Blick auf Schlegels Konzept der „echten Sehnsucht" werfen. Was die romantisch-ästhetische „Ahnung" der Romantik betrifft – und wie sie sich von der tiefsten ‚lebensmagnetisch-intuitiven' Vernehmensart, der „Ahmung", unterscheidet – dazu habe ich in Band 2 meiner Monographie „Der Geist eines Ortes" Entscheidendes gesagt.[101]

Sowohl beim Sehnen als auch beim Ahnen spielt die Phantasie mit herein; und zwar wesentlich. Und deshalb könnte es eben letztlich unsere eigene Phantasie sein, die uns mit den lebensmagnetischen Tiefenströmungen der Natur verbindet – freilich auf ‚phantastische' Art. Schlegel deutet das einmal so an: „Die Phantasie, selbst nur ein Abdruck des Lebens, und der lebendigen Kraft in der Natur, ist das innere Naturgefühl, der Natursinn" (§ 69).

3.5 Wider den Methodenzwang: Schlegels Methode des freien und schöpferischen Denkens

In der neunten Vorlesung zur Philosophie des Lebens kommt Schlegel auf die Methodenfrage zurück. Hat er in der ersten Vorlesung betont, dass sich die lebensphilosophische Methode nicht am Methodenideal der Mathematik und Logik orientieren dürfe – sondern mit ganz eigenen, dem Menschen- und Natur-Leben entnommenen *anschaulichen* und sinnhaltigen Modellvorstellungen

---

[100] Klages, L.: Die Grundlagen der Charakterkunde, Leipzig ^{4}1926, S. 122. (Vierte, mit neuem Titel versehene, überarbeitete und vermehrte Auflage der ab 1910 erscheinenden „Prinzipien der Charakterologie").

[101] Kozljanič, R. J.: Der Geist eines Ortes. Kulturgeschichte und Phänomenologie des Genius Loci. Band 2: Neuzeit – Gegenwart, München 2004, Abschnitt 7.1, S. 262-300. Der Begriff der Ahmung wurde von Theodor Lessing geprägt. Ich habe an andere Stelle mit Lessing und über Lessing hinaus seine „Ahmungspsychologie" ein wenig weiter entwickelt; vgl. mein Lessing-Porträt im II. Jahrbuch für Lebensphilosophie (Leib-Denken), 2/2006, S. 255-291, v. a. 266ff. u. 277ff.

(Gebäude, Baum, Kompassnadel, …) operieren solle, so präzisiert er hier seine Vorstellungen. Nicht nur die mathematisch-naturwissenschaftliche Vernunft sei auf dem Gebiet der Methodenfrage abzuwehren, sondern mehr noch die dialektische Vernunft mit all ihren leerlaufenden Abstraktionen und spekulativen Totgeburten:

> „Die Philosophie des Lebens kann keine bloße Vernunftwissenschaft sein, am wenigsten eine unbedingte; denn diese führt erstlich in ein Gebiet von toten Abstraktionen, welche dem Leben fremd sind; und durch den der Vernunft angebornen dialektischen Streit wird dieses Gebiet in ein Labyrinth von widersprechenden Meinungen und Begriffen verwandelt, aus welchem die Vernunft allein mit allen ihren dialektischen Waffen niemals den Ausweg finden kann; und eben dadurch wird das Leben, das innre und geistige Leben nämlich, gestört und zerstört. Und dieses das Leben störende und zerstörende Prinzip der dialektischen Vernunft ist grade dasjenige, was vorzüglich vermieden und besiegt werden muss." (§ 82)

Doch dürfe aus der doppelten Abwehr der Dialektik und Mathematik kein neues Dogma, kein neuer Zwang entstehen. Denn wenn es Fragestellung und Gegenstand der Untersuchung geboten sein lassen, dann dürfe mensch sich freilich auch dieser Methoden „gleichnisweise und vorübergehend als Episode" bedienen (§ 83).

Hier zeigt sich, dass ihm in der Methodenfrage v. a. an zwei Dingen gelegen ist: einmal an der Abwehr eines zwanghaften Methodendogmatismus, zum anderen an einem Plädoyer für einen pragmatisch-lebensangemessenen Methodenpluralismus – für einen freien und souveränen Methodenumgang. Knapp 150 Jahre vor Paul Feyerabends (1924-1994) legendären Büchern „Wider den Methodenzwang" und „Erkenntnis für freie Menschen"[102] nimmt Schlegel auch hier wieder Einiges vorweg:

> „Es darf die Methode des freien Denkens, d. h. eben die Philosophie, nicht wie ein eisernes Panzerhemd aus einer unzähligen Menge von ganz gleichförmigen kleinen Ketten und Ringeln, oder aus solchen szientifisch verknüpften Ringelsätzen und wieder höhern logischen Verkettungen derselben, wie es wohl in der Mathematik der Fall ist, mechanisch abgemessen zusammengesetzt werden; es darf die Methode überhaupt keine einförmige sein, und nie darf der

[102] Feyerabend, P.: Wider den Methodenzwang, Frankfurt a. M. 1976 (EA „Against Method" London 1975); und: ders.: Erkenntnis für freie Menschen, Frankfurt a. M. 1979. – Natürlich soll Feyerabend hier nicht vereinnahmt werden – in dem Sinne, dass er sich selbst der lebensphilosophischen Bewegung zugerechnet hätte. Zugleich sollte klar gesehen werden, dass es hier Übergänge und Überschneidungen gibt. Vgl. hierzu: Hasse, J. u. Kozljanič, R. J.: Von der Rationalitäts-Irrationalitäts-Dichotomie zur lebendigen Vernünf-

Geist der Methode dienstpflichtig, das Wesen der Form aufgeopfert werden." (§ 85) Und: „Jede Methode und jede wissenschaftliche Form ist gut, oder kann doch recht gebraucht gut sein; keine aber darf ausschließend sein, keine darf mit Zwang gleichförmig durchgeführt und im ermüdenden Einerlei überall angewandt werden." (§ 87)

Kein Methodenzwang, kein methodisches Panzerhemd, sondern ein freier und gegenstandsangemessener Methodenpluralismus tue Not. Dafür plädiert Schlegel. Die Methode solle frei, entwicklungsspezifisch variabel und gegenstandsangemessen gewählt und gewechselt werden können:

> „Die Philosophie, als das allgemeine Wissen, welches den ganzen Menschen umfasst, kann so wie es die Gelegenheit mit sich bringt, in den Fall kommen, von allen andern Wissenschaften, bald von dieser, bald von jener, die äußre Form und die ihr eigentümlichen Formeln zu entlehnen und sich vorübergehend derselben mit Nutzen zu bedienen; nur muss es immer ein freier Gebrauch sein, der sich eben in der absichtlichen Wahl und Abwechslung bewährt." (§ 84)

Es wird 70 Jahre dauern, bis ein us-amerikanische Pragmatist und Lebensphilosoph ähnlich prononciert und mutig für einen lebensangemessenen Methodenpragmatismus und Pluralismus eintreten wird: William James (1842-1910). Auch hier zeigt sich Schlegel als lebensphilosophischer Vorreiter. Wo allerdings James seine Auswahlkritierien entweder am kurz- und mittelfristigen Erfolg orientiert[103] – nach dem Motto „der Erfolg gibt Recht und rechtfertigt im Nachhinein auch die Methode" – oder, eigentlicher noch, an der common-sense-basierten Gewissensstimme des *eigenen* Herzens,[104] bietet Schlegel hier andere Kriterien an. Es sind poetische und künstlerische Kriterien.[105]

In § 86 vergleicht er den pragmatistisch-lebensphilosophischen Methodenpluralismus mit der Freiheit der Poesie in der kunstvollen Verwendung von Vergleichen und Metaphern:

> „Es ist mit jener Allgemeinheit des philosophischen Denkens und Wissens und der eben daher rührenden Mannigfaltigkeit und freien Abwechslung in der

---

tigkeit, in: VIII. Jahrbuch für Lebensphilosophie (Kritik und Therapie wissenschaftlicher Unvernunft), 8/2016-2017, S. 9-36, v. a. 20, 25, 30.

[103] Zumindest in seinem „Pragmatismusbuch". Vgl. James, W.: Pragmatism. A New Name for Some Old Ways of Thinking, New York Bombay u. Calcutta 1907, z. B. S. 222-223.

[104] Siehe z. B. James, W.: The Will To Believe and Other Essays in Popular Philosophy, New York London u. Bombay 1897, z. B. S. 50. Vgl. hierzu auch den vorzüglichen Aufsatz von: Hauskeller, M.: Foolish Little Children in the Eyes of Reason – The Moral Philosophy of William James, a. a. O..

[105] Auch das ein Thema, das Feyerabend auf seine Art wieder aufgriff: Feyerabend, P.: Wissenschaft als Kunst, Frankfurt a. M. 1984.

Methode, ungefähr ebenso, wie auf einer andern Seite es unter den darstellenden Künsten der Poesie, als die auch den ganzen Menschen umfasst und umfassen soll, am meisten frei steht, ihre Gleichnisse oder Farben und mannigfachen bildlichen Ausdrücke aus allen Sphären des Daseins, des Lebens und der Natur, bald aus dieser, bald aus jener zu entlehnen, so wie es ihr grade jedesmal am angemessensten scheint."

Ebenso könne auch die Lebensphilosophie verfahren. Denn selbst da, wo sie sich ausnahmsweise einmal einer „algebraischen Gleichung" oder sonst einer „mathematischen Form" bediene, sei doch immer klar, dass „sie im Grunde aber nur ein Bild und die sichtbare Hieroglyphe für etwas unsichtbares Höheres" meine. Damit orientiert Schlegel seinen Methodenpragmatismus an einem poetischen Kriterium. Die Methode erhält hier ein andere Ausrichtung: sie solle Bilder, Sinnbilder und Metaphern generieren, die helfen, höhere (und wohl auch tiefere) Lebensphänomene und Lebenszusammenhänge zu erhellen.

Interessant bleibt, dass Schlegel hier weniger als Spiritualist oder Metaphysiker und mehr als Künstler spricht. Was Heinrich Heine 1828 in Bezug auf Schlegels Literatur-Vorlesungen sagte, scheint auch hier, bei seinen lebensphilosophischen Vorlesungen, zuzutreffen:

> „Die religiösen Privatmarotten, die Schlegels spätere Schriften durchkreuzen, und für die er allein zu schreiben wähnte, bilden doch nur das Zufällige, und namentlich in den Vorlesungen über Literatur ist, viel mehr als er selbst weiß, die Idee der Kunst noch immer der herrschende Mittelpunkt, der mit seinen goldenen Radien das ganze Buch umspinnt."[106]

3.6 Die mehr-als-methodische Einheit der Lebensphilosophie: Charakter, Gesinnung und Seele

So wichtig und erkenntnisleitend die lebensphilosophischen Methodenreflexionen und Modellvorstellungen auch sein mögen: sie sind für Schlegel nicht die letzte Einheit der Lebensphilosophie. Oder anders gewendet: Lebenphilosophie erschöpft sich nicht im Modellhaften und Methodischen. Obwohl die Lebensphilosophie durchaus, wie sich zeigte, ein gewisses Modell- und Methodenbewusstsein haben soll/kann, ist sie doch immer schon mehr als Methode. Sie ist ein authentisch persönlicher, gleichwohl lebenserfahrener und wirklichkeitsverbundener Denk- und Lebensstil, der nicht mit individualistisch-solipsistischen Eigenbrötlereien oder auch mit einseitigem Spezialistentum verwechselt werden darf. Nicht der eigenwillige Querdenker, nicht der einseitig spezialisierte Fachmann, nicht der reine ‚Kopfmensch', sondern der vollsinnliche, lebenserfahrene,

[106] Zit. in: Behler, E.: a. a. O., S. 166.

lebensweise, charakterstarke und souveräne Denker ist das Ideal des Lebensphilosophen, das Schlegel hierbei vorschwebt. In der Einheit von Leben, Denken und Charakter beweist und bewährt sich der authentische Lebensphilosoph, die authentische Lebensphilosophin: Ihr Philosophieren sollte also das Philosophieren einer ‚Persönlichkeit' sein (‚Persönlichkeit' im emphatischen Sinne). Die Einheit der Lebensphilosophie besteht deshalb nicht, wie die der Schulphilosophie, in einer für Jedermann an jedem Ort und zu jeder Zeit gleich-gültigen Methodik, Logik und Vernunft, sondern in dem, was Schlegel zunächst „Gesinnung", „Charakter", „Denkart" nennt.

> „Es ist die Einheit der Gesinnung, die ich meine, der sich selbst treu bleibende feste Charakter, die innere Konsequenz der Denkart, die im Leben wie im System und der philosophischen Ansicht immer einen großen und tiefen Eindruck auf uns macht und Achtung erweckt, auch wo die Überzeugung nicht ganz die nämliche sein sollte. Diese ist aber von keiner Form abhängig, und kann auch durch keine bloße Methode erreicht werden." (§ 14)

Später kommt Schlegel noch einmal auf diesen Punkt zu sprechen. Und nennt „die innere Charakterfestigkeit eines durchaus konsequenten Wollens, Denkens und Handelns" einen der entscheidenden philosophischen Momente – besonders hinsichtlich einer Harmonisierung des in sich zerrissenen Bewusstseins (§ 92; vgl. auch § 75-81).

Auch hier zeigt sich die fundamentale Rolle des Persönlichkeitsprinzips. Das Entscheidende ist und bleibt die Person bzw. der individuelle Mensch. In Anlehnung an das Bonmot von Erwin Straus „Nicht das Gehirn denkt, sondern der Mensch" könnte hier nun formuliert werden: Nicht die Methode philosophiert, nicht die Logik oder die ‚reine Vernunft', sondern die Person; das Individuum in seiner charakteristischen Einzigartigkeit und Gewordenheit, in seinem Versuch, durch Werden und Wandel hindurch eine leib-seelisch-geistige Ganzheit/Integriertheit zu erreichen und – da sie (diese fragile Ganzheit/Integriertheit) einem schnell genug wieder entschwindet – wieder zu erlangen.

Die Lebensphilosophie lässt sich eben nie restlos von der Person ablösen. Ganz im Gegenteil: Sie ist engstens mit der Werdens-, Krisen- und Wandelsgeschichte gerade dieses Individuums verbunden. Krisen spielen dabei womöglich die Schlüsselrolle. In etwa so, wie es Nietzsche von der „Großen Gesundheit" – für ihn auch eine Metapher einer ‚großen' Philosophie – sagte: sie sei „eine solche, welche man nicht nur hat, sondern auch beständig noch erwirbt und erwerben muss, weil man sie immer wieder preisgiebt, preisgeben muss!"[107]

Hiermit sind wir allerdings bei einem Punkt angelangt, der sich mit Schlegel nicht mehr ganz abdecken lässt. Denn seine Formulierungen vom „sich selbst treu

---

[107] Nietzsche, F.: Die fröhliche Wissenschaft, in: Kritische Studienausgabe, Bd. 3, hg. v. G. Colli u. M. Montinari, München 1999, S. 343-651, hier: 636.

bleibende[n] feste[n] Charakter“ und von der „innere[n] Konsequenz der Denkart“ werden der genesiologischen Herangehensweise nicht ganz gerecht. Sie suggerieren eine Stabilität und Kontinuität der Person und ihrer Entwicklung, die es so nicht zu geben scheint. Wie es Nietzsches Spruch nahelegt, ist die Person in ihrem Entwicklungsgang und ihrer inneren Verfasstheit und Weltsicht gerade nicht stabil und kontinuierlich, sondern speziellen Wandlungs- und Transformationsprozessen ausgesetzt. Durch diese hindurch wandelt sie sich, kommt ihrem eigentlichen Ich näher und bleibt sich (bestenfalls und auf schwer bestimmbare Weise) treu: aber eben in einem nicht-kontinuierlichen Sinne treu! Ich möchte es hier einmal so fassen: Wenn mensch sich und seinem angeborenen Charakter (‚Genius')[108] durch all die Lebenswandlungen hindurch treu bleiben will, dann muss auch die Treue sich wandeln; wohlgemerkt: sich wandeln, nicht: sich aufgeben oder sich verraten und verkaufen. Oder nochmals anders: Wenn mensch sich und seiner (persönlichen) Lebensphilosophie wandelnd und wachsend treu bleiben will, dann muss auch die Treue sich wandeln und wachsen dürfen – und mit ihr die Philosophie. Wachsen heißt aber immer auch mit Neuem konfrontiert werden, Krisen erleben – und Altes hinter sich zu lassen. Ich werde im 8. Kapitel auf diesen Punkt ausführlicher zu sprechen kommen.

Diese Transformationsprozesse lassen sich gut an der persönlichen Identitätsbildung aufzeigen. Wie das Hermes Andreas Kick in seinem Aufsatz „Identität – Bildung und Bewährung in der Grenzsituation. Strukturelle Rationalität aus prozessdynamischer Sicht“ unter Bezug auf Karl Jaspers Begriff der „Grenzsituationen“[109] getan hat. Gerade in diesen „kritisch-krisischen“[110] Situationen zeigt sich, dass Identität (und mit ihr auch Rationalität) einen prozessdynamischen Charakter hat. In allen Grenzsituationen kommt sie an ihre sprichwörtlichen Grenzen. Es liegt im Charakter der Grenzsituationen, dass sie die Identität zur Überwindung ihrer gewohnten – und bis dahin bewährten – Grenzen zwingt. Mit Kicks Worten:

> „Werdende, gebildete und gewordene Identität ist immer Belastungen ausgesetzt. Diese Belastungen stellen in Frage und sind zugleich die Offerte in der Auseinandersetzung zu einer Erweiterung, Bestätigung und Befestigung des Selbstseins zu gelangen. Diese Bewährung der Identität ereignet sich in der Begegnung, die immer auch Grenzerfahrung ist.“[111] Und: „Der Prozess der

---

[108] Was solch eine Genius-Philosophie bedeuten kann, hat Bettina von Arnim meisterhaft gezeigt: in ihrem Leben und in ihren Schriften; vgl. dazu Kap. 5.2.

[109] Siehe: Jaspers, K.: Philosophie, 2. Bd.: Existenzerhellung, München 1973, S. 209ff.

[110] Zum Begriff des „Kritisch-Krisischen" vgl.: Wisser, R.: Kein Mensch ist einerlei, Spektrum und Aspekte „kritisch-krisischer Anthropologie“, Würzburg 1997.

[111] Kick, H. A.: Identität – Bildung und Bewährung in der Grenzsituation. Strukturelle Rationalität aus prozessdynamischer Sicht, in: VIII. Jahrbuch für Lebensphilosophie (Kritik und Therapie wissenschaftlicher Unvernunft), 8/2016-2017, S. 207-218, hier: 210.

Bewährung von Identität beruht auf dennoch gelungener Begegnung unter den genannten erschwerten Bedingungen, im äußersten Fall der Grenzsituation. In solcher Begegnung verwirklicht sich ein revolutionäres Prinzip, etwas ‚potentiell Neues', das dem Leben dient, entwickelt sich ein neuer gemeinsamer Wert. In der präkritischen Situation ist das Wertgefüge der Identität den andrängenden situativen Herausforderungen nicht voll umfänglich gewachsen. Gerade aus diesem Grunde kommt es zu einem Anwachsen des dynamischen Druckes, der nicht mehr zu bewältigen ist, schließlich zur Grenzüberschreitung, die in die Grenzsituation führt. Die in der Grenzüberschreitung freigesetzten und in der Grenzsituation wirksam werdenden dynamischen Überschüsse sind ‚energetische' Voraussetzung der neuen Chancen und Risiken: Dynamische Überschüsse können im Sinne einer nicht mehr steuerbaren ‚dynamischen Entgleisung' in die Katastrophe führen. Gleichzeitig sind sie das Potential, aus denen alle Kunst und Kultur stammt."[112]

Diese „dynamischen Entgleisungen" sind es, die jene „herrlichen Überflüsse" hervorbringen können, von denen Rainer Maria Rilke sprach:[113] dichterisch, aber auch philosophisch und lebenskünstlerisch.

[112] Kick, H. A.: a. a. O., S. 212f. Vgl. zu dieser Thematik auch: Verzweiflung als kreative Herausforderung, hg. v. H. A. Kick, Münster 2008.
[113] Rilke, R. M.: Sonette an Orpheus (XXII): „O trotz Schicksal: Die herrlichen Überflüsse unseres Daseins…"; „Heute stürzen die Überschüsse, dieselben…".

4 Weitere Schlüsselbegriffe: Seele, Unbewusstes, Natur, Kultur, Gefühl

4.1 Die Seele = Prinzip alles Lebens in der Natur. Die denkende Seele = Mittelpunkt des menschlichen Bewusstseins

„Gesinnung“, „Charakter“, „Denkart“: diese drei Wörter münden bei Schlegel schließlich in den Begriff der „denkenden Seele“. Der Begriff der „denkenden Seele“ suggeriert, dass es sich dabei um etwas rein Rationales handelt. Doch das ist nicht der Fall. Die „denkende Seele“ ist für Schlegel immer schon mehr als Verstand und Vernunft. Sie ist das, was Schlegel oben (§ 5 u. 16) „das vollständige Bewusstsein“ nannte. Als solches umfasst die „denkende Seele“ Vernunft und Phantasie, Verstand und Willen. Mit Schlegels Worten:

> „So wie nun die Seele überhaupt das Prinzip alles Lebens in der Natur ist, so ist die denkende Seele der Mittelpunkt des menschlichen Bewußtseins. In der denkenden Seele aber ist sowohl die unterscheidende, verbindende, folgernde Vernunft, als die sinnende, erfindende, ahnende Phantasie mit inbegriffen; beide Kräfte umfaßt sie, in der Mitte zwischen ihnen stehend. Aber auch zwischen Verstand und Willen bildet sie den Wendepunkt des Überganges, und füllt, als das verbindende Mittelglied, die Kluft aus, welche zwischen beiden liegt und beide trennt. [...] Die denkende Seele ist das gemeinsame Behältnis, welches den ganzen Kreislauf aller dieser Vorstellungen in sich aufnimmt; ja sie selbst ist, wenn man sie im allgemeinen beschreiben soll, nur das innere Pulsieren dieses Denkens, wie der Pulsschlag im lebendigen Körper.“ (§ 20)

Die „denkende Seele“ erschöpft sich also nicht in dem, was mensch normalerweise Ratio, Verstand oder auch Vernunft nennt. Sie umfasst alle menschlich-seelischen Akte. Z. B. die ‚willentlichen’ Akte, gleichviel ob es sich dabei um bewusst Gewolltes, unbewusst Gewolltes oder triebhaft Begehrtes und ‚Gemusstes’ handelt. Auch das, was Schlegel unter Phantasie versteht, gehört zur „denkenden Seele“: Schlaf- und Tagträume, Phantasmen, bedeutungslose wie bedeutungsschwere innere Bilder, künstlerisch-schöpferische Imaginationen und Ausgestaltungen. Die „denkende Seele“ reicht bis hinab ins völlig Unbewusste: „Die denkende Seele dagegen ist eigentlich im Stillen beständig wirksam, und es kann als sehr wahrscheinlich angenommen werden, daß sie, streng genommen, immer Vorstellungen hat, wenn auch nicht klar bewusste, so doch unbewusste“. (§ 32) Ja vielmehr: Das Leben der „denkenden Seele“ ist, wie bereits erwähnt, ein stetiges Pulsieren. Ein lebensmagnetisches Pulsieren zwischen den Polen Wachen und Schlafen, taghellem Denken und nachtdunklem Träumen, Bewusstem und Unbewusstem.

> „Wie nun das äußere Leben abwechselt zwischen der Tätigkeit im Wachen und dem Zustande des Ausruhens im Schlaf: so ist auch die denkende Seele geteilt, zwischen der unterscheidenden, ordnenden Vernunft, und der sinnenden Phantasie. Es sind dies also gleichsam die zwei Hälften der Einen denkenden Seele" (§ 34).

Freilich könnte mensch hier einwenden, ob es denn überhaupt sinnvoll sei, auch im unbewussten Bereich von einer *denkenden* Seele zu sprechen und diese „denkende Seele" obendrein ein „vollständiges Bewusstsein" zu nennen. Denken ist doch eigentlich eine durchaus bewusste Tätigkeit, die sich von unbewussten Vorgängen wie Träumen und Phantasieren wesentlich unterscheidet. Angemessener wäre es deshalb, den schlegelschen Terminus der „denkenden Seele" zu modifizieren und das Gemeinte offener, einfacher und zutreffender als „Seele" zu fassen. Einen solcherart modifizierten, ansonsten aber ganz nahe an der schlegelschen Konzeption angrenzenden Seelen-Begriff haben dann auch tatsächlich die meisten der späteren Lebensphilosophen vertreten und ausgebaut. Doch damit bin ich schon beim nächsten Punkt:

4.2 Leib : Seele = Erscheinung : Sinn. Lebensphilosophie als Lebenspsychologie

Auch hier zeigt sich zum wiederholten Mal, dass Schlegels Lebensphilosophie viele der späteren lebensphilosophischen Erkenntnisse auf geniale Art und Weise vorweggenommen hat. Ich möchte das nun kurz an einigen besonders deutlichen Beispielen vor Augen führen:

So taucht etwa die zwischen dem bewussten und unbewussten Lebenspol pulsierende Menschenseele an zentraler Stelle im Denken Arthur Schopenhauers (1788-1860) auf. Und zwar in seiner Zentralthese von der „Welt als Wille und Vorstellung": die Welt ist uns laut Schopenhauer in den Vorstellungen des bewussten und erkennenden Denkens gegeben. Doch diese Vorstellungen schweben nicht im luftleeren Raum. Sie sind eingebettet und rückgebunden an einen zugrundeliegenden unbewussten Lebenswillen, der sich im einzelnen Lebewesen als ‚Einzelwille', in der umfassenden Welt aber als ‚Allwille' bemerkbar macht. Die zweiseitige schlegelsche „Seele" – hier die verständige, vernünftige, erkennende, dort die phantasierende, wollende, unbewusste – findet also in dem schopenhauerschen Konzept von „Vorstellung" und „Wille" eine gewisse Entsprechung. Ähnliches gilt für Bergson und sein Konzept von bewusstem „Intellekt" und unbewusster „Lebensschwungkraft" („élan vital").[114]

[114] Näheres dazu führe ich im III. und VI. Kapitel meiner Lebensphilosophie-Einführung aus; Kozljanič, R. J.: Lebensphilosophie, a. a. O., S. 41ff u. 105ff.

Die Polarität „bewusst – unbewusst“ findet sich nicht nur bei Schopenhauer, sondern, wenngleich in etwas anderer und optimistischerer Betonung, auch bei Carl Gustav Carus. Carus konnte zeigen, wie sehr die Vermutung Schlegels – dass in den noch unbewussten „unentwickelten Anfängen von Gedanken sehr oft der Keim liegt zu den bestimmteren Ideen“ (§ 33) – zutrifft: bewusste Erkenntnis wurzelt im unbewussten Lebensgrund, steigt aus ihm empor, sinkt in ihn zurück. Mehr noch: „Der Schlüssel zur Erkenntnis vom Wesen des bewußten Seelenlebens liegt in der Region des Unbewußtseins.“[115] Das ist das Grundaxiom der carusschen Lebensphilosophie und Lebenspsychologie. Und von diesem Grundaxiom ausgehend und fortschreitend, konnte Carus – systematisch in seinem Hauptwerk „Psyche“, punktuell in seiner Schrift „Über Lebensmagnetismus“ – das, was Schlegel oben nur gleichnishaft als den inneren, lebendigen magnetischen Zusammenhang andeutete, als ein tatsächliches Natur-Phänomen aufweisen. Auch die drei von Schlegel propagierten Modellvorstellungen finden sich in einer ähnlichen Weise bei Carus wieder.

Die Ähnlichkeiten, die ich oben zwischen Schlegel und Carus feststellte, bestehen im Großen und Ganzen auch zwischen Schlegel und Ludwig Klages. Dies allein schon deshalb, weil Klages in Vielem von Carus inspiriert ist. Doch gibt es noch einen weiteren, sehr wichtigen Bezug zwischen Schlegel und Klages. Es ist ein methodischer, genauer gesagt: hermeneutischer Bezug. Klages hat, ähnlich wie Dilthey, das, was Schlegel als lebensphilosophische Methode propagierte – nämlich die Aufdeckung und Erhellung von Sinn-Erscheinungs-Zusammenhängen – noch klarer herausarbeiten und physiognomisch bzw. ausdruckskundlich fundieren können. Erst Klages hat glaubhaft machen können, dass die Sinn-Erscheinungs-Zusammenhänge im Bereich aller Lebenserscheinungen Leib-Seele-Zusammenhänge sind und dass es immer eine „Seele“ ist, die sich hierbei „leiblich“ ausdrückt. Und: nur über den leiblich erscheinenden seelischen Ausdruck ist das Verstehen des Fremdseelischen möglich. Der prägnante Satz des Carl Gustav Carus: „der Leib [ist] nur die Erscheinung der Seele selbst ...“[116] wurde von Klages kongenial ergänzt und abgerundet: ... und die „Seele ist der Sinn des Leibes“[117]

---

[115] Carus, C. G.: Psyche, Zur Entwicklungsgeschichte der Seele, hg. v. R. Marx. Leipzig 1931 (EA 1846), S. 1.

[116] Carus, C. G.: Psyche, a.a.O., S. 50.

[117] Klages, L.: Vom kosmogonischen Eros, Bonn ^{9}1988, S. 61. Näheres im IX. Kapitel meiner Lebensphilosophie-Einführung.

4.3 Der Mensch als Natur und Mehr-Als-Natur. Lebensphilosophie als Natur- und Kulturhermeneutik

Für Schlegel steht fest, dass eine jede Lebensphilosophie nicht nur eine Philosophie des natürlichen, sondern v. a. auch eine Philosophie des menschlich-kulturellen Lebens sein soll, „weil eben der Mensch in seinem Leben mehr ist als bloße Natur und ein bloßes Naturwesen" (§ 88). Der Mensch ist zum einen ein natürliches Lebewesen und hat als solches Teil am Natur-Leben; andererseits ist er aber auch immer schon mehr als bloß natürliches Lebewesen, mehr als bloßes Natur-Leben. Er ist auch Kulturwesen, d. h. vernünftiges, geistiges Wesen, das sich gegen das bloße Natur-Leben stellen kann, es negieren und vielfach modifizieren kann; ein Kulturwesen, das als solches nicht rein in der Natur aufgeht oder integriert ist, sondern immer schon darüber hinausragt. Dieser Gedanke findet sich nun auch bei Georg Simmel. Allerdings ohne allen spiritualistischen Überbau, rein lebensphilosophisch-real gedacht: der Gedanke, dass der Mensch nicht nur natürliches Lebewesen, nicht nur, wie alle anderen Lebewesen „Mehr-Leben", d. h. sich lebensrhythmisch fortpflanzendes und ver-*mehr*-endes Wesen, ist, sondern auch und darüber hinaus ein kulturelles Geistes-Wesen, das immer schon „Mehr-als-Leben" ist und will.[118]

Auch hier zeigt sich, dass sowohl Natur- als auch Kulturprinzip in der Lebensphilosophie wichtig, ja unersetzbar sind. Wenn sie auch meist vom Persönlichkeitsprinzip dominiert und umgriffen werden, so sind es doch ganz eigene Prinzipien, letzlich auf nichts Anderes rückführbar. Deshalb haben sich in der Lebensphilosophie diesbezüglich auch zwei Hauptdeutungsarten durchgesetzt. Die Kulturhermeneutik hier, die Naturhermeneutik da. Ich möchte diesen Unterschied kurz an den beiden ersten Hauptexponenten Wilhelm Dilthey und Ludwig Klages veranschaulichen. Diltheys vorrangigstes lebensphilosophisches Interesse galt stets der Geistes- und Kulturgeschichte: der werdenden wie der gewordenen. Auf diesem Gebiet hat Dilthey Beachtliches geleistet und ist dadurch einer der ganz großen Begründer einer Kulturhermeneutik geworden. Anders Klages. Er war mehr am unhistorischen, vorgeschichtlichen Naturleben interessiert: am werdenden wie gewordenen Leben, das er der werdenden und gewordenen Natur gleichsetzt. Eine Dimension, die Dilthey sehr wohl kennt, jedoch zugunsten der Erforschung des geschichtlichen Lebens und seiner Objektivationen, nur rudimentär behandelt.[119] Dilthey ist in erster Linie ein Kulturhermeneutiker, Klages in

---

[118] Ich habe mich im VIII. Kapitel meiner Lebensphilosophie-Einführung mit der simmelschen Lebensphilosophie des „Mehr-Lebens" und „Mehr-als-Lebens" auseinandergesetzt. Siehe: Kozljanič, R. J.: Lebensphilosophie, a. a. O., S. 138-145.

[119] Vgl. z. B. folgendes Zitat: „Dieses unermeßliche, unfaßliche, unergründliche Universum spiegelt sich mannigfach in religiösen Sehern, in Dichtern und in Philosophen. [... Die] Weltanschauungen sind gegründet in der Natur des Universums und dem Verhältnis des endlichen auffassenden Geistes zu demselben." Dilthey, W.: Weltanschauungslehre,

erster Linie ein Naturhermeneutiker.[120] Der lebensphilosophische Interessenschwerpunkt beider ist anders gelagert. Und doch darf nicht übersehen werden, dass Klages, freilich unter biozentrischen Vorzeichen, ebenso hervorragende kulturhermeneutische Betrachtungen anstellte.

Das, was Schlegel nur andeutete – dass eine lebensphilosophische Methode weder logische Gedanken-Mechanik, noch auch naturwissenschaftliches Ursache-Wirkungs-Denken, sondern ein Aufdecken von Sinn-Erscheinungs-Zusammenhängen sein soll – haben Dilthey und Klages jeweils auf ihre Art expliziert. Klages auf naturhermeneutischem und psychologischem Gebiet, indem er die physiognomischen und ausdruckskundlichen Sinn-Erscheinungs-Zusammenhänge aufdeckte. Und Dilthey auf kulturhermeneutischem und historischem Gebiet, indem er den Deutungs-Dreischritt „Erlebnis – Ausdruck – Verstehen" entdeckte und anwandte.[121]

Was nun die von Dilthey entwickelte und von Hans-Georg Gadamer weitergeführte Kulturhermeneutik betrifft: Auch diesbezüglich kann Schlegel als ein Vordenker fungieren. Der Schlegel-Forscher Behler hat darauf hingewiesen:

> „Indem er für die wissenschaftliche Ergründung der einzelnen Kulturgebiete die historische Forschung und das ‚Verstehen' als grundlegende Methoden forderte, nahm er Gedanken vorweg, die zum Zentrum in Diltheys Philosophie wurden. Dilthey selbst hat hierin die große Leistung von Schlegels früher Philosophie erblickt. In seinem Werk über Schleiermacher sagt er: ‚Bevor ein universales System gewagt wurde, arbeitete neben den Naturphilosophen eine Anzahl von Denkern an der Ausbildung einer Geistesphilosophie, einer Philosophie der Geschichte. Es ist Friedrich Schlegels Verdienst für diese zweite und weitaus fruchtbarere Gruppe von Studien der leitende Kopf gewesen zu sein […] Man wird Friedrich Schlegel zugestehen müssen: er erfaßte den geistigen Grundvorgang, auf welchem die geschichtlichen Wissenschaften beruhen, wenn er […] auf die Natur des Verstehens und des Nachkonstruierens zurückging; und er erkannte das letzte Ziel, welches diesen Wissenschaften gesteckt ist, wenn er Bildungsgesetze der einzelnen Systeme der Kultur vermöge des Studiums der geschichtlichen Erscheinungen selber entdecken wollte. So sprach er aus, was dieser Epoche in Dichtern, Philosophen, Historikern aufzugehen begann …'".[122]

Abhandlungen zur Philosophie der Philosophie, in: Gesammelte Schriften, Bd. 8, hg. v. B. Groethuysen, Leipzig u. Berlin 1931), S. 223-225.

[120] Vgl. hierzu: Behnke, T.: Naturhermeneutik und physiognomisches Weltbild, Die Naturphilosophie von Ludwig Klages, Regensburg 1999.

[121] Ich habe das im VII. Kapitel meiner Lebensphilosophie-Einführung skizziert. Kozljanič, R. J.: Lebensphilosophie, a. a. O., S. 126-128.

[122] Behler, E.: a. a. O., S. 60.

Den kulturhermeneutischen Blick hat sich Schlegel zeitlebens bewahrt. Wie § 53 zeigt, ist für Schlegel die Sprache an die religiöse und geschichtliche Tradition und Wissensüberlieferung gebunden:

> „Die Sprache ist nächstdem auf das engste verbunden und zusammengewachsen mit der Überlieferung, der heiligen sowohl als der geschichtlichen, so wie mit allem geschichtlichen Wissen; und wie das Wort die ursprüngliche Wurzel ist, aus welcher der ganze Stamm dieses geschichtlichen und menschlichen Wissens, der Überlieferung, mit allen seinen Ästen und Zweigen hervorgeht: so ist es auch in der Rede, der schriftlichen Darstellung und der höhern Erkenntnis selbst, welche gleichsam die Blätter, Blüten und Früchte an diesem großen Baum der lebendigen Überlieferung bilden, wiederum das Wort, mit welchem das Ganze endet und geschlossen wird."

Interessant, hier zu sehen, dass Schlegel das Stammbaumdenken auch und gerade auf kulturhermeneutischem Gebiet anwendet. Es geht ihm um eine sich entwickelnde und verzweigende Sprache, um eine Sprache als ‚Wort', als gesprochener und geschriebener ‚Logos'. Solch ein Sprach-Logos ist das Basisphänomen der kulturellen Überlieferung. In diesem Sinne ist Sprache Movens und Medium der sozialen Evolution. Genealogie und Etymologie der Sprache sind daher auf dem Gebiet der Kulturhermeneutik zentral. Keine Kulturhermeneutik ohne Auseinandersetzung mit der etymologischen und historisch-semantischen Tiefenschicht der Sprache; mit einer Tiefenschicht, die sich v. a. in semantischen Bedeutungen, Bildern und Bezügen der menschlichen Phantasie abgelagert hat (vgl. dazu § 50). Sprache ist, wie es Gadamer ausdrückt „Medium der hermeneutischen Erfahrung" und „Horizont einer hermeneutischen Ontologie".[123] Ich würde sogar noch weiter gehen und behaupten, dass Sprache generell Grund und Boden kulturhermeutischer Erfahrung, ja, mehr noch, jeglichen *wissenden* Erkennens ist. Auch Schlegel ist dieser Meinung: „Die Gebundenheit des erkennenden Geistes an dieses Organ einer diskursiven, und fast immer noch bildlichen Sprache, die innige Verwebung der Erkenntnis selbst mit dieser Sprache, ist nun gerade das charakteristische Kennzeichen des menschlichen Wissens." (§ 51) – Was übrigens ein vorsprachliches (etwa physiognomisches) Vernehmen und Wahrnehmen nicht ausschließt.

4.4 Die selbst- und welterhellende Rolle des Gefühls: Lebensphilosophie als Gefühls- und Stimmungsphilosophie

Der Begriff der menschlichen „Seele" umfasst, wie wir sahen, für Schlegel alle bewusst- und unbewusst-psychischen Akte: Vernunft und Phantasie, Verstand und Wille und – obwohl bisher nicht ausdrücklich erwähnt –: auch und gerade das Gefühl. Nicht zuletzt dem Gefühl kommt in der schlegelschen Lebensphilosophie

[123] Gadamer, H.-G.: a. a. O., S. 361-382 u. 415-465.

eine wichtige Rolle zu. So sagt er in der ersten und dritten Dresdner Vorlesung, die er in seinen beiden letzten Lebensmonaten gehalten hat, ausdrücklich, dass seine Philosophie als eine „innere und geistige Erfahrungswissenschaft“ vom „Gefühl des Lebens“ ausgehe.[124]

Dies zeigt sich in mehrfacher Hinsicht. Etwa, indem er, ganz wie Carus, das Gefühl als Ahnungsvermögen ansieht und anerkennt: Gefühl als das seelische Echolot schlechthin. Das Gefühl vermag nämlich etwas, was die reine Ratio nicht kann: in tief-unbewusste Schichten hinabzuleuchten. So kann das Gefühl in manchen Träumen „eine tiefere Bedeutung ahnen“ und herauslesen (§ 33). All die schönen und erhabenen Anmutungen, die uns aus der Welt anwehen: auch sie werden mit einem Gefühl, meist „dem Gefühl der Bewunderung aufgefasst“ (§ 41). Selbst der tiefste Aspekt und Grund des Natur-Lebens in uns – Schlegel spricht hier von „Lebensfülle“, Bergson würde von „Lebensschwungkraft“ sprechen – wird erfühlt; besonders stark z. B. in der Jugend: denn dann sind wir „dem halb unbewussten aber angenehmen Gefühle der blühenden Lebensfülle“ (§ 43) besonders nah.

Das Gefühl hat nicht nur eine Echolot-, sondern auch eine Vermittlerfunktion. Dies deshalb, weil es ein ausgezeichnetes, zwischen Unbewusstem und Bewusstem, zwischen Sinnlichkeit und Vernunft, zwischen Welt und Ich, zwischen Natur und Kultur oszillierendes ‚Medium’ und ‚Resonanzorgan’ ist. Deshalb kommt dem Gefühl auf dem Gebiet des Selbst- wie Weltvernehmens eine lebensphilosophische Schlüsselstellung zu – sowohl auf natur- wie auf kulturhermeneutischem Gebiet. Für Schlegel sogar auf dem Gebiet der Gewissens- und Offenbarungshermeneutik. In § 72 konstatiert er, dass nur die *empfängliche* Seele in der Lage sei, die vier göttlichen Offenbarungsquellen – Gewissen, Natur, Bibel, Geschichte – richtig zu deuten. Zur Empfänglichkeit solch einer Seele gehöre aber, dass sie sich gefühlsmäßig auf ihre Gegenstände einlassen oder, mit meinen Worten, sich liebevoll in sie vertiefen, mit ihnen mitschwingen könne. Denn nur so gelinge echtes Verstehen. Anders formuliert: es muss, soll es zu einem „vollständigen Verstehen“ kommen, „das Gefühl desselben schon vorangegangen sein“ (§ 72).

Wie auch immer mensch sich nun zu den metaphysisch etwas überfrachteten „vier göttlichen Offenbarungsquellen“ Schlegels stellt, eines bleibt doch klar: dass das Gefühl ein wichtiges und unverzichtbares lebenserhellendes ‚Medium’ ist. Und genau das ist nun der spätere lebensphilosophische Ausgangspunkt eines Otto Friedrich Bollnow (1903-1991), der zumindest in dieser Hinsicht mit Schlegel übereinstimmt, wenn er sagt: „In jeder [gefühlshaften] Stimmung ist die Welt schon in einer bestimmten Weise ‚ausgelegt‘, und durch diese ursprüngliche Auslegung des Lebens und der Welt in der Stimmung wird alles Verstehen im

---

[124] Schlegel, F.: Philosophische Vorlesungen insbesondere über Philosophie der Sprache und des Wortes, in: Kritische Friedrich-Schlegel-Ausgabe, hg. v. E. Behler, Bd. 10., München Paderborn Wien u. Zürich 1969, S. 358 u. 325.

vorhinein schon geleitet.“[125] Auch Heidegger hat in diese Richtung gedacht und die Ausgelegtheit der Welt in der gefühlsmäßigen Befindlichkeit betont. Existentialontologisch einschränkend, hebt er hier aber nur *eine* Stimmung, die der Angst, hervor. Im § 40 von „Sein und Zeit“ charakterisiert Heidegger vereinseitigend die existenzielle Angst als *die* „ausgezeichnete Erschlossenheit des Daseins“.[126] Vereinseitigend deshalb, weil, genau betrachtet, jede welthaltige Stimmung eine „ausgezeichnete Erschlossenheit des Daseins“ ist. In diesem Sinne hat Ernesto Grassi – hierin zwischen Bollnow und Heidegger stehend – formuliert:

> „Gerade ein Phänomen wie die [...] Stimmung, Gestimmtheit ist allzu häufig und allzu einseitig der Welt des Subjektiven zugeordnet worden. Wir hatten früher bemerkt, daß in dem Augenblick, in dem wir versuchen, die uns umflutenden Erscheinungen auszusondern, sich die ‚Urspannung' fühlbar macht und uns in eine gewisse Stimmung, Gestimmtheit versetzt, aus der heraus wir zum Entwurf einer eigenen Welt gelangen. Diese Stimmung hat also *nicht* im modernen Sinne psychologischen, sondern transzendentalen Charakter, d. h. *sie ermöglicht unsere Erfahrung.* Sie stellt geradezu eine eigene Art der Daseinserhellung dar, sofern sie uns von dem Kunde gibt, was in der Tiefe menschlichen Daseins vor sich geht, bevor dieses sich noch in Ich und Welt, in subjektive Innerlichkeit und äußere Objektivität gespalten hat. In wechselnden Zuständen enthüllt sie uns jeweils verschiedene und stets neue Aspekte der Wirklichkeit.“[127]

Das Gefühl ist demnach – neben bzw. vor der Sprache – ein weiteres Hauptmedium menschlicher Selbst- und Welterhellung. In der lebensphilosophischen Bewegung hatte und hat das Gefühl und das Fühlen aus diesen Grund immer einen wichtigen Stellenwert. Was aber bisher nicht wirklich gesehen wurde, ist, dass es einer völlig anderen Seins- und Werdensordnung als die Sprache angehört. Erst Ulrich Pothast hat das klargestellt: dass zwar einerseits das Fühlen und Sprechen perfekt zusammenarbeiten und ineinander übergehen *können*, letztlich aber doch verschiedene ‚Medien' oder, mit Pothast gesagt, „heterogene Orientierungsmuster“ sind.[128] Ich komme im 7. Kapitel ausführlicher darauf zu sprechen.

---

[125] Bollnow, O. F.: Das Wesen der Stimmungen, Frankfurt a. M. [7]1988, S. 57. Vgl. hierzu das X. Kapitel in meiner Lebensphilosophie-Einführung: Kozljanič, R. J.: Lebensphilosophie, a. a. O., S. 195ff.

[126] Heidegger, M.: Sein und Zeit, Tübingen [17]1993, S. 184-191.

[127] Grassi, E.: Kunst und Mythos, Hamburg 1957, S. 121.

[128] Pothast, U.: Lebendige Vernünftigkeit, Zur Vorbereitung eines menschenangemessenen Konzepts, Frankfurt a. M. 1998, S. 86f; vgl. hierzu auch S. 85-88 u. 167f.

5 Überfällige lebensphilosophische Revisionen heute. Mit Schlegel über Schlegel hinaus

5.1 Erste Revision: Einbezug der Lebensphilosophinnen

Bis Mitte der 1980er Jahre konnte mensch in den einschlägigen (von Männern verfassten) Werken zur Philosophiegeschichte keine oder kaum Philosophinnen finden. Fast ausschließlich von Philosophen war da die Rede. Wurden Philosophinnen überhaupt erwähnt, so meist nur am Rande, im Schatten großer Philosophen, wie eine unbedeutende Fußnote, eine nette oder ausgefallene Anekdote.

„Wie ist es möglich?" so mussten sich damals philosophisch interessierte Frauen fragen: „Gab und gibt es denn keine Frauen, die denken, sprechen, schreiben, philosophieren können? Wo sind denn die Philosophinnen?" – Natürlich gab und gibt es sie: die Philosophinnen. Aber es bedurfte einer zweiten Frauenbewegung, es bedurfte jahrzehntelanger Frauen- und Geschlechterforschung, es bedurfte *auch* der ‚Eroberung' einiger universitärer Lehrstühle durch Frauen, bis die Philosophinnen dem Vergessen und Nicht-Anerkannt-Werden, der Bagatellisierung und dem Tot-Geschwiegen-Werden entrissen werden konnten – durch Frauen.

Werfen wir nun einen Blick in die einschlägigen Lebensphilosophie-Einführungen – die älteren[129] wie die neueren[130] – dann fällt sofort auf, dass hier ebenso die Philosophinnen ausgeblendet bleiben. Auch in der Lebensphilosophie-Einführung, die ich selbst 2004 veröffentlicht habe – und die eine der gründlichsten ist –, ist das so. Ich kann heute nicht anders, als mir diese peinliche Tatsache einzugestehen: Auch ich habe die Lebensphilosophinnen bis vor kurzem *völlig* übersehen.

---

[129] Scheler, M.: Versuche einer Philosophie des Lebens, Nietzsche – Dilthey – Bergson, in: Vom Umsturz der Werte, Abhandlungen und Aufsätze, Gesammelte Werke Bd. 3, hg. v. M. Scheler, Bern 1955^{4}, S. 311-339 (Ersterschienen in: Die weißen Blätter, 3/1913; mit Ergänzungen neu veröffentlicht in: Vom Umsturz der Werte, Leipzig 1919); Rickert, H.: Die Philosophie des Lebens, Darstellung und Kritik der philosophischen Modeströmungen unserer Zeit, Tübingen 1920; Heinemann, F.: Neue Wege der Philosophie. Geist, Leben, Existenz. Eine Einführung in die Philosophie der Gegenwart, Leipzig 1929. Lersch, P.: Lebensphilosophie der Gegenwart, Berlin 1932 (wieder abgedruckt in: Lersch, P.: Erlebnishorizonte. Schriften zur Lebensphilosophie, hg. v. T. Rolf, München 2011, S. 41-124); Bollnow, O. F.: Die Lebensphilosophie, Berlin Göttingen u. Heidelberg 1958.

[130] Fellmann, F.: Lebensphilosophie, Elemente einer Theorie der Selbsterfahrung, Hamburg 1993; Albert, K.: Lebensphilosophie – Von den Anfängen bei Nietzsche bis zu ihrer Kritik bei Lukács, Freiburg u. München 1995 (Neuausgabe 2017); Kozljanič, R. J.: Lebensphilosophie, a. a. O.; Große, J.: Lebensphilosophie, Stuttgart 2010.

Würde es nun überhaupt keine Lebensphilosophinnen und Lebensdenkerinnen geben oder je gegeben haben, dann wäre solch ein Vorgehen nachvollziehbar. Doch das ist eben nicht der Fall. Es gab und gibt jede Menge Lebensphilosophinnen – hochkarätige allzumal. Und die geistes- und kulturgeschichtliche Rolle dieser Lebensphilosophinnen ist – wie wir, Heidemarie Bennent-Vahle, Ute Gahlings und ich in dem 2014 gemeinsam herausgegebenen „VII. Jahrbuch für Lebensphilosophie" unter dem Titel „Lebensdenkerinnen" zeigen konnten – alles andere als marginal. Es liegt an der männerdominierten Philosophie und unserer nach wie vor recht androzentrischen Geistestradition, dass der enorme Beitrag dieser und anderer Denkerinnen bisher banalisiert, marginalisiert oder komplett ignoriert und übersehen wurde. Polemisch, aber letztlich nicht zu Unrecht, machte sich die Radikalfeministin Mary Daly in diesem Zusammenhang über den „monströsen Zipfel-Witz"[131] und die „phallokratischen Kategorien" solch „onanistischer Meditationen"[132] exklusiv-männlichen Philosophierens lustig.

Was passiert nun, wenn die Lebensphilosophinnen in der Lebensphilosophie *gleichrangig* in Betracht gezogen werden? Wenn das, was sie dachten, sagten und schrieben, erstmals Ernst genommen wird? Ja, dann muss zunächst die Geschichte der Lebensphilosophie neu geschrieben, dann müssen die lebensphilosophischen Karten neu gemischt werden. Das geschah erstmals im soeben erwähnten „VII. Jahrbuch für Lebensphilosophie". Darauf aufbauend haben Elke Wachendorff und ich im „Nietzsche-Forum München" im Jahre 2016 und 2017 eine eigene Vorlesungsreihe konzipiert und durchgeführt: „Väter und Mütter, Töchter und Söhne der Lebensphilosophie." Die Vorträge erscheinen 2018 im „IX. Jahrbuch für Lebensphilosophie". Es war ein gelungener (doch gleichwohl verbesserungs- und ausbaufähiger) Versuch, neben die allbekannten Väter (v. a. Schopenhauer, Nietzsche, Bergson, Dilthey) und Söhne (v. a. Klages, Jaspers, Guardini, Bollnow) nun gleichrangig die Mütter (Bettina von Arnim, Malwida von Meysenbug, Lou Andreas-Salomé und Helene Stöcker) und Töchter (v. a. Margarete Susman, Gertrud Kantorowicz, Susanne Langer, Jeanne Hersch) zu stellen;[133] und die Lebensphilosophie so philosophiegeschichtlich und inhaltlich zu revidieren.

Eine der damit einhergehenden Blickänderungen ist, dass von Anfang an die außerakademische Lebensphilosophie eine Schlüsselrolle spielt. Und dass damit lebendige und dialogische Formen des Philosophierens in den Blick kommen: Briefe und Briefdialoge, Essays und Romane, Autobiographien und Tagebücher. Dass Frauen jahrhundertelang zu anderen Denk-, Dialog- und Darstellungsmetho-

---

[131] Daly, M.: Gyn/Ökologie. Eine Meta-Ethik des radikalen Feminismus, München 1981, S. 38.

[132] Daly, M.: a. a. O., S. 33.

[133] Was freilich Langer und Hersch (auch Jaspers) betrifft, stellt sich die Frage, ob es tatsächlich Lebensphilosoph/inn/en waren. Ich möchte sie daher vorerst vorsichtiger als lebensphilosophie-nahe Denker/innen einstufen. Keine (und keiner) soll vorschnell oder gar gegen ihren (seinen) Willen in die lebensphilosophische Bewegung eingerückt werden …

den greifen *mussten* als Männer, das hatte einen (patriarchalischen) Grund: Ihnen war der Zugang zu den Hochschulen Jahrhunderte lang versperrt. Darf ich daran erinnern, dass gerade die Mütter der Lebensphilosophie – etwa Lou Andreas-Salomé und Helene Stöcker – noch vor gut hundert Jahren in der Schweiz studieren mussten, weil das Frauenstudium in Deutschland noch nicht erlaubt war. Stöcker promovierte 1901 in Bern beim namhaften Germanisten, Romantik- und Schlegelforscher Oskar Walzel. Sie kam nach Berlin zurück und schrieb faszinierende philosophische Essays und engagierte sich gesellschaftspolitisch-feministisch. Sie war damit die erste promovierte deutsche Philosophin. Es versteht sich von selbst, dass Frauen ihre Philosophie daher lange nicht in Form universitärer wissenschaftlicher Abhandlungen niederlegen konnten und ihre Schriften daher keinen Zugang zu philosophischen Bibliotheken und Archiven fanden. Frauen mussten zu ganz anderen Formen und Formaten greifen: Sie schrieben Briefe, Autobiographien, Tagebücher, Gedichte und Romane. Vieles spielte sich zudem mündlich-dialogisch ab. Etwa innerhalb der über Jahrhunderte von einflussreichen Frauen getragenen europäischen Salonkultur. So waren z. B. Lebensphilosophinnen wie Rahel Varnhagen von Ense (1771-1833), Bettina von Arnim (1785-1859) und Malwida von Meysenbug (1816-1903) zugleich auch Salonnièren. In ihren Salons trafen sich berühmte Männer und Frauen. Von hier aus machten sich zahlreiche künstlerische, philosophische, auch politische Einflüsse und gegenseitige Bereicherungen geltend. Diese Salons waren sozusagen „think tanks" – und die Salonnièren waren hierbei die philosophischen Schlüsselfiguren. Erst in den 1990er Jahren – nicht zuletzt durch Verena von der Heyden-Rynschs verdienstvolle Arbeiten wie „Europäische Salons. Höhepunkte einer versunkenen weiblichen Kultur" (München 1992) und „Belauschtes Leben. Frauentagebücher aus drei Jahrhunderten" (München 1997) kam hier mehr Licht in die Sache. Und es wurde klar, welche großen, philosophisch relevanten weißen Flecken wir früher auf unserer geistigen Landkarte hatten und auch heute teils immer noch haben.

Ein besonderes Augenmerk wäre m. E. auch auf die Epoche der Romantik zu legen. Und von der Lebenskunst, Genius- und Liebesphilosophie einer Bettina von Arnim[134] ausgehend die ganze Gründungsakte der modernen Lebensphilosophie neu zu lesen und umzuschreiben. Dem romantischen Gründervater der Lebensphilosophie Friedrich Schlegel wäre die Gründermutter Bettina zur Seite zu stellen. Was sage ich? Zur Seite? Nein, erst müsste Bettinas komplett unkorrumpierte Lebensphilosophie dargestellt werden; sodann, vermittels ihrer, Schlegels katholisch voreingenommene späte Lebensphilosophie gerade gerückt, und, in einem weiteren Schritt die menschen- und frauenfeindliche Philosophie Schopen-

---

[134] Vgl. hierzu meinen Beitrag: Lebenskunst, Herzensweisheit und Liebesdenken bei Bettina von Arnim. Oder: Sein ungelebtes Leben tanzen, in: VII. Jahrbuch für Lebensphilosophie (Lebensdenkerinnen), 7/2014-2015, S. 55-74.

hauers mit dem romantischen Humanismus und Sozialismus Bettinas ‚befriedet' werden. Freilich sollten andere wichtige Romantikerinnen ebenfalls berücksichtigt werden, etwa Caroline Schlegel/Schelling (1763-1839), Rahel Varnhagen von Ense (1771-1833) und Karoline von Günderode (1780-1806). Frauen, die (wie Schlegel/Schelling, von Arnim, Varnhagen) nicht nur Salons unterhielten, im Zentrum romantischer Kreise standen, sondern, worauf Carola Meier-Seethaler hinwies,

> „zum erstenmal [...] gleichberechtigt neben den Männern stehen [...]. Dadurch, daß die Frau zur geistigen Partnerin wird, erhält auch die Liebe zwischen den Geschlechtern eine neue Dimension und überstrahlt in ihrer Bedeutung die Freundschaft unter Männern. Das romantische Bewußtsein erneuert die antike Idee vom Eros als Erkenntniskraft, nun aber eindeutig als kreativen Austausch zwischen Mann und Frau. [...] Die Romantik hebt die konventionellen Geschlechterrollen zwar noch lange nicht auf, aber sie durchbricht sie und fordert als Ziel für beide Geschlechter die Entwicklung zur vollen Menschlichkeit."[135]

Eine Schlüsselrolle spielte hierbei Dorothea Veit. Schlegel lernte sie im Berliner Salon von Henriette Herz kennen und lieben. Daraus entstand eine lebenslange Liebe und gegenseitige Inspiration. Ohne Dorothea Veit gäbe es den berühmten Roman „Lucinde" nicht. Durch Dorothea Veit gelang es Schlegel, zu einem neuen, freieren, gerechteren Freundes- und Liebesverhältnis zwischen Mann und Frau durchzudringen. Wie es Behler zusammenfasste:

> „es zählt zu den bedeutendsten gesellschaftspolitischen Neuerungen der Romantik, daß in ihrem Gefolge der kulturbildende Einfluß der Frau wiederentdeckt wurde. Das weibliche Wesen soll es nach Schlegel wieder wagen können, *den Kopf aus dem großen Weltmeere des Vorurteils und der Gemeinheit in die Höhe zu richten*. Wie die Anadyomene soll sie aus dem *Ozean der Mode und häuslichen Moral mit ihrem ganzen Wesen* emporsteigen und die unnatürliche Prüderie, an die Schlegel *nicht ohne innerliche Wut* denken kann, ablegen. Denn Prüderie ist für ihn nichts anderes als *Prätension auf Unschuld ohne Unschuld*, und er beklagt es bitter, daß die Männer, weil sie *dumm und schlecht* sind, *ewige Unschuld und Mangel an Bildung* von den Frauen verlangen".[136]

---

[135] Meier-Seethaler, C.: Gefühl und Urteilskraft. Ein Plädoyer für die emotionale Vernunft, München [3]2001, S. 67.

[136] Behler, E.: a. a. O., S. 67f. Die von Behler gesetzten Kursivierungen markieren Schlegel-Zitate; vgl. hierzu aber auch den kritisch-korrigierenden Aufsatz von: Bennent-Vahle, H.: Weiblichkeitsbilder der Romantiker und Lebensphilosophen: Schlegel, Nietzsche, Simmel, in: VII. Jahrbuch für Lebensphilosophie (Lebensdenkerinnen), 7/2014-2015, S. 76-105.

Für mich am faszinierendsten und reichhaltigsten ist der Lebens- und Liebesphilosophie-Diskurs, der sich in der Linie Bettina von Arnim und Caroline Schlegel/Schelling – Malwida von Meysenbug – Helene Stöcker (1869-1943) – Margarete Susman (1872-1966) entwickelt und differenziert hat. Stöcker ist letztlich diejenige, die die erste große Ernte einbringt. Bei ihr kommt der Diskurs zu einem ganz klaren und differenzierten, säkular im Leben stehenden Bewusstsein.[137] Susman knüpft auf ihre Weise (eher ‚existenz-religiös' und judäochristlich) daran an und trägt viele luzide Gedanken und Essays bei. Was Schlegel und Carus in Bezug auf die männlich-romantische Lebensphilosophie bedeuten, stellt Bettina in Bezug auf die weiblich-romantische Lebensphilosophie dar. Meysenbug ist als Schopenhauerianerin Schopenhauer zu Seite zu stellen – und zwar auf Augenhöhe. Und Stöcker als Linksnietzscheanerin steht neben Nietzsche; was die Reife der Persönlichkeit und die philosophische Liebes-Kultur betrifft, ist sie sogar über Nietzsche zu stellen. Susman ist (wie Gertrud Kantorowicz) Simmel-Schülerin gewesen – hat aber gleichwohl in einem ganz eigenen dialogisch-philosophischen Zugriff Simmel hinter sich gelassen.[138] In einem etwas anderen Kontext hat Susman hier deutliche Worte gesprochen:

> „Das Gemeinsame in ihnen allen ist das Sich-Aufbäumen gegen jede Art von Philosophie im Sinne des reinen Denkens: die Überzeugung, daß keine noch so klar entwickelte Logik oder aus logischen Voraussetzungen entwickelte Ethik uns mehr die endgültige Erschließung vermitteln kann, nach der wir uns heute sehnen, daß auf die Nöte, Verzweiflungen, Zusammenbrüche und Wandlungen, die wir durchlebt haben, keine philosophische Erkenntnis mehr antworten kann. In allen diesen wie immer geformten Äußerungen eines sich wandelnden Geistes lebt und brennt die Überzeugung, daß heute andere, lebendigere Gewißheiten not tun. An Stelle der Philosophie tritt die an den ganzen Menschen gerichtete Lehre, an Stelle des abstrakten Topus Mensch tritt mit seinen Forderungen und Verpflichtungen der ganze konkrete, einmalige Mensch."[139]

Mit diesem meinem Zur-Seite-Stellen der Lebensphilosophinnen ‚neben' die Lebensphilosophen soll nur ein erster Schritt angedeutet sein. In keinster Weise soll damit gesagt sein, dass diese Lebensphilosophinnen nur im Schatten der männlichen Theorien stehen sollten oder würden. Überhaupt nicht. Die Lebensphilosophen sind für die Lebensphilosophinnen meist nicht mehr als vergleichs-

---

[137] Vgl. dazu meinen Stöcker-Beitrag im IX. Jahrbuch für Lebensphilosophie.

[138] Gleiches gilt für Gertrud Kantorowicz; vgl. hierzu: Landmann, M: Gertrud Kantorowicz 1876-1945, in: VII. Jahrbuch für Lebensphilosophie (Lebensdenkerinnen), 7/2014-2015, S. 261-275; und: Kantorowicz, G.: Das Klassische und der Klassizismus, in: VII. Jahrbuch für Lebensphilosophie (Lebensdenkerinnen), 7/2014-2015, S. 277-287.

[139] Susman, M.: Der Exodus aus der Philosophie, in: http://www.margaretesusman.com/Exodus_Philosophie.htm (abgerufen am 28.3.18). Ersterschienen in: Frankfurter Zeitung vom 17.6.1921.

weise äußerlich bleibende Inspiratoren; äußerlich bleibende Inspiratoren für einen Diskurs, der in eine ganz andere Richtung geht – und heute von Philosophinnen wie Annegret Stopczyk-Pfundstein und, differenzierter noch, von Heidemarie Bennent-Vahle weitergeführt wird.[140] Es ist ein liebesphilosophischer, empathieethischer, ein philosophisch-praktischer, ein lebenskünstlerischer Diskurs.

Im Zentrum dieses Diskurses steht das, was Carola Meier-Seethaler „emotionale Vernunft" nennt.[141] „Mit Gefühl denken"[142] ist hierbei wichtiger als ein unpersönliches, lebensfremdes, rein begriffs-rationales Denken. Da Gefühle stets leiblich fundiert sind, ist, gerade bei einem Thema wie „emotionale Vernunft", der Einbezug der leiblichen Dimension wichtig. Darauf hat schon eine andere wichtige Lebensdenkerin, Edith Stein (1891-1942), in ihrer Doktorarbeit hingewiesen.[143] Wie wichtig, wurde allerdings erst vor Kurzem von Ute Gahlings vollumfänglich herausgearbeitet. Und zwar in ihrer Arbeit „Phänomenologie der weiblichen Leiberfahrungen"[144] – eine Arbeit, die, wie schon Edith Steins Dissertation, eine gelungene Zusammenschau von Leibphänomenologie und Lebensphilosophie darstellt.

Dass die Leibphilosophie generell eine wichtige lebensphilosophische Disziplin ist – und wie hier klassische lebensphilosophische Positionen weiterzuentwickeln wären, führte das „II. Jahrbuch für Lebensphilosophie" zum Thema „Leib-Denken" vor Augen.[145] Im 6. Kapitel komme ich ebenfalls ausführlicher darauf zu sprechen.

5.2 Zweite Revision: Schöpferischer Poly-Logos statt abstrakter Mono-Logos. Bettina von Arnim

Nicht nur die Lebensphilosophinnen wurden in der lebensphilosophischen Bewegung vergessen, sondern vergessen wurde auch, dass die Urform alles lebendigen Philosophierens das Miteinander-Philosophieren ist, das suchende Miteinander-Sprechen, der (hinter)fragende Dialog, genauer: der gemeinsame und wohlmeinend-kritische Polylog. Das zeigt sich in aller Deutlichkeit bereits bei

[140] Zu dieser Weiterführung vgl.: Stopczyk-Pfundstein, A.: Philosophin der Liebe – Helene Stöcker, Stuttgart 2003; und: Bennent-Vahle, H.: Margarete Susman. Das Ohr ans Herz der Dinge gelegt, in: VII. Jahrbuch für Lebensphilosophie (Lebensdenkerinnen), 7/2014-2015, S. 164-187.

[141] Vgl. hierzu das Grundlagenwerk: Meier-Seethaler, C.: Gefühl und Urteilskraft. Ein Plädoyer für die emotionale Vernunft, München [3]2001.

[142] So auch der Titel des empfehlenswerten Buches von: Bennent-Vahle, H.: Mit Gefühl denken. Einblicke in die Philosophie der Emotionen, Freiburg u. München 2013.

[143] Stein, E.: Zum Problem der Einfühlung, Halle 1917.

[144] Gahlings, U.: Phänomenologie der weiblichen Leiberfahrungen, Freiburg u. München 2006; vgl. hierzu meine Besprechung in: VII. Jahrbuch für Lebensphilosophie (Lebensdenkerinnen), 7/2014-2015, S. 311-316.

[145] Vgl. II. Jahrbuch für Lebensphilosophie (Leib-Denken), 2/2006.

Sokrates. Und: darauf wiesen später auch die Romantiker/innen hin. Schleiermacher – der kongeniale Übersetzer der platonisch-sokratischen Dialoge – sei hier genannt. Aber ebenso und in einem Atemzug natürlich Schlegel, der den Begriff „Symphilosophie" prägte und gemeinsam mit anderen Autoren der Zeitschrift „Athenäum" – seinem Bruder Augst Wilhelm Schlegel, Schleiermacher, Tieck, Novalis – praktizierte.

> „*Philosophieren*, sagt er in seinen Fragmenten, *heißt die Allwissenheit gemeinschaftlich suchen,* und er sah *eine ganz neue Epoche der Wissenschaften und Künste beginnen, wenn die Symphilosophie und Sympoesie so allgemein und so innig würde, daß es nichts Seltenes mehr wäre, wenn mehrere sich gegenseitig ergänzenden Naturen gemeinschaftliche Werke bildeten.*"[146]

Weniger ‚allwissend' und ‚wissenschaftlich', dafür aber lebendiger und inniger taucht der Gedanke des Symphilosophierens bei Bettina auf. Deshalb hier ein kleiner Exkurs zu Bettina von Arnims Konzept eines empathischen Symphilosophierens: Leben als Gefühlsintensität und wechselseitige Be-geist-erung.

Mit Bettina von Arnim tritt nun eine der großen ‚Mütter' der Lebensphilosophie ins Blickfeld. Eine philosophische ‚Mutter', die in der bisherigen männlich-einseitigen Lebensphilosophie völlig übersehen wurde. Mensch kann sie in dieser Hinsicht getrost neben die berühmte Schriftstellerin und Salonniére Rahel Varnhagen von Ense stellen: Beide wiederum beeinflussten eine dritte „Mutter" der Lebenphilosophie: die Schopenhauerianerin Malwida von Meysenbug.[147]

Bei Bettina zeigt sich, wie der romantische Lebens-Begriff in einer Wendung zur Innerlichkeit, Empathie, Phantasie zu einem neuen philosophischen Ansatz führt, der Leben und Geist zum „lebendigen Geist" verschmilzt, ohne aber Sinnlichkeit, Gefühl, Intuition einer abstrakten Geistigkeit zu opfern. Diese Ideen lagen damals in der Luft. Schlegels Roman „Lucinde" hat ihnen frühen Ausdruck verliehen. „Im Bild einer harmonischen Ergänzung von Mann und Frau, von Geist und Seele, stellt die Lucinde ein wichtiges Postulat der Romantik dar, das sonst auch gern von Schlegel als Synthese von Philosophie und Poesie bezeichnet wird."[148] Wenngleich auf sehr subjektive und ästhetische Art – hart an der Grenze zu Subjektivismus und Ästhetizismus – verwirklicht Bettina in ihrem Leben und Schreiben viel von dem, was Schlegel forderte – und zwar kompromissloser, romantischer und faszinierender als Schlegel oder irgend ein anderer Romantiker.

Wörter wie „Geist", „Ideal", „idealisches Ich" sind bei Bettina nicht im Sinne der schulphilosophischen Tradition des Deutschen Idealismus gemeint, auch wenn es zunächst so scheinen möchte. Diese Wörter sind bei Bettina nie und nirgends

---

[146] Behler, E.: a. a. O., S. 71. Die Kursivierungen stammen von Behler, der damit Schlegel-Zitate markiert.
[147] Vgl. hierzu: Meysenbug, M. v.: Memoiren einer Idealistin, Bd. 1, Berlin 1918, S. 48.
[148] Behler. E.: a. a. O., S. 68.

von Sinnlichkeit, Gefühl, Enthusiasmus, Naivität, Liebe, Schönheit und spontanem Erleben getrennt. Sie sind auch nie begrifflich-rational verfasst, sondern metaphorisch-emotional. Sie sind gemeint als ein poetischen Idealismus des Gefühls und Mitgefühls, als eine hochintuitive und enthusiastische Liebesphilosophie.

Ich könnte es auch so fassen: Der Deutsche Idealismus ist philosophischer Begriffsidealismus, er entspringt dem Kopf. Bettinas Idealismus ist ein poetischer Idealismus des Gefühls und Mitgefühls, er entspringt den beiden Zentren des leibseelischen Spürens: Herz und Bauch. Oder, mit Carus gesagt, der weltbewusstempfindenden und der unbewusst-erfühlenden Seelenschicht.[149] Gegen einen verkopften Begriffsidealismus setzt sie einen poetischen Gefühlsidealismus. Sie vertraut auch hier ihrem naiven Gefühl. Und dieses Gefühl sagt ihr, dass ein echter Idealismus kein Idealismus des Kopfes, sondern nur einer des Herzens sein kann. Diese ihre Schwerpunktsetzung ist alles andere als absonderlich. Die meisten schulphilosophisch noch unverbildeten Menschen fühlen und denken so.

Bettina geht es nicht um Begriffsphilosophie, denn solch eine „Philosophie erstickt, umstrickt, und zwar mit groben Stricken, den ungebundenen Geist.“[150]

> „Dein *Schelling* und Dein *Fichte* und Dein *Kant* sind mir ganz unmögliche Kerle. [...] Mir deucht vielmehr, er [der begriffsidealistische Philosoph] geht auf Raub; was er ihr [der Natur] abluchsen kann, das vermanscht er in seine geheime Fabrik, und da hat er seine Not, daß sie nicht stockt, hier ein Rad, dort ein Gewicht, eine Maschine greift in die andere, und da zeigt er den Schülern, wie sein Perpetuum Mobile geht, und schwitzt sehr dabei, und die Schüler staunen das an und werden sehr dumm davon. [...] Ich glaub einmal nicht, daß die Natur einen solchen, der sich zum Philosophen eingezwickt hat, gut leiden kann.“[151]

Bettina sucht nicht den „eingezwickten“, sondern den ungebundenen, individuellen, den freien Geist, den sie auch einen lebendigen Geist nennt. Es ist dies ein gefühlsmäßig nicht amputierter Geist, ein Geist, der nicht unter dem Vorurteilszwang leidet, dass alles, was naiv-gefühlt wird, damit zugleich auch illusionär, unwahr, falsch sei. Der lebendige Geist entfaltet sich, wenn mensch seinem eigenen Genius (dem Sinnbild der eigenen Tiefenperson) am Leitband von Gefühl, Begeisterung, Sinnlichkeit, Schönheit freien Lauf lässt. Und von diesem Geist her entsteht erst echte Philosophie, lebendige Philosophie: „Es ist nichts Philosophie als nur ewig lebendiger Geist, der sich nicht fangen, nicht beschauen

---

149 Vgl. hierzu: Carus, C. G.: Psyche, a. a. O., S. 47f, 97f., 156ff; sowie: mein Carus-Kapitel in: Kozljanič, R. J.: Lebensphilosophie, a. a. O., S. 59-83.

150 Arnim, B. v.: Clemens Brentanos Frühlingskranz, in: dies., Werke und Briefe, Bd. 1, hg. v. G. Konrad, Darmstadt 1959, S. 11-214, hier: 209.

151 Arnim, B. v.: Die Günderode, in: dies., Werke und Briefe, Bd. 1, hg. v. G. Konrad, Darmstadt 1959, S. 215-536, hier: 229f.

noch überschauen läßt, nur empfinden, der in jedem neu und ideal wirkt".[152] Dieser lebendige Geist wird „bewußtlos erregt". Er ist wie eine „bewußtlose Bewußtheit": „das ist Gefühl". „Und aus dieser Lehre wird mein künftig Glück erblühn, nicht weil ich's gelernt hab, aber weil ich's empfind; es ist ein Keim in mir geworden und wurzelt tief, ja ich muß sagen, es spricht meine Natur aus".[153]

Solch eine Philosophie kommt (wenn es denn sein muss – und wie wir sahen, hatte es für Frauen ja auch so zu sein) auch ohne Schule, Universität und Fachmänner aus. Nicht aber ohne tiefe Freundschaft und Liebe, nicht ohne anteilnehmendes Gespräch.[154] Erst im freundschaftlichen und liebenden Gespräch (auch Briefgespräch) – im empathischen Symphilosophieren – klärt sich das vom Genius Offenbarte: „wie ich denn glaube, daß jeder Mensch ein solches Rätsel ist, und daß es die Aufgabe der Liebe ist zwischen Freunden, das Rätsel aufzulösen; so daß ein jeder seine tiefere Natur durch und in dem Freund kennenlerne."[155] D. h. dieser Philosophie sind Mitteilbarkeit, liebender Dialog, gegenseitiges individuelles Fördern und Verstehen oder, etwas allgemeiner formuliert, Individualität und Kommunikation wichtiger als rationaler Formalismus und abstrakte Wissenschaftlichkeit. Es ist nicht übertrieben zu sagen, dass Bettinas Philosophie überhaupt nur dialogisch und polylogisch ‚funktioniert': Nur im Miteinander wird diese lebenstiefe und lebensnahe Dimension der Philosophie und Lebensweisheit möglich.

Der Genius wurzelt im Bauch, erblüht im Herz und singt und offenbart sich durch den Mund. „Der ganze Mensch muß in sich einverstanden sein nämlich Herz und Kopf und Hand und Mund."[156] Und das vom Genius Offenbarte lässt sich nicht schulisch, sondern nur freundschaftlich, nicht begrifflich, nur poetisch aussprechen; oder – um die hier tiefgreifendste Metapher zu verwenden – es lässt sich nur tanzen. Wie Bettina an Goethe schreibt: „Alles, was Du kaum ahnest, das zeige ich Dir im Tanz, und Du staunst über die Weisheit, die ich Dir vortanze."[157]

Das Heraus- und Hervortanzen des Genius' ist und bleibt dabei eine zutiefst sinnliche Angelegenheit. Kultivierung, besser: Zur-Blüte-Bringen des Sinnlichen – nicht metaphysisches Transzendieren oder intellektuelles Überschreiten – sind hierbei entscheidend:

---

[152] Arnim, B. v.: Die Günderode, a. a. O., S. 229.
[153] Arnim, B. v.: Die Günderode, a. a. O., S. 230.
[154] Vgl. hierzu § 96: „niemals aber vermag es [das monologische Denken], ganz allein und bloß aus sich selbst, den Gegenstand seiner Sehnsucht und den Ausgang aus dem eignen Gedanken-Labyrinth solcher tragischen Verblendung zu finden und mit sich selbst in Harmonie zu kommen."
[155] Arnim, B. v.: Goethes Briefwechsel mit einem Kinde, in: dies., Werke und Briefe, Bd. 2, hg. v. G. Konrad, Darmstadt 1959, S. 5-407, hier: 133f.
[156] Arnim, B. v.: Die Günderode, a. a. O., S. 380.
[157] Zit. in: Betz, O.: Einführung. „Mein Perspektiv ist das End aller Dinge" – Annäherungen an Bettina von Arnim, in: Arnim, B. v.: „Meine Seele ist eine leidenschaftliche Tänzerin" hg., ausgewählt u. eingeleitet v. O. Betz, Freiburg 1982, S. 7-31, hier: 12.

„Mir deucht, mit den fünf Sinnen, die uns Gott gegeben hat, könnten wir alles erreichen, ohne dem Witz durch Bildung zu nahe zu kommen. Gebildete Menschen sind die witzloseste Erscheinung unter der Sonne. Echte Bildung geht hervor aus Übung der Kräfte, die in uns liegen, nicht wahr? – Ach könnt ich doch alle Ketten sprengen, die uns daran hindern, jeder innern Forderung Genüge zu leisten; – denn dadurch allein würden die Sinne in ihre volle Blüte aufbrechen."[158]

In die Falle, in die (wie Friedrich Schlegel) so viele andere Romantiker getreten sind – dass sie nämlich ihre Zuflucht letztlich in Kirche, Mystik, Metaphysik gesucht haben – ist Bettina, die sich auch hier als der freieste Geist zeigt, nie getreten.

„Das Schöne hab ich lieb gewonnen, ich nahm es an, wenn man mir es schenkte, um gleich es wieder zu verschenken. Nur in der Freiheit, in dem Fürsichbestehen gefällt mir das Leben; und ich werde nie etwas an mich reißen. Ich werde mich hinneigen, aber ich werde mich nicht gefangen geben."[159]

Bettina kann sich hinneigen, auch hingeben, begeistert aus sich herausgehen, mitgehen und sich mit- und wegziehen lassen. Sie will dabei aber ihre Freiheit und Selbstbestimmtheit nie ganz verlieren. Anders formuliert: Auch wenn sie sich dabei einmal kurz selbst verlieren sollte, will sie sich wiederfinden können. Deshalb zelebriert sie in ihrer ästhetische Andacht verschiedenste lustvoll-erotische Momente, meidet aber das, was sie in Unfreiheit und Abhängigkeit stürzen könnte. Sie sucht die Lust, die befreit und Flügel verleiht, und meidet die Gier, die süchtig macht und herabzieht. Nicht ohne Grund nennt Bettina ihre Art der ästhetisch-erotischen Andacht eine „schwebende Religion". Sich frei den Elementen, Freunden und Geliebten hingeben, dabei aber „sein eigner Herr bleiben, das muß ein Gesetz unserer schwebenden Religion sein."[160] Wohlgemerkt: Die schwebenden Religion predigt keine asketischen Ideale und auch kein über allen An- und Zumutungen stehendes, intangibles (absolut-autonomes) Ich. „Mancher will sich selbst beherrschen, daran scheitert jeder Witz, jede List, jede Ausdauer; er muß sich selbst beherrschen *lassen* durch seinen Genius".[161] Es geht ihr um den souveränen und selbstbestimmten Umgang mit Lüsten und Sinnlichkeit unter dem Leitstern des eigenen ästhetisch-erotischen Genius. Nicht Angst und Ängstlichkeit kennzeichnen ihr Ich-Ideal, sondern Lebensmut und Lebensübermut. „Merk's, zu unserer schwebenden Religion gehört das auch, daß wir den

[158] Arnim, B. v.: Die Günderode, a. a. O., S. 340.
[159] Arnim, B. v.: Clemens Brentanos Frühlingskranz, a. a. O., S. 146.
[160] Arnim, B. v.: Die Günderode, a. a. O., S. 332.
[161] Arnim, B. v.: Goethes Briefwechsel mit einem Kinde, a. a. O., S. 349.

Wein den Göttern trinken und trunken die Neige mitsamt dem Becher in den Strom der Zeiten schleudern."[162]

Nicht nur die Deutschen Idealisten, nein, auch die Platoniker und Neuplatoniker sind für Bettina „eingezwickte" Philosophen. Sie selbst hat sich philosophisch nie einzwicken lassen. Nicht von Kant & Co, nicht von Platon, nicht von platonisierenden Christen. Die ganze platonisch-moralische Hierarchie, die ja dann von den Christen übernommen und verschärft wurde, dieses (gleichsam beamtenhafte) Sich-Moralisch-Hochdienen-In-Den-Himmel: all das ist Bettina zuwider.

> „Wo aber die Sündenregister wie eine elende Hühnerleiter an die Himmelspforte angelehnt sind, da mag ich keinen Versuch machen, mich zu bilden, mich zu bessern, soll ich da von Stufe zu Stufe hüpfen wie ein Hühnchen, damit es auf die Stange zu sitzen komme neben den Hahn. – Nein!"[163]

Der Gefühlsidealismus Bettinas wurde bis heute kaum je philosophisch gewürdigt und aufgearbeitet. Christa Wolfs Essay „Nun ja! Das nächste Leben geht aber heute an. Ein Brief über Bettine"[164] stellt eine der wenigen hervorragenden Ausnahmen dar. Ich selbst habe in meinem Aufsatz „Lebenskunst, Herzensweisheit und Liebesdenken bei Bettina von Arnim. Oder: Sein ungelebtes Leben tanzen" im VII. Jahrbuch für Lebensphilosophie ebenfalls einen kleinen Beitrag dazu geleistet. Wie sich zeigte, sind Bettinas (v. a. in ihren berühmten Briefromanen geäußerten) rhapsodische Gedanken lebensphilosophisch extrem aufschlussund folgenreich. Für mich steht fest: Eine Lebensphilosophie und Lebens-Liebes-Kunst der Zukunft, die an diesen Gedanken vorbeigeht, verdient ihren Namen nicht.

Werfen wir einen kurzen Blick auf Schlegel. Bei ihm finden sich ähnliche Gedanken. Für Bettina galt ja, dass das Geheimnis der Selbsterkenntnis sich erst im freundschaftlichen und liebenden Gespräch (auch Briefgespräch) – im

---

[162] Arnim, B. v.: Die Günderode, a. a. O., S. 338.

[163] Arnim, B. v.: Clemens Brentanos Frühlingskranz, a. a. O., S. 75; Bettina spricht desöfteren vom Göttlichen, von den Göttern, von Gott. Das heißt nicht, dass für sie eine Religion i. S. einer dogmatischen Hinterwelt-Ideologie groß von Bedeutung wäre. Das Göttliche, das sie meint, braucht keinen „überhimmlischen Ort", kein „Jenseits", keine Buch- oder ‚Welt'-Religion. Es ist sinnlich erfahrbar. In dieser Welt. Auch ohne Priester. – Bezeichnend ist die Anekdote, die Ingeborg Drewitz in ihrer meisterhaften Bettina-Biographie erzählt: „Als die Malerin Caroline Bardua einmal erschrocken fragte: ‚Aber Frau von Arnim, wenn wir keine feste Religion mehr haben, ist doch unser ganzes Leben nichts!' und Bettine [auf hessisch] antwortete: ‚Ich weiß nicht, was Sie noch wolle. Sie habbe Ihr Minche, und's Minche hat ihr Carlinche – ich weiß nicht, was Ihr noch extra für geschmorte Äppel wollt!' sehen wir das Lächeln, das an Bettines Altersbild, dem Pastell von Karl Johann Arnold, so überzeugt." Drewitz, I.: Bettine von Arnim. Romantik, Revolution, Utopie. Eine Biographie, München ^{2}1991, S. 207.

[164] Wolf, C.: Nun ja! Das nächste Leben geht aber heute an. Ein Brief über Bettine, in: Arnim, B. v.: Die Günderode. Mit einem Essay von Christa Wolf u. Anmerkungen versehen, Frankfurt a. M. 1983, S. 545-584,

empathischen Symphilosophieren – lüften lasse.[165] Und für Schlegel gilt, dass ein rein monologisches Denken nicht aus dem eigenen Gedankenlabyrinth herausfindet. Niemals, sagt er, vermag das eigene Ich „ganz allein und bloß aus sich selbst, den Gegenstand seiner Sehnsucht und den Ausgang aus dem eignen Gedanken-Labyrinth solcher tragischen Verblendung zu finden und mit sich selbst in Harmonie zu kommen." (§ 96). Es bedarf dazu des dramatischen Gespräches (§ 97) und einer ironischen und humorvollen Selbstdistanz (§ 98). In einem Satz: Lebendiges Philosophieren kann immer nur sein: dramatische An- und Gegenrede, schöpferischer Dialog (§ 99).

Dieser Punkt – dass es kein echtes Lebensphilosophieren geben kann, das nicht zugleich dia- und polylogisch ist, das in der dramatischen An- und Gegenrede *miteinander* voranschreitet und sich gegenseitig aufklärt, steigert und erhellt –; dieser Punkt wurde nicht nur in der Schulphilosophie, sondern auch in der Lebensphilosophie bisher eher stiefmütterlich behandelt. Nur eine überschaubare Zahl von Denkern hat sich – zwischen Lebens- und Religionsphilosophie, zwischen Existenphilosophie und Existenzmystik stehend – dieses Themas ernsthaft und intensiv angenommen: Martin Buber und Ferdinand Ebner etwa oder auch Franz Rosenzweig. Heute bemühen sich die Herausgeber der Reihe „dia-logik", Karl-Heinz Brodbeck, Stephan Grätzel und Bernd Schuppener, um eine Bestandsaufnahme und Weiterführung des dialogischen Denkens.[166] Dass dabei einmal wieder die weiblichen Dialogikerinnen und allen voran Margarete Susman, die ja u. a. durch eine lange und tiefe Freundschaft und Korrespondenz mit Buber und Rosenzweig verbunden war, vergessen wurden, ist das bis heute (in der männerdominierten Philosophenwelt) leider normale. Aber was nicht ist, kann ja noch werden …

Einen ebenfalls der Lebensphilosophie nahestehenden Denker (mein Mentor während der Münchener Studienzeit) möchte ich hier noch erwähnen: Eberhard Simons. Simons hat sich ebenfalls zeitlebens mit diesem Thema beschäftigt. Seiner Art des schöpferisch-dialogischen Denkens wurde mit der Herausgabe des „VI. Jahrbuchs für Lebensphilosophie" unter dem Titel „Dramatisch-freiheitliches Philosophieren – Eberhard Simons in memoriam" von Tami Dahlheim ein Gedenkstein gesetzt.[167]

---

[165] Arnim, B. v.: Goethes Briefwechsel mit einem Kinde, in: dies., Werke und Briefe, Bd. 2, hg. v. G. Konrad, Darmstadt 1959, S. 5-407, hier: 133f.

[166] Vgl. hierzu etwa: Casper, B.: Das Dialogische Denken. Franz Rosenzweig, Ferdinand Ebner und Martin Buber (dia-logik Bd. 12), Freiburg u. München [3]2017. Rosenzweig, F.: Mein Ich entsteht im Du (dia-logik Bd. 5), Freiburg u. München 2013. Rosenstock-Huessy, E.: Die Kopernikanische Wende in der Sprachphilosophie (dia-logik Bd. 1), Freiburg 2012. Heinze, E.: Einführung in das dialogische Denken (dia-logik Bd. 3), Freiburg 2011.

[167] VI. Jahrbuch für Lebensphilosophie (Dramatisch-freiheitliches Philosophieren – Eberhard Simons in memoriam), 6/2012-2013.

5.3 Dritte Revision: Vorrangstellung der Lebenskunst

Eine weitere Folge des Einbezugs der Lebensphilosophinnen in die bis dato männerdominierte Lebensphilosophie wäre, dass nun das Thema Lebenskunst mit einem Schlag in den Vordergrund rückt. Zwar wurde die Lebenskunst im Kontext der Lebensphilosophie nie ganz vergessen. Lebenskunst konnte sich aber thematisch nie durchsetzen, weil im Rahmen des akademischen Lebensphilosophierens v. a. ein Problemkreis dominant bis überdominant blieb: der erkenntnis- und wissenschaftstheoretische. Dies deshalb, weil sich im erkenntnis- und wissenschaftstheoretischen Diskurs vermeintlich am meisten vom Persönlichkeitsprinzip absehen ließ – und damit vermeintlich am meisten Objektivität erzielen ließ. Demgegenüber setzt Lebenskunst beim je eigenen, möglichst verantwortlich und bewusst zu führenden und gelingenden guten und/oder schönen und/oder wahrhaftigen und/oder lustvollen Leben ein. Mit dem Verantwortlichen und dem Bewussten kommt die Ethik und die Philosophie ins Spiel, mit dem Künstlerischen das Schöpferische und Irrationale. Die philosophische und biographische Aufgabenstellung lautet hierbei letztlich: Aus dem eigenen Leben ein persönlich-gelungenes und tief-bejahenswertes Gesamt-Kunstwerk zu gestalten. Erst ein gelungenes Lebenskunstwerk bestätigt im Nachhinein die Angemessenheit und Stimmigkeit der mit ihm verbundenen Philosophie. Was Schlegel oben im § 14 mit Bezug zur persönlichen Gesinnung sagte – „Es ist die Einheit der Gesinnung, die ich meine, der sich selbst treu bleibende feste Charakter, die innere Konsequenz der Denkart, die im Leben wie im System und der philosophischen Ansicht immer einen großen und tiefen Eindruck auf uns macht“ – ließe sich nun genauer so fassen: ‚Es ist das lebenskünstlerisch geführte und gelungene Leben eines Menschen, es ist die sich durch sein Leben hindurchziehende und in sich stimmige (harmonisch-disharmonisch-harmonische) Lebensmelodie, die uns menschlich wie philosophisch überzeugt und beeindruckt …’

Die meisten Philosophen meinen, Lebensphilosophie und Lebenskunst fein säuberlich trennen zu können.[168] Ich selbst tendierte auch zu dieser Ansicht.[169] Doch diese Trennung ist, das zeigt sich nicht zuletzt in der Beschäftigung mit den Lebensphilosophinnen, eine künstliche und wohl auch männer-ideologische. Nimmt mensch das lebensphilosophische Hauptprinzip – das Persönlichkeitsprin-

---

[168] So die Vertreter des Lebensphilosophie (z. B. Lersch, P.: Erlebnishorizonte, a. a. O., S. 42.), so die Vertreter der Lebenskunst (z. B. Schmid, W.: Philosophie der Lebenskunst. Eine Grundlegung, Frankfurt a. M. 1998, S. 40f; vgl. auch S. 27-49: diese Passage ist für zukünftige Diskussionen auf dem Themengebiet Lebensphilosophie und Lebenskunst wichtig). Wie so oft: jeder Vertreter einer philosophischen Richtung will seinen klar abgrenzbaren Fachbezirk (will seine ‚Schäflein im Trockenen’) und distanziert sich im Zweifelsfall, zur Not auch stärker als nötig und sinnvoll, von ähnlichen und (vermeintlich) konkurrierenden Richtungen.

[169] Vgl. Kozljanič, R. J.: Lebensphilosophie, a. a.O., S. 15f.

zip – Ernst, dann ergibt sich auch von dieser Seite, dass eine Trennung nur mit künstlichem Zwang und zum Preis großer Lebensferne durchzuführen ist. Eher stellt sich hier die Frage, wie das Verhältnis von Lebensphilosophie als Lebensweisheit, Lebenskunst und Wissenschaft oder – um mich der Unterscheidungen Gernot Böhmes zu bedienen – als „Weltweisheit, Lebensform, Wissenschaft“[170] neu zu bestimmen sei.

Für Helene Stöcker war nicht Philosophie als Wissenschaft, sondern Philosophie als Lebenskunst und Lebensweisheit (auch politische Lebensweisheit/Weltweisheit) das Entscheidende. Gleichwohl war ihr stets bewusst, dass in einer modernen und säkularen Welt *aufgeklärte* Lebenskunst und Lebensweisheit ohne die Wissenschaften nicht zu haben sind:

> „Jetzt freilich, wo das Ziel der Menschheit nicht mehr im Jenseits [...] liegt, sondern wo es sich darum handelt, dieses Leben, unser Leben so zu gestalten, dass es wert wäre, ewig gelebt zu werden, nun freilich müssen wir eine Ethik suchen, die uns hier schon diesem höchsten Ziele zuführt. Dazu müssen alle Wissenschaften uns helfen, nachdem die Wissenschaften es gewesen sind, die die alte Ethik als schädlich, die alte Weltanschauung überhaupt als unhaltbar nachgewiesen haben. Wir brauchen also die Mithilfe sowohl der Geistes- wie der Naturwissenschaften, der Philosophie und Kulturgeschichte, der Medizin und der Rechtswissenschaft, der Wirtschafts- und Gesellschaftswissenschaft, der Biologie wie der Ästhetik. Auf diesem Wege können wir hoffen, allmählich die Grundlage zu einer neuen Ethik zu gewinnen, wie sie aus unsern veränderten Einsichten in die Entwickelung des Menschen, in die Zusammenhänge zwischen geistigen und wirtschaftlichen Faktoren hervorgeht.“[171]

Ohne Mithilfe der Wissenschaften geht es also nicht. Ohne eine gewisse interdisziplinäre, ja transdisziplinäre Versiertheit keine aufgeklärte Lebensphilosophie. Anders formuliert: gediegene Lebensphilosophie braucht einen gewissen philosophisch-anthropologischen Horizont. D. h. aber in keiner Weise, dass Lebenkunst und Lebensweisheit als die beiden Hauptpfeiler von Stöckers „Neuer Ethik“ eine Sache wissenschaftlicher Fachmänner wäre – auch wenn sich diese Fachmänner beispielsweise als Professoren der Philosophischen Anthropologie ausgeben. Besonders kritisch beäugt muss vereinseitigtes und autoritätsgläubiges Spezialistentum werden. Denn wenig Anderes ist einem ganzheitlichen Lebensphilosophieren so abträglich wie der Tunnelblick der Nur-Spezialisten, wie ihr professionelles Um-Die-Eigene-Disziplin-Kreisen (das meist hinter dem sogenannten Methodenbewusstein und der Diskurstreue steckt). Stöcker drückt das so aus:

---

[170] Böhme, G.: Einführung in die Philosophie. Weltweisheit, Lebensform, Wissenschaft, Frankfurt a. M. ^{3}1998.

[171] Stöcker, H.: Zur Reform der sexuellen Ethik, in: Mutterschutz 1/1905, S. 3-12, hier: S. 4f.

„Es ist, als ob auch sonst scheinbar Gebildete wie in einer Zelle eingekapselt säßen, die ihnen nicht gestattete, den Blick über ihre eigene Spezialwissenschaft, ihren besonderen Beruf im Gegenwartsstaat hinaus auf das Ganze der Kulturentwicklung und der Kulturziele zu werfen."[172]

So unersetz- und unumgehbar die Wissenschaften sind: Sie haben nicht das letzte Wort. Das letzte Wort hat das *eigene* Herz bzw. die Kultivierung des eigenen Herzens.[173] Und deshalb ist Herzensbildung auf dem Gebiet der Lebenskunst genau so wichtig wie rationales Wissen. Denn wie soll das eigene Herz ein differenziertes *eigenständiges* Wort abgeben können, wenn es ein Leben lang – statt gepflegt, geliebt und kultiviert zu werden – nur bürgerlich normiert, stiefmütterlich behandelt oder gar misshandelt wurde? Dass Herzensbildung dabei nicht identisch ist mit dem, was in bürgerlich-biedermeierlichen Zusammenhängen so genannt wird, ist klar. Denn es geht für Stöcker um die Herzensbildung *freier*

---

[172] Stöcker, H.: Moderne Bevölkerungspolitik, Berlin 1916, S. 1f. Zuerst erschienen in: Die Neue Generation, 3-4/1915, S. 76-87.

[173] Rudolf Gaßenhuber hat in diesem Zusammenhang jüngst von einer heute (wieder) nötigen Eröffnung des „Herzsinns" gesprochen; Gaßenhuber, R.: Herzsinn und Weltangst – Philosophisch-psychologische Essays, München 2018, S. 69f. Seine beiden Hauptgewährsmänner sind hierbei die der lebensphilosophischen Tradition nahestehenden Denker Martin Buber (v. a. mit seinem Buch „Zwiesprache") und Antoine de Saint-Exupéry (mit dem „kleinen Prinzen") – beides ausgesprochene ‚Herz-Denker'. Ihre „Position steht quer zur Hauptströmung der [schul-] philosophischen Tradition. Im Allgemeinen gilt ja das Bleibende als das Wirklichere; das Bleibende aber ist die Art, während das Individuum vergänglich ist. Die [schul-] philosophische Tradition kennzeichnet eine zumindest tendenzielle Geringschätzung des Individuellen gegenüber dem Allgemeinen. Das Individuelle entspricht dem Attribut – das Substantielle, das wesentlich Wirkliche aber ist die Gattung." Zunächst bestimmt Gaßenhuber den Herzsinn als „Mitgefühl" und als seelischen ‚Begegnungs-, Tast- und Hörsinn': „Das Mitgefühl bietet den Anschluss zum Individuellen, der den aufs Allgemeine gehenden Begriffen versagt ist. Mit dem Herzsinn besitzen wir ein eigenes Sinnesorgan, eine Art passiven Tastsinn für das Seelische der anderen Wesen; wir werden berührt und angesprochen. – In anderen Texten Bubers ist das, was das Unsagbare zur Erscheinung kommen lässt weniger das ‚Herz' und eher die ‚Begegnung', das Innewerden eines Nicht-Dings, das echte Gespräch, die Ich-Du-Beziehung und der Dialog. Wie auch immer, ob Herz oder Begegnung, in jedem Fall ist es ein Inne-werden des Anderen, des konkreten Ereignisses durch ein Angesprochen-werden. Das Unsagbare wird nicht aktiv erkannt, erforscht, begriffen, sondern es begegnet einem in einem wesentlich passivischen Vorgang." „Frank und frei formuliert: Erst der Herzsinn erzeugt und eröffnet die Wirklichkeit, um die es im Leben geht. Man könnte durchaus auch sagen: ‚Man sieht nur mit dem Herzen gut. Das Wesentliche ist für die Augen unsichtbar.' (Saint-Exupéry)". – Nun fällt aber der Herzsinn nicht vom Himmel, sondern er entwickelt (und verwickelt) sich in der Kindheit in und mit den familiären und freundschaftlichen Beziehungen. Und die entscheidende Frage wäre: Wie schützen, pflegen und kultivieren wir den Herzsinn? Diese Frage bleibt Gaßenhuber schuldig. Wie gut, dass er in seiner nächsten Veröffentlichung („Auf der Suche nach der verlorenen Lebendigkeit – Ein Briefdialog zwischen R. Gaßenhuber und R. J. Kozljanič", Augsburg 2018) näher darauf eingeht.

Menschen, um die Herzenskultur „revolutionärer Menschen".[174] Und hierbei spielt neben der Liebeskultur auch die Kultivierung des gerechten Zornes eine Schlüsselrolle. Gerechter Zorn: das ist (in meinem Verständnis) ein Zorn, der empört und helfend aufbegehrt, wenn Schwächeren grobes Unrecht geschieht. Eine dritte Schlüsselrolle kommt der Fähigkeit zu, aus der Reihe tanzen zu können, gegen den Strom schwimmen zu können – und zwar genau in den Momenten, wo die eigene Herzensstimme der Liebe oder die eigene Herzensstimme des Zornes dies – ethisch – geboten sein lässt.[175]

So ist Stöcker beim Ausbruch des ersten Weltkrieges ihrer Herzensstimme gefolgt und hat als eine der ganz Wenigen von Anfang an einen kompromisslos pazifistischen Standpunkt bezogen. Die Kriegsbegeisterung und -treiberei der allermeisten Deutschen war ihr fremd und zuwider. In ihren Tagebuchaufzeichnungen vom 15. 10. 1914 heißt es: „Das sind doch alles Erkrankungen des Gehirns nicht nur, sondern vor allen Dingen auch des Herzens, des ethischen Urteils, so daß man wohl von einem moralischen Irrsinn, von einer moral insanity sprechen kann."[176] Und am 21. 11. 1914 schreibt sie:

> „Wo liegt denn nun die Roheit des Menschen: in der Dummheit des Kopfes oder in der Beschränktheit des Herzens? Ich glaube fast im Kopf. Sie sind nicht so böse, wie sie gedankenlos, urteilslos, suggestibel sind. Man kann ihnen alles weißmachen. Wenn man ihnen sagt, daß Menschenmorden gut ist, ‚zu etwas gut', so glauben sie es eben, – mehr noch, so *tun* sie es eben und noch mit gutem Gewissen ‚für ihr Vaterland'. Ethische Analphabeten."[177]

Hier zeigt sich, dass zur Herzensbildung noch eine weitere entscheidende Kompetenz hinzutreten muss: die eigene und unkorrumpierte Kritikfähigkeit, die Unbefangenheit eines eigenständigen Urteils – *ein freier Kopf* (bitte nicht zu verwechseln mit einem ‚Fach-Kopf').

---

174 Zum Begriff des „revolutionären Menschen" vgl.: Stöcker, H.: Zur Einführung, in: Stöcker, H. (Hg.): Karoline Michaelis. Eine Auswahl ihrer Briefe, Berlin 1912, S. V-XXVIII, hier S. XV.

175 Ich habe diese Selbstkompetenz – im entscheidenden Moment aus der Reihe tanzen zu können – unter dem Begriff des „exochoreischen Ichs" eingeführt und entfaltet, in: Kozljanič, R. J.: Die Kunst, sein Leben zu tanzen. Über das exochoreische Ich und seine wilden Sprünge, in: „Ómmasin állois" – Festschrift für Professor Ioannis E. Theodoropoulos zum 65. Geburtstag, hg. v. V. E. Pantazis u. M. Stork, Essen 2014, S. 41-70. Mit dem „exochoerischen Ich" ist ein Ich gemeint, das sowohl im gemeinsamen Reigen (griech. choreía) mitschwingen, als auch, im entscheidenden Moment, aus ihm heraus (ékso) tanzen kann; ebenso ein Ich, das die Kunst beherrscht, zwischen „personaler Regression" und „personaler Emanzipation" (vgl. hierzu Schmitz: H.: Der unerschöpfliche Gegenstand, Bonn ^{2}1995, S. 48f u. 158) hin und her tanzen zu können. Näheres hierzu in Kapitel 8.

176 Stöcker, H.: Vor zehn Jahren! in: Die Neue Generation, 7-8/1924, S. 145-161, hier: S. 157.

177 Stöcker, H.: Vor zehn Jahren! A. a. O., S. 160.

Was sich hier bei Stöcker in bisher nicht dagewesener Deutlichkeit und Differenziertheit zeigt, taucht, wie gesagt, in der lebensphilosophischen Tradition auch früher schon mal auf: nämlich ein Hinweisen auf die wichtige Rolle einer philosophischen Lebenskunst. Etwa bei Carl Gustav Carus, der gegen Ende seines Lebens ein Buch über „Die Lebenskunst – nach den Inschriften des Tempels zu Delphi" verfasste. Auch Schopenhauer hat sich diesem Thema gewidmet. Für ihn, der gegen seine rationalistischen schulphilosophischen Zeitgenossen das Primat des Lebenswillens behauptete, war eine folgerichtige Frage, die nach dem angemessensten Umgang mit dem leidenschaftlichen und Leiden schaffenden Lebenswillen. Letztlich kommt er zu drei Arten des Umgangs mit dem Lebenswillen. 1. Radikale Verneinung des treibenden Lebenswillens (z. B. in der buddhistische Variante: Durchbrechen und Aufheben der leidvollen Lebenskreisläufe), 2. Zeitweises Außer-Kraft-Setzen des Lebenswillens durch die ästhetische Kontemplation (Kunstgenuss als kurzfristige Außer-Kraft-Setzung der Lebensdränge), 3. ‚Halbwahre', empirisch-pragmatische und eudämonologische Lebenskunst (‚naiver' Versuch, in einer ‚unguten' Welt ein gutes Leben zu führen).

Dieser Lebenskunst widmet er sich in den „Aphorismen zur Lebensweisheit". Dort heißt es:

> „Ich nehme den Begriff der Lebensweisheit hier gänzlich im immanenten Sinne, nämlich in dem der Kunst, das Leben möglichst angenehm und glücklich durchzuführen, die Anleitung zu welcher auch Eudämonologie [‚Glückseligkeitslehre'] genannt werden könnte: sie wäre demnach die Anweisung zu einem glücklichen Daseyn. […] Ob nun das menschliche Leben dem Begriff eines solchen Daseyns entspreche, oder auch nur entsprechen könne, ist eine Frage, welche bekanntlich meine Philosophie verneint; während die Eudämonologie die Bejahung derselben voraussetzt."

Obwohl die Eudämonologie nach Schopenhauer auf einem empirischen „Irrthum" beruhe, wolle er doch von seinem „höheren, metaphysisch-ethischen Standpunkte" absehen, um sich hier einmal gründlich diesem menschlichen Thema zu widmen. „Folglich beruht die ganze hier zu gebende Auseinandersetzung gewissermaaßen auf einer Ackommodation, sofern sie nämlich auf dem gewöhnlichen, empirischen Standpunkte bleibt und dessen Irrthum festhält."[178] Interessant zu sehen, wie Schopenhauer – hierin ein typischer Vertreter männlich-allzumännlichen Philosophierens – Lebensweisheit und Lebenskunst herabstuft. Wichtiger als die menschlich hochrelevante eudämonologische Fragestellung ist ihm seine transzendentalphilosophisch und erkenntnistheoretisch fundierte Willens-Metaphysik.

Und doch hat das Thema für Schopenhauer einen gewissen Stellenwert. Hier, bei den „Aphorismen zur Lebensweisheit", zeigt sich, dass Schopenhauer nicht

---

[178] Schopenhauer, A.: Aphorismen zur Lebensweisheit, in: Parerga und Paralipomena, Bd. 1. Nach der Ausgabe letzter Hand hg. v. L. Lütkehaus, Zürich 1991, S. 311-483, hier: 313.

nur wegen seines biozentrischen Lebenswillens-Ansatzes ein Vater der Lebensphilosophie ist, sondern auch wegen seiner intensiven Auseinandersetzung mit der Frage nach der Lebenskunst und Lebensweisheit. Es ist auch kein Zufall, dass sich Schopenhauer die Mühe machte, das Werk des spanischen Barock-Humanisten Baltasar Gracián (1601-1658): „Hand-Orakel und Kunst der Weltklugheit" eigenhändig zu übersetzen. Sein Schüler und Nachlassverwalter Julius Frauenstädt hat diese berühmt gewordene schopenhauerische Übersetzung 1861, ein Jahr nach Schopenhauers Tod, herausgegeben. Sie ist bis heute die verbreitetste und meist gelesenste Übersetzung des „Hand-Orakels".

Julius Frauenstädt hat dann 1869 selbst ein Buch veröffentlicht mit dem Titel: „Blicke in die intellectuelle, physische und moralische Welt nebst Beiträgen zur Lebensphilosophie". In den „Beiträgen zur Lebensphilosophie" benennt Frauenstädt zwei wichtige lebensphilosophische Kerndisziplinen: Lebensweisheit und Menschenkenntnis;[179] beide werden von der „Lebenskunst" umgriffen.

> „Von selbst ist in uns der Lebenstrieb, von selbst auch der Trieb, möglichst angenehm, schmerzfrei, glücklich zu leben, wirksam. Aber nicht von selbst wissen und thun wir Das, was zur Erreichung eines möglichst glücklichen Lebens nöthig ist. Hierauf also beziehen sich die Regeln der Lebenskunst."[180]

Mit dieser Tradition der Lebenskunst und Lebensweisheit knüpft die Lebensphilosophie an Älteres an – unter Anderem auch an die Lebensklugheits- und Erbauungsphilosophie des 18. Jahrhunderts, in der historisch erstmals die Wörter „Philosophie des Lebens" und „Lebensphilosophie" greifbar werden. Letztlich ist es der Engstirnigkeit und Lebensferne der Universitätsphilosophie und dem dort vorherrschenden Schulen- und Fraktionendenken zu verdanken, dass diese Traditionslinie bis heute nicht oder kaum gesehen wurde.[181] Dabei war die Lebensphilosophie – bevor sie sich zu sehr auf die akademisch-wissenschaftlichen und erkenntnistheoretischen Spielchen eingelassen hat – in erster Linie auf Lebenskunst, Lebensweisheit, Lebensklugheit ausgerichtet. Das möchte ich nun kurz zeigen.

Erstmals findet der Begriff einer „Philosophie des Lebens" wohl 1772 Verwendung. Und zwar in Gottlob Benedikt von Schirachs (1743-1804) Buch „Ueber die moralische Schönheit und die Philosophie des Lebens. Reden und Versuche" (Altenberg 1772). Das 6. Kapitel handelt *expressis verbis* „Von der Philosophie

---

[179] Frauenstädt, J.: Blicke in die intellectuelle, physische und moralische Welt nebst Beiträgen zur Lebensphilosophie, Leipzig 1869, S. 359-406 u. 406-471.

[180] Frauenstädt, J.: a. a. O., S. 359.

[181] *Kaum* deshalb, weil es eine interessante Ausnahme gibt: Gudrun Kühne-Bertrams Buch „Aus dem Leben – zum Leben. Entstehung, Wesen und Bedeutung populärer Lebensphilosophien in der Geistesgeschichte des 19. Jahrhunderts" (Frankfurt a. M. 1987), vgl. hier das Kapitel „Aspekte und Tendenzen der ‚Lebensphilosophie' im späten 18. und frühen 19. Jahrhundert", S. 65-89.

des Lebens".[182] Und hier fällt dann auch das Wort „Lebensphilosophie".[183] Auf der ersten Seite des Buches wurde das Konterfei des epikureischen Dichters Horaz abgedruckt; über ihm ein Montaigne-Zitat: „C'est l'office des gens de bien de peindre la vertu la plus belle que se puisse"[184] – „Es ist die Pflicht redlicher Menschen, die Tugend so schön zu mahlen, als nur immer möglich."[185] Schirach stellt sich damit bewusst in eine literarisch-epikureisch-humanistische Traditionslinie; auch das Wort „Versuche" im Untertitel spielt auf die legendären „Versuche", sprich: „Essais" Montaignes an: Lebens- und Denkexperimente eines freien Geistes. In der ersten Vorrede hebt Schirach zudem Shaftesburys Schrift über den Enthusiasmus besonders hervor.[186]

Der Schrift Schirachs folgen 1780 die „Beiträge zur Philosophie des Lebens – Aus dem Tagebuch eines Freimäurers"[187] von Karl Philipp Moritz (1756-1793). Moritz wurde durch seinen psychologischen Entwicklungsroman „Anton Reiser" (1785-1790) bekannt. Die Reihe ähnlicher Veröffentlichungen reißt nun nicht mehr ab. 1788 erscheint in Erstauflage „Weltklugheit und Lebensgenuß; oder praktische Beyträge zur Philosophie des Lebens" herausgegebenen von Friedrich Burchard Beneken (Hannover ^{3}1806). Und 1790 wird dann das „Magazin für die Philosophie des Lebens", (Erster und letzter Band, Düsseldorf 1790), von D. [?] Lang herausgegeben. Mit dem Begriff und Projekt einer „Philosophie des Lebens" wollen Schirach, Moritz, Beneken und Lang auf populäre Art und Weise Aufklärung, Lebensweisheit und Lebensklugheit fördern. Wie es in der Vorrede Langs etwa heißt:

> „Der Hauptzweck dieser Schrift ist: ‚wichtige und praktische Wahrheiten, aus dem Gebiete der Philosophie in verschiedener Einkleidung vorzutragen, schädlichen, die Beförderung der Menschenglückseligkeit hemmenden Vorurtheilen entgegen zu arbeiten und bald durch Geschichte bald durch Raisonnement dem Freunde der Lebensweisheit eine nützliche und angenehme Unterhaltung zu verschaffen'."[188]

Die Tradition solch einer Populär-Lebensphilosophie reißt bis ins 19. Jahrhundert hinein nicht ab. Um einige weitere Publikationen zu nennen: „Handbuch der

---

[182] Schirach, G. B. v.: Ueber die moralische Schönheit und die Philosophie des Lebens. Reden und Versuche, Altenberg 1772, S. 157-184.
[183] Schirach, G. B. v.: a. a. O., S. 179.
[184] Schirach, G. B. v.: a. a. O., S. 1.
[185] Montaigne, M.: Gedanken und Meinungen über allerley Gegenstände, Bd. 2., Wien und Prag 1797, S. 140 (Essais, Buch 1, Kap. 36) https://archive.org/stream/gedankenundmein02montgoog#page/n6/mode/2up (abgerufen am 20.1.16).
[186] Schirach, G. B. v.: a. a. O., S. 6.
[187] In der zweiten Auflage lautete der Titel nur noch „Beiträge zur Philosophie des Lebens" (Berlin ^{2}1781).
[188] Lang, D. [?] (Hg.): Magazin für die Philosophie des Lebens, 1. [und zugleich letzter] Band, Düsseldorf 1790, S. IX.

Philosophie des Lebens“ (hg. v. Johann Adam Freiherr von Aretin u. Johann Georg von Dillis, München 1793); „Neue Vesta – Kleine Schriften zur Philosophie des Lebens und zur Beförderung der häuslichen Humanität“ (hg. v. Friedrich August Bouterwek, Leipzig 1806); Dr. Johann Baptist Schenkl: „Lebens-Philosophie in auserlesenen Maximen“ (Amberg ^{2}1824).

Hans-Martin Gerlach nennt all diese frühen Versuche einer Philosophie des Lebens in seinem informativen Artikel zur „Lebensphilosophie“ aus dem Jahre 1990 (etwas abschätzig) „Erbauungs- und Anweisungsliteratur“ einer „niedergehenden Aufklärungsphilosophie“.[189] In dieser etwas geringschätzenden Ausdrucksweise zeigt sich ein weiteres Mal die Abneigung, die akademische Philosophen gegenüber solch einer Lebensphilosophie empfinden. Angemessener hat Jürgen Große in seiner jüngst erschienenen Einführung zur „Lebensphilosophie“ in Bezug auf diese frühen Werke gesagt:

> „Ihre Ziele liegen in der praktischen Philosophie, der Philosophie für jedermann; meist handelt es sich um populär aufbereitete philosophische Reflexion. [...] Oft wählten die Autoren dafür die Form von [...] Aphorismen, vermieden also strenge Systematik. Letzteres entsprach der Beliebtheit, die die [...] französische Moralistik [v. a. auch Michel de Montaigne, dessen Essays 1753-1754 und 1793-1795 ins Deutsche übersetzt wurden] mit ihrer Essay- und Aphorismenkunst gegen Ende des 18. Jahrhunderts im deutschsprachigen Raum erreicht hatte.“[190]

Die auf das private, soziale und berufliche Leben bezogenen Handlungsmaximen, Aphorismen, Lebensratschläge und Lebensweisheiten könnte mensch als eine „Philosophie für den Alltag“, eine „Philosophie für die Praxis“, eine „Philosophie der Lebensweisheit, der Lebensklugheit und der Umgangsformen“ kennzeichnen. Ganz auf dieser Linie liegt dann auch das 1816 erschienene Buch des Adolph Freiherrn von Knigge (1752-1796) „Der Umgang mit Menschen oder über Lebensphilosophie, Lebensgenuß und Lebenspflichten – Eine Fortsetzung zu den [sic] Umgang mit Menschen“.[191] Dieses Buch ist der Nachfolger des legendären ‚Ur-Knigge‘,[192] der 1788 erschien und bei seiner ersten Auflage noch alles andere als das spätere Benimmbuch war. Zunächst war es ein Populärwerk zur Lebensklugheit, in inhaltlicher (nicht formaler) Hinsicht dem berühmten Hand-Orakel des

---

[189] Gerlach, H.-M.: Artikel „Lebensphilosophie“, in: Europäische Enzyklopädie zu Philosophie und Wissenschaften, hg. v. H. J. Sandkühler, Bd. 3, Hamburg 1990, S. 11-14, hier 12.

[190] Große, J.: Lebensphilosophie, Stuttgart 2010, S. 13.

[191] Knigge, A. v.: Der Umgang mit Menschen oder über Lebensphilosophie, Lebensgenuß und Lebenspflichten – Eine Fortsetzung zu den [sic] Umgang mit Menschen, Bremen u. Aurich 1806.

[192] Knigge, A. v.: Über den Umgang mit Menschen, 2. Bde, Hannover 1788.

Baltasar Gracián[193] vergleichbar. Zu einem Benimmbuch (im eigentlichen Sinn) wurde es erst nach Knigges Tod in späteren Auflagen; und zwar durch eigenwillige und verfälschende Eingriffe und Zusätze des Verlegers.[194]

So harmlos und niedlich diese frühe lebensphilosophische „Erbauungsliteratur“ auf den ersten Blick auch wirken mag, sollte sie doch nicht unterschätzt werden. Denn erstens stellt sie das entscheidende Bindeglied zwischen den lebensphilosophischen Vordenkern zur Zeit des Renaissancehumanismus (Petrarca, Boccaccio, Valla, v. a. dann Montaigne) und des Barock (Baltasar Gracián, François de La Rochefoucauld, Anthony Shaftesbury sowie andere Moralisten) und der klassischen Lebensphilosophie dar. Zweitens kündigt sich in ihr ein wichtiger Wandel der philosophischen Grundhaltung an: Von einer scholastischen und/oder rationalistischen Philosophie hin zu einer Philosophie der Lebensweisheit, Lebenskunst und Lebenslust.[195] Nicht umsonst erlangen bis dahin eher verpönte, lust- und lebensbejahende Denker wie Epikur und Horaz in dieser Zeit neues Interesse. Über Freigeistigkeit und v. a. auch Selbstliebe zu philosophieren wird, nach jahrhundertlanger christlicher, besser: kirchlicher Bevormundung, wieder salonfähig.[196] Auch wurde in dieser Zeit der Begriff einer Lebensphilosophie als Lebenskunst *und* Erlebensphilosophie geprägt, weil eben neben dem eigenständigen Denken auch das eigenständige Erleben wichtig wurde.

---

[193] Dem berühmten „Oráculo manual y arte de prudencia” von 1647.

[194] Vgl. hierzu auch: Fellmann, F.: Philosophie der Lebenskunst, Hamburg 2009, S. 83.

[195] Schon Schirach bringt einen lebensnahen Humanismus gegen die „scholastischen Grillenfängereyen“ in Stellung: „Diese strenge Methode der dümsten [sic] Subtilitäten war es, von welcher Luther sich sonach der damaligen Zeit, und seinem Eifer, in einem Briefe an Melanchthon ausdrückte: ‚ich habe die Humaniora versäumt, welches mir gar sehr schadet; habe dafür müssen lernen die Philosophiam den Teufelsdreck u.s.w.“ Kurz darauf erwähnt von Schirach lobend Petrarca und die englischen und französischen Moralisten; vgl. Schirach, G. B. v.: a. a. O., S. 26f. Gegen die von Descartes inspirierte und in Deutschland von Christian Wolff eingeführte, in Philosophie und Geisteswissenschaft angewandte „mathematische Methode“ gewandt, heißt es S. 27f.: „Die mathematische Methode, welche Wolf [sic] eben so leicht ausbreitete als er sie schwer einführte, stimmte in den meisten Fächern der Gelehrsamkeit einen neuen Ton an. Man trug ihn in Wissenschaften über, wo er die offenbarste Lächerlichkeit machte. Man schrieb sogar eine Exegetie der heilige Schrift methodo mathematica. Das Lächerliche fiel endlich zu sehr in die Augen und gab Gelegenheit zur Abänderung.“

[196] So schon Schirach in seinen Überlegungen zur wahren Selbstliebe als wichtigstem Grund und Motiv unseres Handelns, das nicht mit rein „eigennütziger“ „Eigenliebe“ zu verwechseln sei; Schirach, G. B. v.: a. a. O., S. 33-35. Auf der Basis solch einer Selbstliebe kommt Schirach schließlich, S. 47, zur Bejahung der Tugend: einer Tugend, die weder asketische Welt- und Schönheitsverneinung, noch auch graue Pflicht und dogmatischer Zwang ist, sondern eben mit Schönheit, Sinnlichkeit und Lust vereinbar bleibt: „Ja, ich will der Tugend, nicht blos aus Pflicht, sondern aus Liebe, aus warmer Liebe, mein Leben opfern. Ich will sie nicht blos als nothwendig, sondern als liebenswürdig betrachten: nicht nur wie den Befehl eines Edicts und den Rath der Vernunft, sondern auch als zurückbleibende Freude der sterblichen Tage, als Wonne des Lebens und Wollust des Geistes verehren.“

dem eigenständigen Denken auch das eigenständige Erleben wichtig wurde. Und drittens finden sich in ihr immer wieder einmal Frühformen von lebensphilosophischen Schlüsselkonzepten. Erinnert sei in diesem Zusammenhang an den genialen Begriff „Lebendigtodseyn" von Knigge. Damit meint Knigge alle Arten von Nicht-Lebendig-Und-Sinnlich-Sein-Können, sei es, dass mensch zu sehr in der Vergangenheit oder Zukunft, jedenfalls nicht in der Gegenwart lebt; sei es, dass mensch zu asketisch und genuss- und leibfeindlich lebt; sei es, dass mensch sich zum Sklaven der Lüste und Süchte (nicht zuletzt auch der Prestigesucht) macht.[197] Viertens fällt auch Georg Christoph Lichtenberg, der ‚deutsche Montaigne', mit seinen alles überragenden, erst postum veröffentlichten „Sudelbüchern" in genau diese Zeit. Erst Nietzsche konnte, was Lichtenbergs meisterhafte philosophische Aphoristik und Lebenskunst betrifft, dieses Niveau erreichen und überbieten, wenngleich auch mit manchen Extremismen und Exaltationen.

All das zeigt, dass und wie die aufklärerische Populär-Lebensphilosophie des ausgehenden 18. Jahrhunderts in einer humanistischen Tradition wurzelt – einer Tradition, die über den Renaissancehumanismus zurückweist auf das, was mit dem Diltheyschüler Bernhard Groethuysen als „römisch-griechische Lebensphilosophie"[198] (Cicero, Horaz, Seneca, Epiktet, Marc Aurel u. a.) bezeichnet werden könnte: also dem abendländischen Ursprung einer philosophischen Lebenskunst – freilich mit Wurzeln in der griechischen Antike (Sokrates, Isokrates, Epikur, Stoa, …). In dieser oft abgedrängten und korrumpierten Tradition galten und gelten andere Werte als in der ‚offiziellen' schulphilosophischen Tradition. Der Idealtypus des humanistischen Lebenskünstlers und -philosophen ist nicht der einsame Gelehrte und hochspezialisierte Fachmann, auch nicht der elitäre Ästhet und prätentiöse Bildungsapostel (schon gar nicht der gelehrte Mönch), sondern der unverbogene und menschenliebende, der im Leben stehende und philosophierende Schriftsteller und Literat, der aus der Fülle der Erfahrung und Überliefung schöpfende Erzähler und Romancier, der philosophische Essayist und Aphorist, ein sowohl lebenserfahrener wie intellektuell aufgeschlossener Mensch, der das Leben liebt und den Tod nicht fürchtet.

Treffend hat Lichtenberg in einem ähnlichen Kontext gesagt:

> „Shakespeare wartete vor der Tür des Komödienhauses auf und machte sich Geld damit, das wissen wir. Was tat er für das Geld? Nicht wahr, ging hin und studierte die Alten, blätterte sich die Lippen trocken hinter den Wörterbüchern und machte Auszüge? Nicht wahr? Und wurde Hofmeister, sah gelb aus, wurde Professor, empfahl die Alten wieder, spitzte Stubenmaximen zu, usw.?

[197] Knigge, A. v.: Der Umgang mit Menschen oder über Lebensphilosophie, Lebensgenuß und Lebenspflichten – Eine Fortsetzung zu den [sic] Umgang mit Menschen, Bremen u. Aurich 1806, S. 86f.

[198] Groethuysen, B.: Philosophische Anthropologie, München u. Berlin 1928, Kap. „IV. Die römisch-griechische Lebensphilosophie", S. 47-69.

Nein, er verzehrte sein Geld auf englischen Caféhäusern, speiste in einem Chop-house, [an] öffentlichen Plätzen, und das in einer Nation, die stolz darauf ist, ihre Neigungen nicht zu verbergen. Dort lernte er die Sprache der Alten verstehen, und alsdann las er sie in einer Übersetzung, die er leicht verbessern konnte. Der Grund von allem ist die Beobachtung und Kenntnis der Welt, und man muß viel selbst beobachtet haben, um die Beobachtungen anderer so gebrauchen zu können, als wenn es eigne wären, sonst liest man sie nur und sie gehen ins Gedächtnis ohne sich mit dem Blut zu vermischen. Alles Lesen der Alten ist vergeblich, wenn es nicht so getrieben wird."[199]

5.4 Vierte Revision: Lebensphilosophie als Lebens-Liebes-Kunst. Helene Stöcker

Johann Gottfried Herder (1744-1803) wird in seinen „Briefen zu Beförderung der Humanität" an dieser frei-humanistischen Tradition anknüpfen und ebenso – einige Zeit vor Schlegel – von einer „Philosophie des Lebens" sprechen.[200] Herder hat in seinen „Briefen" nicht nur eine bis dahin allenfalls unscharf gesehene humanistisch-lebensphilosophische Tradition aufgedeckt und im großen Ganzen nachgezeichnet, sondern auch den Begriff „Humanität" in die deutsche Sprache eingeführt (als Übersetzung des französischen Lehnworts „humanité").[201] Im Zuge dessen hat er fünf entscheidende Aspekte eines philanthropisch-lebensphilosophischen Humanismus hervorgehoben: 1. „Das weiche Mitgefühl mit den Schwächen unseres Geschlechts": Humanität sei zwar, so Herder, viel

---

[199] Lichtenberg, G. C.: Aphorismen, a. a. O., S. 125f. [E 262].

[200] Vgl. z. B.: Herder, J. G.: Briefe zu Beförderung der Humanität, in: Herder's Werke, Bd. 13, hg. v. H. Düntzer, Berlin o. J., S. 136 (31. Brief). Ersterschienen in: Herder, J. G.: Briefe zu Beförderung der Humanität, Dritte Sammlung, Riga 1794. Oder: Herder, J. G.: Briefe ..., a. a. O., S. 260 (57. Brief). Ersterschienen in: Herder, J. G.: Briefe zu Beförderung der Humanität, Fünfte Sammlung, Riga 1795. Oder: Herder, J. G.: Briefe ..., a. a. O., S. 170 (38. Brief). Ersterschienen in: Herder, J. G.: Briefe zu Beförderung der Humanität, Dritte Sammlung, Riga 1794.

[201] Cancik, H.: Humanistische Begründung humanitärer Praxis: Antike Tradition – neuzeitliche Rezeption, in: Humanismusperspektiven, hg. v. H. Groschopp, Aschaffenburg 2010, S. 11-29, hier: 11f. Herder hat das deutsche Wort „Humanität" geprägt. Das Wort „Humanismus" taucht zuerst 1798 bei Johann Friedrich Abegg auf. Prominent wurde es durch Friedrich Immanuel Niethammers Schrift „Der Streit des Philanthropinismus und Humanismus in der Theorie des Erziehungs-Unterrichts unserer Zeit" (Jena 1808). Vgl. hierzu: Vöhler, M.: Die „Erfindung" des Humanismus im 18. Jahrhundert, in: Humanismusperspektiven, a. a. O., S. 30-41, v. a. 30f u. 36-38; wenn Vöhler S. 40 aber meint, dass Herder seinen Begriff der Humanität „nirgendwo definitorisch bestimmt", irrt er. Herder gibt, wie ich gleich zeigen werde, die Definition im 32. Brief seiner „Briefe zu Beförderung der Humanität". Zur Formierung des Humanismus im 18. Jahrhundert vgl. Vöhler M. u. Cancik, H. (Hg.): Humanismus und Antikerezeption im 18. Jahrhundert, Bd. 1. Genese und Profil des europäischen Humanismus, Heidelberg 2009.

mehr als allein „Mitgefühl"; und doch ist das Mitgefühl „unter Menschen das lindeste Band ihrer Verbindung" – und als solches unersetzbar. Nur „Un"- und „Uebermenschen" zerreißen oder ignorieren dieses Band. 2. Humanität bedeutet aber auch eine „leichte *Geselligkeit*, ein sanftes *Zuvorkommen* im *Umgange*". 3. Humanität meint ferner: Gemeinsame Arbeit an menschlicheren Verhältnissen, Kultivierung des Menschlichen, gemeinschaftliche Humanisierung. Mensch soll „am Wohl und Weh des Ganzen Theil nehmen und seinen Theil Vernunft, sein Pensum Thätigkeit mit gutem Willen dem Genius seines Geschlechtes opfern." 4. Gemeinsame Humanisierung ist stets auf Selbsthumanisierung rückverwiesen: „Zum Besten der gesammten Menschheit kann Niemand beitragen, der nicht *aus sich selbst macht, was aus ihm werden kann und soll* [...]. Wir tragen Alle ein Ideal in und mit uns, was wir sein sollten und nicht sind". Dieses „Ideal" benötigt zu seiner Verwirklichung weniger Lehrer und Unterricht als vielmehr Dialog und Erfahrung: Unser „ganzes Leben [ist] eine Schule, ein Uebungsplatz". 5. Wissenschaft und Kunst stehen im Dienst von Humanisierung und Selbsthumanisierung: „Alle Einrichtungen der Menschen, alle Wissenschaften und Künste können, wenn sie rechter Art sind, keinen andern Zweck haben, als uns zu humanisiren"; und nur solche Wissenschaften verdienten den Namen „humaniora". Wissenschaften und Künste, die Überheblichkeit, Vorurteil, Anmaßung und ethische Unvernunft fördern, „sollte man *brutalisirende* [...] nennen".[202] – Herder ist mit diesen Einsichten einer der wenigen, vielleicht auch der erste, der – nach 1800 Jahren – direkt und unverkürzt an Ciceros Humanitas-Konzept[203] anknüpfen kann.

Ohne sich direkt auf Herder zu beziehen, hat Helene Stöcker auf ihre Art einem philanthropisch-lebensphilosophischen Humanismus das Wort gesprochen. Sie ging bei ihrer Philosophie der Lebens- und Menschenliebe zunächst von den Romantikerinnen und von Nietzsche aus. Klar zeigt sich das in der Einführung ihres Caroline-Schelling-Buches. So begeistert Helene Stöcker von Bettina war, so inspiriert war sie nämlich auch von Caroline Schelling (1763-1809; geb. Michae-

[202] Herder, J. G.: Briefe zu Beförderung der Humanität, in: Herder's Werke, Bd. 13, hg. v. H. Düntzer, Berlin o. J., S. 136-138 (Brief 32). (Ersterschienen in: Herder, J. G.: Briefe zu Beförderung der Humanität, Dritte Sammlung, Riga 1794, S. 49-54.) – Anne Löchte hat Herders „Humanitätsidee" untersucht und kritisch gewürdigt. Interessant sind die von ihr aufgedeckten (oft unterschwelligen) christlich-humanistischen Befangenheiten und Wertungen Herders, die seinem weitsichtigen Humanitäts-Projekt teilweise zuwiderlaufen. Löchte, A.: Johann Gottfried Herder. Kulturtheorie und Humanitätsidee der „Ideen", „Humanitätsbriefe" und „Adrastea", Würzburg 2002, S. 48-74.

[203] Zu Ciceros Humanitas-Konzept vgl. den hervorragenden Vortrag von: Stroh, W.: Der Ursprung des Humanitätsdenkens in der Römischen Antike. Vortragsmanuskript (Vortrag von 1989 und 2006). http://epub.ub.uni-muenchen.de/1273/1/senior_stud_2006_11_01.pdf (abgerufen am 17.3.15).

lis, verw. Böhmer, gesch. Schlegel). 1912 hat Stöcker eine vortreffliche Auswahl ihrer Briefe herausgegeben.[204] In der Einleitung heißt es:

> „Seit wir eine Renaissance der Romantik haben, seit wir wissen, welche mächtige Welle von Geistesfreiheit wir jenen Menschen, die sich in der Zeit der Frühromantik um Karoline sammelten, verdanken, wissen wir auch, daß Karoline die Verkörperung dessen genannt werden darf, was die reiche Fülle an Ahnungen und Entdeckungen, Einsichten und Sehnsüchten um sie her in unerschöpflicher Phantasie nur spiegelte: Harmonie und Vollendung des Lebens, bis ins letzte durchseelte Sinnlichkeit, die sinnlichste Darstellung menschlicher Hoheit und Wahrhaftigkeit."[205]

Was sie über Carolines Genius-Sentenzen sagte, hätte sie ebensogut von Bettinas Genius-Philosophie sagen können: „Das Vertrauen auf den inneren Genius in ihr hat sie in ihrem Leben nie verlassen, wie sie auch später einmal an Schelling schreibt […]: ‚Ich müsste mich verlassen auf mein Herz über Not und Tod hinaus, und hätte es mich in Not und Tod geleitet.'"[206]

Für Stöcker sind Romantiker und v. a. auch Romantikerinnen wie Bettina von Arnim und Caroline Schelling „kühne Luftschiffer des Geistes",[207] Entdeckerinnen von „neuen Erlebensmöglichkeiten der menschlichen Seele", Initiatorinnen einer neuen „Epoche der Lebensfreude":

> „Jedes Ding und Geschehen, alles Weben und Fließen in der Welt, von *innen*, aus seiner eigenen Seele heraus zu messen, zu werten und zu verstehen, das ist ja gerade die große Erfindung der Romantik. Diese starken Bejaher des Lebens umfassen die ganze Welt mit ihrem weiten Herzen in gleich warmer Liebe: Mann und Weib, Kunst und Religion, den Rausch und die Besonnenheit, das Bewußte und das Unbewußte, das Apollinische und das Dionysische, Natur und Geist, Universum und Individuum, Seele und Sinne".[208]

Immer wieder verwendet Stöcker in der Einführung zu Carolines Briefen Nietzsche-Metaphern wie „Luftschiffer des Geistes"[209] (vgl. z. B. die „Luft-Schifffahrer des Geistes" im letzten Aphorismus der „Morgenröthe", 5. Buch,

---

[204] In ihren Erinnerungen heißt es hierzu: „Karoline war nicht nur eine der größten Briefkünstlerinnen der Deutschen, sie war auch im gewissen Sinne ‚die Tat zu den Ideen der Romantik', wie es in einem anderen Sinne ein Menschenalter später auch Bettina von Arnim war." Stöcker, H.: Lebenserinnerungen, hg. v. R. Lütgemeier-Davin u. K. Wolff, Köln Weimar u. Wien 2015, S. 154.

[205] Stöcker, H.: Zur Einführung, in: Stöcker, H. (Hg.): Karoline Michaelis. Eine Auswahl ihrer Briefe, Berlin 1912, S. V-XXVIII, hier V.

[206] Stöcker, H.: Zur Einführung, a. a. O., S. XIX.

[207] Stöcker, H.: Zur Einführung, a. a. O., S. VI.

[208] Stöcker, H.: Zur Einführung, a. a. O., S. Xf.

[209] Stöcker, H.: Zur Einführung, a. a. O., S. VI.

Aph. 575),[210] „das Apollinische und das Dionysische“[211] (vgl. die Hauptpolarität „apollinisch“-„dionysisch“ in der „Geburt der Tragödie“)[212] oder auch Nietzsche-Paraphrasen wie: „Wenn nicht so sehr um die Erfinder von neuem Lärm, sondern um die Erfinder von neuen Werten sich die Welt dreht […]“;[213] (vgl. z. B. „Um die Erfinder von neuen Werthen dreht sich die Welt“, im „Zarathustra“, Abschnitt „Von den Fliegen des Marktes“).[214]

All das ist natürlich kein Zufall. Nietzsche ist in Stöckers Schaffen – direkt oder indirekt – fast immer präsent. Annegret Stopczyk-Pfundstein schreibt in ihrem Stöckerbuch: „In fast jedem Aufsatz von ihr bis 1914 zitiert sie Nietzsche implizit oder explizit. Er ist in ihrem öffentlichen Wirken als Denker im Hintergrund so präsent, wie bei keiner anderen Denkerin ihrer Zeit.“[215] Gegen Ende ihres Lebens sagt Stöcker:

> „Von diesem Moment an [gemeint ist das Jahr 1890, Stöcker ist gerade 21 Jahre alt] – also seit etwa 50 Jahren – hat mein Interesse, meine Freude, meine Bereicherung durch die Berührung mit dieser unter den Menschen unserer Zeit einzigen Erscheinung Nietzsches nie aufgehört. Keinem anderen Geist unter den Lebenden fühle ich mich so tief verbunden.“[216]

Für die romantik-begeisterte Stöcker ist das kein Widerspruch, denn Nietzsche ist für sie Nachfolger und Vollender der Romantik:[217] „Nietzsche kommt, als dem kühnsten Sohn und Erben der Romantik, hier eine größere Bedeutung zu, wie ja von ihm auch das Wort, der Begriff der ‚NEUEN ETHIK‘ geprägt ist.“[218]

Stöcker ist zweifelsohne Nietzscheanerin, romantische Nietzscheanerin. Schon das allein prädestiniert sie zur Lebensphilosophin. Damit aber nicht genug, denn

---

[210] Nietzsche, F.: Morgenröthe, in: Kritische Studienausgabe, Bd. 3, hg. v. G. Colli u. M. Montinari, München 1999, S. 9-331, hier: 331.
[211] Stöcker, H.: Zur Einführung, a. a. O., S. XI.
[212] Nietzsche, F.: Die Geburt der Tragödie, in: Kritische Studienausgabe, Bd. 1, hg. v. G. Colli u. M. Montinari, München 1988, S. 9-156.
[213] Stöcker, H.: Zur Einführung, a. a. O., S. XVI.
[214] Nietzsche, F.: Also sprach Zarathustra, in: Kritische Studienausgabe, Bd. 4, hg. v. G. Colli u. M. Montinari, München 1999, S. 65.
[215] Stopczyk-Pfundstein, A.: Philosophin der Liebe, a. a. O., S. 103.
[216] Stöcker, H.: Lebenserinnerungen, a. a. O., S. 36. – Es ist nicht zuviel gesagt, wenn behauptet wird, dass Stöcker zu den ganz frühen intensiven Nietzsche-Lesern und -Leserinnen gehört. Zur Erinnerung: Die akademische Nietzsche-Rezeption beginnt 1888 mit den Vorlesungen des dänischen Literaturprofessors Georg Brandes. Seine Schrift „Aristokratischer Radikalismus. Eine Abhandlung über Friedrich Nietzsche erscheint in der „Deutschen Rundschau (7/1890, S. 52-89; ersterschienen auf dänisch 1889). Der erste Aufsatz Lou Andreas-Salomés über Nietzsche und seine Philosophie datiert auf das Jahr 1891.
[217] Manche Nietzsche-Interpreten haben das freilich auch anders beurteilt.
[218] Stöcker, H.: Moralität und Sexualität, in: Die Neue Generation, 7-8/1917, S. 327-332, hier 332.

sie greift ebenso Elemente der schopenhauerischen Lebensphilosophie auf. Dies nicht nur durch Nietzsches Vermittlung, sondern auch durch die Malwida von Meysenbugs. In gewisser Weise führt sie den ethisch-sozialistischen Gefühlsidealismus von Meysenbugs fort – mit ihm auch zentrale ästhetische und ethische Gedanken Schopenhauers wie die ästhetische Kontemplation als subjekt-objektverschmelzenden (nicht-instrumentalisierenden) Anschauungs- und Erkenntnisakt[219] und das Mitleid als Wurzel aller Ethik[220] – und amalgamiert diesen mit Nietzsches radikaler Demaskierungs- und Lebensbejahungsphilosophie. Der *Lebenswillensverneinung* Schopenhauers erteilt sie unter Berufung auf Nietzsche allerdings eine klare Absage: „Dem Prediger der Willensverneinung steht der Prophet der heroischen Lebenbejahung gegenüber", so schreibt sie in ihrem Aufsatz „Friedrich Nietzsche und die Frauen" 1904.[221] Von der Lebenswillensverneinung Malwida von Meysenbugs distanziert sie sich ebenso:

> „Bei all ihrer Kraft, Wärme und Zärtlichkeit kann sie einen leisen Stich ins Lehrhaft-Altjüngferliche nicht ganz verleugnen. Das ist der Unterschied, der sie von einem jüngeren Frauengeschlecht trennt, das alle guten und köstlichen Dinge des Lebens herzhaft für sich in Anspruch genommen hat. Malvida blieb zeitlebens die entsagende Nazarenerin, die Schopenhauersche Lebensverneinerin, wo eine jüngere Generation Ja sagen lernte zum Leben, von ganzer Seele – nicht nur trotz seiner Leiden und Schmerzen, sondern gerade mit seinen Leiden und Schmerzen."[222]

Das Leben aus ganzer Seele bejahen, dies nicht nur mit seinen schönen und lustvollen Sonnenseiten, sondern auch mit seinen leidvollen Schattenseiten: Das war für Stöcker fundamental wichtig. Gerade deshalb zollte sie Nietzsches theoretischer und, mehr noch, lebenskünstlerischer und biographisch-errungener Lebensbejahung immer die höchste Achtung. So schreibt sie einmal: wir sollten „mit Ehrfurcht der Tapferkeit gedenken, mit der Nietzsche seinem qualvollen Leiden immer wieder den Willen zum Leben abrang, der das Lachen heilig

---

[219] Vgl. Schopenhauer, A.: Die Welt als Wille und Vorstellung, Bd. 1. Nach der Ausgabe letzter Hand hg. v. L. Lütkehaus, Zürich 1991, S. 244f; vgl. auch S. 352f.

[220] Begründet hat Schopenhauer seine Mitleidsethik in der Preisschrift „Über die Grundlage der Moral", die er 1840 der Königlich Dänischen Societät der Wissenschaften vorlegte, die aber nicht gekrönt wurde, und zwar hauptsächlich deswegen nicht, weil Schopenhauer dort Schulphilosophen (besonders Hegel) mit unangemessenen Worten kritisiert hätte; veröffentlicht dann 1841 und, verbessert und ergänzt, 1860 in: Schopenhauer, A.: Preisschrift über die Grundlage der Moral, in: ders.: Die beiden Grundprobleme der Ethik, Leipzig 1860, S. 103-275.

[221] Stöcker, H.: Friedrich Nietzsche und die Frauen, in: Bühne und Welt 6/1904, S. 857-860, hier 857.

[222] Stöcker, H.: Malvida von Meysenbug, in: Die Neue Generation, 11-12/1916, S. 328-334, hier: 332f.

sprechen, der die Menschen lehren wollte, das Leben mit alle Gefahren und Unzulänglichkeiten zu lieben".[223]

Mit zu dieser Lebensbejahung gehört für Stöcker – und genau an dieser Stelle greift sie Schopenhauers Mitleidsethik und Meysenbugs Sozialidealismus auf – nicht nur die Bejahung des eigenen Lebens, der eigenen Selbstverwirklichung, sondern die Bejahung des *Lebens der Anderen*. Ganz im Gegensatz zu Nietzsches elitären und sozialaristokratischen Tendenzen, finden sich bei Stöcker lebensdemokratische und sozialistisch-humanistische Erwägungen. Auch hier kann sie auf die Vorarbeiten von Meysenbugs zurückgreifen. In ihrem Aufsatz „Malvida von Meysenbug" – den sie anlässlich des 100. Geburtstages 1916 verfasste – erinnert sie z. B. an den Kampf von Meysenbugs gegen die Prostitution:

> „Sie erkannte, daß die Reform durch die ökonomische Unabhängigkeit der Frau vorbereitet werden muß. Wir freuen uns, daß dieser Kampf heute auf allen Linien aufgenommen wird, ‚eine moralische Revolution, welche nicht länger alle Infamie auf die Opfer des Elends und der Sklaverei zurückwerfen will, während die wahren Missetäter vielleicht unter denen sitzen, welche den Staat regieren und die Gesetze machen helfen', wie die Idealistin bereits vor vierzig Jahren schrieb."[224]

Die Tendenz ist klar: von Meysenbug und mehr noch Stöcker solidarisieren sich nicht wie der späte Nietzsche und der ihm nachfolgende Rechtsnietzscheanismus nach oben, in Richtung einer gegebenen oder erst zu erbauenden Elite von (selbsternannten) „Übermenschen", sondern sie solidarisieren sich nach unten: in Richtung der Ausgegrenzten und Ausgebeuteten und Marginalisierten. Für Nietzsche – zumindest den späten Nietzsche von „Jenseits von Gut und Böse" (1886) – wäre das im Zweifelsfall „Sklaven-Moral"; für Meysenbug und Stöcker ist es ein Gebot der Menschlichkeit – und zwar der Menschlichkeit von gefühlskompetenten und ethisch kultivierten Menschen.

Und das ist dann auch das Ziel von Meysenbugs und mehr noch von Stöckers Lebensphilosophieren: eine Lebens-Liebes-Kunst vorzuleben und ihr zugleich dabei das Wort zu reden. Beide können sich dabei auf ihr Vorbild Bettina berufen. Und das machen sie auch – in unterschiedlicher Gewichtung. Von Meysenbug schreibt:

> „Die Schriften zweier Frauen übten damals einen großen Einfluß auf mich aus, die Bücher Bettinas von Arnim und Rahels [Varnhagen von Ense, 1771-1833]. Der ernste, philosophische, keusche und großartige Geist Rahels war mir sympathischer und bewegte mich tief. Aber die poetischen, zauberischen Phantasien Bettinas versetzten mich in ‚Sommernachtsträume'. Sie trug dazu bei, das

---

[223] Stöcker, H.: Lebenserinnerungen, a. a. O., S. 166.
[224] Stöcker, H.: Malvida von Meysenbug, a. a. O., S. 330.

phantastische Element, das in mir war, zu entwickeln, das ich, vom asketischen Geist des christlichen Dogmas getrieben, gewaltsam in mir hatte ersticken wollen.“[225]

Für Stöcker war Bettina noch wichtiger, war, wie sie in ihren Lebenserinnerungen schrieb, eine „der genialsten und von mir von Kindheit an geliebtesten deutschen Frauen“.[226] Im „13. oder 14. Lebenjahr“ kaufte Stöcker sich von ihrem „Taschengeld heimlich zwei Werke“, die sie dann durch ihr ganzes „Leben begleitet und tief beeindruckt haben“. Diese Werke waren Goethes „Faust“ und Bettina von Arnims „Goethes Briefwechsel mit einem Kinde“.[227] Nicht ohne Stolz spricht sie später von sich selbst „als einer guten Kennerin der Bettina-Literatur“.[228] Es gibt einen kleinen aber feinen Aufsatz von ihr über Bettina von Arnim. Darin heißt es: „Bettina aber, dieser erste Mensch, der ganz Frau, ganz Liebende und doch Persönlichkeit, Schützerin der Bedrängten und Verfolgten, Kämpferin für Menschlichkeit zugleich ist – sie empfängt ihr Licht aus sich selbst.“[229] Der Aufsatz trägt den Titel „Bettine von Arnim. ‚Zum Tempeldienst bin ich geboren'“ und wurde von Stöcker für die Festgabe zum 65. Geburtstag von Prof. Dr. Oskar Walzel (1929) verfasst. Walzel, Literaturwissenschaftler, Romantikspezialist und (von 1897-1907) Ordinarius an der Universität Bern, war ihr Doktorvater.

Anlässlich der Neuauflage ihres (mehrere Auflagen erlebenden) Romans „Liebe“ (EA 1922) fasste Helene Stöcker 1924 die Grundintention ihres literarischen Hauptwerkes klar und knapp zusammen. Diese Zusammenfassung ist deshalb so aufschlussreich, weil sie zugleich Programm und Manifest von Helene Stöckers gesamter Lebens-Liebes-Philosophie – der von ihr sogenannten „Neuen Ethik“ – ist.

„Dieses Buch [...] hat sich das Ziel gestellt, dem all unsere Arbeit hier gewidmet ist: eine Erhöhung und Vertiefung unserer persönlichen Liebeskultur. Die Tragik einer seelisch-sinnlichen Leidenschaft, die Mann und Weib in so verschiedenen Epochen ihrer Entwicklung erleben, daß sie – trotz ihres heißen Mühens – nicht vollkommen zueinander gelangen können, das ewige Mißverständnis zweier Menschen, von denen der eine die Welt *verändern*, der andere sie nur *betrachten*, *verstehen* will, soll zur Darstellung kommen. Das Buch ist auch ein Versuch – und in dieser Art vielleicht neu –, das seelische

---

[225] Meysenbug, M. v.: Memoiren einer Idealistin, Bd. 1, Berlin 1918, S. 48.
[226] Stöcker, H.: Lebenserinnerungen, a. a. O., S. 54.
[227] Stöcker, H.: Lebenserinnerungen, a. a. O., S. 45.
[228] Stöcker, H.: Lebenserinnerungen, a. a. O., S. 54.
[229] Stöcker, H.: Bettine von Arnim. ‚Zum Tempeldienst bin ich geboren', in: dies.: Lebenserinnerungen, a. a. O., S. 342-345, hier 345. Der Bettina-Aufsatz war für eine Festschrift zum 65. von Oskar Walzel gedacht. Aufsatz wie Festschrift wurden anscheinend nie veröffentlicht. Erst 2015 wurde der im Nachlass Walzels befindliche handschriftliche Bettina-Beitrag veröffentlicht.

Erleben der Frau in der Liebe rückhaltlos zum Ausdruck zu bringen – in der gegenseitigen Bedingtheit des Physischen und Psychischen –, des fast unlösbaren Zwiespalts in der Liebe des Menschen, der Weib und Persönlichkeit zugleich ist. Es will endlich – und vielleicht vor allem – aus der tragischen Erkenntnis der ,Unverantwortlichkeit des Menschen für sein Wesen und Sein' zu jener *ethischen Duldung* gelangen, die allein fähig macht, die Abgründe zwischen den Menschen zu überbrücken; es will jene höchste Form der Gerechtigkeit menschlicher Unzulänglichkeit gegenüber gewinnen, die ,Liebe mit sehenden Augen ist'! In der Überzeugung, daß, trotz aller wirtschaftlichen und politischen Nöte der Gegenwart, auch das Ringen nach einer beseelteren Form der Geschlechtsliebe eine notwendige Aufgabe in dem ewigen Streben der Menschheit nach höheren Daseinsarten bildet, mögen auch diese neuen Bände – als Dokumente eines solchen Kampfes – wieder hinausgehen und in die Hände derer gelangen, die mit mir, trotz aller Dunkelheit der Gegenwart, an die Menschheit, nein, – mehr noch an die Menschlichkeit glauben."[230]

In dieser Zusammenfassung werden fünf Hauptziele genannt:

Erstens: Erhöhung der persönlichen Liebeskultur in Richtung eines liebevolleren und gerechteren gegenseitigen Erkennens und Anerkennens (geistig-seelische Liebes-Selbst-Kultivierung).

Zweitens: Vertiefung der persönlichen Liebeskultur in Richtung seelisch-sinnlicher Leidenschaft und Sexualität (leiblich-seelische Liebes-Selbst-Kultivierung).

Drittens: Bewusstes Zulassen und Integrieren folgender tragischer Widersprüche und Polaritäten: männlich-weiblich, ergozentrisch-pathozentrisch, physisch-psychisch, triebhaft-personal, ... (dramatisches Zulassen, Austragen und/oder Aushalten existenzieller Widersprüche).

Viertens: Rückhaltloses Zulassen und Zur-Sprache-Bringen weiblichen Liebes-Erlebens und -Lebens (Befreiung und Kultivierung weiblich-erotischen Selbstseins).

Fünftens: Der Geduld, Vertrauen und Versöhnungsbereitschaft fordernde Versuch, trotz der Unverantwortlichkeiten und Unzulänglichkeiten der Menschen – und mit ihnen! – an einer menschlicheren Zukunft mitzugestalten (möglichst illusionsloser Glaube an die Menschlichkeit).

Hinter all dem steht der ,Wille zum Leben' in seiner menschlichsten Form: als ,Wille zum Lieben'. Wobei das Wort Wille eigentlich unglücklich gewählt ist,

---

[230] Stöcker, H.: [Ankündigung der Neuauflage ihres Buches] Liebe, in: Die Neue Generation 12/1924, S. 317. – Auch diese Wendung – die ,Unverantwortlichkeit des Menschen für sein Wesen und Sein' – übernimmt Stöcker von Nietzsche, interpretiert sie aber auf ihre ganz eigene (mir sympathischere) Weise; vgl. hierzu: Stöcker, H.: Lebenserinnerungen, a. a. O., S. 38f.; und: Stopczyk-Pfundstein, A.: Philosophin der Liebe, a. a. O., S. 110-114.

denn es ist eher etwas wie das Bedürfnis nach Liebe, die Sehnsucht nach Liebe – eine Hoffnung „auf eine harmonische Gestaltung der menschlichen Beziehungen“[231] und Naturverhältnisse.

Es sollte bis in die Mitte der 1950er und 60er Jahre dauern, bis ein anderer großer Lebensdenker und Sozialhumanist hervortrat: Erich Fromm mit seinem sozialistischen Humanismus, in dem die Themen Lebenskunst als Liebeskunst,[232] Wille zum Leben als Wille zum Lieben und Biophilie als Rettung vor der mehr und mehr um sich greifenden Nekrophilie westlicher Industriezivilisationen wieder auftauchen sollten. Wie Fromm in dem Vortrag von 1962, „Ein neuer Humanismus als Voraussetzung für die eine Welt“, sagt:

> „Der Mensch kann statt durch Regression das Einssein dadurch finden, daß er seine spezifisch menschlichen Kräfte der Vernunft und der Liebe in solch einem Maße entwickelt, daß die Welt sein Zuhause wird. Dann wird er völlig menschlich, lebt in neuer Harmonie mit sich selbst, seinen Mitmenschen und sogar mit der Natur.“[233]

Ich bin mir ziemlich sicher, dass der von Freud und Marx herkommende Fromm nicht wusste, dass eine Frau und Zeitgenossin Freuds diese Gedanken auf eine geniale Art und Weise bereits ein halbes Jahrhundert vor ihm – und teilweise differenzierter als er – zum Ausdruck brachte: die Linksnietzscheanerin Helene Stöcker. Gleiches gilt für Fritz Riemann und seine – ebenfalls auf der Linie von Stöckers und Fromms Philosophie der Lebens-Liebes-Kunst liegende – Schrift „Die Fähigkeit zu lieben“.[234]

Ich möchte an dieser Stelle wieder einen Blick auf Schlegel werfen. Was hat er zum Thema ‚Lebenskunst als Liebeskunst’ zu sagen? Hat er etwas dazu zu sagen? In § 38 spricht Schlegel von der Liebes-Kultivierung. Freilich weder stöcker-nietzsche-haft, noch auch fromm-riemann-haft, sondern durchaus mit einem Richtung Katholizismus schielenden Blick. Aber die Grundtendenz ist ähnlich: Die Liebe als stärkster Naturtrieb bedarf am meisten der Kultivierung. Wenngleich die Ehe als Liebes- und Treue-Bund hier eine Schlüsselrolle spielt, sind doch auch andere Liebes-Kultivierungs-Arten, andere Liebes- und Treuebünde

---

[231] Aus einem von Helene Stöcker 1939 geschriebenen Lebenslauf. Veröffentlicht in: Ariadne – Almanach des Archivs der deutschen Frauenbewegung, 5/1986.

[232] Fromm, E.: Die Kunst des Liebens, in: ders.: Sozialistischer Humanismus und Humanistische Ethik, Gesamtausgabe Bd. IX, hg. v. R. Funk, München 1989, S. 437-518 (engl. EA: The Art of Loving, New York 1956; dt. EA: Die Kunst des Liebens, Frankfurt a. M. Berlin u. Wien 1971).

[233] Fromm, E.: Ein neuer Humanismus als Voraussetzung für die eine Welt, in: ders.: Humanismus als reale Utopie, Schriften aus dem Nachlass Bd. 8, hg. v. R. Funk, Weinheim und Basel 1992, S. 71-92, hier: 88.

[234] Riemann, F.: Die Fähigkeit zu lieben, Berlin [2]1999.

fast gleich wichtig: familiäre Liebe, Mutterliebe, Elternliebe, Verwandschafts- und Freundschaftsliebe.

In § 39 steuert Schlegel direkt auf die geistige Ebene der Liebe zu: Die Liebe als geistige Leidenschaft; Liebe als Begeisterung für eine Idee, die im Diesseits gepflegt, geschützt oder verwirklicht werden kann. Als ein wichtiges Beispiel nennt er hier die „Vaterlandsliebe". Und in § 40 weitere wichtige Arten der Begeisterung: Liebe für die Kunst, Liebe für die Wissenschaft, Entdecker-Leidenschaft.

Die entscheidende Rolle bei der Kultivierung der Liebe spielt für Schlegel die Sehnsucht. In § 42 führt er die Sehnsucht als eine besonders ausgezeichnete und einzigartige geistige Leidenschaft ins Feld. Nur sie sei „auf das Ewige und Göttliche überhaupt gerichtet", nur sie entspringe dem ewigen Gefühl der liebenden Seele und suche dasselben zeitlebens. Wie ersichtlich argumentiert Schlegel hier metaphysisch. Wenn wir die hier zum Tragen kommende Metaphysik aber zurückfahren und erden, zeigt sich etwas, was sonst meist übersehen wird: Die Schlüsselrolle der Sehnsucht bei der Liebes- und Selbstkultivierung. Es ist der § 43, in dem Schlegel die Sehnsucht weniger metaphysisch und mehr entwicklungspsychologisch fasst. Er sagt: im Jugendalter sei das Sehnen und die Sehnsucht weit verbreitet; und zwar als sanfte Schwermut verbunden mit einem halb unbewussten angenehmen Gefühl der Lebensfülle. – Eine geniale phänomenologisch-psychologische Charakterisierung!

Und genau dieses jugendliche (Liebes-)Sehnen – so Schlegel in § 44 – gelte es zu erhalten und zu kultivieren. Doch oft bleibe die jugendliche Sehnsucht auf die Phase der ersten großen (erfüllten) Liebe beschränkt und erlösche mit der Befriedigung des sexuellen Dranges. Demgegenüber gelte es sich die Sehnsucht zu erhalten, gelte es, im Erwachsenenalter zur „echten Sehnsucht" durchzustoßen. In Schlegels Worten:

> „Wenn aber die Sehnsucht bleibt, auch nachdem die Zeit der jugendlich aufwallenden Gefühle schon mehr vorüber ist, wenn sie nur immer tiefer wird, durch kein irdisches Glück befriedigt, und durch kein irdisches Unglück entkräftet; wenn sie mitten im Kampfe des Lebens und im Drange der Welt, wie ein Licht suchendes Auge, aus den sturmbewegten Wellen im Meere der Zeiten, zum Himmel hinaufgewendet bleibt, ob sie nicht dort einen Stern der ewigen Hoffnung fände: dann ist dieses die echte Sehnsucht, welche auf das Göttliche gerichtet, und welche selbst göttlichen Ursprungs ist."

Freilich kann auch hier – im Rahmen einer zeitgemäßen Lebensphilosophie – Schlegel Sehnsuchtsmetaphysik nicht eins zu eins übernommen werden. Doch es fällt andererseits auch nicht schwer, sie zu entmetaphysizieren und zu erden. Dann zeigt sich, dass die Kultivierung einer Liebes-Sehnsucht für die Kultivierung der Liebesfähigkeit – sowohl im leiblich-sinnlichen als auch im seelisch-geistigen Sinne – fundamental ist. Denn die Erfahrung (zumindest meine Erfahrung) zeigt (mir): dass mit dem Erlöschen jeglichen inneren Sehnens meist auch ein Erlöschen tieferer Liebesfähigkeit einhergeht. Der völlig sehnsuchtslose Mensch ist zugleich der völlig desillusionierte und gefühlsnivellierte Mensch. Und dieser ist meist ein von den Lebensquellen abgeschnittener Mensch. Statt herzhaft zu lachen oder zu weinen, vermag er nur noch zynisch zu lächeln oder sarkastisch zu kommentieren. Statt mit Leib und Seele zu lieben, vermag er nur noch zwischen Optionen wie Ego-Befriedigung, Lust-Kalkül, intellektuellem Besserwissen, zynischem Darüberstehen oder sarkastischer Distanzierung zu wählen. Statt an das Gute, Schöne und Wahr(haftig)e in diesem seinem Leben zu glauben, versucht er es zu belächeln, zu entwerten, wegzureden. Der völlig desillusionierte Mensch hat den Zustand, den Knigge so treffend „Lebendigtodseyn" nannte,[235] für sich und auf seine Art verwirklicht.

Um dies hervorzuheben: Ich möchte hier die ‚echte Sehnsucht' nicht wie Schlegel (halb) metaphysisch, sondern ganz und gar persönlich und diesseitig (endophysisch) verstanden wissen. Dann aber – auf dieser Basis – kann ich folgende Sätze Schlegels voll bejahen:

> „Aus dieser Wurzel geht fast alles geistig Schöne und Große hervor, ja auch selbst diese Liebe zu dem geistigen Wissen, und innern Verstehen des Lebens, die Philosophie hat keine andre Quelle, und man könnte dieselbe auch in dieser Beziehung eben so passend die Lehre von der Sehnsucht, oder die Wissenschaft der Sehnsucht nennen." (§ 45; vgl. hierzu auch § 92f.)

Weniger metaphysisch, dafür aber tiefschürfender, hat Bettina von Arnim diesbezüglich gesagt: „Ach, wie schmachtet doch die Seele nach Schönheit, nach Leben – die Schönheit ist Lebensnahrung der Seele. [...] Sehnsucht ist Schönheitskeim, der sich entfaltet."[236] Ja, das ist es: liebende Sehnsucht ist Schönheitskeim, ist Lebenskeim, der sich entfaltet …

Hier zeigen sich die tiefsten Lebensquellen jeden echten Lebensphilosophierens, jeder echten Lebens-Liebes-Kunst. Und es ist klar, dass die jugendliche Sehnsucht – und was wir später aus ihr ‚machen', wie wir sie in unser Erwachsenendasein ‚mitnehmen' und integrieren, wie wir sie reifen lassen und in diesem Sinne ‚kultivieren' – hier ein Schlüsselrolle spielt. Tief und schön ist das Bild, das Schlegel im § 46 zeichnet: Jugendliche Sehnsucht, Phantasie und Leidenschaft sind die höchsten Naturgaben. Sie bilden einen blühenden inneren Garten, der aber der Hege und Pflege bedarf.

---

[235] Knigge, A. v.: Der Umgang mit Menschen oder über Lebensphilosophie, Lebensgenuß und Lebenspflichten – Eine Fortsetzung zu den [sic] Umgang mit Menschen, Bremen u. Aurich 1806, S. 86f.

[236] Arnim, B. v.: Die Günderode, in: dies., Werke und Briefe, Bd. 1, hg. v. G. Konrad, Darmstadt 1959, S. 340.

Was die Philosophen oft vergessen, den Dichterinnen und Dichtern ist es eher bewusst: dass es diesen blühenden inneren Garten gibt – und wie er zu kultivieren sei. So hat die nicaraguanische Schriftstellerin Gioconda Belli diesen ‚Garten'-Topos in einem Roman umkreist und entfaltet; im Roman „Waslala", der von einer gleichnamigen topisch-utopischen ‚Gartenstadt' im Dschungel handelt. Ich gebe eine Schlüsselpassage wieder, die zeigt, wie die von Schlegel anvisierte „echte Sehnsucht" auch heute noch eine wichtige poetisch-säkulare Rolle beim Aufbau einer menschlicheren und liebevolleren Welt spielen kann:

> „Warum das Ideal verwerfen [...]? Warum den Wert abstreiten, den die Träume haben? Auf der Suche nach ihren Träumen hat sich die Menschheit doch erst selbst geschaffen! Aus der dauernden Spannung zwischen dem, was sein kann, und dem, was ist, entsteht das Wachsen! [...] Man meint immer, die Erinnerung beziehe sich nur auf das Vergangene, doch bin ich überzeugt davon, daß es auch eine Erinnerung der Zukunft gibt; daß wir in uns auch die Erinnerung an das bewahren, was sein, was werden kann. Auf der Suche nach dieser flüchtigen Erinnerung haben wir Menschen uns gefunden, und deshalb ist die Sehnsucht nach Orten wie Waslala unersättlich. [...] Ideal und Wirklichkeit müssen sich gegenseitig erhellen und beleuchten; eines muß dem anderen entgegeneilen, damit sie sich eines Tages treffen können."[237]

Schlegel hat sich dem Problem der Lebens-Liebes-Kunst noch von einer anderen Seite her genähert: von der des menschlichen Bewusstseins. So, wie sich für den Menschen die Liebe eben gerade *nicht* im biologischen Sinne von selbst versteht, so versteht sich auch sein spezifisch menschlicher Bewusstseinszustand *nicht* von selbst. So, wie die menschliche Liebe die Sehnsucht braucht, um ‚ganz' werden zu können, so braucht das menschliche Bewusstsein die Harmonisierung. Denn der *Status quo* des sich selbst bewussten *erwachsenen* Bewusstseins ist, so Schlegel, der Zustand der vielfachen inneren Zerrissenheit. Eine ursprüngliche Harmonie des *erwachsenen* Bewusstseins

> „ist aber an sich so wenig der Fall, dass vielmehr das menschliche Bewusstsein, so wie es wirklich ist, als zusammengesetzt aus lauter unendlichem Zwiespalt sich darstellt. Vierfach, sagte ich, ist das menschliche Bewusstsein; und jene vier entgegenstehenden Kräfte desselben, Verstand und Willen, Vernunft und Phantasie, nannte ich die vier Endpunkte und Hauptäste, oder auch die vier Weltgegenden desselben, für diese innere Gedankenwelt." (§ 75)

Und hier entwickelt Schlegel wieder einen interessanten und bis heute unabgegoltenen Gedanken: *die* bewusstseinsphilosophische Grundtatsache ist nicht das „Cogito", sondern der vielfache innere Bewusstseins-Widerstreit. In § 80 sagt er dazu:

---

[237] Belli, G.: Waslala, München 1999, S. 330f.

> „Die einzige Tatsache des Bewusstseins dagegen, welche wirklich so zu heißen verdiente, wäre dieser nicht bloß im Denken zwischen dem Ich und Nicht-Ich sich vorfindende, sondern durch alle Zweige oder Teile und Formen, Arten und Sphären des Bewusstseins, in Geist und Seele, Verstand und Willen, Vernunft und Phantasie, und durch das Ganze hindurchgehende und überall sich kundgebende Zwiespalt des gesamten Menschenbewusstseins und des innern Lebens, von welchem die tausendfache materielle Zwietracht des äußern Lebens nur der Reflex und Widerschein, eine natürliche Folge und weitre Entwicklung desselben ist."

Der Ausgangspunkt einer ‚Bewusstseins-Lebensphilosophie' könne durchaus auch die reale innere Zerrissenheit sein. Und die Aufgabe einer solchen Philosophie sei die Wiederherstellung des ursprünglich harmonischen Bewusstseins.

> „Von dieser Tatsache des so mannigfachen und vielgestaltigen Zwiespalts im menschlichen Bewusstsein könnte eine Darstellung der Philosophie auch recht gut ausgehen; um dann von diesem Punkte aus, die Lösung ihrer Aufgabe und den Weg zu diesem Ziele zu suchen; welche Aufgabe, von dieser Seite erfasst, dann in der Wiederherstellung des ursprünglichen, natürlichen, rechten, mit sich selbst einigen und harmonischen Bewusstseins bestehen würde und gesucht werden müsste." (§ 81)

Wie aber wird diese Harmonisierung erreicht? Wir wissen es jetzt schon: durch die Kultivierung der eigenen Liebe und Liebesfähigkeit am Leitband einer ‚echten' Sehnsucht. Dabei spielen die Sprache, der Dialog unter Freund/inn/en und der dramatisch-schöpferischer Polylog eine wichtige Rolle (vgl. §§ 94-99) – und, wie sich gleich zeigen wird, der liebe- und lustvolle Umgang mit dem eigenen Leib.

6 Erster Ausblick: Lebensphilosophisches Leib-Denken und Leibes-Lust-Kultivieren

Bereits die sogenannten ‚Vorsokratiker' haben über den Leib nachgedacht, eigenständig nachgedacht. Mit der sokratisch-platonisch-aristotelischen Wende wurden diese Denkbemühungen verstärkt und systematisiert. Zugleich geriet das Denken über den Leib in den Sog einer logozentrischen Metaphysik und Onto(theo)logie. Mensch begann, dem Leib als einem unreinen materiellen Prinzip zu misstrauen, ihn mehr und mehr abzulehnen. Die Folgen: latente oder manifeste Sinnes- und Leibfeindlichkeit. Der Leib als Gegenstand unverkürzter philosophischer Besinnung blieb auf der Strecke. Die kopernikanisch-cartesisch-kantische Wende brachte manche gravierende Neuerungen mit sich. Die Überdominanz von Metaphysik und Onto(theo)logie wurde durch die Überdominanz von Naturwissenschaft und Transzendentalphilosophie gebrochen. Der Leib wurde zu einem Untersuchungsobjekt, das von einem Beobachtersubjekt rational erforscht und dienstbar gemacht wurde. Dabei verhielt sich das Beobachtersubjekt dem Leib gegenüber kritisch-ausgrenzend. Nur das, was rational nachkonstruierbar und verwertbar war, wurde zugelassen. Der Rest wurde methodisch ausgeblendet, ignoriert, verdrängt. Die Folgen: die Leib-Seele-Einheit wurde aufgespalten und zwischen einem materiellen Körperding und einem rationalen Denk-Ich methodisch zerrieben. Wieder blieb der Leib als Thema unverkürzter philosophischer Besinnung auf der Strecke.

Erst lebensphilosophische Vordenker und Lebensphilosophen begannen, dem Leib ohne grundsätzliches Misstrauen und ohne rationale Ausgrenzungsmethodik gegenüberzutreten. Sie begannen, den Leib philosophisch ernstzunehmen. Und obwohl mensch in Bezug auf ihre Denkansätze (vielleicht mit Ausnahme von Nietzsche) noch nicht von einer Leibphilosophie im eigentlichen Sinne sprechen kann, bleibt doch wahr, dass hier erstmals versucht wurde, die Leiblichkeit des Menschen als Fundamentalbedingung menschlichen Lebens und Denkens unverkürzt in den Blick zu bekommen. Ich betone: *versucht wurde*. Denn, um es gleich zu sagen, was in der Lebensphilosophie bis heute nicht gelang, ist, ein eigenständiges Leib-Denken zu entwickeln.

Zwar wurde mit Arthur Schopenhauer und mehr noch mit Friedrich Nietzsche der Leib zu einem grundlegenden philosophisch-erkenntnistheoretischen Thema. Der Leib, so Schopenhauer, sei Erscheinung des unbewussten Willens;[238] und der

[238] Schopenhauer, A.: Die Welt als Wille und Vorstellung, Bd. 1, Nach der Ausgabe letzter Hand hg. v. L. Lütkehaus, Zürich 1991, S. 150ff.

unbewusste Wille, so Nietzsche, die große Vernunft des Leibes.[239] Zwar wurde mit Carl Gustav Carus und mehr noch mit Ludwig Klages die Leib-Seele-Einheit zu einem philosophisch-ausdruckskundlichen Thema. Der „Leib“, so Carus, sei „die Erscheinung der Seele“;[240] und die unbewusste Seele, so Klages, „der Sinn des Leibes“.[241] Zwar wurde mit Miguel de Unamuno und José Ortega y Gasset der leibende Mensch zum philosophisch-anthropologischen Thema. Nicht vom abstrakten Menschen an sich, so Unamuno, sondern vom „Menschen“ aus „Fleisch und Blut“ – vom Menschen, „der da geboren wird, leidet und stirbt (vor allem, stirbt), der da ißt und trinkt und spielt und schläft und denkt und liebt“ – habe die Philosophie auszugehen;[242] vom Menschen, so Ortega, „der in einem Körper steckt und der in diesem Sinn – aber nur in diesem – sein eigener Körper *ist*.“[243] Und doch sind schließlich alle Lebensphilosophen auf je eigenen Art wieder vom Leib abgeglitten: Nietzsche zum Machtwillen, Klages zur unbewussten Seele, Ortega zur sich selbst entwerfenden Existenz hin.

Darin ist ein entscheidender Grund zu sehen, wieso es – trotz der vielen und vielversprechenden Ansätze und Einsichten – auf lebensphilosophischem Boden bisher zu keinem eigenständigen Leib-Denken kam. Leib-Denken ist im Bereich der Lebensphilosophie fragmentarisch geblieben. Ganz im Gegensatz zur philosophischen (und, nicht zu vergessen, psychologischen) Anthropologie, vor allem aber zur Phänomenologie, wo sich – in aneignender wie abwehrender Auseinandersetzung mit lebensphilosophischen Positionen – ein leibphilosophischer Diskurs etablieren und entfalten konnte.

Darin ist auch ein entscheidender Grund zu sehen, weshalb ich als Herausgeber des „II. Jahrbuchs für Lebensphilosophie“ das Thema „Leib-Denken“ gewählt und, gemeinsam mit allen dort versammelten Autorinnen und Autoren, versucht habe, die relevanten lebensphilosophischen und phänomenologischen Positionen und Potenziale zu eruieren und zu versammeln. Dabei hat sich der erste Eindruck bestätigt und verstärkt. Lebensphilosophie hatte und hat zum Thema „Leib-Denken“ Einiges, ja, Gravierendes zu sagen, nur fehlt eben ein übergreifendes und integrierendes Konzept. Es fehlt ein lebensphilosophisch begründetes Konzept, das die verschiedenen, teilweise disparaten Ansätze und Einsichten so anordnet und ergänzt, dass sie zueinander in Beziehung treten und dadurch fruchtbar werden können.

---

[239] Nietzsche, F.: Also sprach Zarathustra, in: Kritische Studienausgabe, Bd. 4, hg. v. G. Colli u. M. Montinari, München 1999, S. 39.

[240] Carus, C. G.: Psyche, Zur Entwicklungsgeschichte der Seele, hg. v. R. Marx. Leipzig 1931 (EA 1846), S. 50.

[241] Klages, L.: Vom kosmogonischen Eros, Bonn ^{9}1988, S. 61.

[242] Unamuno, M. de: Das tragische Lebensgefühl, in: Gesammelte Werke, hg. u. übers. v. O. Buek, Wien u. Leipzig o. J., S. 1.

[243] Ortega y Gasset, J.: Der Mensch und die Leute, München 1961, S. 63.

Es stellte sich also die Aufgabe, die vielen einzelnen Mosaiksteinchen, die sich in der Lebensphilosophie und ihrer Nähe zum Thema „Leib-Denken" auffinden lassen, zu einem größeren Bild zusammenzustellen. Zu einem Bild, aus dem erhellt, dass und wie ein eigenständiges lebensphilosophisches Leib-Denken möglich wäre. Solch einer Aufgabe habe ich mich in der Einleitung des „II. Jahrbuchs für Lebensphilosophie" angenommen.[244] Es war, wie sich im Lauf der Arbeit herausstellte, keine einfach und schnell zu lösenden Aufgabe. Und ob mein integrativer Lösungsversuch gelungen ist, ob er lebensphilosophisches Leib-Denken zu fördern in der Lage ist, kann nur die Zukunft erweisen. Was auf jeden Fall mehr ins Blickfeld zukünftigen Leib-Denkens rücken sollte, ist meines Erachtens der lebendige vollsinnliche Leib und das leibnahe sinnesverliebte Ich. Wieso? Um den im Abendland verhängnisvoll überdominanten rein geistigen und leibverdrängenden Ich-Idealen endlich ein vernünftiges leibbefreundetes und leiberhellendes Ich-Ideal entgegensetzen zu können: philosophisch, persönlich, kulturell.

6.1 Lebendiger Leib und toter Körper

Anders als andere germanische Sprachen unterscheidet die deutsche zwischen Leib und Körper. Ursprünglich bedeutete das althochdeutsche Wort „lib" – ebenso wie das angelsächsische und das altnordische „lif" – vor allem „Leben". Im Mittelhochdeutschen wird der „lib" zum „lip" und bedeutet nun neben „Leben" auch „Leib". Das Wort „Körper" dagegen wird im 13. Jahrhundert aus dem lateinischen Wortstamm „corpor-" (zu „corpus") entlehnt und zum mittelhochdeutschen „korpor" umgeformt. „Begünstigt wurde die Entlehnung durch die Kirche mit Abendmahl und Leichnamverehrung, vielleicht auch durch die Heilkunde." Korpor bzw. Körper tritt damit gleichrangig neben das ältere deutsche Wort Leiche (ahd. „lih", mhd. „lich") bzw. Leichnam (ahd. „lihhamo", mhd. „licham").[245] So dass damit das mittelhochdeutsche Wort „lip" mit den Bedeutungen „Leben" und „Leib", das mittelhochdeutsche Wort „korpor" mit den Bedeutungen „Körper" und „Leichnam" greifbar wird.[246] Es liegt nun nahe – ja, bietet sich regelrecht an –, diese Unterscheidung lebensphilosophisch aufzugreifen und den lebendigen und beseelten Leib in diesem Sinne dem toten Körper gegenüberzustellen.

[244] Kozljanič, R. J.: Auf dem Weg zu einem lebendigen Leib-Denken – Versuch einer integrativen Einleitung, in: II. Jahrbuch für Lebensphilosophie (Leib-Denken), 2/2006, S. 9-70. – Das hier abgedruckte 6. Kapitel wurde größtenteils aus dieser Einleitung übernommen.

[245] Kluge, F.: Etymologisches Wörterbuch der deutschen Sprache, Berlin [18]1960, S. 394; zum „lip" vgl. S. 431; zu „lih" bzw. „lihhamo" vgl. S. 432.

[246] Vgl. hierzu auch: Lexer, M.: Mittelhochdeutsches Taschenwörterbuch, Stuttgart [37]1986, S. 113 u. 128.

Diese Gegenüberstellung mag zunächst klar, allzu klar, ja fast banal anmuten: Solange ein Mensch lebt, hat er einen lebendigen Leib. Im und durch den Tod, wenn ihn das Leben – oder wie mensch auch sagt: die Seele und/oder der Geist – verlässt, verwandelt sich dieser lebendige, warme, fühlende, selbstbewegte, agierende, sich ausdrückende und mitteilende Leib in einen toten Körper: kalt, reglos, fühllos, totenmaskenhaft. Wo liegt hier also das Problem? Doch schon allein diese Frage, wird sie erst einmal gestellt, zeigt, dass der Übergang des lebendigen Leibes in den toten Körper – so oft wir ihn beim Sterben eines Menschen beobachten können oder uns auch nur in Gedanken vor Augen führen – einige Unruhe in uns auslöst und so manche, kaum abdrängbare Frage stellt. Z. B. die Frage nach dem, was im Tod eigentlich entschwindet: das Leben, die Seele oder der Geist? Oder gar nichts? Aber wenn gar nichts: wieso dann der Tod und die Beunruhigung?

6.2 Die Flucht vor dem lebendigen Leib ...

Doch nicht auf diese Frage will ich hinaus, sondern auf eine andere. Könnte es nämlich sein, dass die Unterscheidung des lebendigen Leibes vom toten Körper eine Unterscheidung ist, die sich nicht nur angesichts eines Leichnams, sondern auch und vor allem angesichts eines lebenden Menschen stellt? Allem Anschein nach: ja. Die Sterblichkeit des eigenen Leibes als die geahnte oder bewusste Gewissheit, einmal selbst ein toter Körper zu sein, bedrängt uns schon zu Lebzeiten. Dies teilweise so massiv, dass wir der Tatsache der eigenen Sterblichkeit gar nicht ins Auge blicken können. Wir schauen weg und suchen ihr zu entfliehen. Die Flucht vor der eigenen Sterblichkeit wird so zur Flucht vor der eigenen Leiblichkeit, zur Flucht vor dem lebendigen, aber gerade darum eben auch sterblichen Leib. Anders ausgedrückt: Das Ich des Menschen rückt ab von seinem Leib. Es distanziert sich von ihm, soweit es eben möglich ist. Es kommt damit zur Ich-Leib-Spaltung. Mehr noch: es kommt auch zur Ich-Ich-Spaltung. Das sinnesverliebte, leiblich engagierte und involvierte Ich – ein *leibnahes* Ich, das zwar nicht mit dem Leib identisch, aber doch wie mit einem elastischen und unzerreißbaren Band mit ihm verknüpft ist; ein naives und kindliches Ich, das sich gern an seinem und an anderen Leibern erfreut, auch wenn es sich dabei immer wieder einmal wundstößt – wird von einem angeblich reinen, idealen, unleiblichen und deshalb scheinbar unsterblichen Vernunft-Ich als dem nun einzig noch zulässigen Identifikationspunkt unterschieden. Zugleich wird – argumentativ, selbstsuggestiv und/oder sozialsuggestiv – die Ansicht verbreitet, dass dieses reine Vernunft-Ich das eigentliche, das wahre und gute Ich, das leibnahe Ich hingegen das unreine, unwahre, das leiblich kontaminierte und dadurch vom Tod infizierte und deshalb abzustoßende Ich sei.

Demzufolge kann mensch zwischen einem *leibverbundenen* Ich-Ideal, das sich im eigenen Leib zuhause fühlt, das also gewissermaßen in einem Freundschaftsverhältnis zum eigenen Leib und zum leibnahen Ich steht, und einem *unleiblichen* Ich-Ideal, das sich so weit als irgend möglich vom eigenen Leib und dem leibnahen Ich distanziert und deshalb meist in einem Feindschaftsverhältnis jenen gegenübertritt, unterscheiden. Der englische Psychiater Ronald D. Laing hat in seiner Studie „Das geteilte Selbst“ diese zwei prinzipiellen Arten des In-der-Welt-Seins oder, wie ich deutlicher sagen möchte, des Im-Leib-Seins, untersucht und so das „verkörperte Selbst“ dem „unverkörperten Selbst“ gegenübergestellt.

> „Die verkörperte Person hat das Gefühl, Fleisch, Blut und Knochen zu sein, biologisch lebendig und real zu sein [...]. In dem Ausmaß, in dem sie vollständig ‚in' ihrem Körper ist, wird sie wahrscheinlich ein Gefühl für personale Kontinuität in der Zeit besitzen. Sie wird sich als Subjekt von Gefahren erfahren, die ihren Körper bedrohen, die Gefahren des Angriffs, der Verletzung, der Krankheit, des Verfalls und des Todes. Sie ist impliziert in körperlichen Begierden und in den Gratifikationen und Frustrationen des Körpers. Das Individuum kann so von der Erfahrung seines Körpers ausgehen und auf dieser Grundlage Person mit anderen menschlichen Wesen sein. Allerdings kann es, obwohl sein Sein nicht gespalten ist in ein Selbst als ‚Geist' und in ein Selbst als Körper, trotzdem auf viele Arten mit sich uneins sein. In gewisser Hinsicht ist seine Position heikler als die des von seinem Körper irgendwie geschiedenen Individuums, da ihm das Gefühl der Immunität gegen physisches Leid fehlt, das manchmal von der nur zum Teil verkörperten Person empfunden wird.“[247]

Anders verhält es sich in Bezug auf das unverkörperte Selbst:

> „In dieser Position erfährt das Individuum sein Selbst als mehr oder weniger geschieden und losgelöst von seinem Körper. *Der Körper wird mehr als Objekt unter anderen Objekten in der Welt denn als Kern des eigenen Seins empfunden.* Anstatt der Kern des eigenen wahren Selbst zu sein, wird der Körper als der Kern eines *falschen Selbst* empfunden, auf das ein losgelöstes, unverkörpertes, ‚inneres', ‚wahres' Selbst je nachdem mit Zärtlichkeit, Belustigung oder Haß schaut. Eine solche Scheidung des Selbst vom Körper schließt das unverkörperte Selbst von jeder direkten Teilnahme an all denjenigen Aspekten des Lebens aus, die ausschließlich durch die Perzeptionen, Empfindungen und Bewegungen (Ausdrücke, Gesten, Worte, Aktionen usw.) des Körpers vermittelt werden. Das unverkörperte Selbst, als Beobachter all dessen, was der Körper tut, engagiert sich in nichts unmittelbar. Seine Funktionen sind Beobachtung, Kontrolle und Kritik dessen, was der Körper erfährt und tut und

---

247 Laing, R. D.: Das geteilte Selbst, Eine existentielle Studie über geistige Gesundheit und Wahnsinn, Reinbek 1976, S. 57.

diejenigen Operationen, die man gewöhnlich als rein ‚geistige' definiert. Das unverkörperte Selbst wird hyperbewußt."[248]

Die Angst vor dem eigenen Tod und, damit engstens verbunden, vor den Lüsten und Leiden des Leibes, führt also im Extremfall nicht nur zur Flucht vor dem lebendigen Leib, sondern auch zur Flucht vor dem leibnahen Ich, das als falsches Ich vom wahren Ich abgespalten wird. Das leibnahe Ich – als das zwischen Leibseelischem und Geistigem spielerisch Vermittelnde – wird mit dem Leib zugleich in den Abgrund der Verdrängung gestoßen.

Nun kann zwar die Ansicht von der absoluten Autonomie des reinen Ichs rational-argumentativ und/oder pseudorational-argumentativ aufrechterhalten werden. Sie kann aber nie gelebt werden. Denn auch das reinste und idealste und geistigste Ich benötigt einen Leib und ein leibnahes Ich, um zu leben, zu kommunizieren, zu handeln. Es kommt ohne sie nicht aus. Der beseelte Leib und das leibnahe Ich als die unersetzbaren Lebensorgane des Menschen melden sich auch im Zustand der Verdrängung, wenngleich meist verschoben-indirekt und subtilhintenherum, immer aber noch deutlich genug. Aus dem Abgrund der Verdrängung klagen sie die vampyrische Alleinherrschaft des leiblosen idealen Ichs an. Eine Alleinherrschaft, die nur durch permanente und/oder habitualisierte und chronifizierte Abwehr des leiblichen Daseins möglich ist.

6.3 ... führt zu einem irrealen Ich in einem halbtoten Körper

Weil sich das ideale Ich – entgegen seiner größenwahnsinnigen Allmachtsphantasien – zeitlebens nie völlig vom Leib lösen kann, wirkt sich die von ihm ausgehende Abwehrhaltung auch auf den Leib aus. Eine dieser Auswirkungen ist die Muskelverspannung. Wo diese Muskelverspannung, wegen permanenter Abwehrhaltung des idealen Ichs auf Dauer gestellt, chronisch wird, entsteht das, was Wilhelm Reich treffend „muskuläre Panzerung" nannte. Der Muskelpanzer ist das körperliche Pendant des psychischen Charakterpanzers, die „körperliche Seite des Verdrängungsvorganges". Er fesselt den lebendigen Leib und macht ihn, in gewissen Grenzen freilich, zum starren, unbeweglichen, maskenhaften, eingefrorenen und in diesem Sinne toten Körper.[249] Die Flucht vor dem Leib als Flucht vor dem Tod tötet den Leib schon zu Lebzeiten und verwandelt ihn, sozusagen bei lebendigem Leibe, in einen halbtoten Körper, der (um mich wieder des genialen

---

[248] Laing, R. D.: a.a.O., S. 58f.

[249] Reich, W.: Die Entdeckung des Orgons – Die Funktion des Orgasmus, Frankfurt a. M. 1971, S. 226ff, v. a. S. 228.

Terminus von Knigge zu bedienen) in einem Zustand des „Lebendigtodseyns“[250] vor sich hinvegetiert.

Doch auch gegenüber dem leibnahen Ich ist das ideale Ich nicht wirklich unabhängig. Weil es sich mit dem naiven, spielerischen, spontanen und sinnesverliebten Ich nicht mehr identifizieren will, weil es sich nicht mit der an ihm haftenden Sterblichkeit infizieren will, stößt es dieses Ich weit von sich. Dadurch wird es zu etwas Anderem, Verfremdeten, Nicht-Ichhaften, Dinghaften. Es kann nun vom idealen Ich wie ein Ding behandelt und bearbeitet werden. Je nach Ethik, Intention oder Bedarf kann es vom idealen Ich weggeschoben, zurechtgebogen und für die eigenen Zwecke mannigfach instrumentalisiert werden. Indem das abgespaltene leibnahe Ich dem Belieben des idealen Ichs anheimfällt, wird es nicht nur verdinglicht, sondern eben auch beliebig. Damit verliert es letztlich seine Funktion als Vermittler und Garant leibhaftiger Wirklichkeit. Es wird irreal und reißt über kurz oder lang das eben nur vermeintlich unabhängige ideale Ich in den Strudel der Irrealität mit hinein. Schließlich findet sich das ideale Ich als irreales Ich, gekettet an einen fremdgewordenen halbtoten Körper, wieder.

Da der Leib aber nicht zur Gänze abgetötet ist, sondern als ‚lebendigtoter' Körper, gleichsam in ein Zombie verwandelt, weitervegetiert, stellt er bzw. die Wirklichkeit durch ihn weiterhin, aus dem Abgrund der Verdrängung heraus, seine dadurch abgründig gewordenen Ansprüche. Das ideale Ich, schon vor seiner Irrealisierung unfähig, den leiblichen Ansprüchen gerecht zu werden, wird jetzt, an diesem äußersten und extremsten Punkt seiner Fluchtbewegung, wo es vom Schatten des Verdrängten in der geistigen Nacht seiner selbstverschuldeten Irrealität eingeholt wird, verrückt. Die leibliche Wirklichkeit, durch die tyrannische Alleinherrschaft des idealen Ichs verdrängt, gefesselt, geknebelt, versklavt und verkrüppelt, erzwingt sich so – verzerrt, halbblind, kryptisch – ihr Recht.

Spätestens auf dieser Stufe wird das krankhafte Bestreben des absolutgesetzten Ideal-Ichs offensichtlich und massiv. Der ich-leib- und ich-ich-gespaltene Mensch wird psychopathologisch auffällig. Hier nun treten all diejenigen neurotischen und psychotischen Störungen auf, in denen das Ich tatsächlich und real den Bezug zum eigenen Leib verloren hat und ihn nur noch als reines Objekt besitzt. Es kommt zu Dissoziations-, Depersonalisations-, Borderline-, Anorexie-, Bulemie-, Hypochondrie-, Dysmorphophobie-, Hysteriesyndromen. Persönlichkeitsspaltungen, Halluzinationen, Anästhesien, Größenwahn, Selbstkontrollmanie, Beschädigung und Zerstörung des eigenen Körpers bei gleichzeitiger Emotionslosigkeit, massive Störungen des Essverhaltens und des Körperbildes, psychisch bedingte Organschäden, Stoffwechselirregularitäten und

---

[250] Knigge, A. v.: Der Umgang mit Menschen oder über Lebensphilosophie, Lebensgenuß und Lebenspflichten – Eine Fortsetzung zu den [sic] Umgang mit Menschen, Bremen u. Aurich 1806, S. 86f.

schäden, Stoffwechselirregularitäten und Gliederlähmungen, um nur einige Beispiele zu nennen, sind die Folge.[251]

6.4 Das christliche Ich-Ideal: durch Abtötung des Leibes zum ewigen Leben

Was ich bisher, vorläufig und vielfach verbesserungsbedürftig, zudem vergleichsweise abstrakt skizziert habe, lässt sich nun nicht nur an psychopathologischen Tendenzen und Syndromen, sondern auch und vor allem an der abendländischen Geistesgeschichte veranschaulichen und vertiefen.

Obige Feststellung – dass das mittelhochdeutsche Lehnwort „korpor", vermittelt durch kirchlich-theologische Vorstellungen, vielleicht auch durch heilkundliche Vorstellungen mitbedingt, Eingang in die deutsche Sprache gefunden hat – gibt einen ersten Hinweis darauf, dass und wie Christentum und Heilkunde die Vorstellungen vom und den Umgang mit dem Leib beeinflussten.

Betrachten wir zunächst die christliche Ansicht vom Leib. Sie ist von Anfang an durch die Gleichung Leib = Fleisch = Sünde = Tod gekennzeichnet. Paulus hat das unmissverständlich ausgesprochen, als er sagte, dass er, sofern er auch ein leibliches Wesen wäre, ein sündigendes und hassenswertes Wesen sei: „ich aber bin Fleisch, das heißt: verkauft an die Sünde" (Röm. 7, 14). Deshalb sei es wichtig, dass sich das ideale christliche Ich als das Gute, Geistige, Unleibliche erkenne und von diesem Übel abgrenze. Denn erst dann „bin nicht mehr ich es, der so handelt, sondern die in mir wohnende Sünde" (Röm. 7, 17). Doch die Abspaltung des wahren Ichs vom eigenen Fleisch bzw. Leib ist einfacher gesagt als getan. Denn immer wieder macht sich eine andere Ich-Instanz bemerkbar: das sinnesverliebte, naive, leibnahe Ich, das einerseits eindeutige Ich-Ansprüche stellt und andererseits dem, was das reine Ich will, zuwiderhandelt. Weshalb Paulus sich eingestehen muss: „das Wollen ist bei mir vorhanden, aber ich vermag das Gute nicht zu verwirklichen. Denn ich tue [bzw. mein leibnahes Ich tut] nicht das Gute, das ich [bzw. mein ‚wahres' Ich] will, sondern das Böse, das ich [bzw. mein ‚wahres' Ich] nicht will" (Röm 7, 18f). Deshalb wird nun auch das sinnesverliebte leibnahe Ich abgespalten und auf die Seite des nicht-ichhaften Fleisches verschoben: „Wenn ich [qua leibnahes Ich] aber das tue, was ich [bzw. mein ‚wahres' Ich] nicht will, dann bin nicht mehr ich es, der so handelt, sondern die in mir wohnende Sünde" (Röm. 7, 20). So bleibt am Schluss ein reines, wahres, gutes, göttliches Ich

[251] Zu den schizoid-psychotischen Erscheinungen vgl.: Laing, R. D.: a. a. O., S. 66ff; zu den diversen neurotischen Erscheinungen vgl.: Hirsch, M. (Hg.): Der eigene Körper als Objekt, Zur Psychodynamik des selbstdestruktiven Körperagierens, Gießen 1998; zu den somatischen Neurosen vgl.: Eicke, D.: Der Körper als Partner, Plädoyer für eine psychosomatische Krankheitslehre, München 1973.

übrig, für das die Gleichung gilt: Ich = unsinnlich = gut = Vernunft = Geist = göttliches Gesetz = Nachfolge Christi:

> „Denn in meinem Innern freue ich mich am Gesetz Gottes, ich sehe aber ein anderes Gesetz in meinen Gliedern, das mit dem Gesetz meiner Vernunft im Streit liegt und mich gefangenhält im Gesetz der Sünde, von dem meine Glieder beherrscht werden. Ich unglücklicher Mensch! Wer wird mich aus diesem dem Tod verfallenen Leib retten? Dank sei Gott durch Jesus Christus, unseren Herrn! Es ergibt sich also, daß ich mit meiner Vernunft dem Gesetz Gottes diene, mit dem Fleisch aber dem Gesetz der Sünde“ (Röm. 7, 22-24).

Es entsteht demnach auch hier die paradoxe Situation, dass der Wunsch nach einem reinen ewigen Ich dazu führt, den lebendigen Leib und das mit ihm verbundene leibnahe Ich abzutöten. Denn, so der Gedanke, der lebendige Leib wird einstmals sterben. Wer sich also mit ihm identifiziert, ebenfalls: „Wenn ihr nach dem Fleisch lebt, müßt ihr sterben“. Und weil alles, was lebt, auch irgendwann einmal sterben muss, das ideale Ich aber nicht sterben *will*, muss es, gemäß logischem Umkehrschluss, das sterbliche Leben in sich abtöten: „wenn ihr aber durch den Geist die (sündigen) Taten des Leibes tötet, werdet ihr leben“ (Röm. 8, 13); und zwar, gemäß dem Glauben, ewig.

Jesus hat aus christlicher Sicht den Tod überwunden und die Himmelspforten des ewigen Lebens geöffnet. Entscheidend für diese Erlösungstat ist, dass er seinen lebendigen Leib freiwillig am Kreuz opferte, starb und drei Tage später auferstand. Die Verwandlung des Leibes in einen Leichnam als Durchgangsstation zum ewigen Leben ist damit für die Christen zur Urtat, zum Ursymbol schlechthin geworden. Bis heute tragen die Katholiken an einem ihrer allerhöchsten Feiertage, an Fronleichnam, symbolisch und segnend den Leichnam ihres Herren durch Stadt, Dorf und blühende Flur. Der tote Körper als Symbol, Triumph und Hoffnung des alles sterblichen Lebens überstrahlenden ewigen Lebens.

6.5 Das platonische Ich-Ideal: die unleibliche Vernunft als Führerin zur Unsterblichkeit

Dass aus Sicht des idealen Vernunft-Ichs der Leib Grab und Kerker sei, wusste vor Jesus und Paulus schon Platon (und vor Platon Pythagoras). Und dass der Aufstieg und Flug dieses Ichs zum überhimmlichen Ort nur möglich sei, wenn der eigene Leib auf der Schädelhöhe bzw. dem Golgotha des Geistes geopfert werde, ebenfalls. Selbst die Entdeckung des idealen Ichs ist nicht eigentlich eine christliche, sondern eine sokratische (ja, letztlich, wie Jaspers gezeigt hat, eine achsenzeitliche) Errungenschaft. Sokrates hat dieses Ich sein „daimónion“, seinen „göttlichen Schutzgeist“ genannt. Jene innere und vernünftige Stimme des persönlichen moralischen Gewissens. Jene Stimme, die Sokrates von Kindheit an schon vernommen haben soll, welche jedesmal, wie er sagt, „wenn sie sich hören läßt, mir von etwas abredet, was ich tun will, zugeredet aber hat sie mir noch nie." (Apol. 31d).[252]

In Platons Timaios taucht dieser im Kopf wohnende göttliche Schutzgeist an einer der wichtigsten Stellen wieder auf – und zwar mit zentralen leib- und todesflüchtigen Konsequenzen: Das „kopfseelische" Vernunft-Ich soll die Alleinherrschaft über das „brustseelische" Sinnes-Ich und den „bauchseelischen" Leib antreten, weil nur so wahre Unsterblichkeit zu erreichen sei:

> „Die maßgebendste Form von Seele bei uns müssen wir uns aber folgendermaßen denken, daß nämlich Gott sie jedem als einen Schutzgeist [daímona] verliehen hat; von ihr behaupten wir, daß sie im obersten Teil unseres Körpers wohnt und uns von der Erde zu unserer Verwandtschaft im Himmel erhebt, da wir kein irdisches, sondern ein himmlisches Gewächs sind. [...] Wer nun mit seinen [von Platon in der Bauchseele verorteten] Begierden oder [den in der Brustseele verorteten] ehrgeizigen Bestrebungen beschäftigt ist und sich um diese Dinge heftig bemüht, in dem müssen notwendig alle Meinungen in sterblicher Form entstehen, und er muß durchaus, soweit es überhaupt möglich ist, sterblich zu werden, es darin an gar nichts fehlen lassen, weil er das Derartige vermehrt hat. Wer sich dagegen um Erweiterung seiner Kenntnisse und wahre Einsichten ernstlich bemüht, diese Bereiche seiner selbst vorzüglich ausgebildet hat, der muß mit unbedingter Notwendigkeit, wenn er die Wahrheit berührt, unsterbliche und göttliche Gedanken haben, und, soweit es der menschlichen Natur möglich ist, der Unsterblichkeit teilhaftig zu werden, kann er es daran in keiner Weise fehlen lassen, und muß, da er ständig das Göttliche in sich pflegt und den ihm innewohnenden Schutzgeist [daímona] in hohen Ehren hält, überaus glückselig sein" (Tim. 90a-c).

6.6 Das plotinische Ich-Ideal: durch Abtötung des Leibes zur geistigen Ekstase

Wie sich das – freiliche völlig radikalisierte und vereinseitigte – platonische Programm auf den Leib und den eigenen Leibbezug auswirkt, hat mit aller Deutlichkeit Plotin gezeigt. Sein Schüler und Biograf Porphyrios schreibt, Plotin hätte sich geschämt, überhaupt im Leibe zu sein. Auch habe Plotin niemals von seiner Herkunft, seinen Eltern oder seiner Heimat erzählen wollen. Seinen Geburtstag habe er verheimlicht, damit nicht etwa einer seiner Schüler auf die Idee käme, dieses traurige Ereignis – den Eintritt seiner Seele in den sterblichen Leib – zu feiern. Nicht nur seine leibliche Abkunft, auch seinen lebendigen Leib missachtete er. Wenige, äußerst karge, teilweise unregelmäßige Mahlzeiten, ja ganz generell Enthaltungen von allen auch nur annähernd lustbetonten leiblichen

[252] Zur Stimme des *daimónion* vgl. auch Apol. 3 d; und Hipp. mai. 298 b, c.

Vollzügen, führten zu einer Abtötung seines Leibes. Zahlreiche Krankheiten, etwa massive Darmkoliken und Schlaflosigkeit, quälten ihn. Doch Medikamente und ärztliche Hilfe, ja später dann selbst Massagen, lehnte er ab. Sein völlig verhärteter, zum halbtoten Körper verwandelter Leib begann dahinzusiechen. Die Stimme versagte ihm. Und schließlich eiterten seine Hände und Füße. Von der Gewohnheit, seine Schüler zur Begrüßung zu umarmen – womöglich der letzten Rest eines lustbetont-sinnlichen Vollzuges, den er sich gönnte – musste er schließlich lassen. Seine Anhänger, so weiß Porphyrios zu berichten, hätten sich deshalb mehr und mehr von ihm zurückgezogen.

Auf den plotinischen Wegen schritten die christlichen Asketen und Mystiker dann folgerichtig weiter. Die antik-polytheistische Kultur der Leiblichkeit und Sinnlichkeit – die nur möglich war, weil, wie die homerisch-mythische ‚Selbstdefinition' der Menschen als „die Sterblichen" unmissverständlich zeigt, die Sterblichkeit des Leibes mit all ihrer Tragik letztendlich bejaht wurde und sich das homerisch-heroische und antik-agonale Ich-Ideal nie und nirgends radikal vom Leib und dem leibnahen Ich trennte –, diese antike Leibes- und Sinneslustkultur wird nun endgültig und entschieden ausgemerzt. Durch exzessive Entsagung, teilweise auch durch martialische und systematische Selbstfolter, haben die mittelalterlichen Nonnen und Mönche ihren Leib ‚gereinigt' bzw. abgetötet, ihr leibnahes Ich, sobald es nur wagte, sich ein klein wenig bemerkbar zu machen und lustvoll zu betätigen, zum Schweigen gebracht. Wo sich das Verdrängte gleichwohl hartnäckig bemerkbar machte, wurde es einer nochmaligen Verdrängungskur unterzogen. Den konversionshysterischen Zuckungen ihres halbtoten Körpers wurde mit exorzistischen Praktiken begegnet. Die Momente, in denen sich das reine Ich, wenngleich auch nur für kurze Phasen und, vielleicht, um die leibseelischen Qualen überhaupt noch ertragen zu können, nicht nur in Gedanken, sondern *tatsächlich* vom halbtoten Körper trennte, wurden als göttliche Ekstasen gesucht und gefeiert.

6.7 Das ärztliche Ich-Ideal: durch Leichensektion zum objektiven Körperwissen

Nicht nur Platoniker und Christen, auch Ärzte können, ebenfalls in gewissen Grenzen, lebendige Leiber in tote Körper verwandeln. Und zwar durch den Blick und die Untersuchungsmethode, mit denen sie dem Patienten zu Leibe rücken. Dies nicht erst, seit die neuzeitliche Anatomie die Ärzte gelehrt hat, dass und wie sie jenes an den kunstvoll zerlegten Versuchsleichen gewonnene Wahrnehmen, Wissen und Können direkt auf den lebendigen Leib übertragen können. Auch früher schon wird es hie und da nötig gewesen sein, vom lebendigen Leib des Patienten zu abstrahieren und ihn dadurch in ein zumindest teilweise totes Objekt zu verwandeln. Bei der Abtrennung eines von Wundbrand befallenen Beines etwa musste der Arzt sowohl von seinen eigenen leiblichen Gefühlen wie von denen des Patienten absehen. Empathie und Mitfühlen stehen hier im Weg. Ein kaltblütiges, distanziertes und entschlossenes Vorgehen tut Not. Zudem musste mensch, wenn der Leib des Patienten zu lebendig war, zuckte oder sich gar wehrte, diesen fixieren, d. h. festhalten oder fesseln, um ihn dadurch, in gewissen Grenzen freilich, in ein unbewegliches, quasi totes, dadurch aber optimal zu behandelndes ‚Ding' zu verwandeln. Fiel der Patienten schließlich in Ohnmacht, so war das für alle Beteiligten von Vorteil, solange er nach der Behandlung nur wieder zu sich kam.

Generell scheint für die chirurgischen und wundbehandelnden Ärzte immer schon eine gewisse handwerklich-verdinglichende Sicht- und Handlungsweise naheliegend gewesen zu sein. Wie der Schreiner, der Töpfer oder der Metzger sein Material kennen muss, so auch der Arzt, der offene oder geschlossene Brüche, große und kleinere Wunden zu behandeln hat, der zu schneiden, zu sägen, zu brennen, zu renken und zu nähen hat.

Zur Ausbildung eines *reinen* ärztlichen Ich-Ideals kam es allem Anschein nach erst in der Neuzeit, als sich die Heilkunde unter dem Eindruck der naturwissenschaftlichen Entdeckungen nach und nach in eine positivistische Medizin verwandelte. Der objektivierende Blick wurde nun mehr als nur eine persönliche und zeitweilige Abwehrstrategie. Er wurde zur erklärten Grundhaltung und Kardinaltugend eines mit ihm sich herauskristallisierenden Berufsstandes. Kühles, nüchternes, emotional unberührtes, distanziertes, *rein objektives* Betrachten und Analysieren toter Körper und materiell-mechanischer Zusammenhänge: das war das neue, der Physik und Mechanik entlehnte Forscher-Ideal.

Im gleichen Jahr, in dem Nikolaus Kopernikus' Werk „De Revolutionibus Orbium Coelestium" veröffentlicht wurde, im Jahr 1543, erschien Andreas Vesalius' Abhandlung über Anatomie, „De Humani Corporis Fabrica". Lewis Mumford zufolge war das der entscheidende Schritt in Richtung neuzeitliche Medizin. Durch Untersuchung sezierter Leichen erhielt Vesalius Einblick in Bau und Funktion des menschlichen Körpers.

> „Damit wurden viele lebenswichtige Wahrheiten über den Aufbau, die Zusammensetzung und sogar über die funktionalen Zusammenhänge der lebenden Organe bekannt; und mit der Zeit wurde dieses Wissen durch weitere mikroskopische und chemische Untersuchungen an ebenfalls toten Geweben erhärtet. Die Mediziner waren nach diesem Wissen so begierig, daß sie, als das Gesetz eingriff, zum Sezieren Leichen aus Gräbern raubten. Vesalius selber war, wie sein Biograph berichtet, so versessen auf Wissen aus erster Hand, daß er der Räderung und Vierteilung eines Verbrechers beiwohnte, um aus dem geöffneten Körper das noch schlagende Herz herausreißen und seine Beschreibung vervollständigen zu können. Im Denken ersetzte also der Leichnam den

lebendigen Organismus, da er sich für eine genauere, objektive Beschreibung eignete."[253]

Der den Leib abtötende und das leibempathische Ich von sich weisende religiöse Blick des Mittelalters wird hier also in einen profanen – den lebendigen Leib aber gleichermaßen abtötenden, das empathische Ich ebenso von sich weisenden – ärztlichen Blick verwandelt. Die historische Chance einer Wiederentdeckung und Neukultivierung des lebendigen Leibes wurde so über weite Strecken vertan. Das aus dem Mittelalter ererbte, vom Leib und dem leibnahen Ich abgekoppelte Ich-Ideal wurde verweltlicht, blieb aber abgekoppelt. Auch das grundlegende Motiv – durch die Verwandlung des lebendigen Leibes in einen toten bzw. halbtoten Körper den Tod zu überwinden – existierte unter weltlichen Vorzeichen fort. Zwar versprachen die Ärzte dem, der sich durch ihren Blick und ihre Therapie bei lebendigem Leibe in einen toten Körper verwandeln bzw. als einen quasi toten Körper behandeln ließ, nicht das *ewige*, wohl aber ein *längeres* Leben, nicht die *generelle*, wohl aber die *partielle* Überwindung des Todes, nicht das *jenseitige*, wohl aber das *diesseitige* Heil. Dieses Motiv wurde zu einem der stärksten Argumente und Lockmittel der Körpermedizin. Nicht immer, aber immer wieder gerät bis heute das, was uns der eigene lebendige Leib zu verstehen gibt, in Konflikt mit der Körpermedizin. Dass es in solchen Konfliktsituationen, vielleicht nicht immer, aber immer wieder, sinnvoll sein kann, eher auf seinen eigenen Leib als auf das Ich-Ideal der Ärzte zu hören, sei hiermit jeder und jedem nahegelegt.

6.8 Das transzendentale Ich-Ideal: durch das entkörperte Ich-Bewusstsein zu rationaler Gewissheit und Herrschaftswissen

Freilich haben sich frühneuzeitliche Ärzte und Naturwissenschaftler keine Rechenschaft darüber gegeben, von welchem Ich aus sie die Welt beurteilen. Verfolgten sie von Berufs wegen doch andere Intentionen. Der erste, der sich des neuzeitlichen Ich-Ideals bewusst wurde, war ein Philosoph: Descartes. Dabei wollte er in seinen berühmten „Meditationen" zunächst nur Gewissheit erlangen, absolute Gewissheit. Die Methode, vermittels der er die absolute Gewissheit zu finden hoffte, war der rationale Zweifel: Alles, an dem sich irgend zweifeln lässt, ist als zweifelhaft und dadurch als nicht absolut gewiss und dadurch als falsch auszugrenzen. Als erstes wurden die Sinne und damit der Leib sowie die gesamte sinnlich wahrnehmbare Außenwelt ausgegrenzt. Denn an den Sinnen, so der Gedankengang, lässt sich zweifeln. Sie trügen bisweilen. Also sind sie nicht gewiss. Also auszugrenzen. Ebenso kann mensch nie mit Gewissheit sagen, ob mensch träumt oder wacht, da es kein absolut sicheres Kriterium der Unterscheidung gibt. Selbst die naturwissenschaftlichen und mathematischen Gewissheiten

[253] Mumford, L.: Mythos der Maschine, Frankfurt a. M. 1977, S. 774.

sind nicht ganz unanzweifelbar (1, 5-13).[254] Auch sie werden schließlich vom radikalen Zweifel erfasst und, wie alles andere, „in einen tiefen Strudel hinabgestürzt" (2, 1).

So führt der methodische Zweifel zunächst zu einem radikalen Skeptizismus. Und weil eben alles, was nicht absolut gewiss ist, ausgegrenzt werden soll, wird es ausgegrenzt. Ausgrenzen heißt hier: so tun, als ob es dies oder jenes nicht wirklich gäbe, heißt: zunächst davon ausgehen, dass dies oder jenes nicht relevant sei, heißt: glauben, dass dem nicht so sei:

> „ich will glauben, Himmel, Luft, Erde, Farben, Gestalten, Töne und alle Außendinge seien nichts als das täuschende Spiel von Träumen ...; mich selbst will ich so ansehen, als hätte ich keine Hände, keine Augen, kein Fleisch, kein Blut, überhaupt keine Sinne, sondern glaubte nur fälschlich, dies alles zu besitzen. Und ich werde hartnäckig an dieser Art der Betrachtung festhalten" (1, 16); nämlich solange, bis ein absolut rational Gewisses entdeckt ist.

Was bleibt nun, wenn alles, was sich irgend bezweifeln lässt, ausgegrenzt wird? Nichts. Außer dem Zweifler im Akt des Zweifelns selbst. Und dieser Zweifler ist ein hyperkritisches Ich. Weshalb Descartes sagen kann: „Und so komme ich, nachdem ich derart alles mehr als zur Genüge hin und her erwogen habe, schließlich zu dem Beschluß, daß dieser Satz: ‚Ich bin, ich existiere', so oft ich ihn ausspreche oder in Gedanken fasse, notwendig wahr ist" (2, 3). An dieser Stelle entdeckt Descartes nun das neue ideale Ich als das im Denken absolut Gewisse. Und fragt sofort weiter, was dieses gewisse Ich denn eigentlich sei: „wer ich denn bin, der ich jetzt notwendig bin" (2, 4)? Ist dieses Ich etwa: „Gesicht, Hände, Arme und diese ganze Gliedermaschine [...], die man auch an einem Leichnam wahrnimmt, und die ich als Körper bezeichnete" (2, 6)? Nein, der Körper ist zu ungewiss und daher methodisch auszugrenzen. In ihm kann sich das neue Ich nicht wiederfinden. Ist dieses Ich dann etwa das, was mensch mit Platon die „begehrende Bauchseele" (epithymetikón) und mit Aristoteles die vegetative Seele (psyché threptiké) nennen könnte? Nein, denn „da ich jetzt überhaupt keinen Körper habe, so sind auch das nichts als Erdichtungen." So bliebe als Identifikationspunkt für das neue Ich vielleicht noch die platonische „empfindende und strebende Brustseele" (thymoeidés) bzw. die aristotelische „sensitive Seele" (psyché aisthetiké)? „Aber auch dieses kommt ohne Körper nicht zustande, auch glaubte ich sehr vieles während des Traumes zu empfinden, von dem ich hernach bemerkte, daß ich es nicht empfunden hatte." So bleibt schließlich nur noch Platons „denkende Kopfseele" (logistikón) bzw. Aristoteles' „denkende Seele" (psyché logiké).

---

[254] Descartes, Meditationen über die Grundlagen der Philosophie worin das Dasein Gottes und die Unterschiedenheit der menschlichen Seele von ihrem Körper bewiesen wird, Leipzig 1919, S. 12-15 (1. Meditation, Absatz 5-13).

„Hier finde ich nun: Das Denken ist's, es allein kann von mir [von meinem zweifelnden Ich] nicht getrennt werden: *Ich* bin, *ich* existiere, das ist gewiß. Wie lange aber bin ich? Nun, so lange, als ich denke. Denn es wäre vielleicht möglich, daß ich, wenn ich gänzlich aufhörte zu denken, alsbald auch aufhörte zu sein. Für jetzt lasse ich aber nichts zu, als was notwendig wahr ist! Ich bin also genau nur ein denkendes Ding (res cogitans), d. h. Geist (mens), Seele (animus), Verstand (intellectus), Vernunft (ratio) – lauter Ausdrücke, deren Bedeutung mir früher unbekannt war. Ich bin ein wahres und wahrhaftig existierendes Ding, aber was für ein Ding? Nun, ich sagte es bereits – ein denkendes" (2, 8f).

Der lebendige Leib und das leibnahe Ich werden hier also von Descartes mit dem Messer des methodischen Zweifels fein säuberlich vom idealen Ich abgetrennt. Das ideale Ich will sich nur noch mit dem Denken identifizieren. Mit einem Denken, das zwar von ferne noch an das platonisch-christlichen Vernunft-Ich erinnert, genau besehen aber ein anderes geworden ist. Statt im Ewigen, Göttlichen und Einen, hat es seinen Standort im diesseitigen Denk-Subjekt genommen. Aus einem transzendenten Ich wurde ein transzendentales. Die platonische Dreifaltigkeit des Guten, Wahren, Schönen sowie die christliche Trinität Gott Vater, Gott Sohn, Gott Heiliger Geist wurden durch die neuzeitliche Dreieinigkeit Ich, Denken, Bewusstsein ersetzt.

Die bisherige leibfeindliche Tradition wurde dadurch aber nicht durchbrochen. Noch immer, im Prinzip stärker als zuvor, definiert sich das ideale Ich als ein reines und unsinnliches. Die Flucht vor dem Leib als Flucht vor der Sterblichkeit hat sich hier in eine Flucht vor dem Leib als Flucht vor dessen Ungewissenheiten, Unwägbarkeiten, letztlich als Flucht vor seiner spontanen Eigendynamik, vor seinen Unbeherrschtheiten und Unbeherrschbarkeiten verwandelt. Das Ich-Ideal der absoluten Beherrschbarkeit bzw. Unterdrückung bzw. Verdrängung des Leibes ist nicht mehr jenseitig, sondern diesseitig motiviert. Bestand im platonischen und christlichen Denken immerhin noch die Möglichkeit, die leibliche Eigendynamik als eine beseelte, das sinnesverliebte leibnahe Ich als eine eigenständige, wenngleich ins Sterbliche führende und daher letztlich ablehnenswerte Motivationsquelle zu artikulieren: hier nicht mehr. Das ideale Ich des Descartes als ein letzter Rückzugspunkt einer zu reiner Rationalität reduzierten Verstandestätigkeit beansprucht alles Seelische bzw. Geistige für sich. Seele = Geist = Denken = Ich-Bewusstsein = gewiss = wahr = res cogitans. Das ist die armselige Psychologie des Descartes. Alles, was in ihr nicht aufgeht, ist entweder Nichts oder res extensa = ausgedehntes Ding = tote Materie = trügerischer Stoff = Nicht-Ich = Maschine. Die ganze Welt ist entweder mein Bewusstseinsinhalt, meine bewusste Vorstellung oder totes ausgedehntes Etwas.

Dieses neue Ideal-Ich bringt bedeutende Vorteile mit sich. Insofern es ein unleibliches, unsinnliches, profan-rationales Beobachter-Ich ist, lässt es sich nicht durch leibliche Affektionen und Emotionen irritieren. Überhaupt ist es *prima facie* allen Irrationalismen gegenüber gefeit. Abergläubisches, Lebensgeschichtliches, Kulturhistorisches, Religiöses, Zwischenmenschliches kann es prinzipiell und jederzeit ausgrenzen. Gleiches gilt für Vorlieben und Ängste, Vorbehalte und Skrupel des leibnahen Ichs. Auch sie können jederzeit als ungewisse, also belanglose Einbildungen abgewiesen werden. So schafft sich das ideale Ich, ohne den lästigen Umweg über das Jenseits, ideale Denk-Bedingungen. Ungestört von historischen, ethischen, leiblichen und sinnlichen Einflüssen, kann es sich nach Belieben dem Denken des Denkens (Philosophie als reine Erkenntnistheorie und Bewusstseinsdialektik) oder dem Denken der Materie (Naturwissenschaft als Herrschaftswissenschaft und Technologie) hingeben. Das bewusste Denken ist ihm Alles und deshalb ist ihm, so meint es, im bewussten Denken Alles gegeben. Jederzeit kann es irgendeinen beliebigen Inhalt, wenn er nur bewusstseinsfähig und bewusstseinsförmig genug ist, vor den Thron seines Bewusstseins zitieren. Jederzeit kann es, wenn sich etwas dieser Prozedur nicht recht fügen will oder sich gar entzieht, das Urteil sprechen: nicht gewiss = trügerisch = unwahr = tot. So entsteht vor dem Auge dieses idealen Ichs eine völlig rationale, bewusste und in diesem Sinne objektive Welt.

Das neue Ich-Ideal sorgt zudem für neue Disziplinierungsmethoden. Es ersetzt die platonische Todesdrohung „Halte Dich denkend an Dein unsterbliches Vernunft-Ich, sonst bist Du zur Sterblichkeit verurteilt!“ und die christliche Verdammungsdrohung „Folge gläubig mit Deinem göttlichen Vernunft-Ich Christus nach, sonst bist Du für immer verloren“ durch die rationalistische Ausgrenzungsdrohung „Halte Dich stets an Dein bewusstes Denk-Ich, sonst verlierst Du Dich im Ungewissen und wirst aus der Gemeinschaft der Wissenschaftler verbannt!“

Welche konkreten leiblichen Auswirkungen solch eine rationale Ich-Disziplinierung zeitigen kann, haben Hartmut und Gernot Böhme am Beispiel Kants demonstriert. Kant litt bekanntlich an einer Hypochondrie, die in früheren Jahren, wie er selbst hervorhob, sogar „bis an den Überdruß des Lebens grenzte“.[255] Dieses hypochondrische Leiden konnte Kant, allerdings erst im hohen Alter, durch eine dem cartesischen Zweifel sehr ähnliche Methode des Ausgrenzens – indem er, mehr noch als zuvor, von den körperlichen Signalen „abstrahierte“ – doch noch auf ein erträgliches Maß beschränken. Es gelang ihm, die vielfältigen leiblichen Regungen und Beunruhigungen von seinem Ich abzuspalten, sie einem maschinenartigen Körperorganismus zuzuschreiben und sie

> „nicht mehr als Zeichen für etwas anzusehen, sondern quasi nur als dumpfe, tote Dinge, von denen man am besten wegblickt, ‚abstrahiert‘. [...] Man wird

[255] Böhme, H. u. G.: Das Andere der Vernunft, Zur Entwicklung von Rationalitätsstrukturen am Beispiel Kants, Frankfurt a. M. 1985, S. 390.

Kant die Achtung nicht versagen, daß er gleichsam auf der Metaebene seine Hypochondrie in den Griff bekommen hat. Doch das gelingt ihm durch eine Verdrängung der Verdrängung, durch dieselbe Methode, durch die er sie vermutlich auch verursachte: Leugnung der affektiven Regungen im Leibe, Disziplinierung des Körpers und dann der Einbildungskraft und schließlich der Aufmerksamkeit. Trotz allem blieb Kant zeit seines Lebens ein Hypochonder".[256]

Nicht nur in Philosophie und Naturwissenschaft setzte sich das neue Ich-Ideal mit seinen neuen Disziplinierungsmethoden durch. Auch auf dem Gebiet der Religion, Wirtschaft und Politik, im Gesellschafts- und Familienleben lassen sich profane, ich-rationale und bewusst-willentliche Disziplinierungs- und Selbstdisziplinierungsprozesse beobachten, hinter denen oftmals ein ähnlich geartetes Ich-Ideal zum Vorschein kommt. Ein Ich-Ideal, das mit dem Entstehen des neuzeitlichen Kapitalismus, seiner Arbeits- und Leistungsmoral engstens verbunden ist. Doch auf diese wichtigen Zusammenhänge sei hier nur kurz und wie im Vorübergehen hingewiesen.

Stattdessen möchte ich abschließend noch auf einen weiteren, für die Leib-Problematik aber entscheidenden Vorteil des neuen Ich-Ideals eingehen: die Entlastung des Leibes durch Entseelung. Durch die rationale und naturwissenschaftliche Betrachtung wurde der Leib zum ausgedehnten Materie-Körper, zur Körpermaschine. Da aber Maschinen bekanntlich nicht sündigen können, und weil sie nicht eigentlich leben, somit auch nicht eigentlich sterben können, war der Leib plötzlich frei von Sünde, frei auch von der gefürchteten ‚Lebenskrankheit', dem Tod. Er wurde zwar, das Beispiel Kant hat es deutlich gezeigt, einer rigiden rationalistischen Diätetik, sprich: Ausgrenzungs- und Verdrängungstechnik, unterworfen, nicht aber moralisch geächtet und als aussätzig behandelt. Er hatte lediglich als Träger des neuen Denk-Ichs zu fungieren und zu spuren, mehr nicht. Tat er das, so ließ mensch ihm seine Grillen. In diesem Sinne gilt, was Kant am Ende seiner „Beantwortung der Frage: Was ist Aufklärung?" in Bezug auf die Untertanen einer aufgeklärten absolutistischen Monarchie sagte, auch in Bezug auf den Leib und das leibnahe Ich: „räsoniert, soviel ihr wollt und worüber ihr wollt; nur gehorcht!"

Der Leib und das leibnahe Ich hatten also in erster Linie dem rationalen Ich-Bewusstsein gegenüber gehorsam zu sein. Außerhalb dieses letztlich doch recht beschränkten Bewusstseinsareals gewannen sie zahlreiche neue Freiheiten. So konnten sie sich gleichsam unbemerkt aus den mehr und mehr unbewachten platonischen Kerkern und christlichen Folterkammern befreien. Eine neue leibbetonte und weltzugewandte Lust an den Sinnen machte sich, übrigens nicht nur innerhalb der Kunst, breit. Hinter dem Rücken des bewussten Ichs, das

[256] Böhme, H. u. G.: a.a.O., S. 395f.

vermittels des Gedanken-Denkens und des Materie-Denkens „für das allgemeine Wohl aller Menschen“ damit beschäftigt war, sich zum „Herrn und Eigentümer der Natur zu machen“[257] formierte sich Widerstand. Ein Widerstand, der schließlich mit Nietzsche und der Lebensphilosophie zur offenen Revolte wurde. Erstmals seit der sokratisch-platonisch-aristotelischen Wende war es auf abendländischem Boden möglich, dass ein philosophisch versierter Mensch für ein Denken am Leitfaden des Leibes plädierte.

6.9 Schlegels Alternative: Das eigentliche Ich als ‚Zwischen-Ich'

Bevor ich nun etwas ausführlicher auf Nietzsche zu sprechen komme, möchte ich einen kurzen Blick auf Schlegel werfen. Denn auch er bietet – noch vor Nietzsche – eine interessante Alternative zu den bisherigen Ich-Konzepten und Ich-Idealen. In § 66 unterscheidet er – durchaus noch auf platonisch-christlicher Linie bleibend – das verlockende, fortreißende, niedere Ich (nennen wir es ‚Leibes-Ich') als Widersacher des guten höheren Ichs (‚Über-Ich'): „Nun erscheint uns auch jener frühere Willen in uns, ebenfalls als ein andres, aber ein niedres, lockendes, falsches Ich, als eine fremde, uns selbst und unser eigentliches Ich mit fortreißende Gewalt“.

Jedoch – und das ist hier das Neue und Revolutionäre – ist Schlegel nicht der Meinung, dass jenes ‚Über-Ich' unser „eigentliches“ Ich sei. Unser eigentliches Ich, so Schlegel, stehe in der Mitte – zwischen ‚niederem' und ‚höherem' Ich vermittelnd und entscheidend:

> „nur das eine Ich, welches zwischen jenen andern beiden, der höheren warnenden Stimme, und der fremden fortreißenden Kraft, in der Mitte steht, und zwischen ihnen mit freier Wahl entscheiden soll, bleibt uns als unser eignes und eigentliches Ich und Selbst zurück und übrig, nachdem die zersetzende Scheidung und Unterscheidung zwischen der guten Stimme, und der bösen Regung, in dem noch nicht ganz entschiednen Willen und dem gemischten Zustand desselben einmal geschehen ist.“

Und auch dieser Zusatz Schlegels ist genial; ich wiederhole ihn deshalb eigens: „*nachdem* die zersetzende Scheidung und Unterscheidung zwischen der guten Stimme, und der bösen Regung, in dem noch nicht ganz entschiednen Willen und dem gemischten Zustand desselben *einmal geschehen ist*.“ Dieses eine Wort „nachdem“: es zeigt an, dass es nicht schon immer so war; und dass „die zersetzende Scheidung und Unterscheidung“ zwischen ‚höherem' und ‚niederen' Ich eine *gewordene* ist.

---

[257] Descartes: Abhandlung über die Methode, Kap. 6, in: Ausgewählte Schriften, Frankfurt a. M. 1986, S. 47-91, hier: S. 82.

Auch ohne dass Schlegel diesen Werdensbedingungen weiter nachgehen würde oder hier tiefer gegraben hätte, Eines steht doch fest: Das eigentliche Ich befindet sich – vermittelnd und entscheidend – in der Mitte zwischen (begehrendem) Leib und (reinem) Ideal-Ich. Freilich benennt Schlegel dieses eigentliche Ich noch nicht mit dem Namen, den ich ihm gegeben habe. Und doch scheint evident, dass er intuitiv auf genau dieses Ich – ohne das ein lebendiges Leib- und Mensch-Sein-Können nicht zu haben ist – zusteuert: eben auf das leibnahe und sinnesverliebte Ich.

6.10 Nietzsches Ich-Ideal: der Leib als große Vernunft und Wille zur Macht

Nietzsche war der erste Denker, der den Leib zum Zentral-Thema der Philosophie erklärte. Er befreite sich (und uns) von den transzendentalphilosophischen Denk- und Methodenzwängen und zeigte, was sich philosophisch sehen lässt, wenn mensch nur einmal die schulphilosophischen Scheuklappen – und zwar nicht nur die transzendentalphilosophischen, sondern auch die transzendenzphilosophischen – abgenommen hat: das subjekt-objekt-vorgängige, prärationale und prämoralische Leben. Nicht Verstand, Vernunft oder Geist können dieses Leben erfassen, wohl aber der Leib, denn auch er ist, wie das Leben, ein ins Prärationale und Unbewusste hinabreichendes Phänomen. Deshalb kann Nietzsche in einer geschickten, wenngleich hochproblematischen rhetorischen Wendung den Leib die „große Vernunft“, den Geist aber die „kleine Vernunft“ nennen:

> „Der Leib ist eine grosse Vernunft, eine Vielheit mit Einem Sinne, ein Krieg und ein Frieden, eine Heerde und ein Hirt. Werkzeug deines Leibes ist auch deine kleine Vernunft, mein Bruder, die du ‚Geist‘ nennst, ein kleines Werk- und Spielzeug deiner großen Vernunft. ‚Ich‘ sagst du und bist stolz auf diess Wort. Aber das Grössere ist, woran du nicht glauben willst, – dein Leib und seine große Vernunft: die sagt nicht Ich, aber thut Ich“.[258]

Was sich heutzutage so elegant und wie selbstverständlich liest, war seinerzeit ein geistiges Erdbeben. Ein Erdbeben, das bis heute nachbebt, bis heute Risse in der Tektonik des Geistes zeitigt, Risse, die freilich schnell wieder zuasphaltiert werden. Ausgelöst wurde es durch Nietzsches rückhaltlose Bejahung der Sterblichkeit. Indem er dem Tod als einer unhintergehbaren existenziellen Grenzsituation denkend ins Auge blicken konnte – ohne mit der Wimper zu zucken, ohne sich geistige Hintertüren offenzuhalten – hat er den lebendigen Leib bejahen und zulassen können. Indem er den lebendigen Leib zulassen konnte, konnte er ihm als einer weiteren unhintergehbaren existenziellen Grenzsituation denkend ins Auge

---

[258] Nietzsche, F.: Also sprach Zarathustra, in: Kritische Studienausgabe, Bd. 4, hg. v. G. Colli u. M. Montinari, München 1999, S. 39.

blicken und sich auf seine Launen und Lüste, seine Abgründe und Ungewissheiten allererst philosophisch einlassen. Und indem er im Denken Tod und Leib zulassen konnte – ohne sie überwinden, d. h. transzendieren oder transzendentalisieren zu wollen –, gewann er etwas: nicht Unsterblichkeit, nicht Angstlosigkeit, nicht Gewissheit, nicht Reinheit, nicht „Freiheit von" sondern: *„Freiheit zu"*, nämlich Freiheit zur sinnlichen Welt, zum lebendigen Leib. Die abendländische Flucht und Abwehr von Tod, Welt, Leib, Sinnlichkeit kehrt sich damit in eine Suche und Anerkennung all dessen um. Und weil Nietzsche nicht mehr flüchten *muss*, *kann* er finden und anerkennen. Weil Nietzsche nicht mehr ausgrenzen und wegsehen *will*, *durchschaut* er die abendländische Blendungs- und Selbstblendungsgeschichte als eine Intrige des Willens zur Macht, auch und vor allem auf höchster geistiger Ebene: der Ebene der Ich-Ideale von Sokrates über Jesus bis auf Kant. Und deshalb durchschaut er auch die emotionale Dynamik verdrängter Leiblichkeit als Ressentimentbildung: dass sich verdrängte leibliche Gefühle hintenherum rächen, am Verdrängten wie am Verdränger.

Nietzsche hatte den „Adler-Muth, dem auch kein Gott mehr zusieht":[259] methodisch völlig ungesichert, also ohne alle Ausgrenzungstechniken, zu denken und zu schreiben. Paul Feyerabend sagte einmal, der objektive Grund des Wunsches nach wissenschaftlicher Objektivität sei der, sich andere Menschen vom Leibe zu halten.[260] In Bezug auf die abendländische Schulphilosophie könnte mensch sagen: Der wirkliche Grund des Wunsches nach reiner, d. h. methodisch abgesicherter Philosophie sei der, sich den Leib und das leibnahe Ich vom Leibe zu halten. Nietzsche war auch hier konsequent und konnte, gerade durch sein unmethodisches, ingeniös-aphoristisches Denken zum Leib hin und vom Leib her philosophieren. Nietzsches Denken ist deshalb nicht ‚rein' und ‚systematisch', sondern ‚vermischt' und ‚rhapsodisch', in diesem Sinne ‚wild', wenn mensch so will. Dies zeigt sich nicht zuletzt in seiner Argumentationsstrategie, die, wenn es sein muss in einem einzigen Aphorismus, zwischen physiologischen und epistemologischen, zwischen lebensweltlichen und skeptizistischen Standpunkten wechselt, immer sich aber dieser Standpunkte und Argumente *bedient*, um dem lebendigen Leibe näher zu kommen: wildes Denken im Dienste des Lebens, experimentelles Denken am Leitfaden des Leibes. In welch extremem Grad das nietzschesche Leib-Denken ein experimentelles und *physiologisches* Denken ist, zeigt sich in der Untersuchung von Paul Bishop, „Nietzsche und der lebensphilosophische Leib – Zu seiner Theorie des Organischen".[261] Gerade die nachgelassenen Fragmente, auf die sich Bishop – ohne sie zu glätten und zu schönen – bezieht, führen das drastisch vor Augen.

---

259 Nietzsche, F.: Also sprach Zarathustra, a. a. O., S. 358.

260 Feyerabend, P.: Wissenschaft als Kunst. Frankfurt a. M. 1984, S. 77.

261 Bishop, P.: Nietzsche und der lebensphilosophische Leib – Zu seiner Theorie des Organischen, in: II. Jahrbuch für Lebensphilosophie (Leib-Denken), 2/2006, S. 89-120.

Mit jenem experimentellen Denken am Leitfaden des Leibes gelang es Nietzsche, beachtliche leibphilosophische Einsichten zu gewinnen. Etwa diejenige in die unbewusste leibliche Kommunikation. Diesen Grundtyp aller leiblichen Kommunikation nennt Nietzsche, hierin inspiriert vom Physiologen Charles Féré, den „psychomotorischen Rapport". Er besteht, wie Stephan Grätzel in seinem grundlegenden Aufsatz „Denken am Leitfaden des Leibes – Nietzsches ‚große Vernunft'" herausgearbeitet hat, darin,

> „daß eine Bewegung, die am lebendigen Leib des anderen wahrgenommen wird, einen unmittelbaren, suggestiven, physiologischen Reiz am eigenen Leib verursacht. So kommt es zu einem unmittelbaren suggestiven Austausch der Leibesäußerungen. Nietzsche fand in den Untersuchungen der französischen Physiologen den adäquaten Ausdruck für dasjenige, was er in der Ablehnung der ontologischen und teleologischen Methode philosophisch schon propagiert hatte, die Leibsprache als der ursprüngliche Ausdruck und die ursprüngliche Kommunikation des Lebendigen."[262]

Die Einsicht, dass unser Leib, bevor wir uns dessen bewusst werden, immer schon „verständigt" ist, dass er in andauernder unbewusster Kommunikation mit sich selbst wie mit anderen Leibern steht, wurde von schulphilosophischer wie schulpsychologischer Seite kaum zur Kenntnis genommen. Es durfte einfach nicht sein, was sich das reine leiblose Labor- und Schreibtisch-Ich des rationalen Wissenschaftlers nicht vorstellen konnte: dass es da ein Etwas gäbe, das, allem Bewusstsein zuvor und dem Bewusstseinszugriff nur beschränkt zugänglich, sich leiblich verständigen könne und leibseelisch schon verständigt sei. Als dann Theodor Lipps seine (Hin)Einfühlungstheorie entwickelte, ging ein erleichtertes Aufatmen durch die Reihen der philosophischen und psychologischen Kollegen. Denn mit dieser (Hin)Einfühlungstheorie konnte mensch endlich erklären, dass *alles*, was durch leibliche und leibseelische Kommunikation aus anderen Menschen, Organismen, Dingen „herausgefühlt" wurde, zuvor (wenngleich unbemerkt) vom Bewusstsein hineinprojiziert worden war. So dass nun das ins Wanken geratene Subjekt-Objekt-Häuschen des transzendentalen Ichs, um einen kleinen Anbau erweitert, wieder fest und unerschütterlich stand. Mensch war sich jetzt wieder sicher: Das, was beunruhigte, war ja doch nur etwas Bewusstes gewesen. Die Rede vom unbewussten Leib und Leben, von subjekt-objektvorgängiger Wirklichkeit, von nur intuitiv-leiblich zugänglichen tieferen Schichten von Welt war damit als „unwissenschaftlich" entlarvt. So dass es schließlich eines Ludwig Klages und Theodor Lessing bedurfte, um den von Nietzsche entdeckten fundamentalen leiblichen Kommunikationstyp wiederzuentdecken und lebensphilosophisch wie psychologisch in die Form des „Ausdrucksgesetzes"

---

262 Grätzel, S.: Denken am Leitfaden des Leibes – Nietzsches ‚große Vernunft', in: II. Jahrbuch für Lebensphilosophie, a. a. O., S. 73-87, hier: 74f.

(Ludwig Klages) bzw. der „Ahmungstatsachen“ (Theodor Lessing) zu gießen.[263] Nietzsche hat sich der leiblichen Kommunikation von der Physiologie her genähert. Klages und Lessing von der Physiognomik bzw., genauer formuliert, von der lebensphilosophischen Basis der Leib-Seele-Einheit her. Physiologische und physiognomische Betrachtung bergen aber immer eine Tendenz in sich: von der spezifisch leiblichen Dimension ins Physisch-Physiologische oder ins Psychisch-Psychologische abzugleiten. Um diesem Vom-Leib-Abgleiten zu entgehen, hat Hermann Schmitz die leibliche Kommunikation später einer neuphänomenologischen Revision unterworfen und sie scharfer bzw. leibnaher als „Einleibung“ expliziert.[264]

Leibliche Basiskommunikation verläuft also nach Nietzsche über weite Strecken unbewusst und ist auf das reine Vernunft-Ich nicht angewiesen. Die „große Vernunft“ des Leibes gehorcht anderen Prinzipien als die „kleine Vernunft“ des Kopfes. Dies zeigt sich nicht nur in Bezug auf die leibliche Kommunikation, sondern auch in Bezug auf das, *was* und *wie* der Leib ‚will‘. *Was* aber ‚will‘ der Leib? Er ‚will‘ essen, trinken, gestalten, fühlen, riechen, sehen, schlafen, träumen, reden, singen, tanzen, zeugen, gebären, lachen, weinen. Er ‚will‘ assimilieren und ausscheiden, aufsuchen und vermeiden, versuchen und variieren, sich durchsetzen und sich hingeben. Der Leib folgt hierbei in erster Linie dem, was ihn drängt und treibt, was ihn lockt und anzieht. Er folgt, so könnte mensch in distanzierter Anlehnung an Sigmund Freud sagen, dem Lustprinzip (das indirekt auch ein Unlustvermeidungsprinzip ist). Das *Wie* des leiblichen ‚Wollens‘ ist durch das Lustprinzip bestimmt. Nietzsche spricht hierbei jedoch nicht vom Lustprinzip, sondern, wie Stephan Grätzel in seinem Beitrag herausgearbeitet hat, von der „Ob“-Erfahrung: der Leib prüft, *ob* ihm dies oder jenes (noch) zusagt.

Diese Ob-Erfahrung der „großen Vernunft“ ist nun etwas völlig Anderes als das willentliche Zweck-Mittel-Denken der „kleinen Vernunft“. Denn der Leib geht wie die Natur nie im strengen Sinne ‚absichtsvoll‘, ‚zweckmäßig‘, ‚zielgerichtet‘, ‚teleologisch‘ vor. So ist es Nietzsche zufolge schon eine „Erdichtung“ der „kleinen Vernunft“, wenn gesagt wird: „Ich esse, um mich zu sättigen“. Denn

> „was *weiß* ich von dem, was Sättigung ist! In Wahrheit wird die Sättigung erreicht, aber nicht *gewollt* – die momentane Lustempfindung bei jedem Bisse, solange Hunger da ist, ist das Motiv: nicht die Absicht ‚um‘, sondern ein Versuch bei jedem Bissen, *ob* er noch schmeckt“.[265]

---

[263] Vgl. hierzu mein Lessing-Porträt in: II. Jahrbuch für Lebensphilosophie, a. a. O., S. 253-291, v. a. S. 266-273.

[264] Vgl. z. B.: Schmitz, H.: System der Philosophie, Bd. 2, 1, Der Leib, Bonn 1965, S. 341-349; ders.: Der unerschöpfliche Gegenstand, Bonn ^{2}1995, S. 137-140; v. a. aber: ders.: Leib und Gefühl, Paderborn 1989, S. 175-199 („Über leibliche Kommunikation“).

[265] Nietzsche, F.: Nachgelassene Fragmente 1880-1882, in: Kritische Studienausgabe, Bd. 9, hg. v. G. Colli u. M. Montinari, München 1988, S. 447.

Wenn ich nun, mich hierbei kritisch-distanziert auf Freud berufend, vorschlage, diese Ob-Erfahrung durch die griffigeren Termini der Es-Erfahrung und des Lustprinzips zu ersetzen, dann nicht, weil der Leib ‚um der Lust willen' dies oder jenes täte, sondern, weil der Es-Erfahrung leibliche Lust korreliert. Wie es Nietzsche treffend formuliert: „Man ist thätig, weil alles, was lebt sich bewegen muß – *nicht UM der Freude WILLEN*, also *ohne Zweck*: obschon Freude dabei ist".[266] Hier hat Nietzsche schärfer gesehen als Freud, dessen Lustprinzip immer wieder durch offensichtliche Reduktionismen und verdeckte Teleologismen vereinseitigt und verzerrt wird. Mensch müsste demnach eigentlich von einem Leibes-Lustprinzip und einer Leibes-Es-Erfahrung sprechen. Denn es geht ja nur um die ganz spezifische leibliche Lust, die der jeweiligen Leibes-Es-Erfahrung korreliert; und gerade nicht um eine jede Lust; und schon gar nicht um eine Lust, die ein Zweck für ein bewusstes und willentliches Ich darstellen würde und vermittels zweckrationaler Interventionen und Manipulationen provoziert worden wäre oder auch, die subtile Variante, durch verdrängte Bewusstseinsinhalte hintenherum im Sinne eines sekundären Lustgewinns erzwungen worden wäre.

Es fällt nun vom Standpunkt des leibnahen Ichs gar nicht schwer, einige solcher lustvoller Es-Erfahrungen aufzuzählen. Gernot Böhme hat das in seinem ganz aus der Lebenserfahrung schöpfenden Beitrag „Das Glück, da zu sein"[267] auch getan – und zwar vor einem unauffälligen, aber erstaunlich implikativen leibphilosophisch versierten Hintergrund. Anhand von Erfahrungsberichten schwerkranker Menschen zeigt er, wie fundamental, aber auch alltäglich – und weil alltäglich, meist achtlos übergangen und eben oft erst im Angesicht des Todes wieder bewusst werdend – diese Es-Erfahrungen sind: Miteinander lachen, Sonne spüren und sehen, aufrecht gehen, Bäume und Blumen betrachten und riechen, Früchte schmecken, Luft schöpfen bzw. atmen, Wind und Regen spüren, Vogelgezwitscher hören, Stallgeruch riechen, sich an Atmosphäre und Farbenpracht des Frühlings erfreuen.

Wenn, wie in unserer High-Tech-Zivilisation der Fall, durch instrumentelle Vernunft und Leistungsprinzip bedingt, die vergegenständlichenden und gegenstandsbezogenen Ich-Erfahrungen überdominant werden, müssen spontane leibliche Es-Erfahrungen, normalerweise das Selbstverständlichste vom Selbstverständlichsten, wieder eingeübt werden. Es ist absurd, aber es ist so: Die vergegenständlichenden Ich-Erfahrungen sind uns aufgrund langjähriger Ausbildungs-, Berufs- und Alltagspraxis ‚in Fleisch und Blut' übergegangen bzw. zu einem sekundär Unbewussten geworden. Und die leiblichen Es-Erfahrungen, in tiefere Regionen des Unbewussten zurückgestaut und in ihrem spontanen Auftauchen und Sich-Betätigen gehindert, müssen erst durch Bewusstmachung wieder

---

[266] Nietzsche, F.: Nachgelassene Fragmente 1880-1882, a. a. O., S. 16.

[267] Böhme, G.: Das Glück, da zu sein, in: II. Jahrbuch für Lebensphilosophie, a. a. O., S. 209-218.

zugelassen werden. Das Ich-Bewusste hat sich als ein sekundär Unbewusstes an die Stelle des primär Unbewussten geschoben. Und das primär Unbewusste kann über weite Strecken nur noch durch sekundäre Bewusstmachung vermittelt erscheinen. Doch selbst dann erscheint es als ein Es, als eine Es-Erfahrung. Auch das hebt Böhme in seinem Beitrag beispielhaft hervor, indem er darauf hinweist, dass, wenn leiblich vollzogenes, tief entspanntes Atmen (Es-Atmen könnte mensch sagen) nicht mehr selbstverständlich ist, dies durch bewusste Atemübungen – etwa durch eine autosuggestive ‚Ich-Atme-Tief-Und-Ruhig-Übung' – wieder erlernt werden muss. Wird schließlich die bewusste ‚Ich-Atme-Tief-Und-Ruhig-Übung' verinnerlicht, so dass die bewusste Konzentration dabei nicht mehr nötig ist, dann wird die Ich-Erfahrung zu einer Es-Erfahrung, es kommt zum Umkippen „vom *ich atme* zu *es atmet mich*."[268] Gleiches gilt für das Anschauen. Auch hier kann es aufgrund gezielter Übungen dazu kommen, „dass das Anschauen in ähnlicher Weise umkippt wie das Atmen, dass es von *ich schaue etwas an* zu *es schaut mich an* wird."[269] Durch diese Übungen *kann* ein leibentfremdetes hyperbewusstes Ich, das aufgrund seiner Zweck- und Gegenstandsbezogenheit die spezifische Dimension leiblicher Präsenz immer schon übergreift und verfehlt, zum eigenen Leib und Dasein zurückfinden. Und, so möchte ich hinzufügen, durch diese Übungen *kann* ein leibfernes Ich zum leibnahen zurückfinden und damit zu einem Standpunkt, von dem aus sich leibliche Es-Erfahrung angemessen (be-)greifen lassen.

Bezeichnenderweise ist jedoch dieser Standpunkt nicht Nietzsches Standpunkt. Nietzsches Standpunkt ist der des „Übermenschen". Schon das Wort lässt aufhorchen. Übermensch: Das klingt nach Über-Ich, nach reinem Ideal-Ich. Doch diesem idealen Ich der „kleinen Vernunft" wollte Nietzsche doch entkommen. Noch mehr aufhorchen lässt der kategorische Imperativ dieses Übermenschen: Sag' immer und überall ja zum Willen zur Macht, denn er und nichts Anderes ist der großen Weisheit deines Leibes letzter Schluss. Oder, mit engerem Bezug zum Leib und in Nietzsches Worten: „Ziel: Höherbildung des ganzen *Leibes* und nicht nur des Gehirns."[270] Höherbildung des Leibes, Willen zur Macht: Das klingt nach verschroben-teleologischen Allmachtsphantasien, nach Flucht nach vorn und nach subtiler instrumenteller Vernunft. Doch auch diesen kopflastigen und willentlichen Aspekten der „kleinen Vernunft" wollte Nietzsche doch entkommen.

Es ist wirklich merkwürdig: kaum, dass Nietzsche den lebendigen Leib, seine nicht bewusstseinsbasierte selbst-verständigte Kommunikationsform und seine nicht durch logomorphe Zweck- und Zielkategorien verstehbare Es-Erfahrungs-Struktur entdeckt hat, versucht er – und zwar vehement, ja, richtiggehend

---

[268] Böhme, G.: Das Glück, da zu sein, a. a. O., S. 215.

[269] Böhme, G.: Das Glück, da zu sein, a. a. O., S. 216.

[270] Nietzsche, F.: Nachgelassene Fragmente 1882-1884, in: Kritische Studienausgabe, Bd. 10, hg. v. G. Colli u. M. Montinari, München 1988, S. 506.

zwanghaft –, all dieses auf ein neues absolutes Prinzip, den „Willen zur Macht" einzuschwören. In einer sublimen, letztlich aber wohl doch darwinistischen Wendung unterstellt er der gesamten organismischen Natur ein Urprinzip: den unersättlichen Kampf um Machtsteigerung. Paul Bishop hat das in seinem Beitrag, so treffend wie fundiert und mit einem charmant-ironischen Unterton versehen, folgendermaßen ausgedrückt:

> „Nietzsche hat wie immer eine Antwort parat und zwar immer dieselbe Antwort: wie bei dem einzelligen Protoplasma, wie bei den Bäumen des Urwaldes, wie bei den listigen Pflanzen geht es immer um Macht. Denn ‚[d]er Organismus besteht durch Kampf!' (KSA 10, 7[174], 299). ‚[D]ie Reichen und Lebendigen wollen Sieg, überwundene Gegner, Überströmen des Machtgefühls über weitere Bereiche als bisher', beteuert Nietzsche an einer weiteren Stelle, ‚denn alle gesunden Funktionen des Organismus haben dies Bedürfnis' ... (KSA 13, 14[174], 362)."[271]

Der Leib wird so, auch das hat Bishop unterstrichen, zum Herrschaftsgebilde, die Physiologie des Leibes zur Physiologie der Macht.

Nun ist aber gerade dieses Moment – der Kampf um Machtsteigerung, das *unersättliche* Bedürfnis nach Überströmen des Machtgefühls auf immer weitere und weitere Regionen – ein Moment, das mensch in dieser übersteigerten Form im Bereich leiblicher Es-Erfahrungen nicht oder doch nur ansatz- und zeitweise finden kann. Denn der Leib tendiert von sich her stets zu einer polaren Rhythmik aus Mangel und Fülle, Drang und Befriedigung, Aus-sich-Herausgehen und In-sich-Sammeln, Geben und Nehmen, Zugreifen und Geschehenlassen und, wenn mensch so will, Machtanhäufen und Machtabgeben. Eine linear-steigernde, linear-fortschreitende und endlos-anhäufende Bewegung ist ihm fremd. Solch eine (letztlich mechanische) Bewegung kennt aber sehr wohl die „kleine Vernunft". Mit einem Wort: Die Unersättlichkeit wohnt mehr im Kopf als im Leib. Darauf hat schon Epikur hingewiesen: „Unersättlich ist nicht der Bauch, wie die Vielen behaupten, sondern die falsche Vorstellung vom unbegrenzten Fassungsvermögen des Bauches" (RS 59).

So wird auch von dieser Seite her deutlich, dass Nietzsche unter der Hand und entgegen seinen ursprünglichen leibphilosophischen Intentionen ein neues kopflastiges Ich-Ideal in den Leib einschmuggelte. Er erlag letztlich, wie so viele Denker vor und nach ihm, der Eigendynamik exzessiven Denkens: ein übergreifendes gedankliches Konzept finden zu *müssen*; ein absolutes Konzept, mit dem sich (vermeintlich) alles (be-)greifen lässt. Mensch sollte sich nichts vormachen: Nietzsche war ein völlig vereinseitigter Mensch mit einem überdominanten, nicht verleiblichten Vernunft-Ich. Wie es Gernot Böhme offen aussprach:

[271] Bishop, P.: Nietzsche und der lebensphilosophische Leib, a. a. O., S. 101.

> „Nietzsche war selbst ein kranker, hypersensibler, um nicht zu sagen idiosynkratischer Mensch. Sein Leben vollzog sich im Reden und Schreiben und alles, was er dem Leib zukommen ließ, war geschickte Diätetik, um irgendwie durchzukommen, und das hieß letzten Endes, denken und schreiben zu können. Keine Sexualität, keine leibliche Kommunikation, keine Erfüllung im leiblichen Dasein. Die große *Gesundheit des Leibes* war für ihn keine Erfahrung, sondern ein Traum."[272]

Aber was für ein Traum! Ein Traum, der bis heute leib- und lebensphilosophisch hochrelevant ist. Denn, wenngleich Nietzsche auch nicht leiblich zu *leben* wusste: leibnah *denken* konnte er, und zwar gewaltig. Diesbezüglich ist und bleibt viel von Nietzsche zu lernen. Auch und gerade da, wo er vom Schatten seines nicht geleibten Lebens eingeholt wurde: in Bezug auf das vielleicht einzige Ressentiment, das er nicht durchschaute, nicht durchschauen konnte, weil es *sein* Ressentiment, weil es *sein* Kompensat war: das des „Willens zur Macht". Ein Ressentiment und Kompensat, mit dem er sich über die eigenen leiblichen Ohnmächtigkeiten hinwegtrösten musste.

Will mensch also Nietzsches Denken am Leitfaden des Leibes fort- und weiterschreiben, sollte mensch, zumindest meiner Meinung nach, die von ihm eingeschmuggelten logomorphen und ich-idealen Anteile aus der Sphäre des Leibes entfernen. Zunächst und zuerst natürlich den Willen zur Macht. Doch auch vom verhängnisvollen Wortspiel der „großen Vernunft" des Leibes wäre Abschied zu nehmen. Und auch von der Wendung, dass der Leib ein „großes Selbst" sei. Denn diese Begriffe sind wie troianische Pferde. Ehe mensch sich versieht, werden vermittels ihrer, bewusst oder unbewusst, logomorphe Vorstellungen und vernünftige Reinlichkeitsideale eingeschleust. Wie das Nietzsche ja auch selbst immer wieder passiert ist. Nicht durch eine „Umwertung aller Werte" im Sinne einer „Umkehrung aller Werte" kommt mensch dem Leib näher, sondern dadurch, dass mensch sich voll und ganz auf Leiblichkeit, leibliche Kommunikation, leibliche Es-Erfahrungen einlässt, um sie später, *nach* dem Abklingen ihrer eigentümlichen Zeit-Raum-Gestalt, zu beschreiben und auszulegen.[273]

Mensch wird sich schließlich doch damit abfinden müssen: Der Leib ist nicht Vernunft. Er ist auch nicht nur das „Andere der Vernunft". Er ist *letztlich* anders als Vernunft. Der Leib ist auch kein „Ich". Und auch nicht nur das „Andere meines Ichs". Er ist *letztlich* anders als das Ich. Damit ist nicht gesagt, dass der Leib unvernünftig oder nicht-ich-haft sei. Nein. Nur dieses: dass er vorvernünftig und vor-ich-haft sei. Aus der Sicht eines reinen Vernunft-Ichs eine völlig

---

[272] Böhme, G.: Leibsein als Aufgabe, Leibphilosophie in pragmatischer Hinsicht, Kusterdingen 2003, S. 19.

[273] Vgl. hierzu auch den Abschnitt „Die leiblich erahmte Gestaltenwelt" meines Lessing-Porträts, in: II. Jahrbuch für Lebensphilosophie, a. a. O., S. 281-288.

unbefriedigende, vielleicht sogar unlogische und unakzeptable Aussage. Aus der Sicht des leibnahen Ichs etwas unschwer Nachvollziehbares.

Und das ist nun ein weiterer Punkt, den mensch *ex negativo* von Nietzsche lernen kann: Nur vom Standpunkt eines leibnahen Ichs lässt sich der Leib angemessen in Erfahrung bringen. Jedes Kind, jeder halbwegs sinnliche und leiblich lebende Mensch kennt diesen Standpunkt. Nur das reine absolutistische Vernunft-Ich dünkt sich erhaben und meint vornehm darüber hinwegblicken zu können. Doch genau deshalb ist dieses reine und misstrauische Vernunft-Ich auf leib- und lebensphilosophischem Gebiet zu verabschieden und durch ein anderes zu ersetzen. Nämlich durch ein gelassenes, zulassendes und vertrauensvolles Vernunft-Ich, das weder durch Leib- oder Sinnesfeindlichkeit, noch durch Reinlichkeits- oder Methodenzwänge, noch durch Vereinheitlichungs- oder Reduktionstendenzen, noch durch Sokratismen oder Sophismen, noch durch Überwindungs- oder Höherbildungsphantasien, noch durch Allmachts- oder Abgrenzungsallüren gekennzeichnet ist.

Denn auch das kann mensch *ex negativo* von Nietzsche lernen: Ohne Ich-Ideal geht es nicht. Wer meint, ohne und gegen alle Ich-Ideale philosophieren zu können, schafft insgeheim neue. Die Verdrängung aller Ich-Ideale stellt sowenig eine Lösung dar wie die Verdrängung des lebendigen Leibes. Ein neues Ich-Ideal tut also not: Ein Vernunft-Ich, das dem Leben und dem Leib zuliebe abschiednimmt von allen Logo- oder Monomanien. Ein Ich-Ideal, das ohne überhimmlischen Ort und archimedischen Punkt, ohne absolute Gewissheit und *actus purus*, ohne Utopie von ewiger Glückseligkeit und Schmerzfreiheit auskommt. Ein Ich-Ideal, das in Polaritäten und mit Widersprüchen leben kann. Ein Ich-Ideal, das dem eigenen Leib und dem leibnahen Ich gegenüber nicht durch ein Herrschafts-, sondern durch ein Freundschaftsverhältnis bestimmt ist. Um mit Gernot Böhme zu sprechen: das Ideal des „autonomen Menschen“ als „Konzept eines sich verpanzernden Subjektes [...] muss unter dem Aspekt von *Leib-sein als Aufgabe* transformiert werden in das Ideal des souveränen Menschen“[274] – als eines Menschen, der den Lüsten und Leiden der Leiblichkeit nicht autonom gegenübersteht, sondern der souverän, doch freundschaftlich und wohlmeinend mit ihnen zu leben lernt.

---

[274] Böhme, G.: Leibsein als Aufgabe, a. a. O., S. 109.

6.11 Der souveräne Menschen als genesiologischer Lebens- und Leibeskünstler

In „Philosophie als Lebensform – Antike und moderne Exerzitien der Weisheit" schreibt Pierre Hadot:

> „Ein Charakteristikum der Universität besteht darin, daß sie sich aus Professoren zusammensetzt, die Professoren ausbilden, und aus Fachleuten, die wiederum Fachleute ausbilden. Der Unterricht richtet sich also nicht mehr an Menschen, die man zu Menschen erziehen möchte, sondern an Spezialisten, damit diese lernen, andere zu Spezialisten auszubilden. Genau darin besteht die Gefahr der ‚Scholastik', die sich gegen Ende der Antike abzuzeichnen begann, sich im Mittelalter weiterentwickelte und die man noch in der gegenwärtigen Philosophie antrifft."[275]

‚Scholastisches' Philosophieren in diesem Sinne ist also nicht an die mittelalterliche Scholastik gebunden. Es ist ein Phänomen, das immer dann auftritt, wenn sich Philosophie zu weit vom menschlichen Leben entfernt und zu einer Spezialistenphilosophie für Philosophiespezialisten oder, mit Schopenhauer zu reden, zu einer „Professorenphilosophie für Philosophieprofessoren" wird. Solch ein Philosophieren ist jedoch, auch das hat Hadot gezeigt, von der ursprünglichen Intention der Philosophie als Weisheitssuche, Lebensform und Menschenbildung denkbar weit entfernt. Und das gilt über weite Strecken auch für die moderne Universitätsphilosophie: „Die antike Philosophie schlägt dem Menschen eine Lebensform vor, die moderne Philosophie dagegen stellt sich vor allem als Konstruktion einer technischen Sprache dar, die Spezialisten vorbehalten bleibt."[276]

Mensch kann nun – zumindest in gewissen Grenzen – die Lebensphilosophie und die lebensphilosophische Bewegung als einen Versuch sehen, die ursprüngliche Intention der Philosophie unter modernen Vorzeichen zu reetablieren. Auch Hadot weist darauf hin, dass Schopenhauer und Nietzsche die ‚Scholastik' ihrer Zeit – die ‚Scholastik' des deutschen Idealismus – in Richtung auf das Ideal einer Philosophie als Lebensform durchbrochen hätten.[277] Wenn Hadot jedoch meint,

---

[275] Hadot, P.: Philosophie als Lebensform – Antike und moderne Exerzitien der Weisheit, Frankfurt a. M. ²2005, S. 171.

[276] Hadot, P.: a. a. O., S. 173.

[277] Hadot, P.: a. a. O.: „die Philosophien Schopenhauers und Nietzsches stellen eine Aufforderung zur grundlegenden Veränderung der Lebensweise dar." Noch deutlicher zeigt Ute Gahlings in ihrem Beitrag „Weisheit nach Hermann Graf Keyserling", was im Rahmen der lebensphilosophischen Bewegung in puncto Reetablierung von Philosophie als Lebensform geleistet wurde; in: III. Jahrbuch für Lebensphilosophie (Praxis der Philosophie), 3/2007, S. 33-43.

dieses Ideal sei das *antike* Ideal von Philosophie als Lebensform gewesen,[278] dann irrt er meines Erachtens. Nicht das antike Ideal – das mensch wohl besser unter dem Titel „Philosophie als *ontologische* Lebensform"[279] führen sollte –, sondern ein neues Ideal taucht mit Schopenhauer, vor allem aber dann mit Nietzsche und den ihm nachfolgenden Lebens- und Existenzphilosophen am geistigen Horizont der Moderne auf. Mensch könnte dieses Ideal ‚Philosophie als *genesiologische* Lebensform' nennen. Denn nicht das *Sein*, sondern das *Werden* steht hierbei im Mittelpunkt. Nicht die übersinnliche, unvergängliche, rein geistig zu erschauende, lebenstranszendente, all-eine *Seinswahrheit*, sondern die sinnliche, historische, leib-seelisch-geistig erfahrbare, lebensimmanente, mehrseitige *Werdewirklichkeit* bildet den Prüf- und Schärfstein philosophischer Selbstformung und Lebensweisheit. Und wenngleich die Geschichte solch einer ‚Philosophie als genesiologische Lebensform' bis heute nicht geschrieben ist und somit ein differenzierter Einblick in die Rolle der Lebensphilosophie bei der Herausbildung dieser modernen Lebensform fehlt, soviel lässt sich schon heute sagen: Der Philosoph soll, spätestens seit Nietzsche, kein ontologischer *Lebensasket*, sondern ein genesiologischer *Lebenskünstler* sein.

Ein Unterschied, den Hadot – fasziniert vom antiken Ideal – wohl übersehen hat.[280] Michel Foucault hingegen nimmt, wie Fabian Heubel in seinem Aufsatz

---

[278] Hadot, P.: a. a. O.: „Sowohl Nietzsche als auch Schopenhauer stehen außerdem ganz und gar in der antiken Tradition."

[279] Vgl. hierzu auch: Albert, K. u. Jain, E.: Philosophie als Form des Lebens. Zur ontologischen Erneuerung der Lebensphilosophie, Freiburg u. München 2000; sowie meine Rezension dieses Buches in: II. Jahrbuch für Lebensphilosophie (Leib-Denken), 2/2006, S. 313-317.

[280] Ein Unterschied, der auch in der gängigen Lebenskunst-Literatur immer wieder einmal in Gefahr ist, übersehen oder überspielt zu werden. Anders als bei Hadot ist es dort aber das Fasziniertsein von der modernen Idee der Lebenskunst, das die Unterschiede zwischen antiker Lebensaskese und moderner Lebenskunst ins Hintertreffen geraten lässt. So z. B. bei: Werle, J. M.: Nachwort – Philosophische Lebenskunst: Positionen und Profile, in: Klassiker der philosophischen Lebenskunst, München 2000, S. 579-628. Anders allerdings Wilhelm Schmid. Er spricht zwar auch von antiker Lebenskunst (wo mensch m. E. besser von Lebensaskese sprechen sollte), stellt jedoch den Unterschied zur modernen Lebenskunst deutlich heraus. In der Moderne, so Schmid, hätte sich eine völlig *neue* Lebenskunst, wenngleich (noch) nicht etabliert, so doch zumindest angebahnt. Vorrangige Aufgabe sei es, diese neue Philosophie der Lebenskunst auszuarbeiten und (nun endlich) zu etablieren: „Diese Philosophie wird die Aufgabe haben, den romantischen Impuls der Moderne – die Suche nach der Intensität der Existenz – zusammenzuspannen mit der pragmatischen Fragestellung, wie der Existenz Form verliehen werden kann, um die Intensität, wenn sie erfahren wird, lebbar zu machen – und nicht ins Nichts abzustürzen, wenn die Intensität ausbleibt oder nicht andauert. Der romantische Impuls ist existenziell, um die immer neue Frage nach dem wahren Leben zum kritischen Korrektiv gegenüber dem wirklich gelebten Leben zu machen. Die pragmatische Orientierung ist unverzichtbar, um nicht bei der Frage nach dem wahren Leben stehen zu bleiben und von der bloßen Fragestellung schon alles zu

„Selbstkultivierung und Kritik: zu Foucaults ‚Hermeneutik des Subjekts'" herausgearbeitet hat, „die Herausforderung Nietzsches auf, um Selbstkultivierung vom Primat des Geistes zu lösen und philosophische Askese in Richtung Ästhetik zu öffnen."[281] Gleichwohl bleibt auch bei Foucault ein entscheidender Rest an Askese. Seine „Ästhetik der Existenz" bleibt gebunden an eine asketische Leistungsmoral, bei der das Ich, so hat Paul Veyne diesen Standpunkt des späten Foucault skizziert, „sich selbst zum Gegenstand einer zu leistenden Arbeit nimmt". Der „Künstler des eigenen Ich" erlange durch ästhetisch-asketische Selbstbearbeitung „Autonomie".[282] Doch genau dadurch scheint Foucault das Ideal des genesiologischen Lebenskünstlers wieder verfehlt zu haben: Denn Askese und Autonomie als „Freiheit-von" sind Kategorien des Geistes. Sie bleiben letztlich immer noch zu sehr der traditionellen ontologischen Lebensform verhaftet.

Nun hat Gernot Böhme, überzeugend, wie ich meine, dargelegt, dass Philosophie als Lebensform in heutiger Zeit weder von den klassischen Zielen ontologischer Asketik – Autarkie, Apathie, Ataraxie, Autonomie[283] – noch auch von dem Ziel moderner Lebensführung – Autonomie als (vermeintlich) reine Selbstbestimmung und individuelle Unabhängigkeit[284] – ausgehen sollte. Die neuen genesiologischen Ziele, die Böhme empfiehlt, lauten: „Wahrheit" (i. S. von Wahrhaftig-Sein-Können), „Leib" (i. S. von Leib-Sein-Können), „Emotionalität" (i. S. von Gefühle-Zulassen-Können), „Kommunikation" (i. S. von Sich-Mit-Anderen-Auseinandersetzen-Können) und „Dasein" (Im-Hier-Und-Jetzt-Sein-Können).[285] Eine Schlüsselrolle kommt dem Leib-Sein-Können zu:

> „War der Gipfel der traditionellen philosophischen Lebensweise die theoretische Schau, d. h. die leibabgewandte Zuwendung zum Ewigen, so ist die philosophische Lebensweise heute gerade auf den Gegenpol gerichtet. In der Bemühung um Leibsein-Können erfährt der Philosoph seine Erleuchtung im

---

erwarten." Schmid, W.: Schönes Leben? Einführung in die Lebenskunst, Frankfurt a. M. 2005, S. 24.

[281] Heubel, F.: Selbstkultivierung und Kritik: zu Foucaults „Hermeneutik des Subjekts", in: III. Jahrbuch für Lebensphilosophie, a. a. O., S. 85-108, hier: 105.

[282] Veyne, P.: Le dernier Foucault et sa morale, in: Critique 471-472/1986, S. 939; zit. aus: Hadot, P.: a. a. O., S. 178. Vgl. hierzu auch die interessante Auseinandersetzung Pierre Hadots mit Foucaults „Ästhetik der Existenz": Hadot, P.: a. a. O., S. 177-181.

[283] Vgl.: Böhme, G.: Einführung in die Philosophie. Weltweisheit, Lebensform, Wissenschaft, Frankfurt a. M. ^{3}1998, S. 24-26 u. 181-183.

[284] Vgl.: Böhme, G.: Einführung ..., a.a.O., S. 189-195.

[285] Vgl.: Böhme, G.: Einführung ..., a.a.O., S. 147-212. Vgl. hierzu auch den Beitrag von Elisabeth List „Praxis der Philosophie" in: III. Jahrbuch für Lebensphilosophie (Praxis der Philosophie), 3/2007, S. 47-62.

Leibbewußtsein, nämlich im Innewerden seiner radikalen Zeitlichkeit, im bewußten Aufgehen in der Präsenz."[286]

Aber nicht nur das Leib-Sein-Können, sondern ganz generell die Fähigkeit, sich emotional betreffen lassen zu können, ist hier gefordert. „Sich aussetzen lernen", wie es Böhme ausdrückt.[287] Philosophie als genesiologische Lebensform heißt: sich leiblich-affektiv auf die Werdewirklichkeit einzulassen, sich ihr auszusetzen, seine geistige Autonomie in gewissen Grenzen aufzugeben, um genau dadurch Souveränität zu gewinnen:

> „Es ist nun eine Grundmaxime der neuen philosophischen Lebensweise, sich betreffen zu lassen und biographische Zufälle ernstzunehmen. Auch hier handelt es sich um die Aufgabe eines Stücks von Selbstherrlichkeit und scheinbarer Autonomie. Philosophische Lebensführung heißt, damit zu rechnen und sich darauf einzulassen, daß Ereignisse und einzelne Menschen mitbestimmen, was man ist und als was das eigene Leben sich ergibt. Souveränität heißt hier, solche Kontingenzen hinnehmen und integrieren zu können."[288]

Das „neue Leitbild" des „souveränen Menschen"[289] erschöpft sich aber nicht in diesem „Hinnehmen- und Integrieren-Können", sondern drängt von sich aus auf Einübung und Kultivierung von „Formen des Ausdrucks und Austrags":

> „Die philosophische Bemühung um eine Wiedergewinnung der Emotionalität bezieht sich in diesem Bereich also nicht darauf, überhaupt Anmutungen zuzulassen, sondern vielmehr Formen zu entwickeln, in denen sie gelebt werden können. Der Verlust an Leben, der hier die philosophische Bemühung motiviert, hängt in diesem Fall zusammen mit dem, was wir unter dem Thema Wahrheit bzw. Wahrhaftigkeit schon festgestellt haben: Ein Gefühl, das seinen Ausdruck nicht findet, bleibt unbestimmt und *ist* in gewisser Weise gar nicht. Der Verlust an Ausdrucksformen ist deshalb die Zerstörung der Gefühle selbst."[290]

Genau an dieser Stelle erweitert sich die von Böhme skizzierte genesiologische Lebensform zu einer *Praxis der Philosophie als Selbstkultivierung*. Genau an dieser Stelle zeigt sich auch, dass sich Böhmes Konzept der Praxis der Philosophie nicht auf das Konzept einer Lebensform als Lebenskunst einschränken lässt. Nicht Lebenskunst, und schon gar nicht Lebensaskese, sondern gesellschaftlich engagierte wie leiblich involvierte Selbstkultivierungspraxis: So lautet sein Paradigma. Dieses Paradigma hebt, wenn ich richtig sehe, die Ideale philosophi-

---

286 Böhme, G.: Einführung ..., a.a.O., S. 178.
287 Böhme, G.: Einführung ..., a.a.O., S. 189.
288 Böhme, G.: Einführung ..., a.a.O., S. 191f.
289 Böhme, G.: Einführung ..., a.a.O., S. 189.
290 Böhme, G.: Einführung ..., a.a.O., S. 195.

scher und genesiologischer Lebenskunst nicht auf. Es bettet sie eher in einen umfassenderen Kontext ein. Dadurch wird die Enge bisheriger männlich-philosophischer Lebenskunst überwunden.[291] (Die weiblich-philosophische Lebenskunst hatte, wie sich oben zeigte, diese Enge gar nicht erst aufkommen lassen.) Selbststilisierung wird zu Selbstkultivierung erweitert. Mit dem Thema der Selbstkultivierung hat für Böhme jedoch der kritische Bezug zur eigenen Kultur und Gesellschaft einen wesentlichen und unersetzbaren Stellenwert erlangt. Denn Selbstkultivierung ist ohne auseinandersetzend-aneignenden Bezug zur jeweiligen Kultur weder zu denken noch zu leben. Doch auch der auseinandersetzend-aneignende Bezug zur Natur ist fundamental.[292] Selbstkultivierung ist deshalb kritisch-ästhetische Kultivierung seiner selbst wie auch der Gesellschaft und der Natur.

Selbstkultivierung und kritisches gesellschaftliches Engagement sind in Gernot Böhmes Projekt einer „Praxis der Philosophie" engstens miteinander verbunden. Knapp und klar kommt das auch im Konzept des von ihm und Ute Gahlings gegründeten und geführten „Instituts für Praxis der Philosophie" zum Ausdruck:

> „Das Institut für Praxis der Philosophie [...] betreibt die Umsetzung der Philosophie im persönlichen und gesellschaftlichen Leben. [...] Durch die Arbeit des Instituts soll Philosophie wieder als Streben nach Weisheit gelebt werden. Weisheit kann allerdings nicht mehr im traditionellen Sinne verstanden werden (Ataraxia, Autarkia, Enkrateia etc.), sondern muss aus einer Kritik der Gegenwart entwickelt werden. Sie bezieht sich auf die Lebensverhältnisse in der technischen Zivilisation, der Leistungs- und Konsumgesellschaft. Es ist davon auszugehen, dass der moderne Mensch wesentliche Aspekte des menschlichen Daseins versäumt. Es mangelt an der Erfahrung des eigenen Leibes, der Fähigkeit zu Teilnahme und Engagement, an der Bereitschaft Nicht-Wissen auszuhalten, und der Bereitschaft, die Gegebenheiten eines Lebens als Natur und mit der Natur zu akzeptieren. [...]

---

[291] Das hat auch Ferdinand Fellmann gefordert: die Enge mancher heutiger Lebenskunst-Konzepte sollte durch einen kreativen Rückgriff auf lebensphilosophische Konzepte überwunden werden: Fellmann, F.: Von der Lebenskunst zur Lebensphilosophie, in: I. Jahrbuch für Lebensphilosophie (Zur Vielfalt und Aktualität der Lebensphilosophie), 1/2005, S. 217-227. Weiterführend: Fellmann, F.: Philosophie der Lebenskunst, Hamburg 2009.

[292] Vgl. hierzu auch die in meinem Beitrag „Selbstkultivierung als Naturverwirklichung" dargestellte Selbstkultivierungstheorie Georg Simmels, in: III. Jahrbuch für Lebensphilosophie, a. a. O., S. 209-225, hier: 214f. – In diesem Beitrag komme ich auf etwas zu sprechen, was sonst komplett übersehen wird: das Thema „Naturverwirklichung". Dieses Thema kommt auch hier, in diesem Buch, zu kurz. Deshalb zumindest ein weiterführender Hinweis: Kozljanič, R. J.: Vision und Verantwortung. Von der Selbstverwirklichung zur Naturverwirklichung und zurück, in: Into the Wild. Innen wachsen, außen handeln. Prozessbegleitung in und mit der Natur, hg. v. AGJF Sachsen, Norderstedt 2015, S. 17-41.

Deshalb steht auch nicht die Wissensvermittlung im Vordergrund, sondern vielmehr die Entwicklung von Kompetenzen der Erfahrung, des Handelns und Leidens, der Kommunikation und der Kritik.“[293]

Dass das „Institut für Praxis der Philosophie“ dabei ganz bewusst „mit seiner Arbeit – unter veränderten historischen Bedingungen – an die vom Grafen [Hermann] Keyserling gegründete Tradition einer Darmstädter Schule der Weisheit“ anknüpft,[294] zeigt noch einmal von einer anderen Seite, dass und wie Böhme und Gahlings lebensphilosophische Errungenschaften – eigenständig, zeitbezogen, anschlussfähig – in die Zukunft führen.

Gernot Böhmes Begriff des souveränen Menschen (im Gegensatz zum autonomen) ist ein lebensphilosophisch wichtiger Schritt. Zusammen mit Böhmes lebenskünstlerischem und gesellschaftskritischem Konzept der „Selbstkultivierung“ ergibt sich hier ein rundes Bild. Und doch, solange all das nicht eingebettet wird in die von Helene Stöcker entwickelte Lebens-Liebes-Kunst und Liebes-Kultivierung, bleibt die entscheidendste lebensphilosophisch-humanistische Kompetenz unerwähnt oder zumindest unterrepräsentiert: die Liebesfähigkeit. Deshalb mag es gut sein, hier an das unter Punkt 5.4 Gesagte zu erinnern. Deshalb mag es ferner gut sein, das Konzept des „souveränen Menschen“ und der lebenskünstlerischen und gesellschaftskritischen „Selbstkultivierung“ mit Stöcker zum Konzept des ‚liebevoll-revolutionären Menschen’ und der mit ihm engstens verbundenen Lebens-Liebes-Kunst zu erweitern.

Der Schlüsselfrage, welches Ich oder Ich-Ideal zu solch einem ‚liebevoll-revolutionären Menschen’ passen könnte, werde ich im 8. Kapitel nachgehen. Ich nenne dieses Ich dort ein ‚exochoreisches Ich’, da es eines ist, das sowohl im gesellschaftlichen ‚Chorreigen’ (griech. choreía, lat. chorea) mittanzen kann, aber jederzeit und v. a. dann, wenn es nötig ist, aus ihm heraus tanzen kann (eks bzw. ekso bzw. ex). Dann tanzt es bewusst aus der Reihe, dann fällt es aus dem Rahmen. Meist vermeide ich dabei die Rede vom „souveränen Ich“ – obwohl mir das gleichnamige Konzept von Gernot Böhme gut gefällt. Aber eben nicht das Wort „souverän“. Das deutsche Wort „souverän“ stammt vom französischen Wort „souverain“ und vom lateinischen „superanus“. Es bedeutet: „darüber befindlich“ und „überlegen“. Diese Bedeutungen finde ich hier – im Kontext eines lebenskompetenten Ichs – nicht wirklich passend. Ein lebenskompetentes Ich steht nicht „über“ dem Leben, sondern mitten *darin*. Es geht auch nicht rein „überlegen“ mit den diversen Lebensituationen und Herausforderungen um, sondern eher improvisativ – eben lebenskünstlerisch. Auch erinnert mich das Wort „souverän“ zu sehr an *den* Souverän – also z. B. an einen absolutistischen Alleinherrscher wie Ludwig den 14.

---

293 Zit. aus der IPPh-Internetseite: http://www.ipph-darmstadt.de/konzept/ (abgerufen am 4.4.2018).

Das Ich-Ideal, um das es mir zu tun ist, hat mit einem barocken Ego-Pfau und Macht-Geier wie *Louis Quatorze* denkbar wenig zu tun. Dieses Ich, das kann schon hier gesagt werden, ist lebens-, leib- und lustnäher – dabei liebenswert, frech und verspielt. Es ist bodenständig und erdnah. Es braucht weder künstlichen Pomp noch Macht-Inszenierung. Es ist – ohne misanthropisch zu sein oder zu werden – innerlich relativ unabhängig geworden, also v. a. unabhängig von all den gesellschaftlichen Rängen und Zwängen. Es solidarisiert sich gesellschaftlich und politisch gern nach unten, nie nach oben (in Richtung Machtelite). Es hat gelernt, zwischen Ich-Ideal und Es-Leib hin und her zu ‚tanzen' – beide an die Hand nehmend. Es hat auch gelernt, zwischen Selbstliebe und Menschenliebe, zwischen Nähe und Distanz, zwischen Unbewusstem und Ich-Bewusstsein ein stimmiges Schwingungsverhältnis zu etablieren. Es ist ein Ich, das seine Gefühle nicht verleugnet und das gelernt hat, mit den eigenen Gefühlen liebevoll und lebendig-vernünftig umzugehen. Was das bedeuten könnte, lebendig-vernünftig mit den eigenen Gefühlen umzugehen: das werde ich nun im nächsten Kapitel klären.

[294] Zit. aus der IPPh-Internetseite: www.ipph-darmstadt.de (abgerufen am 4.4.2018).

7 Zweiter Ausblick: Lebendige Vernunft, Lebenserfahrungsvernunft, lebendige Vernünftigkeit

7.1 Bisherige Versuche, die lebendige Vernunft philosophisch zu bestimmen

Es gibt bisher nur wenige Versuche, die lebendige Vernunft philosophisch zu analysieren und zu explizieren. Einer davon stammt vom Lebensphilosophen José Ortega y Gasset. Hier, schlaglichtartig, ein Zitat:

> „Wenn wir von der Mathematik zu komplizierteren Gegenständen aufsteigen – der physikalischen Materie, dem organischen Leben, dem psychischen Leben, dem geschichtlichen Leben –, nimmt der Anteil des Irrationalen oder für das reine Denken Undurchschaubaren stetig zu, und es ist sehr zu vermuten, daß im Falle, da der Gegenstand kein geringerer ist als das Universum, der für die Mittel des traditionellen reinen ‚logos' verschlossene und unbegreifliche Teil des Gegenstandes sein Maximum erreichen dürfte. Immerhin geht die Vernunft in der Physik unangefochten ihres Wegs; dagegen muß sich – wie Bergson so wunderschön sagt, wenn auch aus Gründen, die nicht so schön sind – ‚außerhalb der Physik die Vernunft vom gesunden Menschenverstand inspizieren lassen.' Was Bergson ‚gesunden Verstand' nennt, ist dasselbe, was ich streng verbindlich als ‚Lebensvernunft' [„razón vital", eigentlich: „lebendige Vernunft"[295]] bezeichnet habe; und zwar ist diese Lebensvernunft weiträumiger als die andere. Denn für sie ist eine ganze Anzahl von Gegenständen rational, die im Licht der alten Vernunft oder Begriffsvernunft oder reinen Vernunft ausgesprochen irrational sind."[296]

Ein anderer Versuch, sich der lebendigen Vernunft zu nähern, stammt von der Phänomenologin Anna-Teresa Tymieniecka (1923-2014). Sie interpretiert den Menschen mitsamt seinem Proprium Vernunft innerhalb einer bergsonianisch gedachten „schöpferischen Entwicklung". Die menschliche Vernunft hat ihr zufolge auf ganz eigene, einzigartige Weise teil an diesem Prozess der schöpferischen Entwicklung: dadurch, dass sie – sprachlich, kognitiv, ethisch, ästhetisch, ... – *kreativ* ist. Indem Tymieniecka die Kreativität in den Vordergrund rückt, kann sie eine Verknüpfung herstellen: zwischen der Kreativität der menschlichen

---

[295] Vgl. hierzu: Rohmer, S.: Einführung, in: José Ortega y Gasset: Der Mensch ist ein Fremder. Schriften zur Metaphysik und Lebensphilosophie, hg. v. S. Rohmer, Freiburg u. München 2008, S. 7-26, hier 20.

[296] Ortega y Gasset, J.: Was ist Philosophie? München 1967, S. 86f; weiterführend: Marías, J.: José Ortega y Gasset und die Idee der lebendigen Vernunft, Stuttgart ^{2}1952.

Vernunft und Symbolisierungsfähigkeit und der Kreativität der schöpferischen Natur-Entwicklung. So kann sie die Vernunft vergleichsweise unreduktionistisch als evolutionär geworden thematisieren; sie kann, ohne zu biologisieren, zeigen, wie die Vernunft via Kreativität und Kreativitätsprozessen mit der "unity-of-everything-there-is-alive" zusammenhängt – und wie sie aus dieser kosmischen Einheit auch heraustreten kann. Unabhängig von Ortega hat sie ein eigenes Konzept einer lebendigen Vernunft entwickelt, das phänomenologisch und philosophisch-anthropologisch wohlfundiert, die Diskussion auf eine neue Stufe heben könnte. Wie sie selbst sagt:

> „The crucial difference [...] lies in my exfoliating in its full extent the creative/inventive essence of the human being and recognizing it consequently as the Arquimedean point for the phenomenology of life. With this full exfoliation and philosophical thematization of the creative nature of the human being, I am in a position to enlarge the inquiries into several points of the common philosophical quest that we share."[297]

Auf der Basis von Tymienieckas „Phänomenologie des Lebens" ließe sich womöglich[298] zeigen, wie ein unreduktionistisches integratives Konzept von Vernunft zu denken wäre, in dem neben Natur, Lebenswelt, Ethik, Kunst, Technik, Politik auch der wissenschaftlichen Rationalität ihr Platz eingeräumt wird – und dem menschlichen Bedürfnis nach dem Umgreifenden.

Freilich: Tymienieckas Konzept einer lebendigen Vernunft ist und bleibt ein eher akademisches Konzept. Und teilweise trifft dies auch auf Ortegas Konzept zu. Will mensch die lebensweltliche Basis einer lebendigen Vernunft erreichen und explizieren, ist es nötig, sich intensiver mit dem sogenannten ‚gesunden Menschenverstand' (bon sens, common sense, sensus communis, ..) auseinanderzusetzen. Hierzu ist es nötig, sich genauer anzusehen, wie die Menschen in ihrem Alltag ‚vernünftige' von ‚unvernünftigen' Handlungen unterscheiden. Welche Kriterien hier (meist unbewusst) angewandt werden und greifen. So etwas ist aber für den normalen Akademiker, für die normale Akademikerin nicht leicht. Denn sie müssen dann ihre über alles geliebten akademischen Diskurse verlassen,

---

[297] Tymieniecka, A.-T.: The Human Condition within the Unity-of-Everything-there-is-Alive, in: Analecta Husserliana Bd. 31, Dordrecht Boston u. London1990, S. 3-17, hier: 6. – Begründet und fundiert hat Tymieniecka ihre Phänomenologie des Lebens und der Kreativität in: Logos and Life, Bd. 1: The Creative Experience and the Critique of Reason, Dordrecht Boston u. London 1988; vgl. hierzu auch: Cecilia Lafuente, M. A.: An approach to Anna-Teresa Tymieniecka's Philosophy, in: Jahrbuch für Lebensphilosophie, 7/2014-2015, S. 233-243.

[298] ‚Womöglich' deshalb, weil ich mir (solange ich ihr vierbändiges Hauptwerk „Logos and Life" nicht gelesen habe) ein umfassend begründetes Urteil nicht erlauben kann. Und solange werde ich meinen ganz leisen Verdacht auch nicht los: den Verdacht, dass Tymieniecka womöglich doch ein wenig mit einem ontologischen (thomistischen?) Logos-Konzept liebäugelt.

müssen sich dabei, metaphorisch gesprochen, die ‚Hände schmutzig machen'. Sie müssen raus aus ihrem Studierkämmerlein. Sie müssen sich radikal-empirisch auf eigene und fremde Alltagserfahrungen einlassen – also auf meist recht heterogene Erfahrungen; auf ‚unreine' Erfahrungen, die sich, weil sie mit den vorherrschenden akademischen Rationalitätsstandards gar nicht fassbar sind, kaum bis gar nicht in wissenschaftliche Metasprache und Systemgebäude übersetzen lassen. Und wer macht sich schon gern die ‚Hände schmutzig'? Beschäftigt sich gern mit ‚unreinen' Erfahrungen? Zumal solch ein Sich-Beschäftigen von der *scientific community* oftmals gar nicht belohnt, manchmal sogar (mit Tot-Geschwiegen-Werden) bestraft wird. Einer, der das trotzdem gemacht hat, war der Lebensphilosoph und Pragmatist William James. Insbesondere in seiner Theorie des „common sense", finden sich hervorragende Analysen und Einsichten in die Struktur und Dynamik des „gesunden Menschenverstandes", der lebendigen Vernunft und ihrer Lebenskategorien.[299] Schlegel schlägt in § 68 ähnlich klingende Töne an: Erfahrung und Erfahrungswissen beruhten auf einem Vernunft- und Vernehmenssinn, dem „Gemeinsinn" bzw. „Menschensinn". Die Sprache als Zusammenhang unter Menschen und ihren Gedanken bedinge den Menschensinn.

7.2 „Lebendige Vernünftigkeit" (Pothast) und „Lebenserfahrungsvernunft" (Kozljanič): zwei konvergierende Ansätze

Doch ich möchte im Folgenden ein etwas aktuelleres Konzept ins Feld führen: das Konzept der „lebendigen Vernünftigkeit" von Ulrich Pothast.[300] Pothast ist es in

---

[299] James, W.: Pragmatism: a New Name for Some Old Ways of Thinking, New York Bombay u. Calcutta 1907, (besonders: „Lecture V: Pragmatism and Common Sense"); vgl. hierzu die aufschlussreiche Darstellung und Weiterführung von: Rolf, T.: Normalität. Ein philosophischer Begriff des 20. Jahrhunderts, München 1999, S. 49-84 (Kapitel „1. Die Normalität des Common Sense: William James": hier wird James von Rolf als ein „Theoretiker der Lebenserfahrung" ins Feld geführt, der, ähnlich wie Dilthey, die der Lebenserfahrung zugrunde liegenden, vorrationalen Denkformen und Lebenskategorien freizulegen versuchte.)

[300] Pothast, U.: Lebendige Vernünftigkeit. Zur Vorbereitung eines menschenangemessenen Konzepts, Frankfurt a. M. 1998. – Mein Dank geht an dieser Stelle an Sabine Dörpinghaus und Ute Gahlings. Auf Gahlings Initiative wurde der hervorragende Beitrag „Die Auflösung des Subjekts – Plädoyer für ein antireduktionistisches Verständnis von Geburtshilfe" von Dörpinghaus ins VII. Jahrbuch für Lebensphilosophie mit aufgenommen. Durch diesen Aufsatz bin ich überhaupt erst auf Ulrich Pothast und sein Konzept der „lebendigen Vernünftigkeit" aufmerksam geworden. Ich empfehle an dieser Stelle Dörpinghaus' Schriften sehr. Nicht zuletzt auch mit Hinblick auf eine hebammenkundliche Spezifizierung und Bewährung der pothastschen Einsichten. Aber viel mehr noch: Dörpinghaus gelingt es (ohne dass sie sich dabei groß auf Lebensphilosophen beziehen würde oder müsste), allein durch ihr leibphänomenologisches und lebendig-vernünftiges Vorgehen und Argumentieren, wichtige lebensphilosophische Denkmuster aus hebammenkundlicher Sicht neu,

einer bisher nicht dagewesenen Klarheit und Nüchternheit gelungen, das Thema der lebendigen Vernunft als (Selbst-)Beratungs- und Entscheidungsvernunft neu aufzurollen. Gerade deshalb ist sein Konzept in Bezug auf das Thema Lebenserfahrung so aufschlussreich. Es wurzelt voll und ganz in der alltäglichen menschlichen Lebens- und Erfahrungswelt – und geht von den hier drängendsten Fragen aus: Wie kommen wir in unserem Alltag und Leben zu vernünftigen und persönlich vertretbaren Entscheidungen? V. a. auch dann, wenn genormt-vernünftige Konventionen und bewährte rationale und wissenschaftliche Rezepte nicht weiterhelfen? Wenn also, wie so oft in unserem Leben, nicht delegierbare Einzelfallentscheidungen anstehen? Entschlüsse, die an wichtigen Wegscheiden unserer Biografie gefasst und mit denen Weichen für die Zukunft gestellt werden? Wie konstituiert und bewährt sich dann die menschliche Vernunft – auch und v. a. biographisch? Und: Welche Aspekte/Komponenten benötigt so eine Beratungs- und Entscheidungsvernunft?

Pothast nennt dieses Beratungs-, Beurteilungs- und Entscheidungsvermögen „lebendige Vernünftigkeit". Ich habe in ähnlichen Zusammenhängen hierfür den Begriff „Lebenserfahrungsvernunft" stark gemacht. In meinem Aufsatz „Lebendige Vernunft als Lebenserfahrungsvernunft" habe ich wichtige Grundzüge und Hauptaspekte herausgearbeitet.[301] Dies *bevor* ich das Konzept der lebendigen Vernünftigkeit von Pothast kennengelernt habe. Umso interessanter ist ein Vergleich, denn er zeigt, dass ich (mehr von der lebensphilosophischen Tradition der lebendigen Vernunft ausgehend) in vielen Aspekten zu ähnlichen Einsichten und Ergebnissen gekommen bin wie Pothast (der sich hierbei nicht auf die Lebensphilosophie bezog).

Betrachten wir zunächst kurz die von mir erarbeiteten Aspekte einer Lebenserfahrungsvernunft. Ich habe dort, im ersten Abschnitt („Was ist lebendige Vernunft?"[302]) drei Aspekte referiert. Aspekt 1: die vollsinnlich-gefühlsmäßige Vernehmensqualität, Aspekt 2: den vorwissenschaftlichen Lebenserfahrungsbezug, Aspekt 3: die muttersprachlich-kommunikativen Kompetenzen. Diesen drei

konkreter und lebensnäher zu reaktualisieren; vgl. v. a. Dörpinghaus, S.: Dem Gespür auf der Spur. Leibphänomenologische Studie zur Hebammenkunde am Beispiel der Unruhe, Freiburg u. München 2013; vgl. hierzu auch die Rezension von U. Gahlings, in: VII. Jahrbuch für Lebensphilosophie (Lebensdenkerinnen), 7/2014-2015, S. 327-333.

[301] Kozljanič, R. J.: Lebendige Vernunft als Lebenserfahrungsvernunft. Auseinandersetzung mit Ludwig Klages und Philipp Lersch, in: Jahrbuch für Lebensphilosophie 8/2016-2017, S. 171-187; vgl. aber auch: ders.: Die lebendige Vernunft – Oder: Heraklits Lobgesang auf die Polarität der Welt, in: Hagia Chora 27/2007, S. 26-31; und, wichtiger noch: ders.: Lebendige und wissenschaftliche Vernunft – Zur dramatisch-freiheitlichen Philosophie von Eberhard Simons, in: VI. Jahrbuch für Lebensphilosophie (Dramatisch-freiheitliches Philosophieren – Eberhard Simons in memoriam), 6/2012-2013, S. 19-42; und: ders.: Sokratisches Gespräch, Lebenserfahrung und lebendige Vernunft (unveröffentlichtes Manuskript).

[302] Kozljanič, R. J.: Lebendige Vernunft als Lebenserfahrungsvernunft, a. a. O., S. 171-173.

Aspekten/Komponenten wurden im letzten Abschnitt („Zusammenfassung und Explikation“[303]) weitere sieben hinzugefügt: Aspekt 4: der unmetaphysische Charakter der Lebenserfahrungsvernunft, Aspekt 5: die physiognomisch-hermeneutisch-sinnerhellend-ideengenerierende Bottom-Up-Verfahrensweise, Aspekt 6: der individuell zu prüfende ‚gesunde Menschenverstand‘, Aspekt 7: ganzheitlich-gefühlsintaktes Menschsein-Können, Aspekt 8: emotionales Sich-Dem-Anderen-Aussetzen-Können, Aspekt 9: reiches und nuanciertes Erinnerungsvermögen, Aspekt 10: bodenständige, kreative und kritische Artikulationsfähigkeit.

Wie nun bei Pothast? Der entscheidenste Aspekt der lebendigen Vernünftigkeit ist laut Pothast die Fähigkeit, die Emotionalität im Vernehmens- und Vernunftprozess zulassen zu können, solcherart, dass das eigene, leibseelisch-spürende Für-Angemessen-Befinden eine ausschlaggebende Rolle spielen kann: „Lebendige Vernünftigkeit, so viel läßt sich als ein Minimum (und *nur* als ein solches) sagen, ist Vernünftigkeit lebender Personen mit wesentlicher Beteiligung ihres spürenden Organismus als Orientierungs- und Auskunftsinstanz.“[304] Dieser Aspekt ist dem von mir erarbeiteten Aspekt 1 der vollsinnlich-gefühlsmäßigen Vernehmensqualität ähnlich.

Übrigens hat auch Schlegel einmal, eher beiläufig, aber etymologisch korrekt, auf diese Vernehmensfunktion der Vernunft hingewiesen. Er bemerkt in § 65, „dass im Deutschen selbst das Wort und der Name der Vernunft, von diesem innern Vernehmen herkommt, welches ihre höchste Funktion ausmacht.“ Er sieht diese „höchste Funktion“ aber v. a. im moralischen Gewissen (Über-Ich) bzw. im Vernehmen der Gewissensstimme. Was bei Pothast und mir nicht der Fall ist: Bei uns vernimmt die Vernunft zunächst physiognomisch und nicht moralisch. Und doch, und hier zeigt sich wieder die Nähe zum Konzept einer „lebendigen Vernunft“, teilt sich diese Stimme auch für Schlegel als „Gefühl“ mit, als „unmittelbare Wahrnehmung nach diesem einfachen Gefühl der innern Stimme“ (§ 63).

Ein Aspekt, den ich als Aspekt 5 erwähnt habe – dass die Lebenserfahrung physiognomisch-hermeutisch verfährt, dass sie also auf *dem* physiognomischen Wahrnehmungsvermögen, also der *Ausdruckswahrnehmung*, beruht – wird von Pothast deutlicher ins Feld geführt. Darauf, dass das Spüren nicht nur ein atmosphärisches Mitschwingen und stimmungsmäßiges Vernehmen ist, sondern sich auch der gestalthaften Ausdruckswahrnehmung bedient bzw. mit ihr verwachsen ist, weist Pothast am Beispiel der Mutter-Kind-Interaktion hin: „Das Kennzeichnen der umgebenden Welt nach Gefühlscharakteren, das Weitergeben der Charakteristik durch Gefühlsausdruck an das Kind oder vom Kind an die Mutter sind Leistungen spürend sich steuernder Lebewesen“. Der Leib der Mutter

303 Kozljanič, R. J.: Lebendige Vernunft als Lebenserfahrungsvernunft, a. a. O., S. 184-187.
304 Pothast, U.: Lebendige Vernünftigkeit, a. a. O., S. 31.

„reagiert oft aus Spürenszuständen heraus, die nicht denkend sind, und er trifft aus diesen Zuständen heraus in einer großen Zahl der Fälle das Richtige. Er orientiert sich in der Welt über weite Strecken durch Mittel solcher Art, und er gibt ihre orientierende Leistung (‚dies' ist zu fürchen, ‚dies' tut gut) durch körperlichen Ausdruck an das Kind weiter. Umgekehrt übermittelt auch das Kind durch Ausdruck wichtigste Informationen an die Mutter, und zwar umso mehr, je jünger es ist."[305]

7.3 Lebendige Vernünftigkeit und das „Überspringen des Rationalen"

Hochinteressant – und bisher von mir in dieser Klarheit nicht gesehen – ist, dass es hierbei um Leistungen *„lebendiger Vernünftigkeit* in einem besonderen, herausgehobenen Sinn" geht, Leistungen, „die das ‚Rationale' überspringen und doch *sach- und lebensgerecht* sind – insbesondere unter den Umständen, die hier bestehen".[306] „Es scheint, als habe der Organismus […] die Fähigkeit, rechnerische und ihnen verwandte Maßnahmen gleichsam zu überspringen und von sich her besonders starke Gewichte spürend hervorzustellen."[307] Das bedeutet, dass etwas vernünftig i. S. von sach- und lebensgerecht sein kann, ohne dass es zwangsläufig auch rational-reflektiert oder zweckrational-kalkuliert sein müsste. Hier zeigt sich, dass Pothast das Vernünftige näher an das menschenangemessene Sach- und Lebensgerechte als an das rein rationale Reflexions- und Verstandesvermögen rückt. In diesem Sinne kann Pothast zusammenfassen:

> „Spürendes Stellungnehmen vom eigenen Innengrund her, unversehens auftretend, könne gerade in komplexen Lebenslagen, in denen die Person mit genormter Rationalität nur schwer weiterkommt, *wie mit einem Schlag die Prioritäten klarstellen.* Das Handeln der Person gemäß diesen unversehens klar werdenden Prioritäten *könne* durchaus vernünftig sein – aber gerade nicht normiert-vernünftig, sondern eher *lebendig-vernünftig* im Sinne von jetzt und hier sach- und lebensgerecht, den Existenz- und Orientierungsbedingungen spürend-körperlicher Wesen angemessen."[308]

Die Frage ist, ob damit Begriff und Funktion der Vernunft nicht überdehnt oder unterschritten – und damit womöglich beliebig – werden. Dass lebendige Vernünftigkeit die „Rechenvernunft"[309] und das Verstandeskalkül nicht unbedingt

---

[305] Pothast, U.: Lebendige Vernünftigkeit, a. a. O., S. 176.
[306] Pothast, U.: Lebendige Vernünftigkeit, a. a. O., S. 176.
[307] Pothast, U.: Lebendige Vernünftigkeit, a. a. O., S. 165.
[308] Pothast, U.: Lebendige Vernünftigkeit, a. a. O., S. 185.
[309] Pothast, U.: Lebendige Vernünftigkeit, a. a. O., S. 177.

benötigt und dass in diesem Sinne das „Rechnen übersprungen“[310] werden kann, ist aus lebensphilosophischer Sicht immer zuzugestehen. Doch wird die lebendige Vernünftigkeit nicht beliebig, wenn sie die rationale Reflexion als solche (die ja mehr als nur Verstandeskalkül meint) umgeht und sich allein den intuitiv-spontanen Gefühlsurteilen anheimgibt?

Pothast führt hier drei Überlegungen ins Feld: Erstens ist das (nur-)spürend-urteilende Ad-Hoc-Handeln nicht gleichbedeutend mit chaotisch-emotionaler Spontaneität; denn immer gilt: „Beliebigkeit kommt nur zustande, wenn die Person ihr Handeln ihren Spürensvoten oder anderen drängenden Faktoren beliebig ausliefert.“[311] Das aber widerfährt v. a. den Personen, die nicht oder kaum auf einen beruhigten, freien Innengrund bauen können,[312] die keine oder wenig innere Gelassenheit haben, die nicht über (evtl. lebenskünstlerisch erworbene und kultivierte) Lebenskompetenzen verfügen können. Zweitens bedeutet die Tatsache, dass die lebendige Vernünftigkeit (v. a. in bedrängenden Situationen mit Handlungsdruck) aller Reflexion zuvor das Angemessene treffen *kann* gerade nicht, dass dies immer so ist oder sein *müsste*. Es handelt sich hier um einen besonderen (wenngleich besonders wichtigen) Fall. Für den ‚Normalfall' gilt aber, drittens: „Die Person muß sich von unmittelbar drängenden Gefühlen, Ängsten, Wünschen, triebhaften Zuständen mindestens so weit frei machen können, daß sie fähig wird zu zeitweiligem Handlungaufschub – und im gleichen Zuge fähig zu nachdenkendem Bemerken, Diagnostizieren, Ordnen, Abwägen.“ Reflektiver Handlungsaufschub ist nötig, um sich der Mittel zu bedienen,

> „die in der alten Verbindung von Mensch und Logos liegen: der Mittel empirischer Welterkenntnis, der Mittel klassischer Rationalität (zuletzt aus einer weit verstandenen Logik stammend) und der Mittel lebendiger Vernünftigkeit. Zu den letzteren gehört hier auch der Versuch, wenigsten zeitweilig ungezerrt, möglichst frei von unmittelbarem Druck und Zug, abwägend auf eigene Spürenswirklichkeit hinzuachten. Auf diese Weise kann es gelingen, ihre Gewichte in der Zeit des Handlungsmoratoriums vollständiger, sachangemessener aufzunehmen, als es unter unmittelbarer Handlungsnot gewöhnlich zustandekommt.“[313]

Hier zeigt sich, perspektivisch etwas verlagert, aber sehr konkret, dass lebendige Vernünftigkeit ein Sich-Besinnen im Rahmen unverstellter Spürenswirklichkeit ist und damit ganzheitlich-gefühlsintaktes Menschsein-Können (Aspekt 7) und emotionales Sich-Dem-Anderen-Aussetzen-Können (Aspekt 8) voraussetzt.

---

[310] Pothast, U.: Lebendige Vernünftigkeit, a. a. O., S. 163-168 (Abschnitt 29 „Rechnen übersprungen”).
[311] Pothast, U.: Lebendige Vernünftigkeit, a. a. O., S. 191.
[312] Zur Innengrundtheorie vgl.: Pothast, U.: Lebendige Vernünftigkeit, a. a. O., S. 242.
[313] Pothast, U.: Lebendige Vernünftigkeit, a. a. O., S. 190f.

Zugleich möchte ich aber doch jenen Aspekt, der bei Pothast auftaucht, bisher aber nicht explizit ergriffen wurde, als **Aspekt 11** eigens herausstellen: Lebendige Vernünftigkeit kann (auf der Basis der Ausdruckswahrnehmung und des Gemeinsinns) vorreflexiv-intuitiv verfahren. Sie *kann* sich rationaler Reflexion bedienen, *muss* es aber nicht. Sie kann – in gewissen Grenzen freilich – auch unter erschwerten Bedingungen (Handlungsdruck in emotionalen Drang- und Zugsituationen oder bei unmittelbar drohenden Gefahren) urteils- und handlungsfähig sein. Diese Feststellung ist durchaus folgenreich. Denn sie zeigt, dass das Thema „Vernunft" nicht rein reflexiv – und das heißt dann auch: nicht rein wissenschaftlich, rein theoretisch – abgehandelt werden kann, sondern nur unter wesentlichem Miteinbezug des eigenen, subjektiv-involvierten, spürend-intuitiven und affektiv-betroffenen Vernunftvermögens. Weder das naturwissenschaftliche Labor-Experiment noch auch das schulphilosophische Schreibtisch-Denken geben hierfür das passende Milieu, die zuträglichen Rahmenbedingungen ab. Auch zeigt die Feststellung, dass es neben den bewussten auch vor- und unbewusste Vernunft-Kriterien gibt, die bisher kaum oder gar nicht gesehen wurden – vermittels derer sich aber doch auch im vorreflexiven Bereich Vernünftiges von Unvernünftigem scheiden lässt; das Phänomen- und Lebensangemessene, das pragmatisch Zuträgliche, das Herzerwärmende, das Salutogenetische, das tief-innerlich Bejahte – scheinen hier solche Schlüsselkriterien zu sein; Schlüsselkriterien auch in Hinblick auf eine philosophische Lebenskunst und Lebens-Liebes-Kunst!

7.4 Spüren und Sprechen: zwei entscheidende, aber heterogene menschliche Orientierungsmuster

Ich komme zu einem weiteren Aspekt des pothastschen Konzeptes, der eine Nähe zu den Aspekten 3, 6 und 10 aufweist. Es geht hier um die Erfahrungstatsache, dass beim Finden eines angemessen-vernünftigen *sprachlichen Ausdruckes* nicht nur die muttersprachlichen Kompetenzen (Aspekt 3), sondern auch das leibseelische Hin-Spüren eine wichtige Rolle spielt; ebenso wichtig wie beim oben besprochenen, vorsprachlich-spontanen, intuitiv-expressiven Urteilen und Handeln. Auch bei der sprachlichen Artikulation macht sich an zentraler Stelle das eigene – kreative, persönliche, prüfende (vgl. Aspekt 6 und 10) – Gefühlsoptieren bemerkbar. Vom eigenen Spürensgrund her wird ein sprachlicher Ausdruck für passend(er) oder unpassend(er) empfunden. Dies längst nicht nur in den Fällen, wo wir der Meinung sind, dass sich jemand im ‚Ton vergriffen' habe; sondern generell immer dann, wenn wir etwas, das uns persönlich betrifft – für das sich aber das angemessene Wort, die angemessene Formulierung nicht leicht einstellen will – artikulieren wollen: Sei es, dass es sich um eine besonders neuartige oder höchst individuelle Situation handelt; sei es, dass ein tiefes, ambivalentes und schwer in Worte zu fassendes Gefühl uns zur Aussprache drängt; sei es, dass wir aus anderen Gründen – etwa um jemanden auf die richtige Weise nahezutreten –

‚um passende Worte ringen'. Immer gilt, dass „sprachliche Wendungen […] von diesem Spüren her eine Art Überwachung ihrer Richtigkeit, ihres *Passens* erfahren."[314]

Damit ist freilich nicht gesagt, dass Spüren und Sprechen der gleichen Ebene zuzuordnen wären. „*Sprechen* qua *Sprachverwendung überhaupt* ist von Spüren erkennbar verschieden: es beruht normalerweise auf geschichtlich gewachsenen Konventionen, die individuell in einem langen Lernprozess angeeignet wurden."[315] In meinen Worten ausgedrückt: Sprache hat ihren Schwerpunkt im ‚soziokultürlichen', Spüren im ‚sozio-natürlichen' als dem ‚Natürlichen', wie es sich innerhalb der menschlichen Gesellschaft und nicht unbeeinflusst von ihr in spezifischer Eigendynamik entfaltet. Nochmals anders formuliert: Bei der Sprache dominiert also ganz klar das ‚Kulturprinzip', beim Spüren macht sich unterhalb diesem und durch dieses hindurch aber auch stark das ‚Naturprinzip' geltend. Denn das Spüren, die Gefühle und Ausdruckserscheinungen (zumindest die basalen[316]) haben eine unvergleichlich engere Anbindung an die allgemeinmenschlichen, biotisch-organismischen Positionen und Dispositionen. Sie sind – kulturübergreifend bzw. kulturunterbauend – in den leibseelischen Tiefen aller Menschen verankert. Wohingegen die Sprache einer höherschichtigen, seelischgeistigen und kulturspezifischeren Ordnung angehört.

Wieder mit Pothast gesagt:

> „Weil Spüren und Sprechen zur Weltorientierung menschlichen Lebens gleichermaßen, und zwar in enger Verbindung miteinander, gehören, sich aber wegen ihrer […] verschiedenartigen Beschaffenheit und Struktur nicht aufeinander abbilden lassen, spreche ich davon als von *heterogenen Orientierungsmustern*. Meines Erachtens ist dies ein sehr folgenreicher Grundzug unserer Weise, uns in der Welt und mit uns selbst zurechtzufinden."[317] „*Menschliches Leben ist Leben mit heterogenen Orientierungsmustern.* […] *Lebendige Vernünftigkeit* ist schwerlich eine Sache sicheren Ausrechnens. Sie ist eher *eine Sache des Sich-Klarwerdens bei unvollkommener Erkenntnis*".[318]

Spüren und Sprechen sind dabei für Pothast nicht *irgendwelche* Orientierungsmuster, sondern „die beiden wichtigsten [… des] menschlichen Lebens". Um so erstaunlicher ist, dass die unterschwellig leitende Rolle des Spürens beim Finden

---

[314] Pothast, U.: Lebendige Vernünftigkeit, a. a. O., S. 167.

[315] Pothast, U.: Lebendige Vernünftigkeit, a. a. O., S. 85.

[316] Etwa die von Paul Ekman herausgestellten „Basisemotionen" Fröhlichkeit, Wut, Ekel, Furcht, Verachtung, Traurigkeit und Überraschung; vgl. Ekman, P.: Gefühle lesen, Heidelberg [2]2010. Die ekmansche Liste ist allerdings erweiterungsbedürftig. Gefühle (mitsamt ihren Ausdrucksdynamiken) wie sexuelle Begierde, Mutter-Kind-Liebe, Neugier, Beschämung, etc. müssten m. E. ebenso zu den Basisemotionen gerechnet werden.

[317] Pothast, U.: Lebendige Vernünftigkeit, a. a. O., S. 86f.

[318] Pothast, U.: Lebendige Vernünftigkeit, a. a. O., S. 87f.

des angemessenen Sprachausdrucks bisher „weitgehend unbekannt, erst recht unerforscht zu sein“ scheint.[319]

7. 5 Dialogisches Klären der ‚Fakten' und das Prinzip Intersubjektivität

Ich komme zu einem weiteren wichtigen Aspekt lebendiger Vernünftigkeit: er hängt engstens mit dem oben als Aspekt 9 eingeführten zusammen: dass ein reiches, möglichst unverzerrtes und nuanciertes Erinnerungsvermögen in puncto lebendiger Vernunft unverzichtbar ist. Für Pothast ist dies insbesondere dann der Fall, wenn wir uns in einer jener existenziellen Einzelfall-Entscheidungs-Situationen befinden. Wenn wir wissen oder ahnen, dass die jetzt und hier anstehende Entscheidung für unser (weiteres) Leben von großer Tragweite ist. Dann gerade sei es hilfreich, sich ähnlicher oder irgendwie vergleichbarer früherer Fälle zu erinnnern und abzuwägen, wie mensch damals entschieden hat. Und ob diese Entscheidungen für einen selbst tragfähig, realistisch und/oder nachhaltig waren. Hier sei es wichtig, alle möglichen relevanten ‚Erinnerungs-Fakten' einzuholen, auf dass die Entscheidung lebensangemessener und in genau diesem Sinne realistischer werde.[320]

Zu diesem Einholen der ‚Fakten' kann natürlich auch das Einholen objektiver ‚Fakten' gehören – doch auch dies auf der Basis des eigenen gefühlsmäßigen Zustimmens oder Ablehnens, Vorziehens oder Hintanstellens. Auf jeden Fall wird aber auch hier das rat-einholende Gespräch mit vertrauten Menschen, Bekannten

---

[319] Pothast, U.: Lebendige Vernünftigkeit, a. a. O., S. 168. In der dazugehörigen Anmerkung schreibt Pothast: „Ich habe das Sich-Bemerkbar-Machen spürenden Widerstands mit einer Korrektur- bzw. Überwachungsfunktion für alles Zur-Sprache-Bringen von Spürenssachverhalten in der philosophischen Literatur noch nicht beschrieben gefunden. Diese Rolle erscheint mir jedoch unverzichtbar für einen die je eigene Person überzeugenden Sprachgebrauch wie auch für die vernunftrelevante Selbsterkundung von Personen überhaupt. Mein eigener kurzer Versuch dazu unter dem Titel ‚Spürendes Passen' findet sich in ‚Philosophisches Buch' [Frankfurt a. M. 1988], Kap. XIII., Abschn. 86 [S. 407-415].“ – Im Rahmen des von Leonard Nelson, Gustav Heckmann und Minna Specht entwickelten „Sokratischen Gesprächs“ taucht dieser v. a. von Minna Specht stark gemachte Punkt auf: Zumindest hier scheint mensch sich, allerdings ohne klare Konsequenzen gezogen zu haben, über die spürende Stützung authentisch-vernünftiger Argumente Gedanken gemacht und auch in Gesprächsgruppen damit experimentiert zu haben; vgl. Heckmann, G.: Das sokratische Gespräch, Erfahrungen in philosophischen Hochschulseminaren, Frankfurt a. M. 1993. (Ersterschienen Hannover 1980), S. 107f; vgl. auch mein unveröffentlichtes Manuskript „Sokratisches Gespräch, Lebenserfahrung und lebendige Vernunft“.

[320] Vgl. hierzu: Pothast, U.: Lebendige Vernünftigkeit, a. a. O., S. 196f. und: Pothast, U.: Lebendige Vernünftigkeit: Exposition eines philosophischen Konzepts, in: Rostocker Phänomenologische Manuskripte, hg. v. Michael Großheim, Heft 4, Rostock 2009, S. 16f. (Wiederabgedruckt im VIII. Jahrbuch für Lebensphilosophie, München 2016).

oder Verwandten, eine Schlüsselrolle spielen: das, was ich unter Aspekt 3 (basis)kommunikative Kompetenz genannt habe.[321] Sich „der diskutierenden Kontrolle“ durch Andere versichern, nennt Pothast das einmal.[322] Dieses Miteinander-Reden, v. a. in entscheidenden Vernunft-Werdungs-Prozessen; – dieses im Dia- bzw. Polylog miteinander um eine vernünftige Lösung Ringen hat, das möchte ich besonders hervorheben, eine viel weit reichendere Bedeutung. Ich möchte es das „**Prinzip Intersubjektivität**“ nennen. Es ist ein bisher nicht eigens hervorgehobener Aspekt, also **Aspekt 12**: Dass wir nur miteinander – im gemeinsam sich-versichernden Gespräch, in wohlmeinender, lösungsorientierter, vernünftiger Auseinandersetzung – zu einer intersubjektiv geteilten, individuell bejahten und in diesem Sinne allgemein verbindlichen Sicht und Wirklichkeit kommen. Nur so – will mir scheinen – ist eine echte Intersubjektivität, eine Intersubjektivität auf Augenhöhe, eine basisdemokratische und lebendig-vernünftige Intersubjektivität möglich. Hierbei sind zwei Hauptkomponenten unabdingbar: die „der diskutierenden Kontrolle“ im Gespräch mit Anderen und die des eigenen vernünftigen und gefühlsmäßigen Zustimmens. Pothast hat in einem ähnlichen Zusammenhang beide Komponenten klar herausgestellt:

> „Wie die je Anderen für die eigene Person bei Stellungnahmen zur Angemessenheit eine unverzichtbare Korrekturinstanz bilden, so ist umgekehrt jeder Anspruch auf allgemeine Verbindlichkeit unter Menschen *im Prinzip* darauf angewiesen, daß die Einzelnen ihn am Ende eines Überlegungsprozesses von ihrer eigenen Spürenswirklichkeit her als *angemessen* bestätigen können.“[323]

Aus dieser Perspektive erhellt, dass die gängigen, natur- wie kulturwissenschaftlichen Paradigmata von Objektivität bzw. Intersubjektivität, von Allgemeinverbindlichkeit im Sinne von naturwissenschaftlich-mathematischer Gesetzmäßigkeit oder von logischer (oder dialektischer) Allgemeingültigkeit nur Zerrbilder echter Intersubjektivität und Allgemeinverbindlichkeit sind. Pothast spricht hier vom Ideal „pseudowissenschaftlicher Keimfreiheit“[324]. Solche Zerrbilder, die sich die Spezialisten in ihren wissenschaftlichen Spiegelkabinetten zurechtgelegt haben, erfüllen mehrere Zwecke. Einer davon ist sicherlich der, alle Nichtspezialisierten mitsamt deren Lebenserfahrungen vom Diskurs auszuschließen. Was weder demokratisch noch auch vernünftig ist. Und schon gar nicht intersubjektiv-allgemeinverbindlich. Denn authentische, basisdemokratische, inklusions-kommunikative Allgemeinverbindlichkeit kann sich nur auf der Basis der

---

[321] Pothast, U.: Lebendige Vernünftigkeit. Zur Vorbereitung eines menschenangemessenen Konzepts, Frankfurt a. M. 1998, S. 197.
[322] Pothast, U.: Lebendige Vernünftigkeit, a. a. O., S. 158.
[323] Pothast, U.: Lebendige Vernünftigkeit, a. a. O., S. 243f.
[324] Pothast, U.: Lebendige Vernünftigkeit, a. a. O., S. 197.

Überschneidungen der je persönlichen, v. a. vorwissenschaftlichen Lebenserfahrungen (vgl. Aspekt 2) ergeben: und hier spielen das eigene Spüren und Sprechen die Schlüsselrolle. Vor diesem Hintergrund ist es alles andere als übertrieben, wenn Ulrich Pothast klarstellt:

> „Versuche, unter Bedingungen der Gegenwart allgemein verbindliche Orientierungsmittel für Erkennen, Handeln, Werten von Menschen zu entwerfen, die ohne jede Befragung der spürend-körperlichen Wirklichkeit lebender Personen auskommen sollen, folglich alle Voten solcher spürend-körperlichen Wirklichkeit als belanglos ansehen und ungehemmt darüber hinwegsprechen, erscheinen unter dem Gesichtspunkt lebendiger Vernünftigkeit als Gestalten traditioneller philosophischer Hybris, als Fortsetzung lebenverachtender Überheblichkeit theoretischer Haltungen, die sich von den elementarsten Auskunftsquellen des Lebendigen entfernt haben oder zu diesen Auskunftsquellen nie einen Zugang hatten."[325]

7.6 Rückblick, vorläufige Zusammenfassung und Explikation

Werfen wir an dieser Stelle einen Blick zurück. Welche der von mir herausgestellten 10 Aspekte sind noch nicht aufgetaucht? Nur einer, Aspekt 4: der unmetaphysische Charakter der lebendigen Vernunft. Pothast hat in einem früheren Buch – seinem „Philosophischen Buch" – im Abschnitt „84. Kein metaphysisches Vermögen – schwerlich ein Logos des Leblosen"[326] darauf hingewiesen, dass weder ein ontologisierend-metaphysischer noch auch ein formal-logischer oder wissenschaftlich-verdinglichender Zugang zur lebendigen Vernünftigkeit führt.

Es ist interessant, dass damit alle von mir oben herausgearbeiteten 10 Aspekte der lebendigen Vernunft bei Pothast *cum grano salis* ebenfalls auftauchen. Zumal ich mit Pothasts Theorie der lebendigen Vernünftigkeit erst bekannt geworden bin, *nachdem* ich mein Konzept der lebendigen Vernunft schon skizziert und ausgearbeitet hatte. Das zeigt, dass Pothast und ich hier etwas Ähnliches sehen, analysieren und explizieren. Funktion und Aspekte einer lebendigen Vernunft, die in der bisherigen schulphilosophischen Tradition kaum oder gar nicht gesehen wurden. Wenn überhaupt, dann wurden sie von schulphilosophischer Seite eher bagatellisierend, diffamierend, marginalisierend zur Kenntnis genommen. Eine Ausnahme stellt der Begriff der Klugheit (phrónesis) in der „Nikomachischen Ethik" des

---

[325] Pothast, U.: Lebendige Vernünftigkeit, a. a. O., S. 244.

[326] Pothast, U.: Philosophisches Buch. Schrift unter der aus der Entfernung leitenden Frage, was es heißt, auf menschliche Weise lebendig zu sein, Frankfurt a. M. 1988, S. 398-403.

Aristoteles dar – sowie die humanistische Tradition, die daran anknüpft, schulphilosophisch aber ohne allzu große Einfluss geblieben ist.[327]

Zugleich möchte ich zwei Punkte besonders hervorheben, in denen sich Pothast von älteren lebensphilosophischen Ansätzen unterscheidet: 1. Er sieht die lebendige Vernunft weniger als ein psychologisches und/oder rein intuitives *Vermögen*, sondern mehr als eine (im umgangssprachlichen Sinne ‚vernünftige') *Verfahrensweise* an: also als eine Funktion, die, in einer gewissen Nähe zum Common Sense, v. a. an alltagstauglichen und lebensangemessenen Problemlösungen orientiert ist. Pothasts *lebendige Vernünftigkeit* stemmt sich aus guten Gründen und mit einer ähnlichen Intention wie die (bisherige) lebensphilosophische *lebendige Vernunft* gegen Instrumentalisierung, Objektivierung, Quantifizierung, Rationalisierung, ist aber doch ein Stück realistischer, lebensweltnäher – gerade dadurch aber auch näher an einer realistischen Lebenskunst. 2. Die leitende Frage ist bei Pothast nicht die nach einer lebendigen Vernunft als einem intuitiven, ästhetischen Akt, als einem Erahnen und/oder Erschauen einer wie auch immer gearteten schöpferischen Urwirklichkeit, sondern, wesentlich lebensweltkonkreter, die Frage nach einer sich in alltäglichen und existenziellen Entscheidungssituationen spürend-urteilend-handelnd bewährenden lebendigen Vernünftigkeit. Das ist nicht so banal, wie es in meiner Darstellung vielleicht klingen mag. Denn mit den Themen „beruhigter Innengrund" und „Freiheit" (i. S. eines „unfestes Freiseins") öffnet sich eine unmetaphysische Innerlichkeits-Tiefe, die zweifelsohne in basale Wirklichkeitsschichten und -gründe hinabreicht.[328] Ich komme gleich darauf zurück.

Auch gilt es zu betonen: Die von mir herausgestellten 10 Aspekte sind ja bei Pothast nicht nur irgendwie ‚aufgetaucht', sondern in gewisser Weise viel griffiger, konkreter. Es gelang ihm in klarer und differenzierter Weise, Seiten aufzuzeigen, die bisher kaum oder nicht expliziert worden waren. Nicht ohne Grund gelang es deshalb, zwei weitere Aspekte hinzuzugewinnen: den **Aspekt 11, lebendige Vernünftigkeit als ein (auf der Basis der Ausdruckswahrnehmung und des Gemeinsinns) *auch* vorreflexiv-intuitiv mögliches Verfahren;** und den **Aspekt 12, lebendig-vernünftiger Polylog als Voraussetzung allgemein verbindlicher Wirklichkeitssicht und basisdemokratischer Konsensfindung (‚Prinzip Intersubjektivität').**

Indem Pothast die (lebendige Vernunft als) lebendige Vernünftigkeit auf echt genesiologischer Art in ihrem Vollzugscharakter und in ihren Verfahrensweisen untersucht hat, gelang es ihm, bisher nur unklar gesehene Rahmenbedingungen

[327] Vgl. hierzu das hervorragende Buch von: Aubenque, P.: Der Begriff der Klugheit bei Aristoteles. Hamburg 2007. Für den Hinweis auf dieses Buch und für eine sehr inspirierende Diskussion über den aristotelischen Klugheits-Begriff danke ich Simon Lindner.

[328] Vgl. hierzu z. B. den letzten Abschnitt „Lebendige Vernünftigkeit und unfestes Freisein" in: Pothast, U.: Lebendige Vernünftigkeit, a. a. O., S. 262-267.

solch einer Vernünftigkeit zu sehen und zu beschreiben. Wie gesagt: Eine hundertprozentige Garantie dafür, dass etwas vernünftig ist, gibt es nicht. Nicht auf dem Gebiet wissenschaftlicher Rationalität – und nicht auf dem Gebiet lebendiger Vernünftigkeit. Und doch lassen sich Grundkompetenzen und Rahmenbedingungen angeben, die ein lebendig-vernünftiges Verfahren und Verhalten von einem eher unvernünftigen unterscheiden helfen können.

Die jeweilige Person muss prinzipiell in der Lage sein, Gefühle zulassen zu können. Dies aber auf der Basis einer unverstellten, sowohl wohlmeinenden als auch wahrhaftigen inneren Verfasstheit und vor dem Hintergrund einer reichen Gefühlserfahrung. Zudem muss sich die Person eine gewisse Gelassenheit und Besonnenheit und Artikulationsfähigkeit erworben haben, denn durch diese erst wird Gefühlskompetenz erreichbar: Gefühlskompetenz als Fähigkeit, Gefühle erst einmal ge-lassen zu-lassen zu können, um sie dann gegebenenfalls auch artikulieren und verbalisieren zu können; aber auch im entscheidenden Moment, z. B. wenn aufgrund destruktiver Gefühlsdynamik jegliche Vernünftigkeit und Lebenszuträglichkeit unmöglich zu werden droht, Gefühle unschädlich abreagieren, schöpferisch transformieren oder auch unter Quarantäne stellen zu können.

Dass im Wort Be-sonnen-heit die Sonne und das Sonnige mitschwingt zeigt, sinnbildlich, dass das Lichte und Heitere, das Wahrhafte und Wohlmeinende, hier nicht unwichtig, sondern entscheidend sind. Manchen mag Besonnenheit und Gelassenheit in die Wiege gelegt worden sein. Die meisten müssen sie jedoch erst erwerben und kultivieren. Dazu ist aber Gefühlserfahrung nötig. Denn diese Gefühlserfahrung – in Kombination mit wohlmeinender Wahrhaftigkeit, zulassender Gelassenheit und sonniger Besonnenheit – ermöglicht, sofern die Kultivierung gelingt, eine *im Leben stehende* Gefühlskompetenz. Solch eine lebenserfahrene Gefühlskompetenz wird von weiteren Vermögen und Rahmenbedingungen flankiert und gestützt: einem Klima der wohlmeinenden Offenheit und Lernbereitschaft, einem reichen, durchaus auch ambivanten und spannungsreichen Erfahrungsschatz, einem angemessenen Distanzierungsvermögen, Geduld und (Frustrations-)Toleranz, Selbst- und Weltvertrauen, souveräne Empathie- und Liebesfähigkeit.

7.7 Folgerungen und Forderungen

Vor dem Hintergrund der bisher erarbeiteten Aspekte und Differenzierungen lebendiger Vernünftigkeit möchte ich nun – mit Pothast – einige Folgerungen ziehen und Forderungen erwägen.

Erstens: Vorrang des Persönlichkeitsprinzips: Gefühlskompetentes, ganzheitlich-vernünftiges Personsein ist beim Fällen phänomen- und lebensangemessener Entscheidungen wichtiger als kalte Rationalität und ausgewiesener Fachverstand. Freilich wird die fachliche Rationalität dadurch nicht ersetzt:

Sie bleibt durchaus notwendig, aber notwendig in der zweiten Reihe, da sie eben nicht, wie die lebendige Vernünftigkeit, hinreichend ist.

Mit Pothast kann mensch hier so argumentieren:

> „Woher soll bei möglichen Handlungsresultaten die Entscheidung über Vorziehen bzw. Hintanstellen kommen, wenn das pure Nachdenken (z. B. über den Gesamtkontext eigener Ziele, Folgen und Nebenfolgen einzelner Handlungslinien u. a.) zu keiner Entscheidung führt? Das bloße Denken *entscheidet* nicht: *Entscheidungen*, gerade schwierige Entscheidungen, fallen durch die Person als ganze, oft durch Denken in hohem Maß gefördert, aber nie durch es erzwungen. Und als ganze Person *aufgrund* eigener Überlegungen entscheiden, heißt, *auch* von neuem, überlegendem Hinachten auf die Spürenswirklichkeit des Innengrunds her entscheiden – nach Möglichkeit zeitweilig freigesetzt vom Druck und Zug unmittelbar pressender Impulse. […] Die lebendig-vernünftige Person braucht [will sie lebensangemessene vernünftige Entscheidungen fällen] beides: […] Kriterien des Denkens [… und] hinachtende Prüfung ihres Spürens in möglichst voller Konkretion."[329]

Die „Kriterien des Denkens" werden aber nicht nur durch die Kategorien der „klassischen Rationalität" gebildet; sie bedürfen ebenso der Kategorien des ‚gesunden Menschenverstands' und der Eichung durch die „empirische Welterkenntnis"[330] – und das heißt in diesem Zusammenhang nicht nur ‚wissenschaftlich-empirische Welterkenntnis', sondern, mehr noch: persönliche Menschenkenntnis und Lebenserfahrung. D. h. Vernunft- und Lebens-Angemessenheit ist ohne ganzheitlich-persönliche, gefühlskompetente und besonnene Lebenserfahrung schwerlich zu erlangen.

Zweitens: Lebendig-vernünftige ‚innere' Wahrhaftigkeit ist entscheidender als logisch-formale ‚äußerliche' Wahrheit. Erstere ersetzt letztere zwar nicht, kann sie aber jederzeit überspringen oder unterlaufen ohne dadurch prinzipiell unvernünftig sein zu müssen.

Ich möchte diesen Punkt zunächst so formulieren: Persönliche Authentizität und Wahrhaftigkeit setzt voraus, dass zwischen dem, was ein Mensch lebt/fühlt/tut und dem, was er denkt/sagt/schreibt kein prinzipieller tiefer gefühlsmäßiger Dauer-Widerspruch besteht. Ich bin mir des problematischen Charakters meiner Formulierung bewusst. In mehrfacher Hinsicht. Zum einen ist kein lebendiger Mensch widerspruchsfrei. Zum zweiten suggeriert Widerspruchsfreiheit immer logische Widerspruchsfreiheit: Die ist hier aber gar nicht gemeint. Drittens scheint

---

[329] Pothast, U.: Lebendige Vernünftigkeit, a. a. O., S. 191.
[330] Vgl. Pothast, U.: Lebendige Vernünftigkeit, a. a. O., S. 190.

das Problem der Beliebigkeit wiederzukehren, wenn von einem ‚gefühlsmäßigen Widerspruch' die Rede ist: Der eine fühlt den Widerspruch, der andere nicht und wieder ein Anderer fühlt ihn anders. Viertens taucht die Frage der weit verbreiteten Selbsttäuschung hier auf: Wieviele Menschen spüren ihre schreienden Selbstwidersprüche eben gerade nicht? Wie also kann in diesem Zusammenhang so ein vager und dehnbarer Begriff wie ‚gefühlsmäßiger Widerspruch' überhaupt ein seriöses Kriterium abgeben?

Gleichwohl ist und bleibt es stimmig, mit Pothast zu sagen:

> „Zur Glaubwürdigkeit rationaler Leistungen für lebende Personen gehört *ein diese Leistungen aus der Sicht dieser Personen stützenden Spürensanteil.* Er braucht *nicht* aktuell vorhanden zu sein. Es genügt, daß die angesprochenen Personen eine entsprechende Disposition bei sich selbst aktualisieren *können.* Wo eine Person hingegen keinerlei Möglichkeit sieht, für eine rationale Leistung – gleich welcher Art – durch eigenes Nachvollziehen und Prüfen von ihr selbst her eine stützende Beglaubigung der Richtigkeit zu erwerben, bleibt jene Leistung für diese Person zunächst unbekräftigt, es *fehlt* ihr aus der Perspektive dieser Person die spürende Stützung."

In diesem Sinne gelte: „Glaubwürdigkeit des Rationalen nur bei spürender Stützung".[331]

Genau diese Art von *prinzipiell möglicher* Glaubwürdigkeit meine ich, wenn ich von Wahrhaftigkeit bzw. Authentizität spreche. Weshalb ich vielleicht präzisieren sollte: Persönliche Wahrhaftigkeit setzt voraus, dass zwischen dem, was ein Mensch lebt/fühlt/tut und dem, was er denkt/sagt/schreibt kein prinzipieller tiefer gefühlsmäßiger Dauer-Widerspruch besteht, sondern dass er/sie, wenn auf einen solchen (vermeintlichen oder tatsächlichen) Widerspruch aufmerksam gemacht oder aufmerksam geworden, gefühlskompetent reagiert und in der Lage ist, die angemessenen Konsequenzen zu ziehen; und zwar so, dass das Gespürte das Gesagte und Getane prinzipiell zu stützen in der Lage ist.

Solch eine innere Authentizität setzt aber ein Dreifaches voraus: Erstens, einen „Lebenslauf ohne Vernunftrigorismus".[332] Zweitens, dass mensch sich der nicht immer nur lustvollen und spielerischen, sondern oft auch ernsten und zähen „Einheitsarbeit"[333] einer lebenskünstlerischen Selbstverwirklichung stellt. Drittens, dass mensch einen gewissen Grad an innerer Gelassenheit und „unfestem Freisein" erreicht hat.[334]

---

[331] Pothast, U.: Lebendige Vernünftigkeit, a. a. O., S. 115.
[332] Vgl. Pothast, U.: Lebendige Vernünftigkeit, a. a. O., S. 230-235.
[333] Vgl. Pothast, U.: Lebendige Vernünftigkeit, a. a. O., S. 258-262.
[334] Vgl. Pothast, U.: Lebendige Vernünftigkeit, a. a. O., S. 262-267.

Inneres Gelassensein- und Freisein-Können setzen nun ihrerseits einen „beruhigten Zentralbereich der eigenen Person“, einen „freigesetzten Innengrund“[335] voraus.

> „Lebendige Vernünftigkeit ist in besonderem Maß angewiesen auf das Zu-sich-Kommen der Einzelnen in Zuständen des beruhigten Kernbereichs ihrer Person – terminologisch: in Zuständen des *freigesetzten Innengrunds*. Personen, die im jetzigen Verständnis an ihrer lebendigen Vernünftigkeit interessiert sind, haben damit auch ein Interesse daran, möglichst frei vom Gezerre ihrer Partikularbedürfnisse durchaus von sich her zu Positionen zu kommen, die sie überindividuell *richtig* finden können statt *falsch*.“[336]

Genau hier – im Übersteigen der Partikularbedürfnisse und Einzelinteressen – ist es auf lebendig-vernünftige Weise, d. h. unmetaphysisch und persönlich-authentisch, möglich, zu einem Horizont überindividueller Sinnhaftigkeit durchzudringen. An diesem Punkt, so möchte ich (in freier Anlehnung an Karl Jaspers) sagen, führt Selbstverwirklichung zur Sinnerhellung. Am Horizont des eigenen Lebens leuchtet – wie eine Morgenröte – etwas auf, das umgreifender, wirklichkeitstiefer, sinnhaltiger ist als meine Einzelexistenz.

Pothast drückt das so aus:

> „Personen brauchen etwas, *wofür* sie leben, und finden sie kein solches Wofür, dann wird es aus purer Rationalität nicht herausspringen. Die Frage nach dem Wofür ist die Frage nach dem Sinn, den es macht, dieses besondere einzelne Leben zu führen. Ob das erfragte Wofür *allein* aus den Interessen der Einzelperson heraus, *allein* unter Gesichtspunkten ihres individuellen Nutzens sich ergeben und ihrem Lebenslauf dauerhaft Sinn verleihen kann, darf bezweifelt werden. Dagegen spricht bereits die triviale Unmöglichkeit, rein selbstbezogene Erwerbungen über den Tod hinaus zu behalten. Zum eigenen Leben gehört die Perspektive des eigenen Todes. In dieser Perspektive sollte das Leben noch hineingestellt werden können und in dieser Perspektive noch eine überzeugende Deutung behalten.“[337]

Auch hier zeigt sich – allerdings auf einer viel umfassenderen Ebene – wie und dass lebendige Vernünftigkeit Rationalität und Verstandeskalkül übergreift und unterläuft. Dass nicht nur in Bezug auf alltäglich-wichtige Einzelfall-Entscheidungen, sondern, mehr noch, in Bezug auf die Sinnhaftigkeit oder Sinnlosigkeit eines ganzen Lebenslaufes gilt: Die lebendig-vernünftige Wahrhaftigkeit ist entscheidender als die logisch-formale Wahrheit. Denn die Wahrhaftigkeit mir selbst gegenüber ist nicht zu trennen von der Wahrhaftigkeit den Anderen

---

[335] Pothast, U.: Lebendige Vernünftigkeit, a. a. O., S. 241f.
[336] Pothast, U.: Lebendige Vernünftigkeit, a. a. O., S. 242.
[337] Pothast, U.: Lebendige Vernünftigkeit, a. a. O., S. 254f.

gegenüber. Die eigene Wahrhaftigkeit überschreitet – ohne das Selbst zu verleugnen! – die rein egoistischen und (zweck)rationalen Grenzen von innen her:

> „Die besondere Leistung lebendiger Vernünftigkeit liegt dann im Überspringen des Kalküls *zugleich* mit dem Erreichen eines Standpunkts, der über den üblichen Voraussetzungsrahmen kalkulierender Rationalität hinausreicht. Die nicht primär eigennützige Bindung zum Wohl anderer (auch ggf. anderer Lebewesen nicht-menschlicher Art oder zugunsten einer *Sache*, für die es sich zu leben lohnt) kann geeignet sein, das eigene Leben mit einer Sinnperspektive zu versehen, die noch über den Tod hinausreicht. Eine Lebenswahl des Da-seins *für andere* sprengt den Rahmen auch des ‚aufgeklärten Eigeninteresses', mit dem die klassische Rationalität sich neuerdings gern interpretiert."[338]

Drittens: Lebendig-vernünftige allgemeine Verbindlichkeit geht vor rein logischer Allgemeingültigkeit. Vom eigenen Spürensgrund her befürwortete Intersubjektivität ist wichtiger als rein fachwissenschaftliche Objektivität. Das heißt freilich nicht, dass Objektivität und Fachwissenschaftlichkeit unwichtig oder belanglos sind. Nur: Sie bedürfen eben – um menschen- und lebensangemessen sein zu können – in vielen Fällen der Einbettung und Rückbindung an das intersubjektive allgemein Verbindliche …

Hier kann ich mich kurz fassen. Ich verweise auf das oben zum „Prinzip Intersubjektivität" Gesagte. Dieses kann allerdings jetzt – auf der Basis des soeben skizzierten Wahrhaftigkeits-Begriffs – noch ein wenig tiefer verstanden werden. So nämlich, dass klar ist, dass echte Intersubjektivität zwar die persönliche Wahrhaftigkeit voraussetzt, zugleich aber sich nicht darin erschöpft, da sie angewiesen bleibt auf die prinzipiell mögliche (letztlich utopische) Zustimmung *aller*. Die Zustimmung *aller* ist letztlich immer nur die Zustimmung *aller Einzelner*:

> „Wie die je Anderen für die eigene Person bei Stellungnahmen zur Angemessenheit eine unverzichtbare Korrekturinstanz bilden, so ist umgekehrt jeder Anspruch auf allgemeine Verbindlichkeit *im Prinzip* darauf angewiesen, daß die Einzelnen ihn am Ende eines Überlegungsprozesses von ihrer eigenen Spürenswirklichkeit her als *angemessen* bestätigen können. Es gibt nichts glaubwürdig Allgemeines, keine glaubwürdige Verbindlichkeit für alle, wenn nicht die Einzelnen nach überlegender Prüfung von dem beruhigten Kernbereich der eigenen Person – terminologisch: ihrem freigesetzten Innengrund – her im Prinzip beizupflichten imstande sind."[339]

---

[338] Pothast, U.: Lebendige Vernünftigkeit, a. a. O., S. 255f.
[339] Pothast, U.: Lebendige Vernünftigkeit, a. a. O., S. 243f.

Auch Folgendes kann an dieser Stelle mit Pothasts Worten Erwähnung finden: dass nämlich echte Intersubjektivität wirklichkeitsvoller, unreduktionistischer und umfassender *informiert* – und genau in diesem Sinne ‚objektiver' ist, als herkömmliche wissenschaftliche Rationalität:

> „*Lebendige Vernünftigkeit* [...] ist *keine* subjektivistische Attitüde, welche die eher ‚objektiv' zu nennenden Erkenntnisquellen und Entscheidungshilfsmittel in hochfahrender Impulsivität zurückweist. Ihr entspricht eher eine Haltung, die sich der ‚objektiven' Mittel, so weit sie irgend zur Verfügung stehen, in vollem Umfang bedient, aber zugleich die ‚subjektiven', die durch Hinachten auf eigene Spürensgewichte zur eigenen Bekanntschaft kommen können, so ernst nimmt, wie sie es sachlich verdienen. Diese Haltung erfüllt, so weit ich sehe, viel eher die Erwartung eines *in der Tat objektiven*, das heißt *sachangemessenen* Umgangs mit der eigenen Person, als eine künstlich gereinigte ‚Objektivität'".[340]

Viertens: Vor Täuschung (auch: Selbsttäuschung) sind wir nie sicher. Aber die Augen aufhalten, hinschauen und hinspüren, nachfragen und neuformulieren: das kann mensch jederzeit (solange mensch nicht schläft). Und gerade hierbei hilft die lebendige Vernünftigkeit vorzüglich.

> „Daß wir täuschungsanfällige Wesen sind, bildet [...] keinen *spezifischen* Einwand gegen den Gedanken lebendiger Vernünftigkeit. Es ist eine allgemeine Erkenntnis über die Grenzen menschlichen Wissens und trifft, wenn es im Kontext von Vernunft relevant wird, *alle* hier in Frage kommenden Konzepte."

Gleich im Anschluss heißt es:

> „Es besteht jedoch guter Grund zu folgender weiterer Annahme: Eine Person, die – im Sinn lebendiger Vernünftigkeit – hinachtend ihr Spüren in seiner ganzen Komplexität zu befragen versucht und sich der Gewißheitsmängel dieses Unternehmens wohl bewußt ist, befindet sich auf sichererem Boden und wird *ceteris paribus* (hier: bei gebotenem Heranziehen aller übrigen Informationsquellen) sach- und lebensnähere Entscheidungen fällen als eine andere Person, die fest zu wissen glaubt, wer sie ist und was sie will, daher *keine* Selbstprüfung mehr nötig findet und dann durch spürensfern fixierte Selbstkonzepte und eigene falsche Fassaden sich täuschen läßt."[341]

---

[340] Pothast, U.: Lebendige Vernünftigkeit, a. a. O., S. 197.
[341] Pothast, U.: Lebendige Vernünftigkeit, a. a. O., S. 198.

Fünftens: Die Genese lebendiger Vernünftigkeit benötigt ein zuträgliches Milieu: Toleranz, Geduld, Vertrauen, Zuversicht, Liebe. Ohne solch ein Klima kann die lebendige Vernunft nur schwer zu sich kommen.

Damit lebendige Vernünftigkeit entstehen kann, braucht es ein entsprechendes Klima – besonders dann, wenn es sich um unangenehme Einsichten und Erkenntnisse:

> „Das Bekanntwerden der Person auch mit inneren Voten, die ihr zunächst unwillkommen sind, z. B. weil sie zu ihrem Selbstbild nicht passen, und deren Überführung in eine artikulierte, also auch diskussionsfähige Gestalt setzen ein *Klima* im Selbstumgang wie auch im Umgang mit potentiell gleichgewichtsstörenden Weltinformationen voraus, über das in der Theorie der Rationalität, so weit ich sehe, nicht gesprochen wird. Die Tendenz zum Herstellen jenes Klimas, in dem das zunächst Unwillkommene akzeptiert, zur Sprache gebracht, der Überlegung eingegliedert werden kann, gehört typischerweise zu einer Haltung lebendiger Vernünftigkeit."[342]

Pothast visiert hier v. a. ein Klima der Geduld und der Toleranz (v. a. auch Frustrationstoleranz) an. Meines Erachtens sind aber Vertrauen, Zuversicht und Liebe mindestens genauso wichtig; und der Wille zur Anerkenntnis und gegebenenfalls auch Integration – auch dessen, was nicht ins (vernünftige) Bild passen will. Anerkenntnis und Integration sind dabei nicht gleichbedeutend mit Nur-Zulassen und Sofort-Ausleben. Es geht hierbei wesentlich um die Kunst, auch den nicht gern gesehenen Aspekten des Selbst und der Welt im Mosaik der Werde- und Wandel-Wirklichkeit den ihnen angemessenen Platz zuzuweisen.

Am wichtigsten scheint mir das Vertrauen in die Vernunft – die eigene wie auch die der Anderen – zu sein. Dies deshalb, weil im Fall des Misstrauens sich die Vernunft zurückzieht und abschließt, mit den möglichen Folgen einer Über- oder Unterkompensation. Sie errichtet dann später nur noch schwer abbaubare, skeptische und/oder rationalistische Mauern. Hinter diesem Vertrauen in die eigene Vernunft, aber ebenso die Vernunft der Anderen, steht letztlich die Menschenliebe: der Glaube an das Gute und Vernünftige im Menschen. Wie es Helene Stöcker so einzigartig ausdrückte, geht es hierbei immer auch darum, „trotz aller Dunkelheit der Gegenwart, an die Menschheit, nein, – mehr noch an die Menschlichkeit [zu] glauben."[343]

Misstrauen erschwert oder verhindert lebendige und menschliche Vernunftgenese. Ähnliches scheint auch vom oben erwähnten „Klima pseudowissenschaftli-

---

[342] Pothast, U.: Lebendige Vernünftigkeit, a. a. O., S. 261.

[343] Stöcker, H.: [Ankündigung der Neuauflage ihres Buches] Liebe, in: Die Neue Generation 12/1924, S. 317.

cher Keimfreiheit“[344] zu gelten: Ein (letztlich eben gar nicht haltbarer) absolutistischer Objektivitätsanspruch setzt alles, was ihm nicht annähernd entspricht oder entsprechen kann, unter Generalverdacht. Und ob der Generalverdacht und der mit ihm einhergehende Vorwurf nun ‚Irrationalismus', ‚Subjektivismus', ‚Psychologismus' oder einfach nur „Unwissenschaftlichkeit“ lautet: als ein solcher, dogmatischer Generalverdacht vergiftet er das Klima, in dem eine lebendige Vernünftigkeit allererst zu sich kommen und zur Sprache finden könnte.

Gerade der Irrationalismus-Vorwurf scheint mir hier eine (oft verhängnisvolle) Schlüsselrolle zu spielen. Dies nicht nur, weil er das Klima vergiften kann, sondern auch, weil er die lebendige Vernunft oftmals von ihren vor- und außervernünftigen Quellen abschneidet oder sie zumindest dieser ihrer Lebensquellen entfremdet. Auch darauf hat, wie ich gleich zeigen werde, Pothast hingewiesen.

Sechstens: Vernunftgenese braucht – in gewissen Grenzen – das Vor- und Unvernünftige. Auch hier ist, neben emotionaler Kompetenz, Geduld, Toleranz und Vertrauen gefragt. Und zu fragen ist: Was kann zugelassen, was soll ausgebremst werden, was kann eingebettet, was soll ausgeschieden werden?

Zugestanden: Es ist immer wieder einmal geboten, v. a. das blindwütig und destruktiv Irrationale mit Mitteln der Vernunft und des vernünftigen Willens einzudämmen und umzulenken, manchmal auch ‚bis aufs Messer' zu bekämpfen. Wie aber mit den weiten Bereichen des Vor- und Unvernünftigen, die gar keinen Schaden anrichten? Wie mit den großen Strecken dessen, was Pothast so treffend als „normfreies Lebens-Land“ bezeichnet? Wie mit den weiten und im Prinzip unschädlichen vernunftfreien Landstrichen? Ist es nicht verfehlt, diesen den Kampf anzusagen und sie ausrotten zu wollen?

Auch hier hat Pothast in seiner sachlichen Art einiges richtiggestellt:

> „Ist es nicht sach- und lebenangemessener, das Außervernünftige, ja auch das Unvernünftige, ausdrücklich zuzulassen, wo es keinen Schaden tut? Ist das Außervernünftige, z. B. in der Form des Spielerischen, nicht auch oft eine Quelle des Neuen und eine förderliche Bedingung für kreative Bewegung auf verschiedensten Gebieten? Und gehört das Provozieren von Unvoraussagbarem, aus dem fruchtbare Entwicklungen entstehen können, nicht zuletzt auch in den Bereich des Vernunftinteresses selbst – dann nämlich, wenn diese Entwicklungen zu sach- und lebensgerechteren Lösungen führen können, als sie zuvor sichtbar waren? Ist es dann nicht geradezu vernünftig, den Rechtfertigungsdruck, mit dem [Ernst] Tugendhat [als einer von vielen rationalistischen und analytischen Rechtfertigungs-Philosophen, die mit „Absolutheitsan-

[344] Pothast, U.: Lebendige Vernünftigkeit, a. a. O., S. 197.

spruch“[345] auftreten] den Gedanken der Vernunft verbindet, zeitweilig auszusetzen, Freiräume zuzulassen, normfreies Lebens-Land bereitzustellen?“[346] „Es ist zwar richtig: Das sprachferne Spüren des Innengrundes *muß zur Sprache gebracht werden*, wenn es in argumentierende und rechtfertigende Vollzüge der Person (z. B. in Form eines Aussagensatzes) eintreten können soll. Aber es *ist* oft schon lange, bevor es zur Sprache kommt, *da*, besitzt oft höchste Vernunftrelevanz, und der Zugang zu ihm wie sein ganzes sachliches Gewicht werden durch Beschränkung des Vernünftigen auf das sprachlich Geformte systematisch abgeschnitten.“[347]

Daher gilt:

> „Absolut gerechtfertigt im Sinne von absolut vernünftig *können* wir gar nicht leben. Nicht bloß, weil *absolutes* Rechtfertigen nicht möglich ist. Wir sind auch für ein Absolutheit nur anstrebendes Rechtfertigen nicht gemacht, und nur sehr wenige von uns würden in dieser Weise leben wollen. Es wäre z. B. unsinnig und lebenzerstörerisch, alle täglichen Entscheidungen unter Vernunftdruck zu stellen. [...] Es ist irrational bis destruktiv, überall um jeden Preis rational sein zu wollen.“[348]

Siebtens: Wo sich die Vernunft dem nicht-rechtfertigbaren Neuen und Schöpferischen verschließt, wird sie starr, tot und unvernünftig.

Wie erwähnt, hat Pothast in seinem „Philosophischem Buch“ schon klargestellt, dass es sich bei einer lebendigen Vernunft bzw. Vernünftigkeit „schwerlich“ um einen „Logos des Leblosen“[349] handeln kann. Nicht das rationalistisch-methodische Abschneiden, sondern der soweit wie möglich bewusste Einbezug der vor- und unbewussten Lebensquellen kann den Titel „lebendig-vernünftig“ für sich reklamieren. Einbezug der Lebensquellen heißt aber auch Einbezug des Lebendigen, Werdenden und Vergehenden, damit auch Einbezug des Neuen,

---

[345] Pothast spricht m. E. ganz zurecht von „dem Absolutheitsanspruch, mit dem Tugendhat seine Vorstellung von Vernunft versieht.“ Für Pothast ist offensichtlich: „Daß Vernunft für ihn die Fähigkeit zu absoluter Rechtfertigung ist, und daß das Vernunftinteresse darauf geht, in einem absoluten Sinn verantwortlich zu existieren [...]. Das kann ich nur als Forderungen einer Moral der absolut vernünftigen Existenz verstehen, die *als* solche Forderungen aus ihrem eigenen Kontext heraus nicht mehr gerechtfertigt werden können.“ Pothast, U.: Lebendige Vernünftigkeit, a. a. O., S. 222.

[346] Pothast, U.: Lebendige Vernünftigkeit, a. a. O., S. 223.

[347] Pothast, U.: Lebendige Vernünftigkeit, a. a. O., S. 222.

[348] Pothast, U.: Lebendige Vernünftigkeit, a. a. O., S. 224.

[349] Pothast, U.: Philosophisches Buch. Schrift unter der aus der Entfernung leitenden Frage, was es heißt, auf menschliche Weise lebendig zu sein, Frankfurt a. M. 1988, S. 398-403.

Schöpferischen mitsamt der Akzeptanz des Absterbens des Alten, Überlebten. Nochmals mit Pothast gesagt:

> „Die notwendige Bedingung für den Wandel in Richtung auf Neues ist das Zurücktreten des Alten. Und unter Gesichtspunkten des je Bestehenden ist das Neue extrem selten rechtfertigungsfähig. Ja es gilt oft: Das glatt gerechtfertigte Neue ist das verkappte Alte, das seine Herrschaft nur auf diese Weise unerkannt verlängert. Vieles an Schönheit in Handeln und Verhalten, an zweckfreier, gestalthafter Manifestation des Lebendigseins selber (ganz zu schweigen von der Kunst) ist nicht in einem absoluten Sinn rechtfertigbar, denkt gar nicht an ein Sich-Rechtfertigen, und würde durch das von vornherein erhobene Verlangen nach absoluter Rechtfertigung schon vor seiner Entfaltung zerdrückt."[350]

Wie sehr diese Worte Pothasts auch auf das im nächsten Kapitel einzuführende „exochoreische Ich" und seine „Lebens-Tanz-Kunst" zutreffen, wird sich gleich zeigen. Was für die lebendige Vernünftigkeit gilt – dass sie gerade durch ihr Offensein den vorvernünftigen Lebensquellen gegenüber allererst lebendig sein kann –, gilt in noch ausgeprägterem Maße vom exochoreischen Ich und seinen wilden Tanz- und Lebenssprüngen. Doch auch das gilt es zu sehen: die Lebendigkeit beruht nicht nur darin, sich auf das Heterogene der persönlichen Lebenserfahrung einzulassen, sondern auch darin, Homogenitäten zuzulassen und zu etablieren; die Lebendigkeit beruht nicht nur darin, Umgangsformen mit dem Heterogenen, sondern auch Umgangsformen mit dem Homogenen zu kultivieren – freilich unter dem Leitstern des Heterogenen. Denn das menschliche Leben ist und bleibt – nicht nur aus begrifflicher Sicht – heterogen. Der Mensch muss sich die Homogenitäten und Kontinuitäten seines *eigenen* – d. h. authentischen – Lebens erst erkämpfen.

Ortega y Gasset hat das in seiner anschaulichen Art einmal so ausgedrückt:

> „Wohlgemerkt: dem Stein ist seine Existenz gegeben, er braucht nicht zu kämpfen, um das zu sein, was er ist: Stein in der Landschaft. Aber für den Menschen heißt existieren fortgesetzt gegen die Schwierigkeiten, die seine Umwelt ihm entgegensetzt, ankämpfen; er muß sich daher in jedem Augenblick seine eigene Existenz schaffen. Wir könnten daher sagen, daß dem Menschen die abstrakte Möglichkeit der Existenz gegeben ist, aber die Wirklichkeit ist ihm nicht gegeben. Diese muß er sich erst erobern, Minute auf Minute: der Mensch muß sich nicht nur ökonomisch, sondern auch metaphysisch sein Leben verdienen. Und warum all das? Offensichtlich – und das heißt nur dasselbe mit anderen Worten sagen – weil das Sein des Menschen mit dem Sein der Naturwelt nicht völlig übereinstimmt. Augenscheinlich hat das Sein des

---

[350] Pothast, U.: Lebendige Vernünftigkeit, a. a. O., S. 224.

Menschen die seltsame Beschaffenheit, daß es teils mit der Natur verwandt ist, teils wieder nicht, daß es natürlich und übernatürlich zugleich ist, eine Art ontologischer Kentaur, dessen eine Hälfte von vornherein in der Natur steckt, dessen andere Hälfte sie aber überragt. [...] Was er Natürliches an sich hat, verwirklicht sich von selbst: das ist für ihn kein Problem. Aber deshalb empfindet er es auch nicht als sein echtes Sein. Dafür ist aber sein übernatürlicher Teil nicht von vornherein und so ohne weiteres verwirklicht, sondern besteht zunächst aus einem bloßen Seinsanspruch, aus einem Lebensplan. Dies erst empfinden wir als unser wirkliches Sein, dies erst nennen wir unserer Persönlichkeit, unser Ich. Dieser außernatürliche und widernatürliche Teil unseres Seins darf nun nicht im Sinne des alten Spiritualismus verstanden werden. Im Augenblick interessieren mich nicht die kleinen Engel, nicht einmal das, was man Geist genannt hat, eine verworrene Vorstellung voll von magischem Abglanz."[351]

[351] Ortega y Gasset, J.: Betrachtungen über die Technik, in: Gesammelte Werke Bd. IV, Augsburg 1996, S. 7-69, hier: 28f.

8 Dritter Ausblick: Das exochoreische Ich und die Lebens-Tanz-Kunst[352]

8.1 Tsakismata: Ich-Werdung durch individuelle Lebensbrüche und Lebenssprünge

Ioannis Theodoropoulos hat in einer Studie über Werden und Formung eines authentischen Ichs eine geniale, m. E. paradigmatische Metapher ins Feld geführt: die der „Tsakismata". Das neugriechische Wort „tsakísmata" bedeutet „Brüche". Dieses Wort wird im griechischen Volkstanz benützt. Es bezeichnet dort spezielle Tanzfiguren:

> „Die Tsakismata sind leibliche Tanz-Improvisationen eines Tänzers, spontan, frei und deshalb unerwartet auftretend. Manche Figuren sind sogar ganz spezifisch und ganz persönliche Ausdrucksformen eines bestimmten Menschen. Sie unterbrechen den gleichmäßigen Ablauf des Tanzes [...]. Es handelt sich um eine von innen her kommende Bewegung des Menschen. Keiner hat den Tänzer dazu aufgefordert."[353]

Theodoropoulos deutet und verallgemeinert diese spezifische Tanzfigur nun als eine Metapher für das plötzliche Auftauchen und das spontane Sich-Zum-Ausdruck-Bringen eines authentischen Ichs. Diese Deutung drängt sich förmlich auf, da ja die Tanzfigur selbst dies schon nahe legt. Und das ist m. E. auch das Geniale an dieser Metapher: Sie trägt eine tiefschürfende Bedeutung nicht von außen heran, sondern lässt sie dem Bild der Tanzfigur selbst entsteigen. Also keine äußerliche, gezwungene und/oder künstlich herbeigeführte metaphorische Übertragung, sondern eine von innen her entwickelte, die das ursprüngliche Bild und sein Bedeutungsspektrum aufgreift und kreativ weiterführt. Eine Übertragung, die sich hermeneutisch-phänomenologisch ganz in Eigendynamik und Eigenart dieses Phänomens und Bildes versenkt hat, um, wieder auftauchend, folgende paradigmatische Bedeutung zu entbinden:

> „Nun sind die Tsakismata mehr als Tanzfiguren und äußerliche Brüche des gleichmäßigen Tanzablaufs. Sie sind ein Öffnen für geistige Inhalte, seelische

---

[352] Dieses Kapitel geht im Wesentlichen auf meinen Beitrag zur Festschrift für Professor Ioannis Theodoropoulos zurück. Siehe: Kozljanič, R. J.: Die Kunst, sein Leben zu tanzen. Über das exochoreische Ich und seine wilden Sprünge, in: „Ómmasin állois" – Festschrift für Professor Ioannis E. Theodoropoulos zum 65. Geburtstag, hg. v. V. E. Pantazis u. M. Stork, Essen 2014, S. 41-70.

[353] Theodoropoulos, I. E.: Die „Tsakismata": Eine philosophisch-pädagogische Studie des „Ich", in: Pädagogische Rundschau 59/2005, S. 343-356, hier: S. 344.

Qualitäten und soziale Züge eines ,Ich'. Sie deuten auf die einzigartigen Reaktionsmöglichkeiten des Ich hin, Reaktionen, in denen das Ich sich auf das momentane und ureigenste Sein-Können im Augenblick seines jeweils intensivsten Einsatzes meldet. Ein griechisches Sprichwort heißt: *Egine sto tsak* – es war in einem Augenblick passiert. [...] Hier geht es um das Wunder des Da-Seins. Nicht ,ich bin', sondern ,jetzt bin ich'. Das ist das berauschende Wunder des Lebens, die Erfahrung des Hier-Jetzt-Da-Seins. [...] Diese Ur-Tendenz zum *authentischen* Dasein, der Wille *sich zu melden, sich darzustellen, das ,authentische Ich-Sein'* provoziert die Brüche bzw. Tsakismata. Sie sind als solche existenzzerstörende und gleichzeitig existenzanmeldenden Formen der Selbstbestätigung."[354]

8.2 Aspekte, Voraussetzungen, Kompetenzen eines exochoreischen Ichs

Bleiben wir im Bild und entwickeln es kreativ weiter. Stellen wir uns einen Kreistanz vor. Festlich beschwingt tanzt die Gruppe im Gleichschritt. Hochaufgerichtete bewegte Gestalten, die teils feierlich-würdig, teils frech-fröhlich in die Runde blicken. Der Kreis der Tänzer und Tänzerinnen dreht sich im rhythmischen und gestischen Gleichklang. Plötzlich tanzt einer von ihnen im wahrsten Sinne des Wortes ,aus der Reihe'. Er bricht aus dem Gruppentanz aus, um in unvorhersehbaren, eigenwilligen Bewegungen und Sprüngen sich selbst, sein Gefühl, seine Aussage zum Ausdruck zu bringen – das, was er eben gerade tänzerisch ausdrücken und/oder mitteilen will, was ihm in die Sinne und in den Sinn kommt. Weil dieses Ich eines ist, das zunächst im gemeinsamen Reigen (griech. choreía, lat. chorea) mitschwingt, dann aber aus ihm heraus (eks bzw. ekso bzw. ex) tanzt, nenne ich es ein *exochoreisches Ich*.

Wie muss so ein exochoreisches Ich beschaffen sein? Welche Voraussetzungen und Lebenskompetenzen braucht es? So ein Ich muss, *erstens*, mit der Gemeinschaft mittanzen können – d. h. es sollte die jeweiligen Tänze kennen und können. Es muss, *zweitens*, in einer Gemeinschaft tanzen, in der es überhaupt möglich ist, aus der Reihe zu tanzen – denn nicht jede Gemeinschaft lässt so etwas zu oder fördert es. Muss aber, *drittens*, auch den Mut haben, aus der Reihe zu tanzen – Aus-Der-Reihe-Tanzen ist nichts für Mitläufer, Streber und Angsthasen. Zudem muss es, *viertens*, Charakter haben – d. h. ein eigenes Profil, eine eigenwillige Individualität, etwas Unangepasstes, etwas, das nicht restlos in der Gemeinschaft aufgeht oder von ihr abgeschliffen wurde. Auch braucht es, *fünftens*, Empathiefähigkeit – zunächst in Bezug auf die Anderen, dann aber auch in Bezug auf sich selbst bzw. in Bezug auf das, was mensch vielleicht am ehesten das

[354] Theodoropoulos, I. E.: Die „Tsakismata", a. a. O., S. 344.

‚innere Kind' nennen könnte. Obendrein braucht es, *sechstens*, eine doppelte Sensibilität – es muss spüren können, was in den leibseelischen Tiefen seines Ichs zum Ausdruck drängt, aber auch, wann und wie dieses am besten mitzuteilen ist, wann also wie aus der Reihe getanzt werden soll. Und *siebtens*, muss es ein Gespür dafür haben, ob, wann und wie es sich wieder einreihen kann und will – birgt doch jedes Aus-Der-Reihe-Tanzen das Risiko und die Chance, aus der Gemeinschaft herauszufallen, sie hinter sich zu lassen.

Um es noch knapper und in Bezug auf die Kompetenzen eines exochoreisches Ichs zu fassen: Folgende Fähigkeiten sind nötig: 1. Soziale Kompetenzen: Die gesellschaftlichen Tänze mittanzen können. 2. Individuelle Kompetenzen: Aus der Reihe tanzen können. 3. Leibseelische Kompetenzen: Seinen Leib und seine Seele mitsamt ihren Eigenwilligkeiten lieben und kultivieren. 4. Empathische Kompetenzen: Doppelte Sensibilität, nach innen (leibseelisch) wie nach außen (mitmenschlich). 5. Resoziale Kompetenzen: Sich wieder einreihen können. 6. Sozialkritische Kompetenzen: zur Not über die Gesellschaft hinweg tanzen können.

Noch etwas. Wenn es so ist, dass sich das Ich nur über seinen Ausdruck zeigt und versteht, zu diesem seinem ureigenen Ausdruck aber v. a. in den Momenten findet, in denen es in Brüchen und Sprüngen aus der Reihe tanzt: dann hängen Ich-Entwicklung und Brüche/Sprünge eng zusammen. Dann sind es die Tsakismata des eigenen Lebenstanzes, durch die und in denen das Ich zu sich selbst kommt und die Chance hat, von einem kleinen Ich zu einem großen Selbst zu werden, von einem Mikranthropos zu einem Makranthropos. Aus diesem Grund sieht Theodoropoulos in den Tsakismata nicht nur „Tanzfiguren, sondern auch Existenzformen, durch die das Ich sich ‚ichtet'. Es sind Formen menschlicher ‚Ichtung', Orte des Da-Seins."[355] Wie ich im Folgenden zeigen möchte, sind die Tsakismata nicht nur Momente, durch die das Ich sich „ichtet', sondern auch Momente, in denes es sich ‚lichtet'. Das eigene Ich tritt hier aus dem Wald der Gemeinschaft und Allgemeinheit in die Lichtung eines einzigartigen eigenen vergänglichen Lebens.

Wie sich hier schon ankündigt, hat die Metapher der Tsakismata eine aufschließende Qualität, eine Erhellungspotenz von bisher nicht gekannter Kohäsion. Sie hält zusammen, was sonst auseinanderfällt. Für die Existenzphilosophen waren es die Lebenskrisen, für die Lebensphilosophen die Lebensekstasen, in und mit denen das Ich sein eigenes Leben evozierte. Hier die gedrückten, dort die gehobenen Stimmungen.[356] Keiner hat aber bisher die beiden auseinanderstrebenden Pole in einem Bild, in einer Metapher – ohne sie aufzuheben – so nahe zusammenbringen können. Und deshalb finde ich das von Theodoropoulos ins Feld geführte Bild der Tsakismata so genial und aufschlussreich. Mit ihm ist ein

---

355 Theodoropoulos, I. E.: Die „Tsakismata", a. a. O., S. 345.

356 Vgl. Kozljanič, R. J.: Grenzerfahrungen bei Jaspers und Klages, in: Hestia – Jahrbuch der Klages-Gesellschaft 22/2004-2007, S. 149-162.

Paradigma gefunden, mit dem sich das geborgen-ungeborgene „Doppelgesicht der Existenz“,[357] die sowohl stetigen wie unstetigen, homogenen wie heterogenen Formen menschlicher Entwicklung und Bildung, das Choreische wie das Exochoreische in den Blick bekommen lassen.

8.3 Die Verdrängung des tanzenden, exochoreischen Ichs. Antike und christliche Lebensaskese

Fragt mensch nun, wo sich solch ein Ich-Konzept oder Ich-Ideal in der abendländischen Philosophiegeschichte überhaupt erstmals artikuliert und greifbar wird, so gerät mensch zunächst in eine gewisse Verlegenheit. Denn so etwas wie ein tanzendes oder gar aus-der-reihe-tanzendes Ich war philosophisch lange Zeit weder interessant noch gesucht. Ganz im Gegenteil: es war verpönt und gefürchtet, es wurde unterdrückt und verteufelt. Das Ich sollte nicht tanzen – schon gar nicht aus der Reihe –, sondern verständig und vernünftig sollte es sein und über die Leidenschaften herrschen. Die klassische antike Philosophie sowie die auf ihr aufstockende christliche Philosophie: sie haben fast ausnahmslos die Lust (hedoné), die Begierde (epithymía) und die Leidenschaft (páthos) bekämpft und unterdrückt. Und mit ihnen den Tanz. Philosophie als Lebensform bedeutete in der Antike (und im Christentum) in erster Linie Lebensaskese. Die klassisch-antiken Ideale lauteten: Apathie (Leidenschaftslosigkeit, Unberührbarkeit), Ataraxie (Unerschütterlichkeit) und Autarkie/Autonomie (Selbständigkeit, Unabhängigkeit). Die Grundtendenz war: Seelenruhe durch Leidenschaftslosigkeit. Das hegemonikón, die herrschende Instanz im Menschen, egal ob sie als (Ge-)Wissen (Sokrates), Verstand oder Vernunft (Platon, Aristoteles, Stoa, tlw. auch Epikur) angesprochen wird, hat die Funktion, die dem Leib und der Seele entspringenden Regungen und Erregungen zu unterdrücken und zu kontrollieren, die aus Natur und Gesellschaft von außen kommenden Zu- und Anmutungen abzuwehren und, wo möglich, zu depotenzieren. Zumindest im Turmzimmer des eigenen Hauses – im Kopf – versucht das Ich unumschränkt Herr zu sein, um von dort aus, soweit als immer möglich, den Rest zu kontrollieren. Immer oder fast immer nimmt mensch dabei zu asketischen Techniken Zuflucht, Techniken der Selbstdisziplinierung, Leidenschaftsunterdrückung, Gefühlskontrolle, Entsinnlichung, Entleiblichung, Vergeistigung.[358]

---

[357] Theodoropoulos, I. E.: O. F. Bollnows unvollendete „Neue Geborgenheit“. Versuch über die existenzphilosophisch-pädagogische Bedeutung der Ungeborgenheit, in: Paidagogikos Logos 2/2007, S. 95-112, hier: 109-110.

[358] Vgl. Böhme, G.: Einführung in die Philosophie. Weltweisheit, Lebensform, Wissenschaft, Frankfurt a. M. ^{3}1998, v. a. das 2. Kapitel „Philosophie als Lebensform“ mit den Abschnitten „Die Tradition philosophischer Lebensführung: Distanz zum Leibe“, S. 165-168, „Marc Aurel: Die gedankliche Destruktion des Leibes“, S. 168-171, und „Die traditionellen Ziele der Apathie, Ataraxie und Autonomie“, S. 81-183.

Ein Blick auf Platon. Bei ihm finden sich einige Gedanken zum Tanz. Manche sind es wert, erinnert und aus dem Korsett seines Systems – der Ideenlehre, dem abendländischen Urtypus aller ‚Ideo-Logie' – befreit zu werden.[359] Ein solcher Gedanke ist der von der Einheit der musischen Kunst (musikè téchne) als einer Einheit aus Rhythmus (rhythmós), Harmonie (harmonía) und Logos (lógos, hier als gesungenes Wort) im kultisch-hymnischen Tanz. Im Dialog Alkibiades wird gefragt: „welches ist die Kunst, die darin besteht, daß man richtig Kithara spielt, singt und einherschreitet?" Die Antwort: „Du scheinst die musiké damit zu meinen." (Alk. 108 c-d). Richtig. Im singenden und musizierenden Einherschreiten (sprich: Tanzen) verwirklicht sich die musische Einheit. Wie Hermann Koller in „Musik und Dichtung im alten Griechenland" nachweisen konnte, ist das antike Paradigma der Einheit der musiké der rituelle Tanzgesang, der zu Ehren der Göttinnen und Götter aufgeführt wurde. Der homerische Hermeshymnos berichtet von solch einem Tanzgesang, den die Musengöttinnen gemeinsam mit dem Kitharoden Apollon zelebrieren. Apollon sagt: „Denn ich selbst bin im Geleit der olympischen Musen, / Welchen die Tänze obliegen und herrlicher Gang des Gesangs, / Blühendes Saitengetön und der Flöten anmutiges Blasen." (Hom. h. 4, 450-453).[360] Es geht hier – noch vor Platon und auf antik-mythischem Boden – um eine getanzte Einheit aus Rhythmus, Harmonie und Gesang. Also eine Einheit, die erst in und mit dem Tanz überhaupt zu verwirklichen ist. Der Logos gehört als gesungenes Wort mit dazu, ist aber nicht derjenige, der die Einheit herstellt. Derjenige, der die Einheit verwirklicht, ist der tanzende und singende Leib.

Jedoch – und hier fängt das platonisch-leibfeindliche Programm zu greifen an – „Harmonie und Rhythmus aber müssen dem Wort folgen" (Politeia 398 c-d). Denn, soviel steht für den Ideo-Logen Platon fest, die Einheit kann letztlich immer nur eine begriffliche, eine noetische sein. Die Einheit der musiké téchne gründet also für Platon letztendlich in Logos und Nous. Diese ideo-logische Tendenz – die getanzte Einheit in eine begriffliche hinein aufzulösen, generell: gelebte Zusammenhänge in gedachte zu transformieren (weil sie eben nur dort kontrollierbar sind) – zeigt sich auch an anderer Stelle. Etwa im Dialog „Timaios". Hier darf letztendlich von allen drei Seelenteilen (Bauch-, Brust-, Kopfseele, vgl. Tim. 69a-72d,) nur noch eines ‚tanzen': nämlich die Kopfseele, das hegemonikón bzw., wie es dort heißt, der „Schutzgeist" (daímona; vgl. Tim. 90a-c). ‚Tanzen' wird hierbei nur noch rein allegorisch aufgefasst; allegorisch: denn es meint eigentlich etwas Anderes, Begriffliches: Denken. Das göttliche Endziel des Menschenlebens besteht nun nach Platon darin, sich mit dem Denken der Kopfseele den ewigen

---

[359] Vgl. hierzu die beiden Abschnitte „Drei Weltebenen – drei Seelenebenen. Platon revised (1)" und „Der kosmisch-mimetische Tanz. Platon revised (2)" in: Lohenstein, L.: Die Natur ist heilig – Hymnen an antike Gottheiten. Ein Gebetbuch für naturreligiöse Menschen, München 2017, S. 182-190.

[360] Vgl. Koller, H.: Musik und Dichtung im alten Griechenland, Bern 1963, Abschnitt „Musiké", S. 5-16.

Bewegungen der Gestirne (als sichtbares himmlisches Abbild des unsichtbaren Göttlich-Überhimmlischen; vgl. Tim 92c) und über diese dem unsichtbaren, nur denkbaren Göttlich-Ewigen anzugleichen. Also deren ‚Tanz' im eigenen Kopf ‚nachzutanzen' – in Gedanken. Hier bringt Platon den Begriff der mímesis ins Spiel: Vermittels einer zerebralen Nachahmung soll die musische Einheit aus Logos, Harmonie und Rhythmus verwirklicht werden. (Tim. 47a-e). Dies gelänge nur „demjenigen, der sich mit Vernunft [metà noû] den Musen hingibt, nicht zu vernunftloser Lust [hedonèn álogon]" (Tim. 47d). Also, im Klartext, nur durch mathematisches und begriffliches Denken, nur durch das Betreiben von Wissenschaft und Philosophie soll ‚nachgeahmt' werden. Tanz als eine leibliche und sinnliche Bewegung ist hierbei nicht erwünscht. Die Bewegungen des Körpers haben einen negativen Einfluss, sie bringen die vernünftigen Seelenumläufe nur durcheinander (Tim. 43a-44a). Und deshalb hat Platon in seinem Dialog „Politeia" mit dem Musischen kurzen Prozess gemacht und die *freien* Dichter, Sänger und Tänzer aus dem zukünftigen Staat vertrieben – weil und insofern sie sich der Moral des hegemonikón nicht fügen; – nur die ideo-logie-treuen dürfen bleiben.[361]

Diese leib- und tanzfeindliche Tendenz hat sich bei allen nachfolgenden Platonikern gehalten. Die christlichen Philosophen und Kirchenlehrer waren noch radikaler. Einer der ersten Tanzgegner war Augustinus. Auch er wusste um die Einheit der musiké im Tanz. Doch wie anders als die göttergläubige vorplatonische Antike bewertete er sie: „Der Tanz ist ein Kreis, dessen Mittelpunkt der Teufel ist". Aus der musischen Einheit des Tanzes wurde eine teuflische. Doch nicht nur der Reigentanz taucht hier auf, sondern auch (beinahe tsakismata-hafte) Tanzsprünge: auch sie in einer ganz anderen Bewertung. Max von Boehn, mütterlicherseits mit Bettina von Arnim verwandt, hat in seinem von Lebensreform und Lebensphilosophie inspirierten Buch „Der Tanz" darauf hingewiesen, dass, Augustinus zufolge, „jeder Sprung, der beim Tanze gemacht werde, ein Sprung zum Teufel in die unterste Hölle" sei. Und:

> „Ambrosius, Basilius, Ephraem Syrus und andere Kirchenväter waren der gleichen Ansicht, und sie beließen es keineswegs bei einer bloß literarischen Mißbilligung. Der heilige Ambrosius verbot den Christen seiner Erzdiözese Mailand das Tanzen ein für allemal, während die Synode von Auxerre, die im Jahre 573 abgehalten wurde, nur die Reigen in den Kirchen abgestellt wissen wollte. Mögen diese Verbote notwendig oder gutgemeint gewesen sein, ge-

[361] Vgl. etwa „Politeia" (607a), wo selbst die Muse, sofern sie nicht das singt, was den von Platon rational begründeten ethischen Normen entspricht, in seinem Idealstaat keine Aufnahme findet.

nutzt haben sie nicht viel, sie haben nicht einmal vermocht, den rituellen Tanz abzuschaffen.“[362]

Ich möchte die platonischen und christlichen Konzepte nun auf sich beruhen lassen. Ein wahrhaft tanzendes oder gar aus-der-reihe-tanzendes Ich lässt sich mit ihnen nicht greifen.

8.4 Die moderne Entdeckung des exochoreischen Ichs: Bettina von Arnim, Nietzsche

Bettina von Arnim (geb. Brentano, 1785-1859) ist eine der Ersten, die dem, was ich oben als exochoreisches Ich skizzierte, in Leben und Literatur ganz nahe kam. Vielleicht ist sie überhaupt die Erste. Ihre Lebenskunst ließe sich mit dem Motto zusammenfassen: Gut lebt, wer seelen-, lust- und phantasievoll lebt. Das Ziel ihrer Lebenskunst: Den eigenen Lebenstanz zu tanzen. Mit ihren Worten:

> „Aber meine Seele ist eine leidenschaftliche Tänzerin, sie springt herum nach einer innern Tanzmusik, die nur ich höre und die andern nicht. Alle schreien, ich soll ruhig werden, und Du auch, aber vor Tanzlust hört meine Seele nicht auf Euch, und wenn der Tanz aus wär, dann wär's aus mit mir. [...] Das gelob ich vor Dir, daß ich nicht mich will züglen lassen, ich will auf das Etwas vertrauen, was so jubelt in mir“.[363]

Doch ich möchte, so reizvoll es wäre, mich hier nicht weiter mit Bettina von Arnim beschäftigen und verweise in diesem Zusammenhang auf eine Aufsatz von mir.[364] Nur soviel: alle oben erwähnten Aspekte, Voraussetzungen, Kompetenzen eines exochoreischen Ichs finden sich in Bettina von Arnims Lebens-Tanz-Kunst wieder.

Natürlich könnte ich auch auf einen anderen wichtigen philosophischen Aus-Der-Reihe-Tänzer verweisen. Auf Friedrich Nietzsche. Aber auch bei Nietzsche (seinen genialen Gedanken, Übertreibungen, Verrenkungen und Einseitigkeiten) möchte ich mich nicht länger aufhalten und verweise hier auf Publikationen andernorts.[365] Zudem hat Nietzsche nur einige der entscheidenden Aspekte eines

---

[362] Boehn, Max von: Der Tanz, Berlin 1925, S. 48; vgl. hierzu auch die in der zweiten Buchhälfte abgedruckten Dokumente, besonders die „Predigt gegen das Tanzen“ aus dem 15. Jh., S. 166-177.

[363] Arnim, B. v.: Clemens Brentanos Frühlingskranz, in: dies., Werke und Briefe, Bd. 1, hg. v. G. Konrad, Darmstadt 1959, S. 11-214, hier: 51.

[364] Kozljanič, R. J.: Lebenskunst, Herzensweisheit und Liebesdenken bei Bettina von Arnim. Oder: Sein ungelebtes Leben tanzen, in: VII. Jahrbuch für Lebensphilosophie (Lebensdenkerinnen), 7/2014-2015, S. 55-74.

[365] Kozljanič, R. J.: Lebensphilosophie – Eine Einführung, Stuttgart 2004, S. 85-104; Kozljanič, R. J.: Auf dem Weg zu einem lebendigen Leib-Denken – Versuch einer

exochoreischen Ichs hervorgehoben und extrapoliert. Manches Wichtige fehlt. Sein Zarathustra tanzt allein in eisiger Höhe am Abgrund. Er tanzt den ‚Übermenschen'. Die menschlich-mitmenschlichen Komponenten, die einem exochoreischen Ich (trotz aller Brüche und Sprünge bzw. gerade wegen ihnen!) anhaften, seine Herzenswärme, das Mitleid: all das hat er abgestreift und hinter sich gelassen.

8.5 Alexis Sorbas und seine Lebens-Tanz-Kunst

Ich möchte hier auf einen modernen Griechen verweisen, der wohl am prägnantesten und mitreißendsten gezeigt hat, was das sein könnte: ein aus der Reihe tanzendes, ein exochoreisches Ich. Ich meine den Schriftsteller und Lebensphilosophen Nikos Kazantzakis[366] bzw. seinen ‚Helden' Alexis Sorbas. Ich frage zunächst, wie die verschiedenen Kompetenzen eines exochoreischen Ichs bei Sorbas auftauchen und artikuliert werden.

Erstens: Die gesellschaftlichen Tänze mittanzen können

In seinem über 65-jährigen Leben hat Sorbas viele gesellschaftliche Umgangsformen, Rollen, Berufe, Fertigkeiten und Kniffe gelernt. Auf die Frage „Was hast du für einen Beruf?" antwortet er, nicht ohne Stolz: „Alle, die man mit Fuß, Hand und Kopf ausüben kann, alle."[367] Er ist kein Intellektueller, kein Akademiker, sondern Arbeiter und Handwerker. Er singt, musiziert und tanzt gut und gern. Er hat vieles erlebt, hat in verschiedensten Länder gearbeitet und gekämpft. Er kennt viele Geschichten, erzählt mitreißend. Auf eine unverbogene, authentische Art

---

integrativen Einleitung, in: II. Jahrbuch für Lebensphilosophie (Leib-Denken), 2/2006, S. 9-70, hier: 26-33 u. 65-69.

[366] Kazantzakis hat 1907-1909 in Paris am Collège de France Staatswissenschaften studiert. Er hat in dieser Zeit bei Henri Bergson gehört und 1909 mit einer Schrift über Nietzsche promoviert (in der englischen Übersetzung unter dem Titel: „Friedrich Nietzsche on the Philosophy of Right and the State" erschienen). Am Ende seines Romans „Alexis Sorbas" nennt er fünf prägende Gestalten: Homer, Buddha, Bergson, Nietzsche und Sorbas (die Gestalt des Alexis Sorbas geht auf einen Freund namens Georgios Sorbas zurück). Dort heißt es: Homer „ist für mich das friedliche lichterfüllte Auge, wie die Sonnenscheibe, die alles mit erlösendem Glanz beleuchtet; Buddha das grundlose pechschwarze Auge, in dem die Welt versinkt und die Erlösung findet; Bergson erleichterte mich von einigen unlösbaren philosophischen Fragen, die mich in der ersten Jugend quälten; Nietzsche bereicherte mich mit neuen quälenden Unruhen und lehrte mich, das Unglück, die Bitterkeit, die Unsicherheit in Stolz zu verwandeln, und Sorbas lehrte mich, das Leben zu lieben und den Tod nicht zu fürchten." Kazantzakis, N.: Alexis Sorbas, München 2001, S. 345 (Erstererschienen unter dem Titel: Bíos kaì Politeía toû Aléxi Zormpâ, Athen 1946). – Ich möchte an dieser Stelle Christian Seidel (alias ‚Don Chris') herzlich danken: dafür, dass er mir so einige literarische und filmische Welten erschlossen hat, z. B. auch Alexis Sorbas!

[367] Kazantzakis, N.: Alexis Sorbas, München 2001, S. 14.

macht er sich Gedanken über Gott und Welt, Sex und Körper, Mann und Frau, Geburt und Tod. Er ist ein rustikales Allround-Genie, ein gleichsam bodenständiger *uomo universale*, ein Mann mit Hand, Herz und Hirn. Sein Humanismus ist keiner der Gelehrtenstuben und Intellektuellenzirkel, keiner der humanistischen Gymnasien, kein Humanismus der Moralapostel und Ideo-Logen, sondern ein Humanismus des Lebens, der (in Anlehnung an Terenz) jederzeit von sich sagen könnte: „Ich bin ein Mensch: nichts Menschliches ist mir fremd.“[368] Wie ihn der Ich-Erzähler beschreibt:

> „Dieser Mann [...] hat viel erlebt und erlitten, sein geistiger Horizont und seine Gefühlswelt weiteten sich, ohne daß er seine ursprüngliche Kühnheit verlor. [...] Er kann sich selten vertun, denn er stützt sich mit seinem ganzen Körper, vom Scheitel bis zur Sohle, auf die Erde.“[369] „Die Sterne berührten ihn, dic Meereswogen brachen sich an seinen Schläfen. So erlebte er, ohne den verzerrenden Spiegel der reinen Vernunft, die Erde, das Wasser, die Tiere und Gott.“[370]

Er hat sich nicht für ein bürgerliches Leben entschieden. Aber er kennt doch diese Welten und ihre Umgangsformen. Er weiß, wie mensch sich zu einem offiziellen Anlass benimmt, er kennt das volle Programm und kann es bedienen. Wenn er es auch nicht sehr schätzt:

> „Es wird hohe Zeit! Wir müssen uns feinmachen! Der Pope und die Honoratioren müssen jeden Augenblick erscheinen. [...] Darum Kragen um und Krawatten an! Und ernste Gesichter aufgesetzt! Einen Kopf braucht der Mensch nicht zu haben, ein Hut genügt ... Pfui, was für eine verrückte Welt!“[371]

Zweitens: Aus der Reihe tanzen können

Sorbas ist ein Meister der Tsakismata. Er spürt und weiß nicht nur, wann es Zeit ist, aus der Reihe zu tanzen. Er akzeptiert auch, dass es Zeiten gibt, wo das – v. a. aus inneren Gründen – nicht geht. Einmal würde er zwar gern Santuri spielen, aber irgendetwas passt nicht. Das Instrument: „es will nicht ... ich darf es nicht zwingen.“[372] – Wenn aber alles zusammenpasst, dann springt er auf und musiziert ekstatisch.[373] Oder er tanzt sich wie ein Wilder eine maßlose Freude aus dem Leib.[374] Nach so einer verrückt-freudetaumelnden Tanzeinlage sagt er einmal:

---

[368] „Homo sum: humani nil a me alienum puto“. Terenz, Heautontimorumenos, I, 77.
[369] Kazantzakis, N.: a. a. O., S. 74.
[370] Kazantzakis, N.: a. a. O., S. 156.
[371] Kazantzakis, N.: a. a. O., S. 255.
[372] Kazantzakis, N.: a. a. O., S. 91.
[373] Kazantzakis, N.: a. a. O., S. 174.
[374] Kazantzakis, N.: a. a. O., S. 82-83.

„Warum schaust du mich so an? Ich bin nun einmal so. Ein Teufel sitzt in mir. Er befiehlt mir, und ich tue, was er mir sagt. Jedesmal, wenn ich aus irgendeinem Anlaß zu ersticken drohe, ruft er: ‚Tanze!' Und ich tanze. Und ich bin sofort wieder in Ordnung."[375]

Sorbas tanzt sich nicht nur die Freude aus dem Leib, nein, er tanzt sich auch Sorge und Schmerz von der Seele.[376]

„Als mein Kind, der kleine Dimitrakis, damals auf der Chalkidike starb, sprang ich genauso auf und tanzte. Die Verwandten und Freunde, die mich angesichts der Leiche tanzen sahen, stürzten sich auf mich, um mich zu packen. ‚Sorbas ist verrückt geworden, Sorbas ist verrückt geworden!' schrien alle. Hätte ich aber in diesem Augenblick nicht getanzt, wäre ich tatsächlich vor Schmerz verrückt geworden. Er war mein erstgeborener Sohn, drei Jahre alt, ich konnte den Verlust nicht überwinden."[377]

Bei all dem hat Sorbas ein klares Bewusstsein davon, was dem Arbeits-Alltags-Ich zusteht – und was dem exochoreischen. Als er mit dem Ich-Erzähler vereinbart, für diesen zu arbeiten, sagt er:

„Schuften für dich, soviel du willst. Wie ein Sklave! Aber das mit dem Santuri ist was Besonderes. Dieses Instrument ist ein Raubtier, es will Freiheit. Wenn ich dazu aufgelegt bin, werde ich spielen. Und tanzen werde ich [...]. Aber – verstehst du – ich muß dazu aufgelegt sein. Klare Rechnung, du darfst mich nicht zwingen. Dann hast du mich verloren. In diesen Dingen – mußt du wissen – bin ich ein Mensch."

Und auf die Frage, was er damit meine, antwortet Sorbas: „Na, frei."[378] Sorbas ist also zu vielen Kompromissen bereit. Nur nicht zu einem: Sich das Aus-Der-Reihe-Tanzen nehmen zu lassen. Eine interessante, tiefschürfende Beobachtung: Unfrei wird mensch nicht unbedingt dadurch, dass mensch zeitweise wie ein Lohnsklave schuftet, sondern dadurch, dass mensch sein exochoreisches Ich – das Herzstück des eigenen Ichs – in Dienst stellt.

---

[375] Kazantzakis, N.: a. a. O., S. 85.

[376] Auch Theodoropoulos weist mit Kazantzakis darauf hin, dass der „Grieche tanzt und musiziert [...] auch wenn er traurig ist." Theodoropoulos, I. E.: Ikiosis – Eine pädagogisch-anthropologische Studie der griechischen Kultur, Frankfurt a. M. 1999, S. 102.

[377] Kazantzakis, N.: a. a. O., S. 85-86.

[378] Kazantzakis, N.: a. a. O., S. 19.

Drittens: Seinen Leib und seine Seele mitsamt ihren Eigenwilligkeiten lieben und kultivieren

Dass und wie Sorbas zu den eigenwilligen und unkonventionellen Stimmungen und Launen seines Leibes und seiner Seele steht, hat sich soeben gezeigt. Er gibt ihnen nach, er folgt ihnen am Leitband der Lust und des Schmerzes. Er lässt sie ihren Ausdruck finden und sie so wieder zur Ruhe kommen. Er käme nie auf die Idee, das Sinnliche und Eigenwillige seines Leibes und seiner Seele asketisch abzutöten oder normierend anzugleichen. Nie käme er auf die Idee, dass geschlechtliche Lust etwas Schlechtes oder Sündhaftes wäre. Den eigenen Finger aus Verzweiflung und in Rage abhacken: Ja. Die körperliche Unversehrtheit in Kampf und Zorn riskieren: Ja. Aber aus asketischen Gründen sein Genital verstümmeln: Nein. „Das Ding abhacken! Zum Teufel [...]! Das harmlose Ding ist doch niemals ein Hindernis. [...] das ist doch gerade der Schlüssel zum Paradies. [...] Verstümmelte kommen nicht ins Paradies“.[379]

Sorbas liebt seinen Körper und gibt ihm das seine, ohne ihn zu verzärteln oder sein Sklave zu sein. „Auch der Körper hat eine Seele, erbarme dich seiner! Gib ihm zu essen“.[380] Nicht nur der eigene Körper hat eine Seele, alles Körperliche, Elementare, Materielle: „Mir ist es schleierhaft. Alles hat eine Seele, das Holz, die Steine, der Wein, den wir trinken, die Erde, über die wir gehen. Alles ...“[381] Mehr noch: Körper, Seele, Geist nähren sich daran; so, „daß auch das Essen eine seelische Verrichtung ist und daß Fleisch, Brot und Wein Urstoffe sind, aus denen der Geist entsteht.“[382] „Ja, mein Lieber, wie tief ist doch die Menschheit gesunken, hol’s der Teufel! Sie hat den Körper verstummen lassen, und nur der Mund redet noch.“[383] V. a. in Momenten eines intensiven leiblich-sinnlichen Erlebens spürt mensch: „Seele und Körper sind aus dem gleichen Stoff geschaffen.“[384] Oder, wie es der Ich-Erzähler formuliert:

> „daß auch die Seele Fleisch ist, nur sie ist vielleicht beweglicher, durchscheinender, freier, aber Fleisch. Und das Fleisch ist Seele, nur daß es ein wenig schläfrig ist. Aber in den großen Augenblicken erwacht auch es, schaut auf und wirft alle seine fünf Fangarme[385] hoch wie Flügel.“[386]

Weil Sorbas seinen Leib und seine Seele liebt, weil er ihnen gegenüber kein prinzipielles Misstrauen kennt, und sich ihnen immer wieder anheim gibt, weiß er,

---

[379] Kazantzakis, N.: a. a. O., S. 23.
[380] Kazantzakis, N.: a. a. O., S., 41.
[381] Kazantzakis, N.: a. a. O., S., 91.
[382] Kazantzakis, N.: a. a. O., S. 78.
[383] Kazantzakis, N.: a. a. O., S. 87.
[384] Kazantzakis, N.: a. a. O., S. 255.
[385] D. h. seine fünf Sinne; Anmerkung von mir, R. J. K.
[386] Kazantzakis, N.: a. a. O., S. 265-266.

dass ihre Eigendynamiken meistens nicht bodenlos sind. Bodenlos werden sie oft erst dadurch, dass sie nie (oder nie so, wie sie es gerne möchten) zum Zuge kommen dürfen. Auf diese Art und Weise hat Sorbas sozusagen eine hedonistische Diätetik der Leibseele entwickelt, eine sinnliche Katharsis-Therapie.

> „Weißt du [...,] was ich tue, wenn ich Lust auf irgendwas habe? Ich esse, esse soviel davon, bis ich es satt habe, dann habe ich mich befreit und denke nicht mehr daran. Oder nur mit Widerwillen. Als kleiner Junge war ich wie toll hinter Kirschen her. [...] Ich aß und aß, bis ich aufgetrieben war wie ein Ballon. Der Magen schmerzte mir, ich erbrach mich. Seit dem Tag bin ich geheilt. Ich konnte keine Kirschen mehr sehen. Ich war wieder ein freier Mensch. [...] Später machte ich es genauso mit dem Wein und Tabak. Ich trinke zwar noch, ich rauche zwar noch, aber sobald ich es will, kann ich Schluß machen. Ich bin nicht mehr ein Sklave meiner Leidenschaften. So ging es auch mit dem ‚Vaterland'."

Auf die Frage, wie es mit den Frauen stehe, antwortet Sorbas: „Auch die kommen noch an die Reihe, die Teufelsbraten! Aber erst, wenn ich siebzig bin. [...] Achtzig! [...] Du lachst? Meinetwegen! Nur so befreit sich der Mensch, hör auf mich, nur so befreit er sich – als Lebemann, nicht als Asket."[387]

Auch in diesen Worten Sorbas' scheint mir eine tiefe Lebensweisheit verborgen zu sein. Zugleich aber auch einige wichtige offene Fragen: Funktioniert diese hedonistische Katharsis-Therapie immer? Was ist, wenn das Sich-Kompromisslos-Einer-Lust-Hingeben zur abgründigen Sucht wird? Zu einer selbst- und fremddestruktiven Sackgasse? Also: Wann ist diese Katharsis-Therapie angesagt? Immer dann, wenn eine wichtige Lebens-Lust-Quelle nicht fließen darf, gehemmt, gemaßregelt, unterdrückt oder verdrängt wird und *daraufhin* als etwas Zwanghaftes, Zerstörerisches, Lebensfeindliches wiederkehrt? Oder besser schon im Vorfeld, bevor es zu Hemmung und Unterdrückung kommt? Was bietet nachhaltigeren Schutz vor einem Abgleiten in Sucht und Versklavtwerden durch bodenlose Begierden, Leidenschaften, Gefühle: Enthaltung oder Ausleben? Worin liegt der größere Freiheitsgewinn: Selbstdisziplin oder Sich-Mitreißen-Lassen-Können? Alles Fragen, die nur kontextabhängig beantwortet werden können. Solche Kontexte wären: Will/kann/muss mensch überhaupt bürgerlich-zivilisatorisch leben? Wieviel Selbstdisziplin ist nötig, um nicht aus Gesellschaft und Arbeitswelt herauszufallen? Wie repressiv ist eine Person/Familie/Gesellschaft; und: wo liegen hiebei die (künstlich-anstachelnden und zur Radikalität neigenden) Reize des Verbotenen? Was unterscheidet überhaupt den künstlichen Reiz des Verbotenen von einem natürlichen[388] leibseelischen Bedürfnis? Wie *konsum*-hedonistisch ist ein Person/Gesellschaft: welche konsum-ökonomischen und werbe-

---

[387] Kazantzakis, N.: a. a. O., S. 219-220.

[388] „Natürlich" hier im (human-)biotischen, nicht (human-)biologischen Sinne genommen!

psychologischen Verführungen und Verführungsstrategien gibt es? Wie wird dabei das leibseelische Lust- und Unlustgefühl (das meist sehr gut weiß, was es will und wann es genug ist) unterlaufen, umgangen, ausgehebelt? Welche Rolle spielen dabei die vielleicht schlimmsten künstlichen Suchtmittel: Geld, Macht, Konsum? Und welche Rolle die künstlichen Suchtmittel zweiter Reihe: die harmloseren (Kaffee, Tabak, Zucker, Bildschirm ...) wie die härteren (Alkohol, Tranquilizer, Antidepressiva, Kokain, Heroin ...)? Wie zivilisatorisch-affektkontrolliert ist eine Person/Gesellschaft? Wie stark ist ihr Über-Ich und zu welchem Verdrängungspreis wurde diese Stärke ermöglicht? Wo ist diese Stärke nötig, wo ist sie fehl am Platz? Wie Theodor Lessing in seiner Theorie der „Rauschsurrogate" gezeigt hat, entsteht Sucht ganz oft dann, wenn ein echter Lebensrausch (jede Art von naturnaher Sinnes-, Leibes- und Seelenekstase) durch ein zivilisatorisches und/oder ideologisches Suchtmittel ersetzt wird.[389] Wie der Begründer der Gestalt-Therapie, Fritz Perls, gezeigt hat, kommt es zu destruktiven Verschiebungen und Fixierungen vornehmlich dann, wenn ein eigendynamischer leibseelischer Bedürfnis-Befriedigungs-Zyklus (Gestaltkreis) nicht durchlaufen werden kann/darf.[390] – All das zeigt, dass Sorbas' hedonistische Katharsis-Therapie ein wichtiges leibseelisches ‚Heilmittel' ist, vielleicht das wichtigste – aber eben kein *Allheilmittel.*

Mensch kann diesen Fragen auch noch von einer anderen Seite näher kommen. Wie schrieb Kazantzakis in Bezug auf Sorbas?

> „In alten, primitiven und schöpferischen Zeiten wäre Sorbas Häuptling eines Stammes geworden [...]. Oder er wäre ein berühmter Troubadour geworden [...]. In unserer undankbaren Zeit streicht er wie ein hungriger Wolf um die Hürden oder wird der Hanswurst irgendeines Federfuchsers."[391]

Oder er muss sich wie ein „alter Gauner" benehmen.[392] All das geht nicht ohne „ein bisschen Verrücktheit" ab.[393]

Ich möchte diese Einschätzung aus eigener Erfahrung bestätigen und ergänzen. Denn auch ich kenne so einige ‚Sorbasse', also Menschen meines Freundes-, Verwandten- und Bekanntenkreises, die der Gestalt des Alexis Sorbas ähneln.[394] Die ‚Sorbasse' haben in unserer durchkapitalisierten und durchbürokratisierten Welt keinen leichten Stand. Sie sind fast immer hervorragende Lebenskünstler/innen. Für diese Menschen – die meist ausgesprochene Aus-der-Reihe-Tänzer

---

[389] Vgl. hierzu: Lessing, T.: Nietzsche, Berlin 1925.
[390] Vgl. Perls, F.: Grundlagen der Gestalt-Therapie. Einführung und Sitzungsprotokolle. München 1976; und: ders.: Das Ich, der Hunger und die Aggression. Die Anfänge der Gestalt-Therapie, München 1989.
[391] Kazantzakis, N.: a. a. O., S. 88.
[392] Kazantzakis, N.: a. a. O., S. 221.
[393] Kazantzakis, N.: a. a. O., S. 332.
[394] Und ich selbst bin ihr, glaube ich, ebenfalls nicht ganz unähnlich.

(Exochoreiaten) sind – ist es entscheidend, dass sie eine ‚Nische' finden. Sonst gehen sie unter, verzweifeln, zerbrechen, enden in Sucht, Depression, Selbstzerstörung. Nicht ohne Grund werden manchen von ihnen Künstler/innen: denn die Kunst bietet eben Nischen, damals wie heute. Haben diese Exochoreiaten ihre ‚Nische' gefunden, dann können sie sich von dort aus auch wieder der Gesellschaft annähern, wieder mit ihr ‚mittanzen', die Gesellschaft kritisieren, bereichern, ändern oder manchmal auch belächeln. Aber selbst dann stehen sie oft mit einem Bein in der Sucht. Manche, aber längst nicht alle, sterben früh. Relativ gut aufgestellt sind diejenigen, die neben ihrem hedonistisch-exochoreischen Lebensstil ein starkes, zu Lust *und* Selbstdisziplin fähiges Ich haben, eine starken Willen *und* zugleich eine innere Flexibilität und (Ver-)Wandlungsfähigkeit. Die das Leben also sowohl ergreifen als auch sich ihm hingeben können. Der hedonistisch-exochoreische Lebensstil mit all seinen inneren und äußeren Freiheiten und Ungebundenheiten ist kein ‚Zuckerschlecken' – obwohl das ‚Zuckerschlecken' wesentlich dazugehört. Schwer zu sagen, aber neben der künstlerischen und/oder lebenskünstlerischen Grundausrichtung scheint auch eine körperliche und leibseelische Praxis wichtig (weil stabilisierend) zu sein. Ob als körperlich-handwerkliche oder künstlerisch-handwerkliche Arbeit, ob als körperlich-abenteuerlicher Sport oder als leibseelische Übung. Denn das lebenskünstlerisch-exchoreische Ich will nicht nur Lust und Hingabe, sondern auch Aufgaben, Herausforderung, Abenteuer und Gefahr. Es will nicht nur Traum, sondern auch Tat, will sich verlieren wie sich neu wiederfinden, will zupacken und sich weiter entwickeln, will sich ungezwungen kultivieren ...

Viertens: Doppelte Sensibilität, nach innen (leibseelisch) wie nach außen (mitmenschlich)

Wie Sorbas das, was in der Tiefe seiner Leibseele tönt und sich Gehör verschaffen will, mit feinem Ohr zu vernehmen weiß, hat sich soeben gezeigt. Weshalb ich mich nun auf den zweiten Aspekt konzentrieren kann: auf die nach außen, auf die Mitmenschen gerichtete Sensibilität. In Sorbas Brust schlägt ein großes Herz. Es hat früher für das Vaterland geschlagen, hat sich für die eigene Nation eingesetzt – v. a. auch im Krieg. Sein Herz kann lieben, mitleiden, sich aber auch ereifern und zürnen – und für die (vermeintlich oder tatsächlich) gerechte Sache kämpfen und töten.

Einmal hat Sorbas für das Vaterland und gegen die Bulgaren gekämpft. Ein griechischer Lehrer wurde im Schlaf von einem bulgarischen Popen umgebracht. Sorbas rächte diesen Mord, indem er seinerseits den Bulgaren zu Hause auflauerte und brutal abschlachtete, ihm die Ohren als Trophäe abschnitt. Nach einigen Tagen kam er als Hausierer getarnt wieder in das Dorf des getöteten Popen, um Lebensmittel einzuhandeln. Er begegnete fünf kleinen Kindern, schwarz gekleidet.

Wie sich herausstellte, waren es die Kinder des getöteten Popen. Das traf Sorbas ins Herz.

> „Die Tränen traten mir in die Augen. Die Erde begann sich wie ein Mühlrad zu drehen. [...] ‚Kommt näher, Kinder!' sagte ich. [...] Ich zog meine Börse aus dem Gürtel. Sie war mit türkischen Pfunden und Talern gespickt. Ich kniete nieder und leerte sie: ‚Da! Greift zu! [...] Das ist alles für euch!' [...] Ich überließ ihnen auch meine Ware mitsamt dem Korbe. [...] Dann laufe ich spornstreichs davon. Ich verlasse das Dorf, öffne mein Hemd, zerre die gestickte Hagia Sophia unter dem Hemd hervor, reiße sie in Fetzen und nehme die Beine in die Hand. Und ich laufe immer noch! Heute noch! [...] So wurde ich es los. [...] Das Vaterland los, die Popen los, das Geld los. [...] Ich befreie mich, ich werde ein Mensch."[395] „Du sprichst noch vom Vaterland! [...] Du glaubst an die Albernheiten, die in den Schmökern stehen. Du solltest mir lieber glauben! Solange es Vaterländer gibt, bleiben Menschen Untiere [...] Aber ich habe mich gottlob davon befreit, bin damit fertig."[396]

Sorbas durchlebt und durchschaut Ideale und Institutionen wie Vaterland, Religion, Geld. Er befreit sich auch hiervon vermittels seiner sinnlichen Katharsis-Therapie, wird, wie er sagt, Mensch. Er wird in einem affirmativen Sinn: menschlich. Und das ist beachtenswert. Er endet nicht in einer verzweifelten Desillusion oder in einem abgründigen Zynismus, sondern er befreit sich von aufgesetzten, inszenierten, ideologischen und demagogischen Idealen und Gefühlen, nicht aber von den vorideologischen, vordemagogischen Regungen des Herzens. Diese treten gerade dann erst in ihrer Klarheit und Universalität hervor. Und da tritt nicht nur ein gerechter solidarischer Zorn hervor, der gegen jede Art von Instrumentalisierung, Unterdrückung und Ausbeutung von oben her – also von den großen Machtzentren her – kämpft, sondern v. a. ein Mitgefühl mit allen leidenden, liebenden und unterdrückten Menschen und Kreaturen. Sorbas hat sich von einer weit verbreiteten Unart befreit. Statt nach oben zu ducken und nach unten zu treten, tritt er, wenn es sein denn muss, nach oben und solidarisiert sich nach unten. Der existenzielle Prozess der Desillusionierung führt bei Sorbas nicht zu einer gleichsam existenzialistisch-radikalen Reaktion – zu einem verabsolutierten Nihilismus und Misanthropismus –, sondern zu einer authentischen Besinnung auf grundlegende menschliche Werte. Mensch könnte hier mit Bollnow von einer „einfachen Sittlichkeit" sprechen. Mir persönlich klingt Sittlichkeit etwas zu moralinhaltig. Es erinnert mich, ich weiß auch nicht genau wieso, immer an ‚Sittenwächter' und ‚Sittenpolizei'. Ich spreche deshalb lieber von Basisethos. Obwohl ich den bollnowschen Ansatz als solchen – die Unterscheidung von

---

[395] Kazantzakis, N.: a. a. O., S. 251-252.
[396] Kazantzakis, N.: a. a. O., S. 254.

„hohem Ethos“ und „einfacher Sittlichkeit“, d. h. von offiziell-propagierter und einfach-gelebter Moral – gut und entwicklungsfähig finde.[397]

Sorbas ist Nihilist. Schon. Aber er liebt auch das Leben, die Menschen, im Lachen wie im Weinen. Und deshalb halten sich Nihilismus und Lebensliebe bei ihm die Waage. Sein Nihilismus ist eben kein verabsolutierter. Wie der Ich-Erzähler von Sorbas sagt:

> „Ich bewunderte ihn, daß er so stark war und einen solchen Ekel vor den Menschen empfinden konnte und daß es ihm doch Spaß machte, mit ihnen zu leben und sich mit ihnen auseinanderzusetzen. Ich wäre schon längst Asket geworden oder hätte die Menschen mit falschen Federn geschmückt, um sie ertragen zu können.“[398] „Endlich ein Mensch, wie er sein soll, dachte ich und beneidete Sorbas um seinen Schmerz. Ein Mensch mit warmem Blut und festen Knochen. Der echte Tränen im Leid vergießt. Und sich im Glück die Freude dadurch nicht verdirbt, daß er sie durch ein metaphysisches Sieb laufen läßt.“[399]

Intellektueller Dünkel – in akademischen Kreisen weit verbreitet, weil von klein auf ansozialisiert – ist ihm fremd; ethische Überheblichkeit – bei Moralaposteln und Missionierern unterschwellig oft vorhanden – ebenso. Alle Arten von sittlichem Überbau (mit Bollnow: alle „Formen des hohen Ethos“)[400] sind ihm suspekt. Sein Basisethos ist eine Art unsentimentales Mitleid:

> „Aber ich hab’ auch ein Herz, das Mitleid empfindet.“[401] „Ob Bulgare oder Türke, ist nebensächlich. [...] Ob gut oder schlecht – sie dauern mich alle. Es fährt mir durch Mark und Bein, wenn ich mir einen Menschen ansehe, auch wenn ich tue, als ob ich mir einen Dreck aus ihm machte. Ich sage mir: Auch dieses arme Luder ißt, trinkt, liebt und hat Angst.“[402]

Wenn er auch gesellschaftliche Tänze gut mittanzen kann bzw. gesellschaftliche Konventionen bedienen kann: er schätzt sie nicht. Trotzdem dünkt er sich nicht überlegen, wirft sich nicht zur Rolle des Weltverbesserers auf. Er schätzt diese Konventionen nicht, hat aber doch Mitleid und Verständnis für diejenigen, die an sie glauben, die sie täglich leben und oft auch brauchen: „Laß die Leute in Ruhe, Chef, und öffne ihnen die Augen nicht! Wenn du es tätest, was würden sie sehen? Ihre Hoffnungslosigkeit. Laß sie also mit geschlossenen Augen träumen! [...] Außer, du könntest ihnen [...] eine bessere Welt zeigen“.[403]

---

[397] Bollnow, O. F.: Einfache Sittlichkeit, Göttingen 1947, S. 17-29; vgl. hierzu die Weiterentwicklung durch: Theodoropoulos, I. E.: Ikiosis, a. a. O., S. 114-128.
[398] Kazantzakis, N.: a. a. O., S. 65-66.
[399] Kazantzakis, N.: a. a. O., S. 278.
[400] Bollnow, O. F.: Einfache Sittlichkeit, a. a. O., S. 17-18.
[401] Kazantzakis, N.: a. a. O., S. 246.
[402] Kazantzakis, N.: a. a. O., S. 253-254.
[403] Kazantzakis, N.: a. a. O., S. 73.

Fünftens: Sich wieder einreihen können

Dass sich Sorbas wieder einreihen kann, hat er in seinem Leben desöfteren, am Ende seines Lebens ein letztes Mal gezeigt. Er hat sich schließlich in Skopje, Serbien, niedergelassen, nochmals geheiratet, dort neue Freunde gewonnen, ein Magnesitbergwerk erworben und geführt, um schließlich als ein etablierter Mann zu sterben.[404]

Sechstens: Über die Gesellschaft hinweg tanzen können

Und dass er – dieser Prototypus eines Exochoreiaten –, wenn es sein muss, auch über die Gesellschaft hinwegtanzen kann, hat er oft bewiesen. Selbst seine letzten Worte, über den Dorflehrer an den Ich-Erzähler gesandt, zeugen davon:

> „Und daß ich nichts bereue von dem, was ich getan habe. Und sage ihm, es möge ihm wohl ergehen und es sei Zeit, daß er vernünftig werde ... Und wenn ein Priester kommen sollte, um mir die Beichte abzunehmen und das Abendmahl zu reichen, so sage ihm, er möge sich wegscheren, ich will seinen Fluch haben! Ich habe vieles getan in meinem Leben, doch es ist noch zu wenig; Menschen wie ich müßten tausend Jahre leben. Gute Nacht!“[405]

8.6 Bollnows Hermeneutik des Lebens exochoreisch interpretiert

Theodoropoulos hat in seinem Aufsatz „Otto Friedrich Bollnow: Von der Lebensphilosophie zur Hermeneutik des Lebens“ Bollnows Lebensdenken in fünf Hauptaspekten aufgefächert. Es ist eine zwar knappe, aber unverkürzende Darstellung; die gehaltvollste Kurzdarstellung, die mir bekannt ist. Ich referiere nun die von Theodoropoulos erarbeiteten fünf „Lebensphilosophische[n] Akzente in Bollnows Werk“, fundiere und radikalisiere sie sodann vermittels der exochoreischen Weltsicht eines Sorbas. Wie sich zeigen wird, lässt sich das relativ gut bewerkstelligen. Das wiederum könnte darauf hinweisen, dass wir es mit dem Konzept des exochoreischen Ichs mit einem bisher kaum bemerkten Dreh- und Angelpunkt lebensphilosophischen Denkens zu tun haben. So dass mensch sagen könnte: das, was für die Transzendental- und Bewusstseinsphilosophie à la Descartes, Kant und Husserl das transzendentale Ich, ist für die Lebens- und Leibphilosophie à la Bettina, Nietzsche, Stöcker, Kazantzakis und Bollnow das exochoreische Ich. Auf jeden Fall lässt sich durch dieses Vorgehen ein tieferer Einblick in die exochoreische Lebens-Tanz-Kunst gewinnen.

---

404 Kazantzakis, N.: a. a. O., S. 343-344.
405 Kazantzakis, N.: a. a. O., S. 343-344.

Erstens: Ehrfurcht vor dem Leben

Dieses ethische Grundprinzip hat Bollnow von Albert Schweitzer übernommen. Es vereint die „Ethik der Hingebung“ mit der „Ethik der Selbstvervollkommnung“:[406] „Der Mensch soll jedem Willen zum Leben die gleiche Ehrfurcht entgegenbringen wie dem eigenen Willen, weil zum Wesen des Willens zum Leben der Wunsch nach Lebenssteigerung und Selbstvervollkommnung gehört.“[407] Der geniale schweitzersche Schlüsselsatz lautet: „Ich bin Leben, das leben will, inmitten von Leben, das leben will.“[408] Alexis Sorbas hätte ihn sofort unterschreiben können. Eventuell hätte er die „Ethik der Selbstvervollkommnung“ gegen eine Ethik des Sich-Selber-Tanzens ausgetauscht. Der „Ethik der Hingebung“ wäre er auf ganz sinnlich-leibliche Art gefolgt – freilich etwas anders als bei Schweitzer anvisiert. Dass Mitleid und Mitgefühl mit Mensch und Natur für ihn wichtig sind, hat sich mehrfach gezeigt. Jedoch: den sittlichen Rigorismus Schweitzers hätte er so nicht mitgemacht. Für Schweitzer gilt: „Das Leben als solches ist ihm heilig. Er reißt kein Blatt vom Baume ab, bricht keine Blume und hat acht, daß er kein Insekt zertritt.“[409] Sorbas Mitgefühl ist tief. Es reicht bis in die (vermeintlich) unbelebte Natur hinein. Die Natur ist für ihn in gewisser Weise auch heilig, aber er macht keine ‚puritanische' Ethik, kein sittliches Dogma daraus. Während er eine erste wilde Narzisse pflückt, sie staunend betrachtet, ihren Duft einsaugt, sie weiterschenkt, sagt er:

> „Wenn man wüßte [...] was die Steine, Blumen, der Regen zu sagen haben! Vielleicht rufen sie, vielleicht rufen sie uns, und wir – wir haben kein Gehör mehr dafür. [...] Wann öffnen sich endlich die Ohren der Menschen? [...] Wann öffnen sich die Arme, daß sich alles umarmt, die Steine, die Blumen, der Regen, die Menschen?“[410]

---

[406] Vgl. Schweitzer, A.: Kultur und Ethik, München 1960, v. a. die Kapitel „XX. Ethik der Hingebung und Ethik der Selbstvervollkommnung“, S. 316-328 und „XXI. Die Ethik der Ehrfurcht vor dem Leben“, S. 328-353.

[407] Theodoropoulos, I. E.: Otto Friedrich Bollnow: Von der Lebensphilosophie zur Hermeneutik des Lebens, in: Unser Weg 5/2009, S. 193-200, hier: 195. Vgl. den Aufsatz von Bollnow „Die Ehrfurcht vor dem Leben als ethisches Grundprinzip“ in: Bollnow, O. F.: Zwischen Philosophie und Pädagogik, Aachen 1988, S. 92-114. Vgl. hierzu auch den Beitrag von Pantazis, der das schweitzersche Grundprinzip im Rahmen zeitgenössischer bioethisch-tiefenökologischen Erwägungen diskutiert und entscheidende pädagogische Implikationen herausarbeitet: Pantazis, V. E.: Reverence (Ehrfurcht) for the Living World as the Basic Bioethical Principle: Anthropological-Pedagogical Approach, in: Ethics, Place & Environment: A Journal of Philosophy & Geography 12/2009, S. 255-266.

[408] Schweitzer, A.: Kultur und Ethik, a. a. O., S. 330.

[409] Schweitzer, A.: Kultur und Ethik, a. a. O., S. 331.

[410] Kazantzakis, N.: a. a. O., S. 110.

Zweitens: Lebenssteigerungs- und Offenbarungskraft des Rausches

Ob im Sinnesrausch oder Glückstaumel, in Liebesekstase oder wilder Ausgelassenheit (und unabhängig davon, ob diese Zustände mit oder ohne künstliche Rauschmittel hervorgebracht werden): Wer kennt sie nicht, diese Zustände einer gehobenen, leidenschaftlichen, ekstatischen Gestimmtheit, von denen gilt: „je leidenschaftlicher das Leben ist, umso größer und erfüllter erscheint es".[411] In diesem Sinn kommt dem Rausch oder, mit Nietzsche, dem „Dionysischen" (und das gilt nicht nur für Bollnow, sondern für alle Lebensphilosoph/inn/en) eine hervorragende Verlebendigungs- und Lebenssteigerungskraft zu. Mehr noch. Dem Rausch als ‚Radikalbegriff' der gehobenen Stimmungen inhäriert eine ausgezeichnete selbst- und welterhellende, eine selbst- und weltverbindende Kraft. Wie es Theodoropoulos ausdrückt: Es gehe hierbei „um das Bewusstsein einer tiefen Verbundenheit, um ein wirkliches Eins-werden mit der Natur, statt eines Strebens nach ihrer Beherrschung und Vergewaltigung."[412] – Es lohnt, in diesem Zusammenhang Sorbas zu konsultieren. Denn gerade diese Themen sind ihm wie auf den Leib geschnitten. „Was hat es wohl mit diesem roten Wasser auf sich [...]? [...] Was für ein Wunder! Man trinkt diesen roten Saft, und die Seele wird so groß, daß sie in diesem elenden Körper gar keinen Platz mehr hat und den lieben Gott zum Zweikampf herausfordert."[413] Und, so erläutert der Ich-Erzähler:

> „Wer einen Schluck davon nahm, der meinte mit dem Blut der Erde zu kommunizieren und spürte, wie er zum Riesen wurde. Die Adern strömten über vor Kraft, das Herz vor Güte. [...] die engen Grenzen wurden gesprengt, man fühlte sich verbunden mit den Menschen, den Tieren, mit Gott, man wurde eins mit ihnen."[414]

Drittens: Vorverständnis, Lebenserfahrung und Hermeneutik

Auf der Basis eines menschlich-elementaren sowie soziokulturellen Vorverständnisses bildet sich – in Konfrontation mit und durch Integration von Neuem – Lebenserfahrung. Lebenserfahrung ist deshalb für Bollnow eine „Verschlingung

[411] Theodoropoulos, I. E.: Otto Friedrich Bollnow, a. a. O., S. 196. Vgl. Bollnow, O. F.: Wesen und Wandel der Tugenden, Frankfurt a. M. 1958, S. 72.

[412] Theodoropoulos, I. E.: Otto Friedrich Bollnow, a. a. O., S. 196. Vgl. Bollnow, O. F.: Das Wesen der Stimmungen, Frankfurt a. M. [7]1988, S. 83-85; aber auch das Kapitel „X. Otto Friedrich Bollnow: Vielfalt und Polarität der Lebensstimmungen" in: Kozljanič, R. J.: Lebensphilosophie, a. a. O., S. 195-210.

[413] Kazantzakis, N.: a. a. O., S. 61-62.

[414] Kazantzakis, N.: a. a. O., S. 320.

von Vorverständnis und Erfahrung des Neuen".[415] Lebenserfahrung liefert unverzichtbares Lebenswissen. Gleichwohl haftet ihr – wie unserem Leben selbst – immer etwas Rhapsodisches und Persönliches an. Es bleibt immer eine gewisse „Lückenhaftigkeit", ein „Schlendrian".[416] Deshalb sei hier, wie Theodoropoulos mit Bollnow feststellt, eine methodenbewusste „Hermeneutik der Erfahrung" wichtig. Sonst bestehe „die Gefahr, sich der Zufälligkeiten des eigenen Sprachgefühls und des Weltverständnisses auszuliefern".[417] „D. h. man muß sich an der vorwissenschaftlichen Erfahrung orientieren und gleichzeitig danach fragen, was darunter zu verstehen ist."[418] Erst solch eine „Hermeneutik der Erfahrung" erweitere „den Umkreis des Wissens und die Auffassungsweise des Menschsein-Vorverständnisses".[419] So kann sie aus der Rhapsodik der eigenen Lebenserfahrung führen. Aber immer nur auf der Basis derselben! – Sorbas hätte dem wahrscheinlich zugestimmt. Auf jeden Fall hätte er sogleich Bedenken geäußert. (Bedenken, die im lebensphilosophischen Diskurs meist Ernst genommen und geteilt werden). Etwa: Vergiss nie, dass Bücherlesen und Studieren die leibliche Lebenserfahrung und den „Schauer der Ehrfurcht" vor dem Leben nicht ersetzen können. Oder: Pass auf, dass du dich nicht in dürren Formalismen und blutleerer Theorie verlierst. „Du hast zwei- oder dreitausend Kilo Papier ausgequetscht. Wieviel Saft hat es ergeben?"[420]

Viertens: Festlichkeit (Lebenssteigerung und Lebensfest)

Fest und Festlichkeit sind Themen, die mit dem Rausch zusammenhängen, aber doch – gerade durch ihren konstitutiven Bezug auf das Gemeinschaftliche – von ihm deutlich abgehoben sind. Feste und Feiern werden gemeinsam begangen. Theodoropoulos fasst die bollnowschen Überlegungen zusammen: Das Fest sei „ein *Höhepunkt des Daseins* [...]. Man lässt [...] die ganze Sphäre des Geschichtlichen hinter sich und erlebt eine gedankenlose Unbefangenheit des *reinen Lebens*, das sich in einer letzten Aufgipfelung selber genießt."[421] Und Bollnow sagt: „Das Fest ist nicht durch das ‚Gute' gekennzeichnet, das in dieser oder jener Hinsicht durch das Erreichen eines Nutzens oder das Vermeiden eines Schadens für uns gut ist, sondern sein Sinn liegt [...] in ihm selber".[422] Im Fest tritt mensch gemeinsam aus den Sorgen und Pflichten des Alltags. So kann das Fest das Leben lebenswerter machen, kann Sinn stiften. – Wie das Fest zu einer profan-gemeinschaftlichen

---

[415] Bollnow, O. F.: Philosophie der Erkenntnis, Stuttgart 1970, S. 151.
[416] Bollnow, O. F.: Philosophie der Erkenntnis, a. a. O., S. 146-147.
[417] Theodoropoulos, I. E.: Otto Friedrich Bollnow, a. a. O., S. 197.
[418] Theodoropoulos, I. E.: Ikiosis, a. a. O., S. 186.
[419] Theodoropoulos, I. E.: Otto Friedrich Bollnow, a. a. O., S. 197.
[420] Kazantzakis, N.: a. a. O., S. 299; vgl. auch 244.
[421] Theodoropoulos, I. E.: Otto Friedrich Bollnow, a. a. O., S. 197.
[422] Bollnow, O. F.: Neue Geborgenheit, Stuttgart ^{2}1960, S. 223.

„Auferstehung“, zu einem lebenswert-freudvollen Miteinander werden kann, hat Sorbas, auf seine derb-sinnliche Art, etwas provokativ so ausgedrückt:

> „Die Zeiten sind vorbei, in denen meine Seele zu Ostern mit Christus auferstand [...]! Jetzt steht nur mein Fleisch wieder auf, denn beim dauernden Anbieten von Imbißstückchen – nimm doch hier noch ein Häppchen und da noch ein Häppchen – esse ich viel mehr und Schmackhafteres, das nicht alles zu Kot wird. Etwas bleibt, etwas wird gerettet und verwandelt sich in Frohsinn, Tanz, Gesang und – Geplänkel, und eben das verstehe ich unter Auferstehung.“[423]

Fünftens: Im-Raum-Wohnen (oikeíosis)

Theodoropoulos erarbeitet diesen Aspekt anhand von Bollnows Buch „Mensch und Raum“. Völlig zurecht weist er daraufhin, dass gerade dieses Werk „im Rahmen der lebensphilosophischen Diskussion“ bisher nicht die ihm gebührende Beachtung fand.[424] Aus dem gleichen Grund habe ich mich jüngst damit befasst.[425] In „Mensch und Raum“ hat Bollnow einen dynamischen Begriff des Wohnens im gelebten Raum entwickelt. Diesen Begriff hat er aus dem Spannungsverhältnis der „Weite, Fremde und Ferne“ der „Welt“[426] zur „Geborgenheit des Hauses“[427] entwickelt. Er mündet schließlich in vier aufeinander aufbauenden Modifikationen des Im-Raum-Wohnens: 1. Der Raum des kindlichen und naiven Geborgenseins. 2. Der Zustand der Heimatlosigkeit und Unbehaustheit – wenn mensch im Erwachsenwerden aus diesem Raum herausgeworfen wird. 3. Die „Aufgabe der Wiederherstellung der Geborgenheit durch Errichtung des Hauses“. 4. Die „Aufgabe, die Versteifung im festen Gehäuse wieder zu überwinden und eine letzte Geborgenheit in einem [übergreifenden] Raum wiederzugewinnen“: dem offenen Raum der großen weiten Welt (im Gegensatz zur kleinen, engen). Dabei wird „die naive Räumlichkeit auf höherer Ebene wiederhergestellt“.[428] Wie Theodoropoulos sagt, hat Bollnow damit entscheidende Eckdaten einer „Hermeneutik des liebenden Zusammenlebens“ markiert.[429] Ganz aus diesem Geist hat Theodoropoulos das Buch „Ikiosis“ (s. u.) geschrieben. Sein glücklich gewählter Schlüsselbegriff ist das neugriechische Wort „Ikiosis“ bzw., altgriechisch, oikeíosis. Oikeíosis: darin schwingen die Wörter oîkos (Haus, Familie, Wohnort,

---

423 Kazantzakis, N.: a. a. O., S. 259.
424 Theodoropoulos, I. E.: Otto Friedrich Bollnow, a. a. O., S. 198.
425 Kozljanič, R. J.: Leben, Wohnen, Fühlen. Von der beheimatenden Funktion ‚herzerwärmender' Orte, in: Leib, Ort, Gefühl. Perspektiven der räumlichen Erfahrung, hg. v. M. Großheim, A. K. Hild, C. Lagemann u. N. Trcka, Freiburg u. München 2015, S. 369-392.
426 Bollnow, O. F.: Mensch und Raum, Stuttgart 1963, S. 81-122.
427 Bollnow, O. F.: Mensch und Raum, a. a. O., S. 123-190.
428 Bollnow, O. F.: Mensch und Raum, a. a. O., S. 306-307.
429 Theodoropoulos, I. E.: Otto Friedrich Bollnow, a. a. O., S. 199.

Heimat), oikeîos (häuslich, befreundet, vertraut), oikéo (wohnen, haushalten, leben) mit. Den Begriff oikeíosis verwendeten schon die Stoiker. Sie meinten damit: Zueignung, Aneignung, Sich-Vertraut-Machen. Ich würde ihn als „Einhausung“ übersetzen und als ‚Einhausung in die Welt’ auslegen: um damit das besser greifen zu können, was Bollnow die „Wiedererlangung der naiven Räumlichkeit auf höherer Ebene“ nannte. – Was sagt Sorbas zu alldem? Dass er Häuser bauen, sie mit Leib und Seele bewohnen kann und dass er „die Versteifung im festen Gehäuse“ (Bollnow) auch wieder zu überwinden weiß: daran ist kein Zweifel.[430] Aber kann er, dieser ewige Abenteurer, jemals zur Ruhe kommen? Kann er jemals in einem ‚Haus der Welt’ wohnen, das ein geborgenes ist? Da bin ich mir nicht so sicher. Doch wer weiß? Der Ich-Erzähler sieht dies durchaus anders. Er vergleicht ihn einmal mit einer erdgeborgenen Schlange: „ihr ganzer Körper berührt die Erde, und so sind ihr alle Geheimnisse der Erde bekannt. Sie kennt sie mit dem Bauch, mit ihrem Schwanz, mit ihren Geschlechtsteilen, mit ihrem Kopf. Sie verbindet sich mit der Mutter Erde und wird eins mit ihr. So einer ist auch Sorbas.“[431]

Sechstens: Krisenkompetenz und Pädagogik der unstetigen Formen

Diesen Punkt hat Theodoropoulos in seiner Darstellung der Lebensphilosophie Bollnows nicht eigens behandelt. Aus nachvollziehbarem Grund. Denn er fällt ja eher in das Gebiet der Existenzphilosophie. Zugleich ist er aber in Bezug auf die Frage nach der exochoreischen Lebens-Tanz-Kunst von Belang. Bollnow hat nachdrücklich darauf hingewiesen, dass sich Philosophie und Pädagogik nicht nur mit den *stetigen* (homogenen) Formen menschlicher Bildung, sondern auch mit den *unstetigen* (heterogenen) Formen auseinandersetzen sollten. Also nicht nur mit dem, was sich an Kindern, Jugendlichen, Erwachsenen – *stetig*, d. h. (standardisiert oder organisch) aufeinander aufbauend – weiterentwickeln, höherfördern, leistungssteigern oder abprüfen lässt. Sondern auch mit dem, was zwar philosophisch wie pädagogisch hochrelevant, aber *unstetig*, d. h. nicht entwickel-, steiger-, normier-, kontrollier- oder machbar ist: Krise, Erweckung, Appell, Beratung, Begegnung.[432] Es fällt auf, dass diese unstetigen Formen in hohem Maße situations- und persongebunden, subjektiv und (mit)menschlich sind; dass sie sowohl Lebenserfahrung, Empathie als auch Intuition voraussetzen; und dass sie sich nicht (im bürokratischen Sinn) ‚verschulen’ lassen. Zugleich hat Bollnow drei entscheidende Punkte einer Pädagogik der unstetigen Formen hervorgehoben. 1.

[430] „Man soll mir doch nicht erzählen, das Alter zähme die Menschen! [...] Bei mir stimmt das nicht. Je älter ich werde, desto stürmischer werde ich. Ich streiche so leicht nicht die Segel, ich will noch die Welt kennen lernen.“ Kazantzakis, N.: a. a. O., S. 90.
[431] Kazantzakis, N.: a. a. O., S. 74.
[432] Bollnow, O. F.: Existenzphilosophie und Pädagogik, Stuttgart [5]1977, S. 16-20.

Die Krise hat hierbei eine Schlüsselstellung.[433] 2. „Wagnis und Scheitern" gehören dazu.[434] 3. Jede echte „Krise bleibt Schicksal. Der Erzieher kann sie nicht herbeiführen oder sie beherrschen, [...] er kann zu helfen versuchen, die Krise in ihrem Sinn klar zu begreifen und bis ans Ende durchzuhalten. Und oft wird ein verständnisvolles Nahesein, auch ohne daß er irgendwas Besonderes tut, das Beste sein, was er zu leisten vermag."[435] – Auch in dieser Hinsicht lohnt ein Blick auf Sorbas. Denn er ist nicht nur leid- und krisengeprüft, sondern auch *krisenkompetent*. Was er vom Tod sagt, gilt bei ihm von jeder schweren Krise: Ich „sehe dem Tod jederzeit ins Auge. Ich sehe ihm ins Auge und habe keine Bange. Aber niemals, niemals werde ich ihm sagen: Ich finde an dir Gefallen!"[436] Das ist der entscheidende Punkt im Umgang mit Krisen. Ihnen ins Auge schauen. Nicht: Augen zu und durch. Sondern: Augen auf und durch. Nur so kann die Erfahrung reifen, dass Krisen nicht nur Gefahr, sondern auch Chance sind.[437] Und dass das eigene Herz in der Krise enorme Selbstheilungskräfte mobilisiert: „Jeder Kummer [...] bricht mir das Herz entzwei. Aber dieses zerfetzte, von Wunden durchsiebte Ding leimt sich sofort wieder von selbst, und die Narben sind nicht zu sehen."[438] Krisenkompetenz ist eine Schlüsselkompetenz des offenen, leiblichen, weltzugewandten Daseins. Das Herz wird dabei gestärkt, ohne aber gefühllos oder gepanzert zu werden:

> „Mein Herz war wie in Stücke gerissen, aber bald flickte ich es wieder zusammen. Du hast sicher schon solche tausendmal geflickten Segel gesehen, mit roten, gelben und schwarzen Pflastern, mit dickem Bindfaden zusammengenäht, die niemals zerreißen, auch nicht bei heftigsten Stürmen. So ein Segel ist auch mein Herz. Tausendmal durchlöchert, tausendmal geflickt, unbesiegbar."[439]

8.7 Theodoropoulos' oikeíosis-Konzept exochoreisch interpretiert

Theodoropoulos hat, mit Bollnow und über ihn hinaus, weitere philosophische und pädagogische Akzente gesetzt. Ich beschränke mich hier v. a. auf diejenigen Akzente seines oikeíosis-Konzeptes, die aus exochoreische Sicht besonders relevant sind.

---

[433] Bollnow, O. F.: Existenzphilosophie und Pädagogik, a. a. O., S. 24-41.
[434] Bollnow, O. F.: Existenzphilosophie und Pädagogik, a. a. O., S. 132-151.
[435] Bollnow, O. F.: Existenzphilosophie und Pädagogik, a. a. O., S. 37-38.
[436] Kazantzakis, N.: a. a. O., S. 300.
[437] Vgl. Kozljanič, R. J.: Wie Phönix aus der Asche, in: erleben & lernen 1/2014, S. 11-15.
[438] Kazantzakis, N.: a. a. O., S. 302.
[439] Kazantzakis, N.: a. a. O., S. 103.

Erstens: Gelebte Kultur, gelebte Bildung, selbstbestimmte Lebensformen

Theodoropoulos Buch „Ikiosis – Eine pädagogisch-anthropologische Studie der griechischen Kultur" ist der Versuch, die Griechinnen und Griechen von ihrer historisch gewordenen „einfachen Sittlichkeit" her – von den „Denkweisen und Erfahrungen eines gelebten Kulturhandelns" – zu verstehen, diesen volksethischen „Unterbau" pädagogisch aufzugreifen und weiterzuentwickeln.[440] In mehrfacher Weise zieht sich der Versuch, die griechischen Menschen an der Basis ihrer Gewordenheiten ‚abzuholen' durch das Buch. Untersucht werden neben der einfach-sittlichen Gewordenheit die bildungspolitisch-pädagogische, orthodox-christliche, volks-musische und die kindlich-leibliche Gewordenheit. Ziel ist, griechische Kultur und Gesellschaft von ihren inneren historischen Bildungsprozessen her zu verstehen, diese aufzugreifen und daraus eine zeitgemäße Pädagogik zu entwickeln. Eine gelebte Pädagogik der griechischen Identität und Selbstbestimmung unter globalisierten Vorzeichen. Es geht dabei weder um „theoretische Vorschriften im Sinne traditioneller Ausbildung" noch auch um „traditionsfeindliche Reflexion". Es geht um eine lebens- und leibesfundierte „Bildung des Menschen". Entscheidend sind dabei „seine Brüche und Umwege, mit denen er die Innen-, Außen- und Mitwelt gestaltet." Denn nur durch sie, möchte ich hinzufügen, kommt es zur Überwindung der Versteifung im festen Gehäuse und durch sie hindurch kann oikeíosis gelingen: die Einhausung in die Welt. Eine Schlüsselrolle spielen dabei, so Theodoropoulos, die „Konstitutionsformen der menschlichen Leiblichkeit". Sie sind „Voraussetzung der Bildung und Kultur". Sie „erlauben uns nicht, unser Glück im verlorenen Paradies vergangener Epochen zu suchen, auch nicht in irgendwelchen Utopien – beides klassische Fixierungen des Bewußtseins –, sondern es geht darum, daß sich zwischen beiden neue Leibes- und Lebensformen ausbilden."[441] Womit ich beim zweiten Punkt wäre.

Zweitens: Leibwerdung und leibgebundenes Verstehen

Wie fundamental wichtig das tiefensinnliche Zusammenspiel von Leib und Seele für das exochoreische Ich ist, wie entscheidend überhaupt ein liebe- und lustvoller Leibesbezug ist, hat uns Sorbas bereits vor Augen geführt. Weshalb ich mich hier auf Komponenten konzentrieren kann, die bisher nicht thematisiert wurden. Theodoropoulos behandelt sie unter der Überschrift „Leibsein in einer Kultur". Er weist auf verschiedene Arten kulturspezifischen Leibesverhaltens hin: das „Leibüben" (ich würde sagen: eher die Leibesaskese) orthodoxer Mönche, das „Leibesüberwinden" (ich würde sagen: die Leibeskultivierung) des Tänzers, das „Leibhaben" (ich würde sagen: das Leibsein) bei Festen, das „Leibentfalten" des

---

[440] Theodoropoulos, I. E.: Ikiosis, a. a. O., S. 13-14.
[441] Theodoropoulos, I. E.: Ikiosis, a. a. O., S. 205-206.

Kindes. Entscheidend sei dabei nicht „die instrumentale Rolle des eigenen Leibes", entscheidend seien nicht „Leistungen sozialer Art und Befriedigungen biologischer Bedürfnisse, sondern es handelt sich um die Leibbedingtheit der Andersheit des Menschen in der Andersheit seiner Kultur."[442] – Dass diese doppelte Andersheit erst dann in Erscheinung tritt, wenn das Ich aus der Reihe tanzt, zeigt noch einmal von einer anderen Seite die fundamentale Rolle eines exochoreischen Ichs. Erst wenn mich mein eigenwilliges Ich in den Tsakismata aus dem gemeinsamen Tanz ‚herauswirft' wird mir klar, dass ich anders bin – und dass die Gemeinschaft etwas Anderes ist als mein Tsakismata-Ich. Diesem Heraustreten aus dem gemeinsamen Tanz zuvor gibt es aber bereits ein naives, kindliches, gleichsam eingeborenes und eingebettetes Leibverstehen. Beide Arten des Verstehens, kulturelles wie eingeborenes, sind im Rahmen einer leiblichen Hermeneutik wichtig. – Auf seine drastische Art hat auch Sorbas auf das leibliche Verstehen hingewiesen. Er wirft dem Ich-Erzähler eines abends Verständnislosigkeit vor, nennt ihn „Pedant mit dem Grips eines Schulmeisters". Der Ich-Erzähler protestiert: „Wieso? [...] Ich verstehe doch alles." Darauf Sorbas:

> „Ja, aber nur mit dem Hirn. Du sagst: Das ist richtig, das falsch – das ist so und nicht so – du hast recht, du hast unrecht. Aber führt uns das weiter? Ich dagegen beobachte, während du sprichst, deine Arme, deine Füße, deine Brust. Sie bleiben stumm. Sie sagen nichts aus. Als hätten sie kein Blut. Womit willst du eigentlich verstehen? Nur mit dem Kopf? Pff!"[443]

Drittens: Freilegung und Förderung des Kind-Sein-Könnens

Theodoropoulos weist darauf hin, wie wichtig es ist, die Andersartigkeit des Kindes pädagogisch anzuerkennen und vor jeder Art von Vergegenständlichung und Instrumentalisierung zu schützen.[444] Kinder seien Wesen „mit Leib und Herz".[445] Es gehe darum, das „unverdorbene" (ich würde eher sagen: das ‚prämoralische'[446]) „kindliche Wesen" zu sehen und „freizulegen. Das ist eine große pädagogische Verantwortung."[447] Zentral ist hierbei das, was ich oben naives, kindliches Leibverstehen nannte. Über dieses Leibverstehen läuft die allererste

---

[442] Theodoropoulos, I. E.: Ikiosis, a. a. O., S. 192.
[443] Kazantzakis, N.: a. a. O., S. 249.
[444] Theodoropoulos, I. E.: Ikiosis, a. a. O., S. 188-189.
[445] Theodoropoulos, I. E.: O. F. Bollnows unvollendete „Neue Geborgenheit", a. a. O., S. 108.
[446] Wohlgemerkt: prä-moralisch. Prämoralisch meint nicht unmoralisch. Zur prämoralischen Dimension des Leibes vgl. Kozljanič, R. J.: Lebensphilosophie, a. a. O., Kap. 5 (Nietzsche), Abschnitt „Der prämoralische Leib als Zugang zum prämoralischen Leben", S. 90-91.

Kommunikation zwischen Mutter und Kind, laufen die allerersten soziokulturellen Prägungen. Theodoropoulos gibt ein traditionelles Beispiel solch einer vorsprachlich-leiblichen Kommunikation: die „Tachtarismata". Das sind lustige Kinderlieder, bei denen die Mutter das Kind auf dem Arm hält, mit ihm singt und tanzt.

> „Tachtarismata sind musisch-leibliche Archetypen des Sozialempfindens in der griechischen Kultur. In diesem Alter, in dem das Kind keine Spaltung von Ich und Du kennt, lernt es mit Hilfe der Mutter die Bedeutung der Welt kennen. Die Mutter baut also für ihr Kind eine Brücke nach außen und so kann dieses Empfindungen anderer Menschen mimetisch nachvollziehen. Das Kind reagiert wie die Mutter, erlebt mimetisch die Welt".[448]

Vermittels der mimetisch-leiblichen Ausdruckskommunikation wird dem Kind nicht nur eine spezielle Welt eröffnet, sondern auch eine spezifische Leibwerdung.[449] Es geht dabei um Weltwerdungs- und Leibwerdungprozesse. Und die für mich wesentliche Frage lautet: Welche Welt, welcher Leib (auch: welche Vernunft) wird dem Kind kulturell eröffnet? In welche Welt- und Leiblichkeit darf es, mit dem, was es schon mitbringt, hineinwachsen? Und in welche nicht? Was wird dabei verschlossen? Und wie wirken sich diese Eröffnungen und Verschließungen später, wenn das Kind erwachsen geworden ist, aus? Wurden durch diese Eröffnungs- und Verschließungsprozesse das Kindliche, Naiv-Spielerische, Sinnlich-Lustvolle, Offenherzige, Naiv-Empathische gefördert? Kann solches später auf eine reifere Stufe gehoben werden? Oder bleibt es auf der Strecke? Wird es versperrt? – Wir kennen alle den Unterschied zwischen Erwachsenen, die sich etwas Kindliches bewahren (es vielleicht sogar kultivieren) konnten und denen, bei denen dies nicht der Fall ist. Bei den einen leuchten die Augen, bei den anderen sind sie stumpf. Bei Sorbas leuchten sie: „Seine Augen leuchteten, sein

---

[447] Theodoropoulos, I. E.: O. F. Bollnows unvollendete „Neue Geborgenheit", a. a. O., S. 99.

[448] Theodoropoulos, I. E.: Ikiosis, a. a. O., S. 133. – Vgl. hierzu auch den hervorragenden Beitrag von Marina Tzouli „Griechische Spiellieder. Anmerkungen zu den Tachtarismata". Interessant zu sehen, dass hier, ohne eigens zum Thema erhoben zu werden, die musische Einheit aus Rhythmus, Harmonie und Logos auftaucht: „Die Worte der Mutter (der Vers), der Klang (die Musik), die rhythmische Bewegung (der Tanz) drücken den unstillbaren Wunsch der Mutter nach einer korrekten psychobiologischen Entwicklung des Kindes aus. Dabei stehen Realität und Logik keineswegs im Vordergrund ihres Gesanges, sondern in erster Linie die fröhliche Stimmung, mit der sie das Kind auf ihrem Schoß zum Lachen und zum Tanzen bringen möchte." Tzouli, M.: Griechische Spiellieder. Anmerkungen zu den Tachtarismata, in: Diskussion Musikpädagogik 41/2009, S. 31-35, hier: 34. (Der Aufsatz von Tzouli wurde durch Theodoropoulos initiiert und von Michael Stork übersetzt. Ich danke Herrn Stork für seine diesbezüglichen Hinweise.)

[449] Zur mimetisch-leiblichen Ausdruckswahrnehmung und -kommunikation vgl.: Kozljanič, R. J.: Lebensphilosophie, a. a. O., S. 165-178; und: Kozljanič, R. J.: Auf dem Weg zu einem lebendigen Leib-Denken, a. a. O., S. 55-58.

Gedächtnis strömte über, seine Füße bekamen Flügel, er tanzte."[450] Und genau das kann mensch bei dem großen Exochoreiaten Sorbas lernen: dass und wie mensch sich etwas Kindliches und das Leuchten der Augen bewahren kann. Eine besonders bezeichnende Szene sei abschließend wiedergegeben. Sorbas steht halbnackt in der Tür und bewundert den gleichsam über Nacht hervorgesprossten Frühling. Mit feuchten Augen sagt er:

> „Was ist nur geschehen [...]? [...] Bei Gott, ich sehe die Welt zum erstenmal. Was für eine Wunder ist dieses Blau, das sich dort hinten leise wiegt? Wie heißt es? Meer? Meer? Und dieses andere Wunder, das ein grünes Kleid mit Blumen trägt? Erde? Welcher Künstler hat sie geschaffen? Ich schwöre dir [...], ich sehe das so zum erstenmal."

Daraufhin stürzt er hinaus ins Freie, springt und tanzt, wälzt sich im Gras, kommt zurück, Tau und Erde im Haar.[451] Sorbas hat sich eben nie von seinen Lebensquellen abschneiden lassen. Er hat sich das Kind-Sein und das Aus-der-Reihe-Tanzen nie ganz nehmen lassen. Er hat es freizulegen und zu kultivieren gewusst. Und deshalb kann er auch von sich behaupten: „Je älter ich werde, desto lebhafter werde ich!"[452]

Wie aber macht mensch das: Sich jetzt, hier und heute *nicht* von den Lebensquellen abschneiden lassen? Eine schwierige und komplexe Frage, die sich aber – im Sinne einer Faustregel – doch recht einfach beantworten lässt: Indem mensch die Dynamik freier Erlebnisse zulässt und fördert, indem mensch sich den freien Erlebnissen hingibt, mit ihnen geht und sie kultiviert. Was sind freie Erlebnisse? Das Gegenteil von gekauften Erlebnissen. Es lässt sich nämlich (meist unschwer) ein eher konsumorientierter und kapitalistisch instrumentalisierbarer Erlebnisbegriff (Erlebnisurlaub, Erlebniseinkauf, Erlebnisgastronomie, Erlebnisbad, ...) von einem nicht-instrumentalisierten, subjektiv-innerlichen und unwillkürlich-spontanen Erlebnisbegriff unterscheiden.

Wie wir alle wissen, lässt sich (fast) alles kapitalistisch instrumentalisieren und damit zu Geld machen. Wie wir ahnen (aber nicht gern wahrhaben wollen) ist die wohl geilste und gefährlichste Droge – von der wir (fast) alle abhängig sind – das Geld. Denn mit Geld kann mensch (fast) alles machen, kann mensch sich (fast) jedes Bedürfnis befriedigen, kann mensch sich (fast) alles kaufen: eben auch Erlebnisse. Und obwohl der heutige Turbokapitalismus in puncto Instrumentalisierung und Ökonomisierung der Erlebnisse unfassbar erfolgreich ist, gibt es doch Erlebnisse, die sich nicht machen und nicht kaufen lassen. Das sind die freien Erlebnisse. Denn: für was mensch zahlen muss, das ist nicht frei. Nun gibt es aber (und wird es immer geben) jede Menge freier Erlebnisse, für die mensch nicht

---

[450] Kazantzakis, N.: a. a. O., S. 79; vgl. auch 82.
[451] Kazantzakis, N.: a. a. O., S. 255, vgl. 173.
[452] Kazantzakis, N.: a. a. O., S. 90.

zahlen muss. Erlebnisse, die einem – im positiven wie negativen Sinn – widerfahren; Erlebnisse, die einem vom Leben ‚geschenkt' oder auch ‚aufgenötigt' werden. Und genau an die gilt es sich zu halten. Wie und was diese Erlebnisse genauer sind? Denkt selbst nach! Spürt selbst hin! Erlebt und erfahrt es selbst! Ihr wisst es eh. Jedes Kind weiß es.

Literatur

I. Jahrbuch für Lebensphilosophie (Zur Vielfalt und Aktualität der Lebensphilosophie), hg. v. R. J. Kozljanič, München 2005.

II. Jahrbuch für Lebensphilosophie (Leib-Denken), hg. v. R. J. Kozljanič, München 2006.

III. Jahrbuch für Lebensphilosophie (Praxis der Philosophie – Gernot Böhme zum 70. Geburtstag) hg. v. D. Croome, U. Gahlings u. R. J. Kozljanič, München 2007.

IV. Jahrbuch für Lebensphilosophie (Lebensphilosophische Vordenker des 18. und 19. Jahrhunderts), hg. v. R. J. Kozljanič, München 2008.

V. Jahrbuch für Lebensphilosophie (Gelebter, erfahrener und erinnerter Raum), hg. v. J. Hasse u. R. J. Kozljanič, München 2010.

VI. Jahrbuch für Lebensphilosophie (Dramatisch-freiheitliches Philosophieren – Eberhard Simons in memoriam), hg. v. T. Dahlheim, München 2012.

VII. Jahrbuch für Lebensphilosophie (Lebensdenkerinnen), hg. v. H. Bennent-Vahle, U. Gahlings u. R. J. Kozljanič, München 2014.

VIII. Jahrbuch für Lebensphilosophie (Kritik und Therapie wissenschaftlicher Unvernunft), hg. v. J. Hasse u. R. J. Kozljanič, München 2016.

IX. Jahrbuch für Lebensphilosophie (Väter, Mütter, Töchter und Söhne der Lebens(kunst)philosophie), hg. v. R. J. Kozljanič, München 2018.

Albert, K. u. Jain, E.: Philosophie als Form des Lebens. Zur ontologischen Erneuerung der Lebensphilosophie, Freiburg u. München 2000.

Albert, K.: Lebensphilosophie – Von den Anfängen bei Nietzsche bis zu ihrer Kritik bei Lukács, Freiburg u. München 1995 (Neuausgabe 2017).

Arnim, B. v.: Clemens Brentanos Frühlingskranz, in: dies., Werke und Briefe, Bd. 1, hg. v. G. Konrad, Darmstadt 1959, S. 11-214.

Arnim, B. v.: Die Günderode, in: dies., Werke und Briefe, Bd. 1, hg. v. G. Konrad, Darmstadt 1959, S. 215-536.

Arnim, B. v.: Goethes Briefwechsel mit einem Kinde, in: dies., Werke und Briefe, Bd. 2, hg. v. G. Konrad, Darmstadt 1959, S. 5-407.

Assmann, J.: Das kulturelle Gedächtnis. Schrift, Erinnerung und politische Identität in frühen Hochkulturen, München ^{5}2005.

Aubenque, P.: Der Begriff der Klugheit bei Aristoteles. Hamburg 2007.

Behler, E.: Friedrich Schlegel in Selbstzeugnissen und Bilddokumenten, Hamburg 1966.

Behnke, T.: Naturhermeneutik und physiognomisches Weltbild, Die Naturphilosophie von Ludwig Klages, Regensburg 1999.

Belli, G.: Waslala, München 1999.

Bennent-Vahle, H.: Margarete Susman. Das Ohr ans Herz der Dinge gelegt, in: VII. Jahrbuch für Lebensphilosophie (Lebensdenkerinnen), 7/2014-2015, S. 164-187.

Bennent-Vahle, H.: Mit Gefühl denken. Einblicke in die Philosophie der Emotionen, Freiburg u. München 2013.

Bennent-Vahle, H.: Weiblichkeitsbilder der Romantiker und Lebensphilosophen: Schlegel, Nietzsche, Simmel, in: VII. Jahrbuch für Lebensphilosophie (Lebensdenkerinnen), 7/2014-2015, S. 76-105.

Bergson, H.: Schöpferische Entwicklung, Jena 1912 (EA 1907 unter dem Titel „L'évolution créatrice").

Betz, O.: Einführung. „Mein Perspektiv ist das End aller Dinge" – Annäherungen an Bettina von Arnim, in: Arnim, B. v.: „Meine Seele ist eine leidenschaftliche Tänzerin" hg., ausgewählt u. eingeleitet v. O. Betz, Freiburg 1982, S. 7-31.

Bishop, P.: Nietzsche und der lebensphilosophische Leib – Zu seiner Theorie des Organischen, in: II. Jahrbuch für Lebensphilosophie (Leib-Denken), 2/2006, S. 89-120.

Boehn, Max von: Der Tanz, Berlin 1925.

Böhme, G.: Das Glück, da zu sein, in: II. Jahrbuch für Lebensphilosophie, (Leib-Denken), 2/2006, S. 209-218.

Böhme, G.: Einführung in die Philosophie. Weltweisheit, Lebensform, Wissenschaft, Frankfurt a. M. ^{3}1998.

Böhme, G.: Leibsein als Aufgabe, Leibphilosophie in pragmatischer Hinsicht, Kusterdingen 2003.

Böhme, H. u. G.: Das Andere der Vernunft, Zur Entwicklung von Rationalitätsstrukturen am Beispiel Kants, Frankfurt a. M. 1985.

Bollnow, O. F.: Das Wesen der Stimmungen, Frankfurt a. M. ^{7}1988.

Bollnow, O. F.: Die Lebensphilosophie, Berlin Göttingen u. Heidelberg 1958.

Bollnow, O. F.: Einfache Sittlichkeit, Göttingen 1947.

Bollnow, O. F.: Mensch und Raum, Stuttgart 1963.

Bollnow, O. F.: Neue Geborgenheit, Stuttgart ^{2}1960.

Bollnow, O. F.: Philosophie der Erkenntnis, Stuttgart 1970.

Bollnow, O. F.: Wesen und Wandel der Tugenden, Frankfurt a. M. 1958.

Bollnow, O. F.: Zwischen Philosophie und Pädagogik, Aachen 1988.

Cancik, H.: Humanistische Begründung humanitärer Praxis: Antike Tradition – neuzeitliche Rezeption, in: Humanismusperspektiven, hg. v. H. Groschopp, Aschaffenburg 2010, S. 11-29.

Carus, C. G.: Denkwürdigkeiten aus Europa, mitgeteilt von C. G. Carus, zu einem Lebensbild zusammengestellt und hg. v. M. Schlösser, Darmstadt 1963.

Carus, C. G.: Natur und Idee oder das Werdende und sein Gesetz, Wien 1861.

Carus, C. G.: Psyche, Zur Entwicklungsgeschichte der Seele, hg. v. R. Marx. Leipzig 1931 (EA 1846).

Carus, C. G.: Über Lebensmagnetismus und die magischen Wirkungen überhaupt, Andechs 1986 (EA 1857).
Carus, C. G.: Vorlesungen über Psychologie, hg. v. F. Arnold, Darmstadt 1958 (EA 1831).
Casper, B.: Das Dialogische Denken. Franz Rosenzweig, Ferdinand Ebner und Martin Buber (dia-logik Bd. 12), Freiburg u. München [3]2017.
Cassirer, E.: Philosophie der symbolischen Formen. Bd. 3: Phänomenologie der Erkenntnis. Darmstadt [10]1994 (EA 1929).
Cecilia Lafuente, M. A.: An Approach to Anna-Teresa Tymieniecka's Philosophy, in: VII. Jahrbuch für Lebensphilosophie (Lebensdenkerinnen), 7/2014-2015, S. 233-243.
Croome, D.: Gefühl und Erkenntnis, Darmstadt 2003.
Croome, D.: Leib und Gefühl im Denken Schelers, in: II. Jahrbuch für Lebensphilosophie (Leib-Denken), 2/2006, S. 123-135.
Daly, M.: Gyn/Ökologie. Eine Meta-Ethik des radikalen Feminismus, München 1981.
Descartes, R.: Abhandlung über die Methode, Frankfurt a. M. 1986.
Descartes, R.: Meditationen über die Grundlagen der Philosophie worin das Dasein Gottes und die Unterschiedenheit der menschlichen Seele von ihrem Körper bewiesen wird, Leipzig 1919.
Deubel, W.: Im Kampf um die Seele. Wider den Geist der Zeit, Bonn 1997.
Devall, B.: Die tiefenökologische Bewegung, in: Ökophilosophie, hg. v. D. Birnbacher, Stuttgart 1997.
Die Vorsokratiker I (Milesier, Pythagoreer, Xenophanes, Heraklit, Parmenides), hg., ausgew. u. übers. v. J. Mansfeld, Stuttgart 1983.
Diebitz, S.: Leonardos Entdeckung. Eine Philosophie des Ausdrucks, Zug/Schweiz 2012.
Dilthey, W.: Der Aufbau der geschichtlichen Welt in den Geisteswissenschaften, in: Gesammelte Schriften, Bd. 7, hg. v. B. Groethuysen, Stuttgart [3]1961 (EA 1927).
Dilthey, W.: Die geistige Welt, Einleitung in die Philosophie des Lebens, Zweite Hälfte: Abhandlungen zur Poetik, Ethik und Pädagogik, in: Gesammelte Schriften, Bd. 6, hg. v. G. Misch, Stuttgart [3]1958 (EA 1924).
Dilthey, W.: Weltanschauungslehre, Abhandlungen zur Philosophie der Philosophie, in: Gesammelte Schriften, Bd. 8, hg. v. B. Groethuysen, Leipzig u. Berlin 1931.
Dörpinghaus, S.: Dem Gespür auf der Spur. Leibphänomenologische Studie zur Hebammenkunde am Beispiel der Unruhe, Freiburg u. München 2013.
Dörpinghaus, S.: Die Auflösung des Subjekts – Plädoyer für ein antireduktionistisches Verständnis von Geburtshilfe, in: VII. Jahrbuch für Lebensphilosophie (Lebensdenkerinnen), 7/2014-2015, S. 291-307.

Drewitz, I.: Bettine von Arnim. Romantik, Revolution, Utopie. Eine Biographie, München ^{2}1991.

Dürckheim, K. v.: Untersuchungen zum gelebten Raum, Frankfurt a. M. 2005 (EA 1932).

Ebke, T.: Lebendiges Wissen des Lebens. Zur Verschränkung von Plessners Philosophischer Anthropologie und Canguilhems Historischer Epistemologie, Berlin 2012.

Eicke, D.: Der Körper als Partner, Plädoyer für eine psychosomatische Krankheitslehre, München 1973.

Ekman, P.: Gefühle lesen, Heidelberg ^{2}2010.

Eugster, K.: Die Befreiung vom anthropozentrischen Weltbild – Ludwig Klages Lehre vom Vorrang der Natur, Bonn 1989;

Fellmann, F.: Lebensphilosophie, Elemente einer Theorie der Selbsterfahrung, Hamburg 1993.

Fellmann, F.: Philosophie der Lebenskunst, Hamburg 2009.

Fellmann, F.: Von der Lebenskunst zur Lebensphilosophie, in: I. Jahrbuch für Lebensphilosophie (Zur Vielfalt und Aktualität der Lebensphilosophie), 1/2005, S. 217-227.

Feyerabend, P.: Erkenntnis für freie Menschen, Frankfurt a. M. 1979.

Feyerabend, P.: Wider den Methodenzwang, Frankfurt a. M. 1976 (EA „Against Method“ 1975).

Feyerabend, P.: Wissenschaft als Kunst, Frankfurt a. M. 1984.

Frauenstädt, J.: Blicke in die intellectuelle, physische und moralische Welt nebst Beiträgen zur Lebensphilosophie, Leipzig 1869.

Fromm, E.: Die Kunst des Liebens, in: ders.: Sozialistischer Humanismus und Humanistische Ethik, Gesamtausgabe Bd. IX, hg. v. R. Funk, München 1989, S. 437-518 (engl. EA: The Art of Loving, New York 1956; dt. EA: Die Kunst des Liebens, Frankfurt a. M. Berlin u. Wien 1971).

Fromm, E.: Ein neuer Humanismus als Voraussetzung für die eine Welt, in: ders.: Humanismus als reale Utopie, Schriften aus dem Nachlass Bd. 8, hg. v. R. Funk, Weinheim und Basel 1992, S. 71-92.

Gadamer H.-G.: Wahrheit und Methode, Tübingen 1965 (EA 1960).

Gahlings, U.: Phänomenologie der weiblichen Leiberfahrungen, Freiburg u. München 2006.

Gahlings, U.: Weisheit nach Hermann Graf Keyserling, in: III. Jahrbuch für Lebensphilosophie (Praxis der Philosophie), 3/2007, S. 33-43.

Gaßenhuber, R.: Herzsinn und Weltangst – Philosophisch-psychologische Essays, München 2018.

Gaßenhuber, R. u. Kozljanič, R. J.: Auf der Suche nach der verlorenen Lebendigkeit. Natur, Herrschaft, Herzsinn – Vom langen Weg zur Naturfreundschaft. Ein Briefdialog zwischen Rudolf Gaßenhuber und Robert J. Kozljanič, Augsburg 2018.

Gerlach, H.-M.: Artikel „Lebensphilosophie“, in: Europäische Enzyklopädie zu Philosophie und Wissenschaften, hg. v. H. J. Sandkühler, Bd. 3, Hamburg 1990, S. 11-14.

Grassi, E.: Kunst und Mythos, Hamburg 1957.

Grätzel, S.: Denken am Leitfaden des Leibes – Nietzsches ‚große Vernunft', in: II. Jahrbuch für Lebensphilosophie (Leib-Denken), 2/2006, S. 73-87.

Grätzel, S.: Methoden der Praktischen Philosophie. Phänomenologie, Hermeneutik, Dialektik, London 2007.

Groethuysen, B.: Philosophische Anthropologie, München u. Berlin 1928.

Große, J.: Lebensphilosophie, Stuttgart 2010.

Großheim, M. u. Kluck, S. (Hg.): Phänomenologie und Kulturkritik – Über die Grenzen der Quantifizierung, Freiburg u. München 2010.

Großheim, M., Hild, A. K., Lagemann, C. u. Trcka, N. (Hg.): Leib, Ort, Gefühl. Perspektiven der räumlichen Erfahrung, Freiburg u. München 2015.

Guardini, R.: Der Gegensatz – Versuche zu einer Philosophie des lebendig Konkreten, Mainz 1955[2] (EA 1925).

Hadot, P.: Philosophie als Lebensform – Antike und moderne Exerzitien der Weisheit, Frankfurt a. M. [2]2005.

Hartmann, N.: Das Problem des geistigen Seins, Berlin u. Leipzig 1933.

Hartmann, N.: Der Aufbau der realen Welt, Berlin 1940.

Hartmann, N.: Neue Wege der Ontologie, Stuttgart 1942.

Hartung, G., Kleffmann, T. u. Schaede S. (Hg.): Das Leben – Historisch-systematische Studien zur Geschichte eines Begriffs, 2. Bd., Tübingen 2012.

Hasse, J. u. Kozljanič, R. J.: Von der Rationalitäts-Irrationalitäts-Dichotomie zur lebendigen Vernünftigkeit, in: VIII. Jahrbuch für Lebensphilosophie (Kritik und Therapie wissenschaftlicher Unvernunft), 8/2016-2017, S. 9-36.

Hasse, J.: Fundsachen der Sinne. Eine phänomenologische Revision alltäglichen Erlebens, Freiburg u. München 2005.

Hauskeller, M.: Foolish Little Children in the Eyes of Reason – The Moral Philosophy of William James, in: I. Jahrbuch für Lebensphilosophie (Zur Vielfalt und Aktualität der Lebensphilosophie), 1/2005, S. 57-70.

Heckmann, G.: Das sokratische Gespräch, Erfahrungen in philosophischen Hochschulseminaren, Frankfurt a. M. 1993. (EA 1980).

Heidegger, M.: Sein und Zeit, Tübingen [17]1993.

Heinemann, F.: Neue Wege der Philosophie. Geist, Leben, Existenz. Eine Einführung in die Philosophie der Gegenwart, Leipzig 1929.

Heinze, E.: Einführung in das dialogische Denken (dia-logik Bd. 3), Freiburg 2011.

Herder, J. G.: Briefe zu Beförderung der Humanität, in: Herder's Werke, Bd. 13, hg. v. H. Düntzer, Berlin o. J. (EA 1794ff.)

Heubel, F.: Selbstkultivierung und Kritik: zu Foucaults „Hermeneutik des Subjekts“, in: III. Jahrbuch für Lebensphilosophie (Praxis der Philosophie), 3/2007, S. 85-108.
Hirsch, M. (Hg.): Der eigene Körper als Objekt, Zur Psychodynamik des selbstdestruktiven Körperagierens, Gießen 1998.
James, W.: Die Vielfalt religiöser Erfahrung, Frankfurt a. M. 1997 (EA: The Varieties of Religious Experience, New York u. London 1902).
James, W.: Essays in Radical Empiricism, New York u. London 1912. Ein Teil dieser Essays wurde ins Dt. übers. v. C. Langbehn: James, W.: Pragmatismus und radikaler Empirismus, Frankfurt a. M. 2006.
James, W.: Pragmatism. A New Name for Some Old Ways of Thinking, New York Bombay u. Calcutta 1907.
James, W.: The Will To Believe and Other Essays in Popular Philosophy, New York London u. Bombay 1897.
Jaspers, K.: Philosophie, 2. Bd.: Existenzerhellung, München 1973.
Kantorowicz, G.: Das Klassische und der Klassizismus, in: VII. Jahrbuch für Lebensphilosophie (Lebensdenkerinnen), 7/2014-2015, S. 277-287.
Kazantzakis, N.: Alexis Sorbas, München 2001, S. 345 (EA: Bíos kaì Politeía toû Aléxi Zormpâ, Athen 1946).
Kern, H.: Von Paracelsus bis Klages, Studien zur Philosophie des Lebens, Berlin 1942.
Kick, H. A. (Hg.): Verzweiflung als kreative Herausforderung, Münster 2008.
Kick, H. A.: Identität – Bildung und Bewährung in der Grenzsituation. Strukturelle Rationalität aus prozessdynamischer Sicht, in: VIII. Jahrbuch für Lebensphilosophie (Kritik und Therapie wissenschaftlicher Unvernunft), 8/2016-2017, S. 207-218.
Klages, L.: Ausdrucksbewegung und Gestaltungskraft, München 1968 (EA 1913).
Klages, L.: Bewußtsein und Leben (EA 1915), in: ders.: Mensch und Erde, Stuttgart 1973, S. 26-40.
Klages, L.: Der Geist als Widersacher der Seele, Bonn ^{6}1981 (EA 1929-1932).
Klages, L.: Die Grundlagen der Charakterkunde, Leipzig ^{4}1926 (Vierte, mit neuem Titel versehene, überarbeitete und vermehrte Auflage der ab 1910 erscheinenden „Prinzipien der Charakterologie“).
Klages, L.: Vom kosmogonischen Eros, Bonn ^{9}1988 (EA 1922).
Kluge, F.: Etymologisches Wörterbuch der deutschen Sprache, Berlin ^{18}1960.
Knigge, A. v.: Der Umgang mit Menschen oder über Lebensphilosophie, Lebensgenuß und Lebenspflichten – Eine Fortsetzung zu den [sic] Umgang mit Menschen, Bremen u. Aurich 1806.
Knigge, A. v.: Über den Umgang mit Menschen, 2 Bde, Hannover 1788.
Koller, H.: Musik und Dichtung im alten Griechenland, Bern 1963.

Kozljanič, R. J.: Auf dem Weg zu einem lebendigen Leib-Denken – Versuch einer integrativen Einleitung, in: II. Jahrbuch für Lebensphilosophie (Leib-Denken), 2/2006, S. 9-70.

Kozljanič, R. J.: Der Geist eines Ortes. Kulturgeschichte und Phänomenologie des Genius Loci. 2 Bde, München 2004.

Kozljanič, R. J.: Die Kunst, sein Leben zu tanzen. Über das exochoreische Ich und seine wilden Sprünge, in: „Ómmasin állois" – Festschrift für Professor Ioannis E. Theodoropoulos zum 65. Geburtstag, hg. v. V. E. Pantazis u. M. Stork, Essen 2014, S. 41-70.

Kozljanič, R. J.: Die lebendige Vernunft – Oder: Heraklits Lobgesang auf die Polarität der Welt, in: Hagia Chora 27/2007, S. 26-31.

Kozljanič, R. J.: Entdeckung und Entfaltung des Erlebnisbegriffes in der Lebensphilosophie in: Handbuch Erlebnispädagogik, hg. v. W. Michl u. H. Seidel, München 2018.

Kozljanič, R. J.: Freundschaft mit der Natur, Naturphilosophische Praxis und Tiefenökologie, Klein Jasedow 2008.

Kozljanič, R. J.: Grenzerfahrungen bei Jaspers und Klages, in: Hestia – Jahrbuch der Klages-Gesellschaft 22/2004-2007 S. 149-162.

Kozljanič, R. J.: Leben, Wohnen, Fühlen. Von der beheimatenden Funktion ‚herzerwärmender' Orte, in: Leib, Ort, Gefühl. Perspektiven der räumlichen Erfahrung, hg. v. M. Großheim, A. K. Hild, C. Lagemann u. N. Trcka, Freiburg u. München 2015, S. 369-392.

Kozljanič, R. J.: Lebendige und wissenschaftliche Vernunft – Zur dramatisch-freiheitlichen Philosophie von Eberhard Simons, in: VI. Jahrbuch für Lebensphilosophie (Dramatisch-freiheitliches Philosophieren – Eberhard Simons in memoriam), 6/2012-2013, S. 19-42.

Kozljanič, R. J.: Lebendige Vernunft als Lebenserfahrungsvernunft. Auseinandersetzung mit Ludwig Klages und Philipp Lersch, in: VIII. Jahrbuch für Lebensphilosophie (Kritik und Therapie wissenschaftlicher Unvernunft), 8/2016-2017, S. 171-187.

Kozljanič, R. J.: Lebenskunst, Herzensweisheit und Liebesdenken bei Bettina von Arnim. Oder: Sein ungelebtes Leben tanzen, in: VII. Jahrbuch für Lebensphilosophie (Lebensdenkerinnen), 7/2014-2015, S. 55-74.

Kozljanič, R. J.: Lebensphilosophie – Eine Einführung, Stuttgart 2004.

Kozljanič, R. J.: Selbstkultivierung als Naturverwirklichung, in: III. Jahrbuch für Lebensphilosophie (Praxis der Philosophie), 3/2007, S. 209-225.

Kozljanič, R. J.: Sokratisches Gespräch, Lebenserfahrung und lebendige Vernunft (unveröffentlichtes Manuskript).

Kozljanič, R. J.: Theodor Lessing, in: II. Jahrbuch für Lebensphilosophie (Leib-Denken), 2/2006, S. 255-291.

Kozljanič, R. J.: Vision und Verantwortung. Von der Selbstverwirklichung zur Naturverwirklichung und zurück, in: Into the Wild. Innen wachsen, außen handeln. Prozessbegleitung in und mit der Natur, hg. v. AGJF Sachsen, Norderstedt 2015, S. 17-41.

Kozljanič, R. J.: Wie Phönix aus der Asche, in: erleben & lernen 1/2014, S. 11-15.

Kozljanič, R. J.: Zur Einführung, in: I. Jahrbuch für Lebensphilosophie (Zur Vielfalt und Aktualität der Lebensphilosophie), 1/2005, S. 9-20.

Kühne-Bertram, G.: Aus dem Leben – zum Leben. Entstehung, Wesen und Bedeutung populärer Lebensphilosophien in der Geistesgeschichte des 19. Jahrhunderts, Frankfurt a. M. 1987.

Laing, R. D.: Das geteilte Selbst, Eine existentielle Studie uber geistige Gesundheit und Wahnsinn, Hamburg 1976.

Landmann, M: Gertrud Kantorowicz 1876-1945, in: VII. Jahrbuch für Lebensphilosophie (Lebensdenkerinnen), 7/2014-2015, S. 261-275.

Lang, D. [?] (Hg.): Magazin für die Philosophie des Lebens, 1. [und zugleich letzter] Band, Düsseldorf 1790.

Lersch, P.: Aufbau der Person, München ^{6}1954. Die erste (Leipzig 1938) bis dritte (Leipzig 1948) Auflage ist unter dem Titel „Der Aufbau des Charakters" erschienen.

Lersch, P.: Erlebnishorizonte. Schriften zur Lebensphilosophie, hg. v. T. Rolf, München 2011.

Lersch, P.: Lebensphilosophie der Gegenwart, Berlin 1932 (wieder abgedruckt in: Philipp Lersch. Erlebnishorizonte. Schriften zur Lebensphilosophie, hg. v. T. Rolf, München 2011, S. 41-124)

Lessing, T.: Nietzsche, Berlin 1925.

Lessing, T.: Prinzipien der Charakterologie, Halle a. S. 1926.

Lessing, T.: Schopenhauer, Wagner, Nietzsche, Eine Einführung in die moderne Philosophie, Leipzig 1907.

Lessing, T. u. Kozljanič, R. J.: Untergang der Erde am Geist der Machteliten. Die verfluchte Kultur der Maschine. 100 Jahre radikale Zivilisationskritik und solidarische Lebensdemokratie, München 2014.

Lexer, M.: Mittelhochdeutsches Taschenwörterbuch, Stuttgart ^{37}1986.

Lichtenberg, G. C.: Aphorismen, ausgewählt u. eingeleitet v. F. Sengle, Stuttgart ^{2}1984. Diese Auswahl Sengles aus den „Sudelbüchern" Lichtenbergs orientiert sich an der kritischen Edition „Georg Christoph Lichtenbergs Aphorismen", nach den Handschriften hg. v. A. Leitzmann, 5 Bde., Berlin 1902-1908.

List, E.: Praxis der Philosophie, in: III. Jahrbuch für Lebensphilosophie (Praxis der Philosophie), 3/2007, S. 47-62.

Löchte, A.: Johann Gottfried Herder. Kulturtheorie und Humanitätsidee der „Ideen", „Humanitätsbriefe" und „Adrastea", Würzburg 2002.

Lohenstein, L.: Die Natur ist heilig – Hymnen an antike Gottheiten. Ein Gebetbuch für naturreligiöse Menschen, München 2017.

Marías, J.: José Ortega y Gasset und die Idee der lebendigen Vernunft, Stuttgart ^{2}1952.

Meier-Seethaler, C.: Gefühl und Urteilskraft. Ein Plädoyer für die emotionale Vernunft, München [3]2001.

Meysenbug, M. v.: Memoiren einer Idealistin, Bd. 1, Berlin 1918.

Möckel, C.: Das Urphänomen des Lebens. Ernst Cassirers Lebensbegriff, Hamburg 2005.

Montaigne, M.: Gedanken und Meinungen über allerley Gegenstände, Bd. 2., Wien und Prag 1797. (Essais, Buch 1, Kap. 36) https://archive.org/stream/gedankenundmein02montgoog#page/n6/mode/2up (abgerufen am 20.1.16).

Moritz, K. P.: Beiträge zur Philosophie des Lebens, Berlin [2]1781 (EA 1780 unter dem Titel „Beiträge zur Philosophie des Lebens – Aus dem Tagebuch eines Freimäurers“).

Mumford, L.: Mythos der Maschine, Frankfurt a. M. 1977.

Naess, A.: Life's Philosophy: Reason and Feeling in a Deeper World, Athens (Georgia) 2002.

Nietzsche, F.: Also sprach Zarathustra, in: Kritische Studienausgabe, Bd. 4, hg. v. G. Colli u. M. Montinari, München 1999.

Nietzsche, F.: Die fröhliche Wissenschaft, in: Kritische Studienausgabe, Bd. 3, hg. v. G. Colli u. M. Montinari, München 1999, S. 343-651.

Nietzsche, F.: Die Geburt der Tragödie, in: Kritische Studienausgabe, Bd. 1, hg. v. G. Colli u. M. Montinari, München 1988, S. 9-156.

Nietzsche, F.: Morgenröthe, in: Kritische Studienausgabe, Bd. 3, hg. v. G. Colli u. M. Montinari, München 1999, S. 9-331.

Nietzsche, F.: Nachgelassene Fragmente 1880-1882, in: Kritische Studienausgabe, Bd. 9, hg. v. G. Colli u. M. Montinari, München 1988.

Nietzsche, F.: Nachgelassene Fragmente 1882-1884, in: Kritische Studienausgabe, Bd. 10, hg. v. G. Colli u. M. Montinari, München 1988.

Oldemeyer, E.: Leben und Technik. Lebensphilosophische Positionen von Nietzsche zu Plessner, München 2007.

Ortega y Gasset, J.: Betrachtungen über die Technik, in: Gesammelte Werke Bd. IV, Augsburg 1996, S. 7-69.

Ortega y Gasset, J.: Der Mensch ist ein Fremder. Schriften zur Metaphysik und Lebensphilosophie, hg. u. übers. v. S. Rohmer, Freiburg u. München 2008.

Ortega y Gasset, J.: Der Mensch und die Leute, München 1961.

Ortega y Gasset, J.: Was ist Philosophie? In: Gesammelte Werke Bd. 5, Augsburg 1996, S. 313-515 (EA 1958).

Pantazis, V. E.: Reverence (Ehrfurcht) for the Living World as the Basic Bioethical Principle: Anthropological-Pedagogical Approach, in: Ethics, Place & Environment: A Journal of Philosophy & Geography 12/2009, S. 255-266.

Perls, F.: Das Ich, der Hunger und die Aggression. Die Anfänge der Gestalt-Therapie, München 1989.

Perls, F.: Grundlagen der Gestalt-Therapie. Einführung und Sitzungsprotokolle. München 1976.
Portmann, A.: Biologie und Geist, Frankfurt a. M. 1973 (EA 1956).
Portmann, A.: Die Bedeutung des ersten Lebensjahres (1964), in: ders.: Zoologie aus vier Jahrzehnten. Gesammelte Abhandlungen, München 1967, S. 297-311.
Portmann, A.: Die Tiergestalt, Studien über die Bedeutung der tierischen Erscheinung, Freiburg Basel u. Wien ²1965 (EA 1960).
Pothast, U.: Lebendige Vernünftigkeit, Zur Vorbereitung eines menschenangemessenen Konzepts, Frankfurt a. M. 1998.
Pothast, U.: Lebendige Vernünftigkeit: Exposition eines philosophischen Konzepts, in: Rostocker Phänomenologische Manuskripte, hg. v. Michael Großheim, Heft 4, Rostock 2009 (Wiederabgedruckt im VIII. Jahrbuch für Lebensphilosophie, München 2016).
Pothast, U.: Philosophisches Buch. Schrift unter der aus der Entfernung leitenden Frage, was es heißt, auf menschliche Weise lebendig zu sein, Frankfurt a. M. 1988.
Rattner, J.: Lebensphilosophie und Tiefenpsychologie. Philosophen als Vorläufer und Wegbereiter der Psychoanalyse und ihrer Weiterentwicklungen, Berlin 2012.
Reich, W.: Die Entdeckung des Orgons – Die Funktion des Orgasmus, Frankfurt a. M. 1971.
Rickert, H.: Die Philosophie des Lebens, Darstellung und Kritik der philosophischen Modeströmungen unserer Zeit, Tübingen 1920.
Riemann, F.: Die Fähigkeit zu lieben, Berlin ²1999.
Röd, W.: Die Lebensphilosophie, in: Geschichte der Philosophie Bd. 13 (Die Philosophie des ausgehenden 19. und des 20. Jahrhunderts, 3), hg. v. W. Röd, München 2002, S. 113-159.
Rohmer, S.: Einführung, in: José Ortega y Gasset: Der Mensch ist ein Fremder. Schriften zur Metaphysik und Lebensphilosophie, hg. v. S. Rohmer, Freiburg u. München 2008, S. 7-26.
Rolf, T.: Normalität. Ein philosophischer Begriff des 20. Jahrhunderts, München 1999.
Rosenstock-Huessy, E.: Die Kopernikanische Wende in der Sprachphilosophie (dia-logik Bd. 1), Freiburg 2012.
Rosenzweig, F.: Mein Ich entsteht im Du (dia-logik Bd. 5), Freiburg u. München 2013.
Rothacker, E.: Die Schichten der Persönlichkeit, Leipzig ³1947 (EA 1938).
Sauerland, K.: Diltheys Erlebnisbegriff, Berlin u. New York 1972.
Scheler, M.: Der Formalismus in der Ethik und die materiale Wertethik, Halle ²1921, (EA 1916).

Scheler, M.: Ordo Amoris, in: Schriften aus dem Nachlass, Bd. 1, Zur Ethik und Erkenntnislehre, Gesammelte Werke Bd. 10, hg. v. Maria Scheler, Bern 1957, S. 345-376.

Scheler, M.: Versuche einer Philosophie des Lebens, Nietzsche – Dilthey – Bergson, in: Vom Umsturz der Werte, Abhandlungen und Aufsätze, Gesammelte Werke Bd. 3, hg. v. Maria Scheler, Bern 1955[4], S. 311-339 (Ersterschienen in: Die weißen Blätter, 3/1913; mit Ergänzungen neu veröffentlicht in: Vom Umsturz der Werte, Leipzig 1919)

Scheler, M.: Wesen und Formen der Sympathie, Frankfurt a. M. [5]1948 (EA 1913).

Schilling, R.: Liebe als Erkenntnisweise. Aspekte der Liebe im Verhältnis zur objektivierenden Naturerkenntnis, Darmstadt 2005.

Schirach, G. B. v.: Ueber die moralische Schönheit und die Philosophie des Lebens. Reden und Versuche, Altenberg 1772.

Schlegel, F.: Philosophie des Lebens, in: Kritische Friedrich-Schlegel-Ausgabe, hg. v. E. Behler, Bd. 10, München Paderborn Wien u. Zürich 1969.

Schlegel, F.: Philosophische Vorlesungen insbesondere über Philosophie der Sprache und des Wortes, in: Kritische Friedrich-Schlegel-Ausgabe, hg. v. E. Behler, Bd. 10, München, Paderborn, Wien u. Zürich 1969.

Schmid, W.: Philosophie der Lebenskunst. Eine Grundlegung, Frankfurt a. M. 1998.

Schmid, W.: Schönes Leben? Einführung in die Lebenskunst, Frankfurt a. M. 2005.

Schmitz, H.: Leib und Gefühl, Paderborn 1989.

Schmitz, H.: System der Philosophie, Bd. 2, 1, Der Leib, Bonn 1965.

Schmitz: H.: Der unerschöpfliche Gegenstand, Bonn [2]1995.

Schopenhauer, A.: Aphorismen zur Lebensweisheit, in: Parerga und Paralipomena, Bd. 1. Nach der Ausgabe letzter Hand hg. v. L. Lütkehaus, Zürich 1991, S. 311-483.

Schopenhauer, A.: Die Welt als Wille und Vorstellung, Bd. 1, Nach der Ausgabe letzter Hand hg. v. L. Lütkehaus, Zürich 1991.

Schopenhauer, A.: Preisschrift über die Grundlage der Moral, in: ders.: Die beiden Grundprobleme der Ethik, Leipzig 1860, S. 103-275.

Schweitzer, A.: Kultur und Ethik, München 1960.

Sepp, H. R. u. Yamaguchi, I. (Hg.): Leben als Phänomen, Würzburg 2006.

Sessions, G.: Western Process Metaphysics (Heraclitus, Whitehead and Spinoza), in: Deep Ecology, hg. v. B. Devall u. G. Sessions, Layton 1985.

Sheldrake, R. u. Lorimer, D.: Die Schnittstelle zwischen Gehirn und Bewusstsein. Dialog über Henri Bergson, in: Tattva Viveka 7/1997; http://www.tattva.de/dialog-uber-henri-bergson-3/ (abgerufen am 19.3.16).

Sheldrake, R.: Das Gedächtnis der Natur, München 1993.

Sheldrake, R.: Das schöpferische Universum. Die Theorie des morphogenetischen Feldes, München 1985.

Simmel, G.: Henri Bergson, in: Die Güldenkammer 4/1914, S. 511-525.

Simmel, G.: Lebensanschauung, Vier metaphysische Kapitel, in: Georg Simmel Gesamtausgabe Bd. 16, hg. v. O. Rammstedt u. a., Frankfurt a. M. 1999 (EA 1918).

Stein, E.: Zum Problem der Einfühlung, Halle 1917.

Stemplinger, E.: Sympathieglaube und Sympathiekuren in Altertum und Neuzeit, München 1919.

Stöcker, H.: [1939 geschriebener Lebenslauf], veröffentlicht in: Ariadne – Almanach des Archivs der deutschen Frauenbewegung, 5/1986.

Stöcker, H.: [Ankündigung der Neuauflage ihres Buches] Liebe, in: Die Neue Generation 12/1924, S. 317.

Stöcker, H.: Bettine von Arnim. ‚Zum Tempeldienst bin ich geboren', in: dies.: Lebenserinnerungen, hg. v. R. Lütgemeier-Davin u. K. Wolff, Köln Weimar u. Wien 2015, S. 342-345.

Stöcker, H.: Friedrich Nietzsche und die Frauen, in: Bühne und Welt 6/1904, S. 857-860.

Stöcker, H.: Lebenserinnerungen, hg. v. R. Lütgemeier-Davin u. K. Wolff, Köln Weimar u. Wien 2015.

Stöcker, H.: Malvida von Meysenbug, in: Die Neue Generation, 11-12/1916, S. 328-334.

Stöcker, H.: Moderne Bevölkerungspolitik, Berlin 1916. (Zuerst erschienen in: Die Neue Generation, 3-4/1915, S. 76-87).

Stöcker, H.: Moralität und Sexualität, in: Die Neue Generation, 7-8/1917, S. 327-332.

Stöcker, H.: Vor zehn Jahren! in: Die Neue Generation, 7-8/1924, S. 145-161.

Stöcker, H.: Zur Einführung, in: Stöcker, H. (Hg.): Karoline Michaelis. Eine Auswahl ihrer Briefe, Berlin 1912, S. V-XXVIII.

Stöcker, H.: Zur Reform der sexuellen Ethik, in: Mutterschutz 1/1905, S. 3-12.

Stopczyk-Pfundstein, A.: Philosophin der Liebe – Helene Stöcker, Stuttgart 2003.

Stroh, W.: Der Ursprung des Humanitätsdenkens in der Römischen Antike. Vortragsmanuskript (Vortrag von 1989 und 2006). http://epub.ub.uni-muenchen.de/1273/1/senior_stud_2006_11_01.pdf (abgerufen am 17.3.15).

Susman, M.: Der Exodus aus der Philosophie, in: http://www.margaretesusman.com/Exodus_Philosophie.htm (abgerufen am 28.3.18). Ersterschienen in: Frankfurter Zeitung vom 17.6.1921.

Theodoropoulos, I. E.: Die „Tsakismata": Eine philosophisch-pädagogische Studie des „Ich", in: Pädagogische Rundschau 59/2005, S. 343-356.

Theodoropoulos, I. E.: Ikiosis – Eine pädagogisch-anthropologische Studie der griechischen Kultur, Frankfurt a. M. 1999.

Theodoropoulos, I. E.: O. F. Bollnows unvollendete „Neue Geborgenheit". Versuch über die existenzphilosophisch-pädagogische Bedeutung der Ungeborgenheit, in: Paidagogikos Logos 2/2007, S. 95-112.

Theodoropoulos, I. E.: Otto Friedrich Bollnow: Von der Lebensphilosophie zur Hermeneutik des Lebens, in: Unser Weg 5/2009, S. 193-200.

Tymieniecka, A.-T.: Logos and Life, Bd. 1: The Creative Experience and the Critique of Reason, Dordrecht Boston u. London 1988.

Tymieniecka, A.-T.: The Human Condition within the Unity-of-Everything-there-is-Alive, in: Analecta Husserliana Bd. 31, Dordrecht Boston u. London 1990, S. 3-17.

Tzouli, M.: Griechische Spiellieder. Anmerkungen zu den Tachtarismata, in: Diskussion Musikpädagogik 41/2009, S. 31-35.

Unamuno, M. de: Das tragische Lebensgefühl, in: Gesammelte Werke, hg. u. übers. v. O. Buek, Wien u. Leipzig o. J.

Veyne, P.: Le dernier Foucault et sa morale, in: Critique 471-472/1986.

Vöhler M. u. Cancik, H. (Hg.): Humanismus und Antikerezeption im 18. Jahrhundert, Bd. 1. Genese und Profil des europäischen Humanismus, Heidelberg 2009.

Vöhler, M.: Die „Erfindung" des Humanismus im 18. Jahrhundert, in: Humanismusperspektiven, hg. v. H. Groschopp, Aschaffenburg 2010.

Weizsäcker, V. v.: Anonyma (in der Sammlung „Überlieferung und Auftrag" in Verbindung m. W. Szilasi hg. v. E. Grassi) Bern 1946.

Weizsäcker, V. v.: Der Gestaltkreis, Frankfurt a. M. 1973 (EA 1940).

Werle, J. M.: Nachwort – Philosophische Lebenskunst: Positionen und Profile, in: Klassiker der philosophischen Lebenskunst, München 2000, S. 579-628.

Wisser, R.: Kein Mensch ist einerlei, Spektrum und Aspekte „kritisch-krisischer Anthropologie", Würzburg 1997.

Wolf, C.: Nun ja! Das nächste Leben geht aber heute an. Ein Brief über Bettine, in: Arnim, B. v.: Die Günderode. Mit einem Essay von Christa Wolf u. Anmerkungen versehen, Frankfurt a. M. 1983, S. 545-584.

Reihen und Titel des Albunea Verlags

Reihe Naturreligion und Mythologie:

- Robert Josef Kozljanič: Antike Heil-Ort-Rituale – Traumorakel, Visionssuche und Naturmantik bei den Griechen und Römern. (2004 erschienen)
- Charles A. Eastman (Ohiyesa): Die Seele des Indianers – Ein Siouxindianer berichtet über Glauben und Sitten seines Volkes. (2009 erschienen)
- Helena Rytkönen: Opferriten und Pfannkuchen – Eine Reise ins Land der Mari an der Wolga. (2010 erschienen)
- Die Natur ist heilig. Hymnen an antike Gottheiten – Ein Gebetbuch für naturreligiöse Menschen. Zusammengestellt, teils neu übersetzt und mit einem Nachwort versehen v. Lothar Lohenstein. (2017 erschienen)
- Unser Dasein ist heilig. Antike Gebete für persönliche, familiäre und gesellschaftliche Anlässe. Zusammengestellt, teils neu übersetzt und mit einem Nachwort versehen v. Lothar Lohenstein. (In Bearbeitung)

Reihe Kulturgeschichte:

- Robert Josef Kozljanič: Der Geist eines Ortes – Kulturgeschichte und Phänomenologie des Genius Loci. 1. Band: Antike – Mittelalter. 2. Band: Neuzeit – Gegenwart. (2004 erschienen)
- Andrea Kölbl: Fiktionen der Liebe – Europäische Volksmärchen und populäre Spielfilme im Vergleich. (2006 erschienen)
- Eduard Stemplinger: Sympathieglaube und Sympathiekuren in Altertum und Neuzeit. (Erscheint 2019)

Reihe Zivilisationskritik und Befreiungsdenken:

- Theodor Lessing / Robert Josef Kozljanič: Untergang der Erde am Geist der Machteliten. Die verfluchte Kultur der Maschine / 100 Jahre radikale Zivilisationskritik und solidarische Lebensdemokratie. (2014 erschienen)
- Rudolf Gaßenhuber: Herzsinn und Weltangst. Philosophisch-psychologische Essays. (2018 erschienen)
- Helene Stöcker: Unsere Umwertung der Werte. (Deutscher Originaltext von 1897 in englischer, französischer, spanischer und türkischer Übersetzung; für 2019 geplant)
- Robert Josef Kozljanič: Pantheismus und Poesie, Vision und Verantwortung. Von der Selbstverwirklichung zur Naturverwirklichung und zurück. (Geplant)

Reihe Lebensphilosophie (Jahrbücher):

- I. Jahrbuch für Lebensphilosophie (2005). Zur Vielfalt und Aktualität der Lebensphilosophie. Hg. v. R. J. Kozljanič. (Erschienen)
- II. Jahrbuch für Lebensphilosophie (2006). Leib-Denken. Hg. v. R. J. Kozljanič. (Erschienen)
- III. Jahrbuch für Lebensphilosophie (2007). Praxis der Philosophie – Gernot Böhme zum 70. Geburtstag. Hg. v. U. Gahlings, D. Croome u. R. J. Kozljanič. (Erschienen)
- IV. Jahrbuch für Lebensphilosophie (2008/2009). Lebensphilosophische Vordenker des 18. und 19. Jahrhunderts. Hg. v. R. J. Kozljanič. (Erschienen)
- V. Jahrbuch für Lebensphilosophie (2010/2011). Gelebter, erfahrener und erinnerter Raum. Hg. v. J. Hasse u. R. J. Kozljanič. (Erschienen)
- VI. Jahrbuch für Lebensphilosophie (2012/2013). Dramatisch-freiheitliches Philosophieren. Eberhard Simons in memoriam. Hg. v. T. Dahlheim. (Erschienen)
- VII. Jahrbuch für Lebensphilosophie (2014/2015). Lebensdenkerinnen. Liebe zum Denken – Praxis des Lebens – Weisheit der Liebe. Hg. v. H. Bennent-Vahle, U. Gahlings u. R. J. Kozljanič. (Erschienen)
- VIII. Jahrbuch für Lebensphilosophie (2016/2017). Kritik und Therapie wissenschaftlicher Unvernunft. Hg. v. J. Hasse u. R. J. Kozljanič. (Erschienen)
- IX. Jahrbuch für Lebensphilosophie (2018/2019). Väter, Mütter, Töchter und Söhne der Lebensphilosophie. Hg. v. R. J. Kozljanič. (Erscheint 2018)
- X. Jahrbuch für Lebensphilosophie (2020/2021). Sozialistische, anarchistische und pazifistische Lebensphilosophie. Hg. v. R. J. Kozljanič. (Geplant)

Reihe Lebensphilosophie (Grundlagentexte):

- Philipp Lersch: Erlebnishorizonte – Schriften zur Lebensphilosophie. Herausgegeben und eingeleitet von Thomas Rolf. (2011 erschienen)
- Friedrich Schlegel / Robert Josef Kozljanič: Philosophie des Lebens – Eine Manifestation. (2018 erschienen)
- Melchior Palágyi: Der Gegensatz von Geist und Leben. Eine schöpferische Verbindung von Erkenntnistheorie und Vitalismus. Ein Querschnitt seiner Schriften, herausgegeben und eingeleitet von Heiko Heublein. (Erscheint 2018)

Reihe sozialer Humanismus und solidarische Pädagogik:

- Ernesto Grassi / Robert Josef Kozljanič: Zweite Aufklärung und demokratische Bildung. Vom elitären zum sozialen Humanismus. (Erscheint 2018)
- Helene Stöcker: Verkünder und Verwirklicher der Menschenliebe. Sozialhumanistische und pazifistische Beiträge. (Erscheint 2019)
- Alice Rühle-Gerstel: Individualpsychologische und sozialhumanistische Schriften. (Geplant)

ALBVNEA VERLAG MVENCHEN

Seldeneckstr. 18
D-81243 München
www.albunea.de
info@albunea.de